No Citizen Left Behind

不让一个公民掉队

［美］梅拉·莱文森◎著

李潇君 李 艳◎译

人民出版社

No Citizen Left Behind
Meira Levinson

ISBN：978-0-674-06578-9

Copyright©2012 by the President and Fellows of Harvard College

First published by Harvard University Press, Cambridge, Massachusetts, USA.

北京市版权局著作权合同登记号：01-2014-4067

总　序

一

问题是时代的注脚，时代是问题的集结，理论则是在思想中把握到的时代。理论对时代问题的把握与破解，折射着人类理论思维发展的高度，也推动着人类实践探索的前进和深化。马克思说："问题就是时代的口号，是它表现自己精神状态的最实际的呼声"，"一切划时代的体系的真正的内容都是由于产生这些体系的那个时期的需要而形成起来的"。

当今时代是个全球化的时代。伴随全球化的飞速发展，国与国之间的相互依存日益紧密，不同思想文化间相互激荡、彼此碰撞，中外经济文化交流不断向纵深发展。在此情况下，我们所面临的"中国问题"越发具有时代性和世界性，反过来世界经济文化发展大环境、大趋势也越来越深刻地影响着"中国进程"。中国与世界越来越成为你中有我、我中有你的"命运共同体"。正因如此，十八大以来习近平总书记从人类和谐共处、存续发展的高度先后六十多次论及"命运共同体"问题，充分展现出中国共产党人面向未来的长远眼光、博大胸襟和历史担当。

对于当代中国马克思主义理论工作者来说，我们应该深刻领会、努力学习习近平总书记直面时代问题、关切人类命运的情怀和视野，自觉从当代中国实际与全球化的时代背景出发，运用马克思主义立场、观点和方法，凝练揭示出复杂现象背后的重大时代性命题，并以理论的方式回应和破解这些命题，从而对外向世界传播"中国声音"，对内服务中国特色社会主义建设。这是当代中国马克思主义理论工作者最为根本的社会责任和最为深层的理论自觉。

思想政治教育作为马克思主义理论研究和实践传播的重要力量，也要顺应时代发展，推进自我创新。应该看到，全球化时代的到来，使思想政治教育的外部环境已经由间接点位式面向世界转变为直接全方位面向世界。更加开放的外部环境给思想政治教育提供了广阔的世界舞台，也使之面临着多元文化交融交锋交汇的严峻挑战。如何既利用好世界舞台以广泛吸收借鉴不同国家思想政治教育的经验教训，又确保我国思想政治教育建设发展的正确方向，是全球化时代思想政治教育面临的重要课题。

"文明因交流而多彩，文明因互鉴而丰富。"破解全球化时代思想政治教育问题，既要立足中国，也要面向世界，努力在中外文化的交流互鉴中打造兼具中国风格与时代特征的思想政治教育理论和实践体系，从而为建设社会主义文化强国作出新的更大贡献。为此要坚持"以我为主、学习借鉴、交流对话"。"以我为主"就是要坚持中国立场、聚焦中国问题、彰显中国价值，确保思想政治教育能够始终担负起"围绕中心、服务大局"的基本职责。"学习借鉴"就是要树立自信开放的世界眼光，按照习近平总书记关于"中国要永远做一个学习大国，不论发展到什么水平都虚心向世界各国人民学习"的要求，学习借鉴各国人民创造的优秀文明成果，特别是国外道德教育、公民教育、爱国主义教育等相关教育形式的有益经验和做法，从而了解世界、壮大自己，始终掌握中外文化交流的主动权。"对话交流"就是要以更加开放包容的姿态，积极推动中华文化走出去，加强与世界一切优秀文明成果的交流互动。总之，全球化时代的思想政治教育要在坚持社会主义意识形态立场的基础上，树立国际视野，加强对外交流，立足对中国发展的深刻把握、对时代主题的深刻理解和对马克思主义的坚守，在穿透不同文化异质中捕捉时代精神、发现价值活力，为我国思想政治教育理论研究和实践创新提供有益借鉴。这就是新时期加强比较思想政治教育的本质意涵与根源所在。

二

做好全球化时代思想政治教育工作需要加强比较思想政治教育研究，促进思想政治教育学科发展也需要加强比较思想政治教育研究。新时期思想政治教育学科发展是创新发展、科学发展与内涵发展的有机统一。其中，创新发展是动力，科学发展是原则，内涵发展是抓手，三者相互联系，共同构成新时期思想政治教育学科发展的总趋势和总要求。

"创新是引领发展的第一动力。"思想政治教育学科发展离不开对党的思想政治教育优良传统和成功经验的总结继承，也离不开结合新的时代背景与实践条件的积极创新。推动思想政治教育学科创新发展，关键在于充分调动学科内部各要素的发展潜能，通过强化学科管理、整合学科力量、优化学科体系，不断增强学科建设服务实践工作的能力和水平。与此同时，也要立足开放多元的时代背景，进一步拓宽学科视野，将学科建设放置在中外文化交流对话的历史进程和实践活动之中，不断加强比较思想政治教育，通过与国外相关教育形式的切磋比较，找准自身定位，汲取发展经验，增强思想政治教育的时代性和有效性。

科学发展的核心是全面协调可持续。然而，一门学科在建设初期由于建设任务比较繁重，往往不能平均使力，只能有所侧重，以局部突破带动整体发展。思想政治教育学科也是如此。学科初创之时我们在基础理论研究上建立了思想政治教育学原理、思想政治教育方法论、思想政治教育史与比较思想政治教育等四个主干学科领域。其中，原理、方法论、史论的建设投入力度较大、产出成果较多、发展速度较快，形成了较为完整的原理体系、方法论体系和史论体系，但比较研究相对滞后，致使其成为学科体系中较为薄弱的板块。立足全球化时代思想政治教育"面向世界、面向未来、面向现代化"的客观需要，推动学科科学发展，应该在进一步深化原理、方法和史论研究的同时，加强比较思想政治教育研究，努力形成学科建设合力，推动学科建设整体跃进、协调发展。此外，加强比较思想政治教育，也有助于增强原理研究对不同国家思想政治教育现象的解释力，提升历史研究的恢宏感，推动方法研究从局部实践经验的归纳上升为具有广泛意义的方法论指导。

经过三十多年的建设，思想政治教育学科正在从注重规模扩张的外延发展转向注重质量提升的内涵发展。破解这一问题，不仅需要研究思想政治教育的中国特色和中国经验，还要将之放在各国历史文化背景下，把握其存在发展的具体样态、历史成因和文化品格。这就需要在更为广阔的世界视野中，通过方法互动、资源汇通，透视不同国家思想政治教育现象的理论品质与实践策略的异同，从而更好地把握思想政治教育的本质和规律。

总之，顺应新时期思想政治教育学科发展趋势，促进学科建设的创新发展、科学发展与内涵发展，需要加强比较思想政治教育。

三

我国比较思想政治教育研究兴起于 20 世纪 80 年代中后期。"比较思想政治教育"名称的正式出现，是在 1988 年 6 月在广州召开的思想政治教育专业会议上。从学术研究角度第一次提出思想政治教育比较研究，并把其正式列入教材编写计划之中，是 1995 年 10 月在北京召开的开展思想政治教育比较研究会议。此次会议以课程建设为主题，讨论编写被誉为国内第一本比较思想政治教育学教材《比较思想政治教育学》（苏崇德，1995）。后来又陆续出版了多本教材，并开始设置"比较思想政治教育"方向，招收硕、博研究生。与此同时，人们用"名实之辩"解决了国外是否存在思想政治教育的问题，用"实践论"解决了不同政治制度下思想政治教育的可比性问题，使比较思想政治教育获得了广泛认可，具有了学术上的"合法性"（陈立思，2010）。

面向未来，比较思想政治教育还面临着夯实理论基础、创新研究范式、整合研究力量等任务。但一个前提性、基础性的工作就是加强学术资源的开发，特别是要拥有域外思想政治教育相关理论和实践的第一手资料。这就需要开展深入细致的文献翻译工作。然而，目前围绕国外思想政治教育（德育）理论及实践，学界虽不乏翻译力作，但成规模的译丛还不多见，还难以满足比较思想政治教育长足发展的需要。

正是从思想政治教育的时代背景和学科立场出发，我们精选国外思想政治教育相关领域较具权威性、代表性、前沿性的力作，推出了具有较高研究价值与应用价值的系列翻译作品——《思想政治教育前沿译丛》（以下简称"译丛"）。

译丛坚持"以我为主、学习借鉴、交流对话"，旨在丰富我国思想政治教育在国外译著、理论研究与实践探索等方面的学术资源，实现译著系列在学科定位、理论旨趣以及国别覆盖上的多重创新，为推动中外相关学术交流和对话提供支撑。

译丛力争选取与我国思想政治教育相关性较大、国际学术界反响较好的学术著作，既译介国外相关领域知名专家学者的扛鼎力作，也译介对这些代表人物的理论有见地、有深度的研究专著，以及对美国、日本、俄罗斯、加拿大等国相关教育形式有独特研究的代表性著作，以期为广大读者掌握国外相关领域的前沿动态提供方便。

译丛主要面向三大读者群：一是教育学、政治学、思想政治教育学等领域的理论工作者；二是教育主管部门决策者、中小学及高校一线教师、辅导员等教育工作者；三是思想政治教育、道德教育、比较教育等相关专业的本科生与研究生。

译丛在翻译过程中特别重视研判作者的价值取向和意识形态立场，努力按照国家要求和中国实际对所选书目及其内容进行甄别。但是由于作者所处国家及学术立场的限制，有些内容可能仍然并不适合于我国国情，需要读者在阅读时各取所需、为我所用，批判地吸收其中有益的成分。

杨晓慧

2015 年 5 月于东北师范大学思想政治教育研究中心

谨以此书献给我过去和现在的学生

目　录

目　录

尾　声　奋起反驳 / 277

没有斗争就没有进步。那些宣称自己热爱自由但厌恶变革的人，恰如不愿耕种却渴望收获。他们想要甘霖，却拒绝雷电；他们喜欢海洋，却不欣赏海浪咆哮。这种斗争可能体现在道德层面，也可能体现在肉体层面，抑或两者兼有。不提出要求，权力就不会对任何事物让步，过去如此，将来同样如此。

——弗雷德里克·道格拉斯（Frederick Douglass）

序言　科特·柯本 VS. 马斯特·比

1998 年 10 月 13 日，我作为教练员率领我们学校——瓦尔登中学1
(Walden Middle School) 的"国家学术联盟'测试碗'(Quiz Bowl)①"团
队进行第一场比赛。这所学校在亚特兰大公立学校中很具代表性，学生主
体为贫穷的非洲裔美国人，学习十分勤奋，老师也非常负责。尽管如此，
我们在学术上也一直追求卓越。那一年，我和一个同事决定组建机智问答
队，以鼓励那些在学业上志存高远的学生。目前我们已经从所做的训练中
感受到了乐趣。我们很高兴地看到，许多孩子放学后都自愿留下，来提高
他们的学业能力和知识水平，虽然此刻我并不大确定是否所有人都有足够
的乐趣。

我们的竞争对手是萨顿中学，学区中两所所谓的"白人中学"之一。
我们预见到将会遭受重创。不，不仅是重创，而是一场惨败。总归，我们
将一败涂地。"国家学术联盟"规定由 15 至 40 名学生组成的队伍参加比
赛。我们在比赛之前就已作出决定，让所有定期出席训练的学生都参加比
赛，不管他们的能力如何。整个团队为此达成共识，我却逐渐质疑这个决
定是否明智。参与固然很好，但没有人喜欢输，更别说受辱了。

"国家学术联盟"系列赛分四个不同的小节进行，在"团队对抗赛"
环节中，我们处于中游：我们最优秀的 5 名学生对阵他们最优秀的 5 个，　2

---

① "测试碗"又称"学术碗"，是一种关于学术问题的智力竞赛，在美国、加拿大的高中
　和大学中很盛行。通常在至少两队之间进行，每队由 4 至 5 名成员组成，以按铃抢答
　的方式进行比赛。——译者注

每队还有一支由另外 5 名学生组成的替补队伍进行循环比赛。竞赛规则要求学生以团队合作的方式回答问题。哪支队伍率先摁铃并回答正确，就可以得到 2 分。如果哪个队伍摁铃但回答错误，则会被扣掉 1 分。当裁判抽出下一个问题的卡片放到两个队伍的面前时，我是多么希望我们可以时来运转，拿下 1 分，或者至少我们队能够不再延续因先摁铃却回答错误而导致丢分的颓势。

请将下面左侧的人名与右侧符合其正确描述的选项进行搭配：

a. 理查德·尼克松　　1. 《雨点不断落在我头上》的作曲者，还发行过其他唱片。

b. 伯特·巴卡拉克　　2. 涅槃乐队（Nirvana）的创始人，谱写了红极一时的歌曲《仿佛青春气息》。

c. 比约·博格　　　　3. 连续五年问鼎温布尔顿网球公开赛。

d. 约翰·韦恩　　　　4. 因"水门事件"丑闻而被迫辞去总统职务。

e. 科特·柯本　　　　5. 一生出演 200 多部影片，以出演西部片闻名。

当我看到这些问题时，我的脸都青了，这次举办"国家学术联盟"比赛的目的是想进一步巩固学生在学校中所学的知识。因此，所有题目都应该与英语、数学、科学和社会科课程紧密相关。上面这道题目不知从何而来，我们不是来参加无意义的游戏的。此外，上述题目中列出的人物都是白人。我知道我的学生有能力识别出理查德·尼克松和科特·柯本（Kurt Cobain），但是对于约翰·韦恩（John Wayne），我不大确定他们是否知道。倘若他们以前听说过比约·博格（Bjorn Borg）或者伯特·巴卡拉克（Burt Bacharach），我会感到非常惊讶，他们是威廉姆斯姐妹（Venus and Serena Williams）之前那个时期的，这些居住在市中心贫民区里的黑人孩子怎么可能会看过网球比赛?! 或许他们能通过逐个排除的方式找出答案，但是我最希望看到的是他们能够聪明点儿，为平稳起见，还是不要摁铃为好。

"嗡嗡。"

"瓦尔登中学率先摁铃，请给出答案。"

本尼欲回答这个问题。① 他是一个优秀的学生，天资聪颖，具有极佳的幽默感，学业上和政治上都积极要求进步。他最大的心理障碍就是作为一名八年级学生，他身高不足 5 尺。我对他抱有一线希望，希望他知道自己在做什么。"我们的答案是：a–4；b–2；c–1；d–5；e–3。"尼克松因"水门事件"丑闻而被迫辞去总统职务；巴卡拉克为涅槃乐队创作了《仿佛青春气息》；博格是《雨点不断落在我头上》的作曲者；约翰·韦恩出演过许多西部片；科特·柯本问鼎温布尔顿网球公开赛。

此时，从房间另一侧传出了阵阵笑声，萨顿中学的教练对她的队伍怒目而视，而他们在努力地答题使自己平静下来，时不时发出轻蔑的哼声或咯咯的傻笑。对这群中学生而言，他们已经表现得非常不错了。很明显，尽管本尼的答案把他们逗乐了，但他们不仅仅是因为我们答错了才笑的。

"对不起，回答错误。萨顿中学，你们有一分钟时间可以摁铃。"

萨顿中学摁铃后，同样也答错了，他们混淆了博格和巴卡拉克，但这对于拯救我们的队伍没有丝毫意义。比赛最后，我们最终以 23∶72 惨败，对此我一点也不感到惊讶。萨顿中学是本地区最富有、白人最多的中学（有三分之一的学生是白人，只有大约一半的人有资格享用免费或者便宜的午餐），他们队伍中的成员很明显都是学校里具有中上层社会经济背景的学生。据统计，比起那些来自低收入家庭的有色人种儿童，这些孩子在考试中表现得更好。尽管萨顿中学也有许多黑人学生，但参赛的这些学生几乎都是白人，他们很显然是左翼分子的孩子（因而上公立学校），居住在巴克海特（Buckhead）②，父母是医生、律师、商人或者其他专业人

① 本书中所有学生和教师的名字均为化名，以保护他们的隐私。

② 巴克海特（Buckhead）位于亚特兰大市中心北部，被认为是最好的居住地点、最高档的社区，拥有高档的购物商场、酒吧和餐馆。——译者注

士。在我们返回校车的路上，学生们也私下议论这些，也会争相前往其他教室驻足观望。当我严厉批评莎尼可离队伍越来越远时，她解释道："我只是想看看一个贵族学校究竟是什么样子的，莱文森博士。"

我带领着这35名情绪沮丧的学生乘坐校车返回瓦尔登中学，我与学生们一起做了比赛后的分析总结。我们的校车在桃树大街上颠簸前行着，车从巴克海特回到了一个被称作"第四居住区"（the Fourth Ward）① 的黑人聚集区，这个曾经在历史上很重要，而如今却变得破败的区域，就是我们学校所在地。我们当时还讨论了如何做可以更有效率和效果，需要准备什么类型的问题，我们在学术方面的弱点在哪里，还为下周的比赛制订好了战略并达成以下共识：每半周一次的练习环节中，主要把精力集中在数学和社会科上。随后，出于好奇，我问学生们："你们知道当本尼给出错误的搭配题答案时，为什么萨顿的孩子们会笑呢？"他们回答说不知道，同时也感到困惑，因为萨顿这支队伍在比赛中表现得彬彬有礼，是令人尊重的对手。

我继续说道："他们嘲笑是因为我们错误搭配了科特·柯本那个选项。你们当中究竟有多少人听说过科特·柯本呢？"35名学生中竟然没有一个人举手。我很惊讶，继续问道："涅槃乐队，有谁听说过吗？"依旧没有人回应。"垃圾摇滚，这种音乐形式呢？"大家全都用眼睛瞪着我。"西雅图呢？"我绝望地问道，一些孩子可能听说过西雅图。

我向他们解释了谁是科特·柯本，还有关于涅槃乐队的情况，垃圾摇滚这种音乐形式以及若干年前柯本的自杀事件。"或许有95%的未满30岁的白人都能告诉你科特·柯本是谁"，我最后说道："这就是为什么萨顿的孩子们当时会笑出来。你们不知道科特·柯本这件事令他们感到不可思议，就像对于你们来说，遇到一些人，他们从未听说过马斯特·比或米娅·艾克斯（Mia X）"——在当时盛行一时的说唱艺术家。

"哦，但是莱文森博士，"达文特匆忙地打断我，"你没明白，我们可

---

① "第四居住区"：位于亚特兰大市中心的著名黑人居住区。——译者注

能没听说过科特·柯本，但是每个人都会知道马斯特·比。"

我反驳道："每一个和你出去闲逛过的人，并不一定没和别人出去过。"

"不，不，莱文森博士，你没理解，每个人都知道马斯特·比。"

我回应道："白人孩子对科特·柯本的熟知程度也是一样的。"

"是的，但那不一样。不像他们，每个人都听说过马斯特·比。"

"是的，"从巴士附近忽然传来异口同声的声音，"每个人都知道马斯特·比。"

我现在是哈佛大学教育学院教授。在此之前，我曾在亚特兰大和波士顿的公立学校从教 8 年。之前，我是按照未来成为一名政治哲学家来训练和规划自己的，我在耶鲁大学学习哲学专业，并在牛津大学获得了政治学博士学位。在此，我从政治理论家、城市中学教师和教育研究学者三个立场思考从萨顿到瓦尔登中学大巴上的这段对话。为什么这段对话对全体美国人都具有意义？这段对话的内容和情境让我们思考在国家这一整体中，我们是谁？公立学校应该努力教授给学生什么？实现怎样的目标？

退一步讲，在瓦尔登中学教书的三年时间里（1996—1999 年），学校里有 99% 的黑人学生，其中有权享用免费或便宜午餐的特困学生占 94%。基于这种学生构成特点，我们采用了一种兼收并蓄的多元文化课程（multicultural curriculum）体系，但是在实际操作中，这种兼收并蓄主要体现在针对美国黑人以及有过城市生活经历的美国黑人上。例如，米尔德里德·泰勒（Mildred Taylor）的《雷声隆隆，让我哭泣》（*Roll of Thunder, Hear My Cry*），我在七年级的英语课上讲授过的唯一一部小说，它集中讲述了 20 世纪 30 年代居住在南部的美国黑人的家庭生活。与之类似，八年级第二学期的美国历史课 [从克里斯托弗·哥伦布（Christopher Columbus）到第二次世界大战期间] 布置的论文作业则是对比布克·T. 华盛顿（Booker T.Washington）和 W.E.B. 杜波伊斯（W. E. B. Du Bois）关于美国黑人地位的不同立场。学生们在艺术课上了解到费思·林格尔德

6

(Faith Ringgold)，在法语课上撰写关于科特迪瓦以及其他讲法语的非洲国家的报告，并在每年12月协助图书管理员精心操办宽扎节（Kwanzaa）(非洲裔美国人的节日，庆祝活动共七天，从12月26日至1月1日)。

在40名教职工中，算上我，仅有6个白人，我很乐意并满怀热情地听从同事的领导。我为班级图书区购买的300本书中，至少有100本是美国黑人作家的作品，或是关于美国黑人文学、历史、诗歌、科学家、发明家、音乐家、运动员或艺术家的。在八年级的英语课上，每年我布置的第一个主要作业就是让学生写个人陈述，因为我知道十几岁的孩子喜欢写他们自己，并摘录来自马娅·安吉卢（Maya Angelou）的《我知道笼中鸟为何歌唱》(*I Know Why the Caged Bird Sings*)作为写作的模板。我们今年从阅读托妮凯德·班巴拉（Toni Cade Bambara）的著作开始，在年中完成了有关马修·汉森（Matthew Henson）、玛丽安·安德森（Marian Anderson）和刘易斯·拉蒂默（Lewis Latimer）的黑人历史（Black history）研究项目［我拒绝做有关马丁·路德·金（Martin Luther King Jr.）、马尔科姆·艾克斯（Malcolm X）、罗莎·帕克斯（Rosa Parks）和哈里特·塔布曼（Harriet Tubman）的项目，因为学生们睡梦中都能够背诵这些人物生前的事迹］，学年末读完了兰斯顿·休斯（Langston Hughes）和尼基·乔瓦尼（Nikki Giovanni）的诗集。当然，这还不是全部，我们还阅读了加里·索托（Gary Soto）的故事和诗歌集，他是一位来自拉丁美洲的作家，主要创作关于年轻人的诗歌和小说。我们读《安妮日记》(*The Diary of Anne Frank*)的剧译本的同时，完成了"大屠杀"单元的学习，并与当时在科索沃发生的悲剧进行比较。此外，我们每天还撰写日报，将话题分类，比如"我今天的目标是……""句号和感叹号有何关系？"这是一个形式多样的课堂，我们从美国黑人作家、主题和历史，尤其是美国黑人的城市经历中汲取力量，学校和整个学区也关注于此。

我一直认为课堂上这么做总体上是非常好的，直至我们被萨顿重创以及发生了我们回程校车上的那段对话。毕竟我们学校主要是黑人学生，十几岁的孩子除了他们自己，对什么都不感兴趣。作为教师，给学生介绍一些来自各行各业的、有所成就的美国黑人的榜样事例很重要。大多数学生来自单亲家庭，很大比例是和祖父母甚至是阿姨、姑姑生活在一起，极少数学生有亲属上过大学，更不必说从大学毕业了。我们想给学生们这样一个愿景：如果他们能够在学校中勤奋刻苦地学习并且取得好成绩，他们就能梦想成真。坦白讲，我们是想告诉学生："第四居住区"之外的生活是怎样的。正如我的同事们经常向学生强调："你不能选择自己的出身，但是能选择自己的未来。"从这点来看，利用像这些学生一样的居住在市中心区的美国黑人来吸引他们的注意力和兴趣，是十分有意义的，同时也激励和鼓舞这些学生取得同样的成就。我们试图用这种贴近学生生活的方式来教育他们，增强他们的自尊心，让历史和文学课程比以往更具全纳性和包容性。

我们同时也遵从亚特兰大公立学校系统的整体领导，他们将教育黑人孩子作为公开的教育目标。这也是为什么所有教师都要学习一门职业发展培训课程："将美国黑人融进课程之中"。在我参加的亚特兰大公立中学的一个小型会议上，一所学校的合唱团演唱了美国南部黑人圣歌，另一个学校不知道是什么表演队进行演出，来自几个中学的女孩进行踏步表演，还有一所学校的合唱团演唱了一首《每个人都放声高唱》(*Lift Ev'ry Voice and Sing*)，此时，我们学校的图书管理员号召每个人都支持拥护这首"黑人国歌"。在亚特兰大教书的三年里，我参加的所有学区范围内的活动都遍布这种对黑人文化形式的关注及自豪感。

我们的目标是崇高的，是经过深思熟虑后选择的。我们的方法在某种程度上对于激励和赋权给年轻、穷困的美国黑人具有重要意义。然而，另一方面，很明显，我们的教学增强了学生在某些方面的想象力，却又限制了其他方面。学生已经相当了解黑人历史、作家、探险家、发明家、艺术家等，但很少能把这些与相关背景知识联系在一起。他们能够给我讲述玛丽安·安德森在林肯纪念堂台阶上成功举办演唱会以及她在纽约大都会歌剧院初次登台的经历，但几乎没有学生知道歌剧是什么，更不要说曾经听过了。学生们曾十分出色地展示、介绍过刘易斯·拉蒂默，但他们对同

8

一时期的托马斯·爱迪生（Thomas Edison）却一无所知。尽管他们是马丁·路德·金的热情拥护者——他童年时代的家离我们学校大约只有三个街区，埃伯尼泽浸礼会教堂（Ebenezer Baptist Church）就在马路对面——但他们对整个"公民权利运动"（civil rights movement）知之甚少，例如，谁是林登·贝恩斯·约翰逊（Lyndon Baines Johnson），大多数人对此全然不知。令我更为沮丧的是，他们竟然没有意识到这些，因为他们生活在一个黑人的世界，他们的同伴、亲戚、邻居、牧师、广播电台甚至电视台的节目都具有相同的历史文化背景。

9

我的学生们生活在这样的世界里，某种程度上是因为亚特兰大有如此大规模的、欣欣向荣的黑人社区，也因为美国黑人建立起了"半自治的、富足的、强大的网络信息系统（包括报纸、杂志和艺术类产品），经常发表与主流媒体差别很大的新闻和评论分析"①。在亚特兰大，我的学生们都喜欢收听三个面向黑人听众的、有关说唱音乐（hip hop）的电台，他们还观看黑人娱乐电视节目和联合派拉蒙电视网 UPN（1999 年时，美国黑人在黄金时段观看的十大节目中有五个在此播出，但是这十大节目均没有美国白人和其他种族后裔的观众），并开始在"黑色星球"（blackplanet.com）上进行互联网搜索，这一时期，谷歌（Google）搜索引擎还未盛行，社交服务网站脸书（Facebook）和视频网站优途（YouTube）也还没有出现。② 社会生活也一律是种族隔离的，比如，三年里，在我参加的学生们的舞蹈演出、管弦乐演奏会、教堂内大合唱表演、篮球赛以及其他课外活动中，唯有一次是坐在鲜明体现了种族融合的观众队伍中。

---

① Michael C. Dawson, "After the Deluge: Publics and Publicity in Katrina's Wake", *Du Bois Review*, 2006, 3（1）, p.248. 亦可参见 Michael C. Dawson, *Behind the Mule: Race and Class in African-American Politics*, Princeton: Princeton University Press, 1994; Michael C. Dawson, *Black Visions: The Roots of Contemporary African-American Political Ideologies*, Chicago: University of Chicago Press, 2001.

② Nielsen Media, "Top Prime-Time Programs: African-American Homes", 2000, retrieved February 17, 2003, from www.nielsenmedia.com/ethnicmeasure/african-american/programsAA.html.

如果就此说我的学生们有着不正常的种族孤立，这是有偏颇的。种族或其他形式的隔离（segregation）是全美国许多社区的共同特征。我们居住在由阶层、种族划分的区域中，喜欢与拥有相同宗教和政治信仰的人交往和对话。我们的孩子在种族和经济上隔离的学校或班级中接受教育，我们消费的文化产品仅仅面对小范围的受众。① 因而瓦尔登中学和"第四居住区"的孤立隔离状况就显得太正常不过了。他们只是我最初的实证研究案例，我是以一个生活在另外一种社会和文化中的外来者的视角来分析这些种族隔离现象的。②

10

实际上，与那些在成长过程中忽略自己处在种族、社交、经济、政治、文化上单一性的、隔离环境中的年轻人，尤其是那些成长在中产阶级、富裕的白人社区的年轻人相比，瓦尔登的学生更向前一步。我的学生知道他们在种族和社会经济地位上被隔离。他们通常轻蔑地称"第四居住区"为"贫民区"。学生们如果傍晚或周末在那附近见到我，总是感到很惊讶，正如奎因告诉我："你知道的，白人从不来这儿。"他们也知道白人

---

① Bill Bishop and Robert G. Cushing, *The Big Sort: Why the Clustering of Like-Minded America Is Tearing Us Apart*, New York: Houghton Mifflin Harcourt, 2008; Erica Frankenberg and Chungmei Lee, *Race in American Public Schools: Rapidly Resegregating School Districts*, Cambridge, MA: Civil Rights Project of Harvard University, 2002; Sonya A.Grier and Shiriki K. Kunnanyika, "The Context for Choice: Health Implications of Targeted Food and Beverage Marketing to African Americans", *American Journal of Public Health*, 2008, 98 (9): pp.1619-1629; John Iceland et al., "Racial and Ethnic Residential Segregation in the United States: 1980-2000", Series CENSR-3, U.S. Census Bureau, 2008; Marye Tharp, *Marketing and Consumer Identity in Multicultural America*, Thousand Oaks, CA: Sage, 2001; Elizabeth Anderson and Jeffrey Jones, "The Geography of Race in the United States", 2002, retrieved June 24, 2009, from www.umich.edu/~lawrace/.

② 这并不完全准确，在德克萨斯州奥斯汀，我知道自己当时是社区中为数不多的犹太人之一。20 世纪 80 年代中期，我在史蒂芬·F. 奥斯汀高中就读时，1600 名学生之中只有四个犹太人，另外三个是我的姐姐、我最好的朋友和他的姐姐。但是，这让我感觉好像我们只是人数非常少，而不是完全的隔离模式。在德克萨斯州，基督徒要比犹太人多得多。

的世界有一套不同的文化标志：莱克温、本尼和达文特在课堂上回答问题时假装用英音，简直让我无法忍受。所有的学生都无一例外地喜欢嘲笑乡村音乐，他们总是很有兴趣地观察我带了什么午饭，因为他们觉得有可能是些奇异的食物：比如鹰嘴豆泥、芦笋比萨、蓝莓。但他们也知道，这些都是表面的差异。他们不清楚的是他们的世界在多大程度上不被美国文化所认知，反之亦然。毕竟，**每个人都知道马斯特·比**，不是吗？

当我困惑于学生们在瓦尔登中学**应该**学习哪些知识来了解外面的世界时，我翻阅了州和全国的社会科和英语课程标准、关于多样性（diversity）的哲学文献、公民资格和公民参与、多元文化主义。令人失望的是，几乎找不到任何针对在少数种族课堂或学校中开展公民教育和多元文化教育的资料。州和全国课程标准都强调一个**共性**，即名义上对"所有学生"建立"高预期"，而一直忽视了全国上下学生、学校和社区间的巨大差异性。它们体现的是"一刀切"的模式，我对此高度质疑，这在教学上不具可行性。多样性和多元文化主义（multiculturalism）方面的文献更是含糊其词和机械模仿，让课程标准含纳所有的学生和观点，这样的课程很难清晰明了，更别提可操作性了。此外，还经常暗自假设课堂的差异性非常大或者白人占据大多数。那时我找到的唯一清楚地提出主体种族—少数种族（majority-minority）学校模式的文献则提倡完全隔离的、非洲中心主义的（Afrocentric）课程，与瓦尔登中学的做法相似，但这却是我一直试图避免的。①

我可以做什么？我想让学生们在成长的过程中能够行使权力、掌握自己的生活。几年前在我还是一名政治学理论的博士生的时候，我的博士

---

① Asa G. Hilliard et al., *Infusion of African and African American Content in the School Curriculum: Proceedings of the First National Conference*, *October 1989*, Morristown, N.J.: Aaron Press, 1990; Molefi Kete Asante, *The Afrocentric Idea*, rev. and exp.ed., Philadelphia: Temple University Press, 1998; Asa G. Hilliard, *SBA: The Reawakening of the African Mind*, rev. ed., Gainesville, FL: Makare, 1998；亦可参见 Amy J.Binder, *Contentious Curricula: Afrocentrism and Creationism in American Public Schools*, Princeton: Princeton University Press, 2002.

论文就是关于在自由民主国家，如何培养学生的自主和自治（autonomy）能力。① 我始终认为，教会学生知识和技能，继而让学生对自己的人生作出有意义的选择，是学校最基本的责任。同样，我丝毫不在乎他们是否知道科特·柯本或垃圾摇滚，或者白人年轻人不知道马斯特·比（这是在白人完全接触说唱音乐之前）。说实话，科特·柯本是一个微不足道的人物，仅在 20 世纪晚期的美国流行音乐史上有些影响力。而我关心的是当他们写大学的入学作文、申请奖学金、应聘工作时，不能辨认出一些重要的文化知识。我也想让他们去了解各种类型的知识，而不要假定别人是否知道这些知识。例如，**不要**假定不在城市居住的年轻人或美国白人理应听说过马斯特·比。换句话说，我关注的是他们"主流"或"主导"的文化资本（cultural capital）。② 萨顿的孩子们对于历史和文化的了解程度不一定就比瓦尔登的孩子们更好、更深入，但是鉴于 21 世纪早期美国经济、政治、文化和权力分配的不均衡，萨顿的学生在知识结构上更具优势。

12

从这个角度看，赋权（empowerment）是一种集体的情况（collective condition），而不是一种个人拥有或状态。权力是有情境的、相互关联的。③ 试图在学校和特定的社区内对学生赋权，在瓦尔登和"第四居住区"界定的范围内赋予他们自信和能力是不够的，而这正是亚特兰大公立学校本质上一直在做的，也是很多"非洲中心主义"文献所倡导的。尽管

① Meira Levinson, *The Demands of Liberal Education*, Oxford：Oxford University Press，1999.

② Prudence Carter, *Keepin' It Real：School Success Beyond Black and White*, New York：Oxford University Press，2005.

③ 从经济视角，参见 Samuel Bowles et al., "Group Inequality", Economics Working Papers, Institute for Advanced Study, School of Social Science, Princeton, 2009, retrieved May 24, 2011, from econpapers.repec.org/RePEc：ads：wpaper：0088；Young Chul Kim, "Lifetime Network Externality and the Dynamics of Group Inequality", Munich Personal RePEc Archive（MPRA）Paper, University Library of Munich, retrieved May 24, 2011, from mpra.ub.uni-muenchen.de/18767/1/MPRA_paper_18767.pdf., 2009。相关社会学分析可参见 Mario Luis Small, *Unanticipated Gains：Origins of Network Inequality in Everyday Life*, New York：Oxford University Press，2009。

这是一个好的开始，但是始终他们还是处于一个大的社会环境中的次要位置上。正如"国家学术联盟"比赛结束后，我们的校车沿着桃树大街，经过巴克海特区一座座办公楼和富丽堂皇的商场，驶入"第四居住区"的盒式住宅和殡仪馆，我们实实在在地被逐出于权力之外。学生们对于玛丽安·安德森所取得的成就的自豪感也不会改变这些，《魔笛》(The Magic Flute)的故事也改变不了。即使他们掌握占据统治地位的文化资本，也只不过是权力殿堂的过客。当莎妮可在萨顿中学的教学楼里徘徊，想知道一个贵族学校究竟是什么样子的时候，她已经证实了这种感受。

我开始逐渐相信，达文特、莎妮可和本尼需要机会，让美国变成他们眼中更正义和公平的地方。直到他们学校变得和萨顿中学一样富有，直到机智问答队的教练不是只看一眼他们的肤色和社会阶层就知道哪支队伍有可能取胜，直到他们不认识科特·柯本就像萨顿孩子们有可能不知道马斯特·比那样变得无所谓，他们才能够真正被赋予权力。这种赋权超越了学生个体对主流文化资本的掌握，也超越了学生对本地的、非主流文化资本的掌握和自豪感。进一步讲，它超越了任何学生个体对学术、文化、社会知识和技能的掌握，任何教育者试图努力将这些东西硬安装到自己学生身上，都会感到无能为力。只有通过改变美国社会才能真正赋予瓦尔登学生权力，但是我们改变不了美国社会，我们只能通过每次给每个孩子一点机会来赋予他们权力。我坚信，学校应该教会年轻人知识和技能，以此颠覆和重塑权力关系，这需要通过公共的、政治的、公民的行动（civic action），而不仅仅是个体自身的进步。

实践中会是什么情况？特别是像瓦尔登中学这样的市区（urban）公立中学，需要一直努力为边缘化社区中成长起来的孩子传授最基础的学术知识，什么样的原则能够并且足以指导赋权这项工作呢？如何向持怀疑态度的公众证明这种实实在在地将权力交到年轻人手中的、理想的赋权模式呢？这些是我想要阐述的问题。为此，我也同时对其他问题产生疑问并努力寻求答案：为什么尤其要关注事实上的种族隔离学校（de facto segregation schools）和社区（communities）的赋权呢？这种环境下的赋权与其他情况相比有什么差别吗？当学生们生活在历史上被边缘化、被剥夺权力的社区中时，学校应该集中精力帮助他们获取知识和技能，以帮助他们建立起自己的社区并为之作出贡献？还是应该让他们远离原有社区，进入更能有效培养这些能力的社区？如果我们都改变不了萨顿的教育情况，在瓦尔登这样的环境下，我们又能作出多少改变？更不用说去改变位于玛丽埃塔（Mariettta）或科布（Cobb）这样更富有的白人区的郊区学校了。就这点来说，我们在被隔离的学校和社区中选择的做法对于整个国家又有哪些意义和启示呢？

瓦尔登的种族隔离程度是具有普遍性的，因此，尽管这些问题产生于我具体的教学实践中，但是它们却具有普遍意义。美国三分之一的非洲裔和拉美裔学生以及东北部超过半数的黑人学生所上的学校拥有 90%—100% 的少数族裔。[1] 这些学校绝大多数坐落在城市地区，时常是城市中心区。2008—2009 年，全美最大的百个学区中，超过半数的学校拥有 81%—100% 的非白人学生，六分之一拥有 90% 以上的非白人学生。[2] 因而，事实上后面所说的这些学区中，多数学校里全部是少数族裔，而且经常是单一种族。

有些多元化的学区也时常包含一些具有相同种族和民族特征的学校，如黑人学校和白人学校。超过半数的华盛顿公立学校拥有 97% 或更高比例的黑人学生，也有 6 所学校的白人学生数量超过 50%。与之相似，2010

14

---

[1] Gary Orfield and Chungmei Lee，"Racial Transformation and the Changing Nature of Segregation"，Cambridge，MA：Civil Rights Project at Harvard University，2006；亦可参见 Gary Orfield et al.，*Dismantling Desegregation：The Quiet Reversal of Brown v. Board of Education*，New York：New Press，1996；Gary Orfield，"Schools More Separate：Consequences of a Decade of Resegregation"，Cambridge，MA：Civil Rights Project at Harvard University，2001，table 14 and18。

[2] Jennifer Sable et al.，"Characteristics of the 100 Largest Public Elementary and Secondary School Districts in the United States：2008-09"，Statistical analysis report，Institute of Educational Sciences，National Center for Education Statistics，2010，table A8，retrieved November 7，2011，from nces.ed.gov/pubs 2011/2011301.pdf.

年，尽管整个学生人口的黑人比例数是 81%，但有一半的小学和中学黑人比例数至少要占到 97%。与黑人种族聚集相对应的是，7 所小学有三分之二以上的白人学生，1 所小学有 40% 的西班牙裔学生和 59% 的黑人学生。① 瓦尔登中学和萨顿中学的人口特征差异清楚地表明了同一学区内的种族隔离模式。因而，尽管学区的种族隔离数据让人担忧，但还是比单个学校的数据更多展示了一丝融合的图景。种族隔离倾向在城市的特许学校（charter schools）② 更为严重，这些学校中的少数族裔种族隔离程度比它们所属的学区更为严重。例如，波士顿地区 60% 的特许学校招收的非白人学生超过 90%，而公立学校中非白人学生占据高比例的只有三分之一。这些学校和学区里的学生通常也很贫困，100 个最大学区中超过半数的学生有资格享用免费或降价午餐。这其中的 19 个学区，涵盖大约 400 万个学生，超过 70% 的学生有资格享用免费或降价午餐。③ 很多学生因此面对种族、阶层的双重隔离，甚至是种族、阶层和语言的三重隔离。④

随着美国学校和学区恢复种族隔离，而不是废除隔离，这些服务于城市中贫困的、种族隔离人群的学校的数量在未来的几十年中有可能还会增长。⑤ 由于最高法院出台了"父母参与"（Parents Involved V. Seattle）这

---

① 这些调查结果是根据学区和州的网站上相关学校的数据计算得出的。

② 特许学校不属于公立学校系统，依靠父母、公司等机构赞助运营，但也得到州政府的支持。——译者注

③ Jennifer Sable et al., "Characteristics of the 100 Largest Public Elementary and Secondary School Districts in the United States：2008-09", Statistical analysis report, Institute of Educational Sciences, National Center for Education Statistics, 2010, table A1 and A9, retrieved November 7, 2011, from nces.ed.gov/pubs 2011/2011301.pdf.

④ Gary Orfield and Chungmei Lee, "Historic Reversals, Accelerating Resegregation, and the Need for New Integration Strategies", Civil Rights Project/Proyecto Derechos Civiles, UCLA., 2007, pp.5-6, retrieved May 1, 2009, from www.civilrightsproject, ucla.edu/research/deseg/reversals_reseg_need.pdf.

⑤ Gary Orfield et al., *Dismantling Desegregation：The Quiet Reversal of Brown v. Board of Education*, New York：New Press, 1996; Gary Orfield, "Schools More Separate：Consequences of a Decade of Resegregation", Cambridge, MA：Civil Rights Project

项决策，它废止了一些具有"种族意识"的学校在路易斯维尔、肯塔基、西雅图和华盛顿为促进学校取消种族隔离所设计的分配政策，这种趋势会潜在加剧。另外，公众对于学校取消种族隔离施加的压力减小了许多，取消种族隔离被许多人看作是"昨日的抗争"，目前，无论在隔离还是融合的环境下，让学生"有均等的学习机会"均受到更大程度的重视。① 特许学校开展的"没有借口"（No Excuses）运动或许是这种转变最明显的范例。尽管事实上这些学校是为在种族和社会阶层上高度隔离的学生服务，但是它们也因此得到全国范围的称颂。开展"知识就是力量项目"（Knowledge is Power Program，KIPP）的学校，自诩道："每一天，全国范围内加入此项目的学生都在证实，人种特征不能决定他们的命运。我们的学生超过 80% 来自低收入家庭，有资格享用联邦政府提供的免费或减价午餐，95% 的学生是非洲裔美国人和拉美人。"过度的隔离是被公然反对的，"知识就是力量项目"承诺对学业成绩和学生品行设定清晰的、可测量的高期望值，并不得以学生的出身背景作为降低要求的借

---

at Harvard University，2001；Gary Orfield and Chungmei Lee，"Historic Reversals，Accelerating Resegregation，and the Need for New Integration Strategies"，Civil Rights Project/Proyecto Derechos Civiles，UCLA.，2007，pp.5-6，retrieved May 1，2009，from www.civilrightsproject，ucla.edu/research/deseg/reversals_reseg_need.pdf.

① 分别引自 Glenn C. Loury，"Integration Has Had Its Day." New York Times，A23，1997，retrieved August 3，2009，from www.nytimes.com/l997/04/23/opinion/integration-has-had-its-day.html? scp =1&sq= &st= nyt；Gloria Ladson-Billings，"Landing on the Wrong Note：The Price We Paid for Brown"，Educational Researcher，2004，33（7）：pp.3-13。亦可参见 Mwalimu J. Shujaa，*Beyond Desegregation：The Politics of Quality in African American Schooling*，Thousand Oaks，CA：Corwin，1996；Vanessa Siddle Walker and Kim Nesta Archung，"The Segregated Schooling of Blacks in the Southern United States and South Africa"，*Comparative Education Review*，2003，47：pp.21-40；Sonya Douglass Horsford and Kathryn Bell McKenzie，"'Sometimes I Feel Like the Problems Started with Desegregation'：Exploring Black Superintendent Perspectives on Desegregation Policy"，*International Journal of Qualitative Studies in Education*，2008，21（5）：pp.443-455。

16 口。① 北卡罗莱纳州首府洛利（Raleigh）也提出了类似的倡议，过去 20 年来，这里废除种族隔离（desegregation）的努力得到全国公认，即便如此，2010 年，其所辖的威克市（Wake County）教育董事会投票表决，停止跨区校车接送（busing）。②

美国黑人和拉美裔的政治领袖同样把他们的注意力从种族融合转向机会均等（equality of opportunity）。例如，"全国有色人种促进协会"（National Association for the Achievement of Colored Person，NAACP）举行关于非种族隔离学校和黑人学校优缺点的严正辩论，并发表声明，减少对废除种族隔离制度的关注；尽管协会也曾给出书面意见，支持西雅图和路易斯维尔学校的种族融合（integration）政策。③ 西雅图、丹佛、圣路易斯和克利夫兰的黑人市长也一直努力实施废除种族隔离的举措，而拉美公民权利组织"拉拉扎"（La Raza）的领导人最近则声称："百分百的单一种族不见得是一件坏事。"④ 正如高等法院法官克拉伦斯·托马斯（Clarence Thomas）在西雅图和路易斯维尔的案例中，反对针对学校融合政策的立法，他写道："很难看出强制的种族融合能对教育产生益处，更不用说这种融合对黑人取得成就有何必要性了。"⑤ 一些杰出学者也对学校融合

---

① KIPP, "KIPP Five Pillars", retrieved June 13, 2011, from www.kipp.org/about-kipp/five-pillars；KIPP, "KIPP about KIPP", retrieved June 13, 2011, from www.kipp.org/about-kipp.

② Gerald Grant, *Hope and Despair in the American City*：*Why There Are No Bad Schools in Raleigh*, Cambridge, MA：Harvard University Press, 2009.（跨区校车接送，是用公共汽车把儿童从白人区送往黑人区就读，或从黑人区送往白人区就读，以实现种族融合。——译者注）

③ James T. Patterson, *Brown v. Board of Education*：*A Civil Rights Milestone and Its Troubled Legacy*, Oxford：Oxford University Press, 2001, p.192.

④ Gerald W. Bracey, "Our Resegregated Schools", *Phi Delta Kappan*, 2009, 90 (9)：p.691. 亦可参见 Douglas S. Massey and Nancy A. Denton, *American Apartheid*：*Segregation and the Making of the Underclass*, Cambridge, MA：Harvard University Press, 1993；Jennifer Hochschild and Nathan Scovronick, *The American Dream and the Public Schools*, Oxford：Oxford University Press, 2003, pp.48-49。

⑤ Parents Involved in Community Schools v. Seattle School District No. 1, 551 U.S.1, 2007, p.15.

的愿望提出质疑。威斯康星大学教授歌格洛丽亚·拉森比林斯（Gloria Ladson-Billings）说："拥有一个真实的'**普莱西**'（Plessy）[①]比继续一个虚假的'**布朗**'（Brown）[②]更好。"[③]学者、公众和高等法院的立场，加之美国日益增长的非白人人口，使得种族隔离学校将会在 21 世纪的美国持续存在。[④]

种族隔离学校因此面临许多严峻挑战，同时也有责任参与更深层次的对话。例如，作为一个民族，我们应该如何认识自己？我们应该如何应对美国多元化的新形势？如果作为一个国家，我们在实践中放弃这一理想，这对于我们作为美国人应具有的公民认同意味着什么？共同的、共享的（shared）公民认同存在吗？还是以前曾经有过？关于自己和他人，学生应该了解什么？超越分歧的机遇何在？此外，历史上被剥夺公民权的社区和学校对于成员资格、权力而进行的斗争如何揭示和反映整个美国的政治和社会状况？面对这些问题，我围绕多元文化主义、个人认同和政治认同的关系、政治参与、犬儒主义、多样性、公民选举权的剥夺等美国生活和政治的核心问题进行探讨。"**合众为一**"（E pluribus unum）[⑤]是美国面对

17

---

① 代指普莱西案，是美国历史上一个标志性案件。1896 年对此案的裁决标志着"隔离但平等"原则的确立，事实上确认了种族隔离政策的合法性。——译者注

② 代指布朗案，布朗案是美国历史上非常重要、具有标志意义的诉讼案，于 1954 年 5 月 17 日由美国最高法院作出决定，判决种族隔离本质上就是一种不平等。——译者注

③ Gloria Ladson-Billings, "Inching toward Equity", Forum for Education and Democracy, Retrieved August 3, 2009, from www.forumforeducation.org/node/477. 亦可参见 Derrick A. Bell ed., *Shades of Brown: New Perspectives on School Desegregation*, New York: Teachers College Press, 1980; Derrick A. Bell ed., *Silent Covenants: Brown v. Board of Education and the Unfulfilled Hopes for Racial Reform*, Oxford: Oxford University Press, 2004。

④ U.S. Census Bureau, "An Older and More Diverse Nation by Midcentury", 2008, retrieved August 3, 2009, from www.census.gov/Press-Release/www/releases/archives/population/012496.html. 关于这一事实因果的讨论可参见 Charles M. Payne, *So Much Reform, So Little Change: The Persistence of Failure in Urban Schools*, Cambridge, MA: Harvard Education Press, 2008。

⑤ "合众为一"，意为团结统一，是美国国徽上的格言之一。——译者注

的永恒挑战。从事实上存在的隔离学校和社区的角度去看待这种挑战，才能更好地理解我们的**多样化**社会，以及我们力争达到的**统一**。

在这里，我必须要承认我是一个处于社会中上阶层、受过良好教育的白人，探讨如何教育贫困的有色人种青年，好像真有些不太恰当。过去一两个世纪以来，在公立学校中，低收入的有色人种学生通常受到占主导地位的中产阶层白人教师的劣待。这些学生被指责为"朽木不可雕也"，因被剥夺权力而受到怜悯，也时常被一些热情的、好心的教师指派去做对他们的学习成绩和学习机会都毫无益处的工作，分配给他们的学校和老师都远远逊色于富有的白人学生，他们也被告知知识和技能都不重要，无论如何都不会受到尊重。长久以来，白人教育者关于如何教育"其他种族的孩子"发表了诸多看法和评论，我担心自己会步他们的后尘。① 然而，仅有好的意愿是不够的，误解、曲解、误用等情况不可避免地导致很难准确把握不同维度上的差异性。为了发现并除去其中的一些误解，我邀请很多人阅读并与其交谈书中的观点、论证、章节，偏颇之处仍在所难免。

因而，我试图用一种不同寻常的、通俗易懂的方式写作本书。在学术性著作中，作者通常忽略、掩盖甚至拒绝给出自己的个人观点和偏好。在本书中，我不想将自己的经历、对人和事的反应作为毫无关联的背景知识来展示自己的学问，而是将它们融入行文并加以分析。之所以这么做，是因为我希望能让读者以自己的体会来评价我的论述。身为一名教师，我把一些颇具挑战性的事件和互动联系起来，展现自己作出理智选择时的真实情境，并试图提供一种方式，让读者能够辨别那些出于我自身的假定和偏颇，尽管作出这些假定时我的出发点是好的。为此，我将自己的思想发展历程与规范的、分析的、实证的论述相结合，以此来完成本书的写作。

我运用规范的、分析的、实证的论述方式，这些多样的认知方式（ways of knowing）共同驱动本书的写作。我是一个受过规范训练的政治哲学家和教师，所学的研究方法没有其他哪个行业和专业可以与之相匹

---

① Lisa Delpit, *Other People's Children*, New York：New Press，1995.

敌。政治哲学家接受深度思考的训练，我们寻找的是逻辑矛盾、逻辑推理、显性和隐性假设以及其他线性的、逻辑的论证的特征。我们也考虑合理性的问题，尤其是有关人的行为的。在特定情况下，我们对人的感觉、想法和行为有哪些预期？在这样的情况下，人们如何感知、思考和行动才是合理的？最终，我们思考的是价值观问题。在多样的制度结构和关系中，蕴含着什么样的价值观？如有可能，我们怎样去变革这些制度和关系，去体现我们一直秉承的或更希望拥有的价值观？

19

我们总是赞成某些价值观而反对另一些，提出价值层次论（hierarchies of values），并对如何处理价值观冲突提出了建议。政治哲学家总是特别关心公平和正义，帮助人们理解和制定在不同环境下促进公平和正义所需要的理论和原则。通常情况下，这种在"理想化理论"下的思考，是假设在现存的世界中，道德和制度的缺陷全部消失，以使我们更清楚地理解理想中的权利、义务及关系。①

教师接受的是努力工作的训练。我们寻找一切可以帮助我们教授学生复杂知识的资源，因为他们的愿望、需求和才能都不尽相同。在课堂上，我们迅速反思前一小时的课堂讲授情况，以便及时改进下一小时的授课。同理，我们晚上对当天的课堂讲授作出反思，为第二天进行准备。我

---

① 在当代政治哲学领域，关于理想化理论和非理想化理论的性质和角色的讨论日益增多。例如，参见 George Sher, *Approximate Justice：Studies in Non-Ideal Theory*, Lanham, MD：Rowman and Littlefield, 1997；Liam B. Murphy, "Institutions and the Demands of Justice", *Philosophy and Public Affairs*, 1998, 27 (4)：pp.251-291；Colin Farrelly, "Justice in Ideal Theory：A Refutation", *Political Studies*, 2007, 55 (4)：pp.844-864；Raymond Geuss, *Philosophy and Real Politics*, Princeton：Princeton University Press, 2008；Ingrid Robeyns, "Ideal Theory in Theory and Practice", *Social Theory and Practice*, 2008, 34 (3)：pp.341-362；Zofia Stemplowska, "What's Ideal about Ideal Theory?" *Social Theory and Practice*, 2008, 34 (3)：pp.319-340；Adam Swift, "The Value of Philosophy in Nonideal Circumstances", *Social Theory and Practice*, 2008, 34 (3)：pp.363-387；A. John Simmons, "Ideal and Nonideal Theory", *Philosophy and Public Affairs*, 2010, 38 (1)：pp.5-36. 尽管我没有明确阐述此领域的文献，但是我试图让本书在内容和形式上推动非理想化理论，这是一项有价值、有必要的工程。

们以最快速度借鉴他人的一些想法。当我们面对挑战的时候，我们求助于同事、朋友或在线教师群，询问怎样才能做得更好？哪里做错了？什么方法管用？我们试行这些想法，随时进行评估，去其糟粕，取其精华。赶巧的话，我们找时间在暑期或周末进行阅读、课堂学习或参加研讨，调整和改进下一年的教学计划。特别幸运的话，我们可以创建或加入教学实践方面的团体，教师们一年中定期聚在一起进行阅读、讨论和学习。我们思考学科教学内容、教学方法、数据、学校和公共政策、社区环境、经济、价值观，学习教育理论、心理学、语言发展、特殊需求、教育政策、希望与现实间的偏差等繁杂的事情。教师总是特别关心学生问题，关注如何应用专业知识来最大程度满足学生的需要。通常情况下，这种在具体实践中的
20 工作，是为了探寻以下问题：在特定的时间和地点，我需要学习并做些什么来帮助这个特定的学生群体？

　　本书试图充分利用两种"研究"的方法，或者更确切地说，是两种探索真理的方法。我利用作为一个政治哲学家所具备的分析能力以及使制度设计规范化的职责，评论他人观点，探寻一些隐藏的假设，讨论其中所蕴含的问题，从而了解这些假设的内容。我提出一些能够引领我们行动的价值观念，试图合理对待人的行为、心理和兴趣，遵循这些价值观念，提出相应建议。我还利用作为一名教师所具备的综合技能和判断力，探究在具体情况下的有效做法，借鉴有价值的想法和实践，并对理论和实践进行反思。

　　但是我也试图超越以上两种方法，规范的哲学理论对于实证数据的漠视令我感到沮丧。它更多依赖所谓的"常识"，这些"常识"已经在一些社会科学文献中被反驳，或者被指出是针对特定群体（比如白人、中产阶级学者），而非全体。另一点让我苦恼的是，理论永远只在"理想的世界"中存在。我关注对人的研究，尤其关注对当下青少年的研究。如果规范的政治哲学**不能**与"非理想"的现实状况相联系，或许我只是自鸣得意而已。实际上，鉴于当代生活善与恶的复杂性，我认为哲学十分重要，它能够帮助我们更好地理解目前的生活方式、潜在的选择，证明尽管有些选

择很艰难（因为存在着诸多选择，有些选择挑战我们怀有的先入之见，有些迫使我们放弃享有的特权），但在道德层面是必要的。

教学方面，我超越了典型的教学方式，不局限于常规的教学，而是在更广阔的视野中运用自己的思想和实践。这与传统的教学绝不冲突，但是坦率讲，这只是一种奢望，仅有少数老师能够做到。作为学者和教授，我很庆幸自己有时间阅读、反思和著述教学实践。另外，我还超越了传统教学，尤其注重学术研究，我试图想当然地假设："他们不了解我的学生，那个对我的班级不适用。"尽管我承认还需要根据具体某个学生、某一学校和社区作出相应的调整，但我相信很多想法和实践都能够被普遍化。

在超越政治理论和充满实用智慧的教学当中，我尽可能地利用实证资料。我不是一个社会科学家，但我十分喜欢运用政治科学、政治社会心理学、社会学和历史学知识。[①] 哲学家有这样的假设：他们自身的推理、价值以及在世界中的存在对于一切"理性"的人都普遍适用，高质量的社会科学研究能够撼动以上假设。对于强调存在于孩子和成人之间的非理想的、压制性的权力关系，调查数据也尤其重要，它会促使一些被理论家所搁置的问题得到尽快解决。严谨的社会科学研究也能帮助教育者审视和改善自己的教学实践，一方面遵从确凿的数据，另一方面激励教师勇于质疑，尝试新想法。我不倡导毫无批判地全盘拥护社会科学的理论或实践。鉴于科学研究的总体性质，尤其是社会科学研究的混乱局面，我们必须承认当今社会科学中的许多"真理"在将来某一时刻会被推翻。因此，对待社会科学研究的发现我抱有一定的怀疑态度，但我也承认这些发现对于回答书中我所提出的问题、政治学理论以及广义的教学都是有意义的。

为使本书的写作在方法论上折中，我综合运用以上两种研究方法，并试图超越这两种方法。为了阐明我认为值得思考的问题，也为了证实采

①　Robert Fullinwider 区分了训练历史学家与训练历史运用者之间的差异性，我肯定属于后一阵营。参见 Robert K. Fullinwider, "Patriotic History", in *Public Education in a Multicultural Society*, ed. Robert K. Fullinwider, pp.203-227, Cambridge：Cambridge University Press, 1996。

取相应措施所具备的可能性和产生的结果，我引入了大量的个人经历。我不是说这些奇闻逸事本身能证实什么问题，但我确信它们能够帮助我们透彻理解知识和实践问题的复杂性。为了达到这种理解，我经常像哲学家习惯做的那样，试图退一步思考，分析一些重要的规则。正如前文指出，只要可用，我也尽可能利用严格的实证研究，尤其在政治学、社会学、历史学、政治和社会心理学及教育学领域。过去 20 年，公民和政治教育（civic and political education）、公民参与研究都经历了令人欣喜的复兴，我特别庆幸能够在这些领域应用新的、严密的、发人深思的、跨学科的实证研究。最后，我用一些原始的实证研究作为二次阅读的补充。一些引自年轻人和成年人的话语以及少量关于他们的统计数据也零散分布在本书中，这些人来自以下 4 所种族隔离学校：亚特兰大的瓦尔登中学，位于波士顿附近多尔切斯特（Dorchester）的麦考迈克中学（McCormack Middle School），德克萨斯州奥斯汀（Austin）的萨瓦拉小学（Zavala Elementary School）和密歇根州迪尔伯恩（Dearborn）的福特森高中（Fordson High School）。这些数据源自 2004 年春天我对 125 名家长、教师、学生以及公民事务领袖进行的小组访谈、采访和调查。学校、地点、受访成年人的姓名（除了我的同事）都是真实的，出于对他们隐私的尊重，所有学生以及同事的姓名，我都使用了化名。

第一章　公民赋权差距

“那为什么‘十三州联邦宪法’(Articles of Confederation)① 很难让各 23
州政府一起协商来解决问题呢？亚当，这个问题你怎么看？”

“嗯……，哦，莱文森博士，有人正在敲门，要我去开门吗？”

“不，我来开门。”

“不，我来，我来!”

“我离门最近!”

约瑟芬说着便第一个走到门前打开门，原来是我的同事桑切斯女士，
她看起来神色惊恐。她在我隔壁的隔壁上课，我们经常在教师办公室里见
面，而不是在我上课的教室。“莱文森博士，你听说了吗？”

“没有啊，听说什么？”

“两架飞机袭击了世界贸易中心。谣传五角大楼也被炸了，国会大厦
也有可能被炸了。你们教室有电视机吗？没有？带着你的学生们来我的教
室和我们一起看新闻吧。”

惊讶之余，我给学生们排好队，沿着走廊去桑切斯女士的教室。这
19个八年级的学生，我一周前才认识。在她的英西双语教室后侧，我们
挤坐在多余的桌子和暖气片上。

一台13英寸的电视机被支在教室前面的椅子上，播放着时而抖动、 24

---

① “十三州联邦宪法”是美国第一部宪法，1788 年被现行美国宪法取代。——译者注

1

时而模糊的画面：汤姆·布罗考（Tom Brokaw）①和正冒着浓烟的世界贸易中心双塔，火焰从塔身的裂痕里喷涌出来。桑切斯女士站在电视旁，每一两分钟就调整一下上面的室内天线，试图看到更清晰的画面。一些学生用英语或西班牙语大喊着给她建议，大多数学生静静地坐着或站着，努力地理解屏幕上模糊的画面。

我们看了大约45分钟，看见了第一座塔倒塌，也确信五角大楼遭到袭击，还听到更多关于其他飞机失踪、可能被劫持的说法，但还不清楚华盛顿是否有其他目标也被袭击。我的学生们开始躁动不安，之前的消息一遍一遍地被确认，没有新的信息，我们陷入了深深的困惑之中。我们本打算半个小时后去图书馆借这学期的教材，但是现在我想先和学生们谈谈我们看到的画面。于是，安静地，我示意学生跟我回到我们自己的教室。

在学生们各就各位后，我问他们有何疑问或想法。他们一大堆的问题让我出乎意料，有点儿招架不住。

"我不明白发生了什么事情。您能讲讲吗，莱文森博士？"

"世界贸易中心双塔是在曼哈顿还是在华盛顿？"

"五角大楼在哪儿？"

"我什么也看不清。为什么大楼就倒塌了呢？"

我意识到我需要解释刚刚电视里看到的所有事情。不知道是因为粗糙的电视画面，还是因为这些十三四岁的学生难以理解这种未经加工和整理的突发新闻，许多学生一点儿也不清楚发生了什么事情。我将一张书桌拉到教室前面，坐了上去，双脚搭在椅子上。"好吧，"我开始说道，"我知道的并不比你们多，但似乎是几架飞机被劫持，然后撞入大楼里了。其中两架飞进了曼哈顿的世界贸易中心双塔中，一架飞进了华盛顿的五角大楼里。目前我们还不知道是否有其他地方会被袭击，但似乎还有失踪的飞机，也有可能已经被劫持了。"

---

① 汤姆·布罗考是美国人心目中最值得信赖的新闻主播，二十多年来他一直担任美国全国广播公司晚间新闻节目的主持人，是保证收视率的一张王牌。——译者注

"为什么有人想袭击五角大楼?"大奎打断我。

"因为它是美国的军事中心,是美国军事实力的象征。"我回答道。

"哦。"根据他们的提问,我发现很多学生没有听说过五角大楼,大多数学生感到困惑,为什么五角大楼要以他们在数学课上学的一个图形来命名?我走到黑板前,画了五角大楼,解释其原因,他们渐渐明白了。

"我去年去曼哈顿的时候看见了世界贸易中心的双塔。"安娜主动说道。

"是的,你可以在纽约的很多地方看见它。"我回应道。

"等一下,曼哈顿和纽约是同一个地方吗?"亚斯明问。

我意识到我还要补充一些背景知识。正如几个月之后我了解到的,我的学生中只有不到一半是土生土长的美国公民。尽管大多数学生居住在美国数年,但是其中一些自出生起,几乎没有到过马萨诸塞州以外的美国境内的其他地方。即使他们在暑假或节假日期间外出旅游,也只是回到佛得角、波多黎各、多米尼加共和国、海地、牙买加或越南的"老家"。像这样的旅行也是很难得的,因为大多数学生都很贫穷,这一点从他们可以获得免费或减价的午餐上能够证实。除了极少数学生去纽约拜访过亲戚之外,没有人听说过世界贸易中心,因此我在黑板上画了一张曼哈顿南部的草图,并标记出双塔、证券交易所和华尔街的位置,来说明为什么这里是美国经济实力的象征。

在我的学生了解了基本信息之后,我们的话题很快转到是否还会发生袭击上来,如果有,会是哪里。可以理解,我的学生也害怕了。我们学校离波士顿龙根机场(Logan Airport)最多几英里远。亚当向窗外望去,从这能清晰地看见波士顿市区的摩天大楼,他指向普鲁丹士大厦(Prudential Building)和约翰·汉考克塔(John Hancock Tower)①,"也许下次他们会袭击那里,下一架被劫持的飞机会飞向那儿。"

"那我们学校呢?"约瑟芬问,"我们离这些地方都太近了,他们立刻

---

① 普鲁丹士大厦和约翰·汉考克塔是波士顿两座地标式建筑。——译者注

能杀死 700 人。"

"好吧，我不能保证我们是安全的，也不能保证普鲁丹士大厦和约翰·汉考克塔不被袭击，"我回应道，"但是我很有信心我们学校不会发生任何事情。第一，无论恐怖分子想向世界传达什么信息，如果他们袭击一群无辜的孩子，那么他们马上就会失去全世界的同情。他们不会袭击学校。第二，实话实说，我们也没有那么重要。"19 张震惊的面孔一起望着我。当然他们是重要的！

"思考一下，"我继续说，"恐怖分子，无论是谁，他们会袭击象征美国力量的，如军事力量和经济力量的标志性建筑。象征美国主导地位的还有其他什么吗？比如我们的文化力量，这样的话，他们就会袭击好莱坞或者洛杉矶的某些地方；我们的政治力量，那他们会再袭击华盛顿特区。但是波士顿没有什么可以象征美国在世界中的实力的地方。这是一座伟大的城市，但她并不象征着什么。'自由之路'（the Freedom Trail）吗？会袭击什么？——'老北教堂'（the Old North Church）吗？这样做不太值得。如果你去国外，让那里的人列出几座美国著名的城市，他们会提到纽约、华盛顿、洛杉矶，或许还有芝加哥，但是波士顿最多也就能排第五或第六，我们没有那么重要。"

27　　　我看了看时钟，发现应该去借教材了。于是我们列队沿着大厅走到图书馆，等着比尔先生点名，把教材上的条形码扫入电脑。这是我们学校的一项新技术。一些学生围在他身旁，边看边抱怨说，现在如果自己的书丢了就不能把别人的拿来写上自己的名字了。"笨蛋，现在你找不到藏书之处了。"我听到大奎和他的朋友说。

图书馆后面有台电视机，我告诉学生们我打算看看新闻，也想让他们和我一起看。四五个学生加入进来，我站在那里，一动不动地盯着电视机，偶尔四处看看，确保学生在我的视线之内。这时，双塔已经倒塌，所有的电视台都滚动播放着双塔倒塌的片段，以及飞机冲进塔内的视频，一遍又一遍。尽管发生了这样的事情，但大多数学生若无其事地在图书馆前闲逛，谈论着同学，比较着老师，猜测着谁会是今年的副校长。当学生们拿着书经过的时候，我试着拦住他们和我一起看，并给他们解释这是历史性事件。"你们看见这些画面了？"我问，"这些画面会附在明年的美国历史教材后面。看教科书上克林顿的这些照片，下一版上，你就会紧接着看到这些飞机和双塔的照片了。"听完我的话，一些学生感兴趣地留下来一起看，还互相评论着他们正在见证历史，有人议论着这看起来像电影或电视游戏，对他们来说，这似乎还不是真的。他们走到图书馆前面继续说着。

之后我送学生们去上科学课，然后去吃午餐。当学生们回来上最后一节课的时候，我们的话题转到这件事会是谁做的以及为什么要这样做上来。"我打赌肯定是乔治·布什，"拉奎塔说，"肯定是他，因为这样他就能找到攻打伊拉克的理由了。"

"什么???"我回应他，"我们不知道到底是谁干的，但我保证肯定不是乔治·布什。" 28

"不是的，莱文森博士，我认为你说的不对，"特拉维斯说，"布什除了富人他谁也不关心，他想报复萨达姆·侯赛因（Saddam Hussein），因为他曾对抗他爸爸，就像拉奎塔说的那样，布什可能是找其他人干的。"

更多人插话支持拉奎塔的说法。布什是总统，他有能力这样做。你知道他从不在乎法律，甚至在竞选中作弊。他想做的就是攻打伊拉克，这件事是个很好的借口。有权力的人可以胡作非为，还能逍遥法外。比如，布什的弟弟阻止了佛罗里达州黑人的选举，可是他也没被怎么样啊！布什真是个坏人——那为什么他不会作出这样的事情呢？

我完全震惊了。目前为止，我已经从容地回答了他们的所有问题：他们对五角大楼的幼稚想法，对曼哈顿和纽约的混淆，对恐怖分子下次是否会袭击马萨诸塞州多尔切斯特的麦考迈克中学的担忧。但是他们说出这样反对布什总统的刻薄话，还自信满满地认为美国总统竟因为一时兴起而选择杀害 5000 名，也可能是 10000 名美国公民，这样绝对的无知和讽刺真让我惊叹不已。

"9·11"事件几天后，我开始向周围的亲戚朋友讲述这件事，告诉他们学生们的反应，他们多数是中产阶级白人，他们和我一样吃惊。[①] 学生们竟然会相信总统能作出这样的事情？他们竟然从来没有听说过五角大楼？尽管一些学生是最近才移民到美国的，毕竟许多学生是在这出生，也在这生活了多年。许多人问我，学生能否分清小布什和他的爸爸，我说能分清，他们能清晰地区分开小布什和老布什，他们还知道萨达姆是被老布什攻打的，萨达姆被指要暗杀老布什而不是小布什。但尽管如此，我还是觉得学生们有些地方好像不太清楚，他们对体制随便怀疑的态度也很可悲。

如今我再讲述这件事情的时候，人们不再质疑学生们是否能分清小布什和老布什，而是谈论学生们的先见，难道他们真的这么有远见吗？当时（2001 年末和 2002 年初）的评论员也没能作出这样的评论。在 2001 年 9 月 11 日，他们怎么能知道小布什总统会用这起袭击事件为 2003 年伊拉克战争（Iraq War）和罢免萨达姆进行辩护？我的学生太聪明了！当然，人们也指出，尽管我的学生从未听说过五角大楼，也不知道曼哈顿是纽约的一个城区，但也不能肯定同龄的、土生土长的八年级中产阶级白人孩子就知道这些，可能阿灵顿（Arlington）和梅德福德（Medford）（波士顿郊外的两个白人、中产阶级城区）的老师也不得不向学生们进行解释。

人们普遍接受后面这种观点。我也不能相信前一种观点——我的学生太聪明了。尽管布什总统利用"9·11"事件为误入歧途的伊拉克战争辩护，违背正当程序、涂炭生灵、目空一切地违反《日内瓦条约》，无耻

---

① 我也和几个非洲裔朋友、同事讨论了学生们的反应，他们没有我那么惊讶，也不像我对学生那么不满。然而，他们也不相信学生所宣称的布什自己下达了袭击命令这一想法。回顾起来，他们也更同意《纽约时报杂志》上沃尔特·莫斯利（Walter Mosley）的评论："我从来没有遇到过对袭击世界贸易中心感到惊讶的美国黑人。黑人并不认为美国是世界的拯救者，他们明白世界上其他国家的人是怎么看待他们的，因为他们也是美国帝国主义的受害者。"参见 Deborah Solomon, "Questions for Walter Mosley: It's the Money, Stupid", *New York Times Magazine*, February 8, 2004, 17。

地伪装，公然犯下战争罪行。① 我还是不同意学生的判断，我不相信小布什总统以牺牲纽约和华盛顿为代价谋划"9·11"事件。

难道不是这样吗？依我之见，这些事实不存在另外一种解释。作为一个土生土长的中产阶级美国白人公民，某种程度上说，我的成长经历有理由让我相信这些是事实。美国给予我很好的待遇：我从她的体制中受益，她赋予我机会和自由，让我享受公共服务，使我处于阶级结构和种族等级的上层。与此同时，由于我的社会阶层和毕业于常春藤名校的教育背景（当然这些是相互交织的），我认识很多目前在政府各部门工作的人，并与他们有着联系和接触，我喜欢并相信他们中的多数人，所以我很难想象，像"9·11"这样的袭击怎么会是白宫内有着和他们同样背景和经历的人谋划并实施的呢？

同样，作为一名历史老师，很多年我都在讲授美国总统们曾经制造的惨剧。例如，八名总统拥有奴隶；安德鲁·杰克逊（Andrew Jackson）在上任前、执政期间以及卸任后对美国土著人进行一系列屠杀；林登·约翰逊（Lyndon Johnson）派兵打了一场明知道不可能获胜的战争，导致成千上万的美国将士阵亡，更别说也造成了越南人民的伤亡。但是我认为这些事件不能反映美国总统本质上不公正和不人道，更不能总体上反映美国不公正和不人道。我也不是说这些惨剧是美国历史和文化的局外之物，这些事件被美国文化影响又反过来推动美国文化的发展。② 即使这样，我依

30

---

① Lawrence Wright, *The Looming Tower：Al-Qaeda and the Road to 9/11*, New York：Knopf, 2006；Jane Mayer, *The Dark Side：The Inside Story of How the War on Terror Turned into a War on American Ideals*, New York：Anchor, 2009.

② Judith Shklar, *American Citizenship：The Quest for Inclusion*, Cambridge, MA：Harvard University Press, 1991；Rogers Smith, *Civic Ideals：Conflicting Visions of Citizenship in U.S. History*, New Haven：Yale University Press, 1997；Eric Foner, *The Story of American Freedom*, New York：W. W. Norton, 1998；Gary Gerstle, *American Crucible：Race and Nation in the Twentieth Century*, Princeton：Princeton University Press, 2001；Carol A. Horton, *Race and the Making of American Liberalism*, New York：Oxford University Press, 2005.

然相信国家公务员这样做总体上是出于好意的，只是有时他们对公共利益（public good）的诠释极大地误导了他们的行为。至少，我相信针对美国人民的巨大阴谋在白宫不会有立足之地。

31　　相比之下，为什么这么多学生立即认为是布什谋划并实施了袭击？依他们之见，他们并没有错，诸多事实足以证明他们的想法，如 2000 年总统大选的作弊行为；总统拥有奴隶、掠夺人权；富有的白人政客冷酷地攫取权力等。作为贫穷的、成长在隔离社区和学校的一代或二代非白人移民，某种程度上，他们的成长经历有理由让他们相信这些是事实。我在麦考迈克教书时，将近 90% 的八年级学生有资格领取免费午餐，90% 的八年级学生是少数种族，超过一半的学生是第一代或第二代移民。他们大多数生活贫困，居住在充斥着暴力和毒品的公寓或住宅区里，许多学生居住在被波士顿警察局认定为最暴力的七个"热门"街区里。他们习惯与警察、社会工作者、缓刑犯监督官以及老师等代表政府权力的人做斗争，这些斗争通常带有种族和猜疑的色彩。他们就读的学校中也都有同样情况的人。正如我在第二章和第三章中将会详细介绍的，这些日常的反抗行为进一步扩大到针对家庭成员以及社区的其他成年人，这也体现了政府长期的压迫和苛待。因此，他们在理解这则爆炸性新闻时认为总统参与谋划了这场悲剧，也就不足为奇了。

　　不管我的学生是被误导的还是有先见的，不管他们的生活经验使他们盲目地还是真实地看到美国领导人的特点，他们都不太可能成为美国公民／政治生活的积极参与者。因而，他们不可能影响公民／政治协商和决策。这是因为少数种族、后入籍的尤其是贫穷的公民，与土生土长的白人尤其是富有的中产阶级公民之间存在着很大的公民赋权差距（civic empowerment gap），这种差距和近年来备受国家关注的数学和阅读上的学业差距（academic achievement gap）一样，影响深远，令人担忧。

32

公民赋权差距的证据

非洲裔美国学生、西班牙裔美国学生、非本土出生的贫困学生在公民知识（civic knowledge）和公民技能（civic skills）的标准测试及调查中，要比白人学生、亚裔学生、本地出生学生和中产阶级学生的表现差很多。这样的差距最早出现在四年级，并一直持续到中学阶段。例如，2010年"全国教育进步评估"中"公民学评估"（NAEP Civics Assessment）显示，贫困的四年级和八年级白人学生（以是否有资格领取免费或半价午餐为准）的成绩和非贫穷的非洲裔、西班牙裔学生一样糟糕，非贫困学生要比同类的贫困学生成绩好得多。亚裔学生的结果不尽相同。在每个族群之中，贫困学生的得分要比中产阶级、富有的学生低很多。成人方面的相关数据也证实了这种情况。例如，2004年，我从教的麦考迈克中学27个八年级学生竟全然不知7月4日是纪念《独立宣言》签署和发表的日子。①

---

① 关于青年人的数据来自 Anthony D. Lutkus et al.，"NAEP 1998 Civics Report Card for the Nation"，Washington，D.C.：U.S. Department of Education，Office of Educational Research and Improvement，and National Center for Education Statistics，1999；Stephane Baldi et al.，"What Democracy Means to Ninth-Graders：U.S. Results from the International IEA Civic Education Study"，*Education Statistics Quarterly*，2001，3（2）：pp.89-96；IES：National Center for Education Statistics，"NAEP Data Explorer"，retrieved July 9，2007，from nces.ed.gov/nationsreportcard/nde/；Judith Torney-Purta et al.，"Latino Adolescents'Civic Development in the United States：Research Results from the IEA Civic Education Study"，*Journal of Youth and Adolescence*，2007，36：pp.111-125；U.S. Department of Education，et al.，"Average scale scores with percentages for civics，grade 8，Race/ethnicity used in NAEP reports after 2001 [SDRACE] x Natl School Lunch Prog eligibility（3 categories）[SLUNCH3]：By jurisdiction，2006（NAEP Data Explorer）"，NAEP 2006 Civics Assessment，retrieved July 9，2007，from nces.ed.gov/nationsreportcard/nde/viewresults.asp? pid=4-2-8-CIV-National-10-SDRACE，SLUNCH3-20063-CR-MN，RP-2-1-1-1-0-2-3-0-1；National Center for Education Statistics，"The Nation's Report Card：Civics 2010"，Institute of Education Sciences，U.S. Department

　　这些关于政治知识、公民知识和公民技能的测试在很多方面是存在局限和偏颇的。它们倾向于静态考查州及联邦的政府结构和体制。从这方面考虑，这些测试不适合考查学生所了解的当前发生的政治事件。例如，2000 年总统大选，第一次海湾战争（Persian Gulf War），萨达姆·侯赛因企图暗杀老布什。这些测试和调查也倾向于评估与政治参与常规形式相关的技能，而不是考查年轻人在如何避免与交警的争端，或与公共住房官员商谈长期以来被忽视的公用空间时采用的技巧。①

　　然而，公民知识的缺乏以及一贯的差距却关系重大，令人烦恼。如果学生既了解当今政治现状又熟悉政治体制和结构，他们行使公民权力的能力就会增强。显而易见，那些不知道他们选举的代表是谁，不知道白宫在各种备受瞩目的政治争端中的作用，不知道法案如何成为法律，甚至不知道 7 月 4 日代表什么的人比了解这些的人更难影响公民生活。② 这些方面的知识并不都重要，但是了解与否会影响到社会权力的分配。个体的公民知识、公民技能和公民态度（civic attitudes）极大地影响到他们的公民和政治行为，而公民行为同时对民主的力度、稳定性和合法性起到关键作

---

of Education, retrieved June 1, 2011, from nces.ed.gov/nationsreportcard/pdf/main2010/20114 66.pdf。关于成人的数据来自 Sidney Verba et al., *Voice and Equality：Civic Voluntarism in American Politics*, Cambridge, MA：Harvard University Press, 1995；Michael Delli Carpini and Scott Keeter, *What Americans Know about Politics and Why It Matters*, New Haven：Yale University Press, 1996；Pew Research Center for the People and the Press, "What Americans Know：1989—2007. Public Knowledge of Current Affairs Little Changed by News and Information Revolution", 2007, retrieved August 4, 2009, from people-press.org/reports/pdf/319.pdf。

① 对此问题的讨论和证据，参见 William Ayers and Patricia Ford, *City Kids*, *City Teachers*, New York：New Press, 1996；Richard G. Niemi and Mitchell S. Sanders, "Assessing Student Performance in Civics：The NAEP 1998 Civics Assessment", *Theory and Research in Social Education*, 2004, 32 (3)：pp.326-348；Students from Bronx Leadership Academy 2, et al., *SAT Bronx：Do You Know What Bronx Kids Know?* New York：Next Generation Press, 2008。

② Daniel Hart and Robert Atkins, "Civic Competence in Urban Youth", *Applied Developmental Science*, 2002, 6 (4)：pp.227-236.

用。公民知识和较高层次的政治参与、民主价值（democratic values）表达（包括宽容）、信仰自由、稳定的政治态度之间，有着直接和明显的相互联系。① 个体对公民技能的掌握与公民政治参与的可能性，尤其是参与效果紧密相连。"那些掌握公民技能以及掌握与公民政治活动密切相关的具体能力的人，更有可能在政治参与中自信地、有效地运用这些技能。"②因此，掌握这些知识的人群的分布状况也预示了公民赋权差距的存在。

公民赋权差距也严重影响到公民政治参与。例如，2008 年总统选举，尽管贝拉克·奥巴马（Barack Obama）的候选人身份引发了广泛关注，尽管媒体报道表明年轻人和少数种族参政的人数大幅度增长，但是 2008 年的投票比率仍显示出巨大的悬殊性，几乎与 2004 年选举时的状况相同。如表 1 所示，三分之二达到选举年龄的白人和黑人公民在 2008 年的总统选举（presidential elections）中参与了投票，然而仅有一半甚至不到一半的西班牙裔和亚裔公民参与其中。三分之一的西班牙裔和亚裔居民由于不是美国公民而没有选举权，这样低的投票率进一步削弱了他们在这个国家中本已相对微弱的声音。③ 这些数字自 2004 年后就未曾改变。两届选举中，低

34

---

① William A. Galston，"Political Knowledge，Political Engagement，and Civic Education"，*Annual Reviews Political Science*，2001，4：pp.217-234；Michael Delli Carpini and Scott Keeter，What Americans Know about Politics and Why It Matters，New Haven：Yale University Press，1996.

② Sidne Verba et al.，*Voice and Equality：Civic Voluntarism in American Politics*，Cambridge，MA：Harvard University Press，1995.

③ 例如，2008 年 94% 达到投票年龄的黑人和 98% 达到投票年龄的白人是公民，然而只有 63% 达到投票年龄的西班牙裔和 68% 达到投票年龄的亚裔是公民。因此，投票率的差异和公民身份差异导致 2008 年总统大选中只有 32% 的西班牙裔和亚裔居民参与投票，相比较，65% 的白人居民和 61% 的黑人居民参加了选举。参见 U.S. Census Bureau，"Voting and Registration in the Election of November 2008-Detailed Tables"，2010c，Nov. 9，table 4b，retrieved May 27，2011，from www.census.gov/hhes/www/socdemo/voting/publications/p20/2008/tables.html。就每个群体的具体兴趣或视角（我在第二章中要解决的问题），以及投票作为表达兴趣和视角的有力途径而言，这些数据表明西班牙裔和亚裔美国人与美国黑人和白人相比选举权力较弱。

于高中学历的公民参与投票的人数是拥有学士学位或更高学历的公民参与投票人数的一半。因为收入和公民身份（citizenship）而造成的投票差距是显著的，而且本质上没有变化。尽管民主党提名的候选人在初选中就极具竞争优势，考虑到2008年总统选举的历史性质，投票比率并没有变化。

表1 18周岁以上的美国公民参与2004年和2008年总统选举百分比
（分别从种族、民族、受教育水平、收入和公民身份方面统计）

	2004年选举（%）	2008年选举（%）
种族/民族		
非洲裔美国人/黑人	60	65
白人（非西班牙裔）	60	66
拉美裔/西班牙裔（任何种族）	47	50
受教育水平	44	48
低于高中学历	40	39
高中学历	56	55
大专学历	69	68
本科学历	78	77
更高学历	84	83
年收入		
2000美元以下	48	53
2000—49999美元	62	61
50000—74999美元	72	71
75000—150000美元	79	77
超过150000美元	81	82
公民身份		
本土出生的美国人	65	64
后入籍公民	54	54

来源：美国人口普查局（2010b），表格4a，5，8，13和人口普查局（2010c），表格4b，5，8，13的数据统计。

显著的公民和政治行为差距也存在于选举以外的方方面面。对政治参与（从加入政党情况、竞选捐款、竞选志愿服务、参与抗议、联系选举官员等方面衡量）的可靠分析显示了差异的巨大，这种差异与阶层、教育和种族因素有关。从是否参与竞选、为某一组织的董事会服务、参与抗议和联系官员的角度衡量，年均收入超过75000美元的人参与政治的积极性要比年均收入在15000美元以下的人高六倍。更广泛的政治参与包括加入组织或群体、解决社区问题、志愿服务、参加社区会议、佩戴竞选徽章，或在汽车上粘贴带有政治性口号的贴纸。这些也因教育水平和种族情况的不同而存在差异。① 如表2所示，2009年大学毕业生参与非选举的政治活

---

① Raymond E. Wolfinger and Steven J. Rosenstone, *Who Votes*? New Haven: Yale University Press, 1980; Sidney Verba et al., *Voice and Equality: Civic Voluntarism in American Politics*, Cambridge, MA: Harvard University Press, 1995, chapter 8 and figure 7.2; Norman H.Nie et al., *Education, and Democratic Citizenship in America*, Chicago: University of Chicago Press, 1996; Mark Hugo Lopez, "Electoral Engagement among Latino Youth", CIRCLE Fact Sheet, College Park, MD: Center for Information and Research on Civic Learning and Engagement, retrieved November 12, 2003, from www. civicyouth.org/PopUps/Electoral%20%20Engagement%20Among%20Latino%20Youth. pdf; Taeku Lee et al., eds., *Transforming Politics, Transforming America: The Political and Civic Incorporation of Immigrants in the United States*, Charlottesville: University of Virginia Press, 2006; Mark Hugo Lopez et al., *The 2006 Civic and Political Health of the Nation: A Detailed Look at How Youth Participate in Politics and Communities*, College Park, MD: Center for Information and Research on Civic Learning and Engagement, 2006, retrieved January 17, 2012, from www.civicyouth.org/popups/2006_CPHS_ Report_update.pdf; John Mollenkopf et al., "Politics among Young Adults in New York: The Immigrant Second Generation" in *Transforming Politics, Transforming America: The Political and Civic Incorporation of Immigrants in the United States*, ed. Taeku Lee et al., pp.175-193, Charlottesville: University of Virginia Press, 2006; Kathryn Pearson and Jack Citrin, "The Political Assimilation of the Fourth Wave" in *Transforming Politics, Transforming America: The Political and Civic Incorporation of Immigrants in the United States*, ed. Taeku Lee et al., pp.217-242, Charlottesville: University of Virginia Press, 2006; S. Karthick Ramakrishnan, "But Do They Bowl? Race, Immigrant Incorporation, and Civic Voluntarism in the United States" in *Transforming Politics, Transforming America: The Political and Civic Incorporation of Immigrants in the United States*, ed. Taeku Lee et al., pp.243-259, Charlottesville: University of Virginia Press,

动、为某组织志愿服务或与邻居一同解决社区问题的比率是高中毕业生的两倍，是高中辍学者的四倍。

表 2　18 岁以上的美国公民参与非选举性公民政治活动百分比
（分别从受教育水平和种族／民族方面统计）

	参与一个或多个非选举性政治活动（%）*	参与一个组织的志愿服务（%）	和邻居共同解决社区问题（%）
受教育水平			
低于高中学历	9	9	3
高中学历	18	19	6
专科学历	31	30	9
本科学历或更高	42	42	14
种族／民族			
拉美裔	13	14	3
亚裔	14	19	4
非洲裔美国人／黑人	23	19	7
白人（不包括西班牙裔）	28	28	8
多种族	32	27	9

* 包括：联系选举官员；参加公共会议；联合抵制；参加集会、抗议和游行示威；以某种方式宣布支持某党派或某候选人。

来源：全国及社区服务社团，全国公民大会（2010 b）；详细数据参见全国及社区服务社团，全国公民大会（2010 a）。

白人和拥有多重种族身份的个体参与这些活动的比率几乎比拉美裔和亚裔个体高出两倍，非洲裔美国人居中。

2006；National Conference on Citizenship，"2008 Civic Health Index：Beyond the Vote"，National Conference on Citizenship and CIRCLE，2008，retrieved May 1，2009，from www.ncoc.net/download.php? file=2kccfl36&ext =pdf&name=2008 %20Civic%20 Health%20Index；Corporation for National and Community Service and National Conference on Citizenship，"Civic Life in America：Data on the Civic Health of the Nation"，Civic Life in America，2010，retrieved June 1，2011，from civic.serve.gov/national.

值得注意的是，没有哪一类人的参与率是特别高的。65%—66%达到选举年龄的白人和黑人公民在2008年总统大选中投票，这意味着有整整三分之一的这类公民没有参与投票。超过一半的大学毕业生没有参加过非选举性的政治活动，参与志愿服务的情况也是一样。尽管最富有的、受教育情况最好的美国人最有可能参加抗议活动、与邻居携手处理社区问题，但他们参与这些活动的比率也仍然在20%以下。例如，2009年，白人联系选举官员的比率是非白人的两倍——但实际上，这意味着大约11%的白人联系了选举官员，而西班牙裔、亚裔和黑人的比率为4%—6%。[1] 因此，我不是建议富有的、受教育水平高的白人公民设定需要其他人遵守的标准。[2] 但是，某种程度上我们应该考虑群体成员拥有的公民权力是不一致的，即便所有群体的绝对参与水平很低时，这些总体上的、长久的不平等仍然关系重大。

公民赋权差距也是态度问题。2011年9月11日在和学生们的谈话中，最令我惊讶的是他们缺乏信任，愤世嫉俗。如果他们认为所选举的官员可能因为一时兴起而故意杀害10000名美国公民，我将很难说服他们参与像投票这样简单的公民活动，更别说联系政府官员、写信、志愿参与

[1] Corporation for National and Community Service and National Conference on Citizenship，"Civic Life in America：Data on the Civic Health of the Nation"，Civic Life in America，2010，retrieved June 1，2011，from civic.serve.gov/national.

[2] 政治舞台上的某些具体事件至少能在短期内转变参与模式。移民改革的努力，包括集会、示威游行、抗议等支持"梦想法案"（Dream Act），反对2006年提出的国会移民法案和2010年亚利桑那州反移民法规，调动了相当多数量的西班牙裔和一、二代移民，相比本土出生的年轻人，更多的移民青年和儿童在2006年参与抗议，参见Mark Hugo Lopez et al.，*The 2006 Civic and Political Health of the Nation：A Detailed Look at How Youth Participate in Politics and Communities*，College Park，MD：Center for Information and Research on Civic Learning and Engagement，2006，retrieved January 17，2012，from www.civicyouth.org/popups/2006_CPHS_Report_update.pdf；Hinda Seif，"The Civic Life of Latina/o Immigrant Youth：Challenging Boundaries and Creating Safe Spaces" in *Handbook of Research on Civic Engagement in Youth*，ed. Lonnie R. Sherrod et al.，pp.445-470，Hoboken，NJ：John Wiley and Sons，2010。

竞选服务或自己竞选公职了。这种困境不仅限于多尔切斯特的这些学生，我和学生之间的思想差距也反映了全国性的因种族差异而产生的公民态度"差异"（chasm）。这种"差异"体现在两个方面，即个体对政府的信任（政治信任）和个体之间的相互信任（社会信任）。① 社会阶层和社会信任有直接联系，正如罗伯特·普特南（Robert Putnam）在《独自打保龄》（*Bowling Alone*）一书中阐述的："实际上，或许是因为富人通常获得更多的诚实和尊重，所有社会形态中，富人比穷人更容易信任他人。在美国，对社会的信任程度方面，黑人低于白人，经济上拮据的人低于经济状况好的人，生活在小城镇的人低于生活在大城市的人，遭受过犯罪伤害或

---

① 有关公民态度"差距"的更多内容，参见 Robert C.Smith and Richard Seltzer, *Contemporary Controversies and the American Racial Divide*, Lanham, MD：Rowman and Littlefield, 2000。过去 20 年的大量调查证实了这些发现，包括 Washington Post et al., *The Four Americas：Government and Social Policy Through the Eyes of America's Multiracial and Multi-ethnic Society*, Washington, D.C.：The Washington Post, 1995 & *Race and Ethnicity in 2001：Attitudes, Perceptions, and Experiences*, Washington, D.C.：The Washington Post, 2001；Stephane Baldi et al., "What Democracy Means to Ninth-Graders：U.S. Results From the International IEA Civic Education Study", Washington, D.C.：U.S. Department of Education and National Center for Education Statistics, 2001；Michael C. Dawson, "After the Deluge：Publics and Publicity in Katrina's Wake", *Du Bois Review*, 2006, 3（1）：pp.239-249。

关于青年群体中与种族相关的公民态度差距，亦可参见 Michael C. Dawson, *Behind the Mule：Race and Class in African-American Politics*, Princeton：Princeton University Press, 1994；Jim Sidanius et al., "The Interface between Ethnic and National Attachment", *Public Opinion Quarterly*, 1997, 61：pp.102-133；Michael C. Dawson, *Black Visions：The Roots of Contemporary African-American Political Ideologies*, Chicago：University of Chicago Press, 2001；Martin Sanchez-Jankowski, "Minority Youth and Civic Engagement：The Impact of Group Relations", *Applied Developmental Science*, 2002, 6（4）：pp.237-245；Mark Hugo Lopez, "Electoral Engagement among Latino Youth", CIRCLE Fact Sheet, College Park, MD：Center for Information and Research on Civic Learning and Engagement, retrieved November 12, 2003, from www.civicyouth.org/PopUps/Electoral%20%20Engagement%20Among%20Latino%20Youth.pdf。

有离婚经历的人低于没有这些经历的人。"① 某种程度上，我的学生同时符合其中多个特点——他们是有色人种，生活贫困，居住在波士顿老城区，大多数来自单亲家庭（或和祖父母居住），时常受到或大或小的犯罪侵害。因此，他们的愤世嫉俗和不信任是由多种因素造成的。

调查显示，政治信任不足以激发公民进行政治参与，尤其是非洲裔美国人。当对政府的不信任和良好的政治效能感相结合时，政治参与率可能会保持稳定，甚至有所提高。②2004 年，阿尔·夏普顿（Al Sharpton）在底特律民主党总统竞选辩论的最后陈述中例证了这种政治参与中的不信任和边缘化问题，直接呼应了三年前我的学生的一些看法。

> 我们的问题是：在美国我们很多人都不被重视，我们中的绝大多数都不受重视。这就是为什么我们的总统选择把钱花在伊拉克战场上，而不是花在底特律的学校上。这就是为什么我们的总统试图赋予伊拉克首都巴格达的人选举权，而不尊重美国首都华盛顿特区人民的选举权。因此问题在于他们不重视作为个体的我，也不重视作为整体的我们。这就是为什么我们需要注册投票，联合起来，改变过去的做法，这样他们就不会再边缘化和忽视

---

① Robert D. Putnam, *Bowling Alone: The Collapse and Revival of American Community*, New York: Simon and Schuster, 2000, p.138.

② Steven J. Rosenstone and John Mark Hansen, *Mobilization, Participation, and Democracy in America*, New York: Macmillan, 1993; Donald R. Kinder, "Opinion and Action in the Realm of Politics", *Handbook of Social Psychology*, 4th ed., ed. Daniel T. Gilbert et al., Boston: McGraw-Hill, 1998, pp.831-832; Eric M. Uslaner, *The Moral Foundations of Trust*, Cambridge: Cambridge University Press, 2002; Dennis Chong and Reuel Rogers, "Reviving Group Consciousness", in *The Politics of Democratic Inclusion*, ed. Christina Wolbrecht and Rodney E. Hero, pp.45-74, Philadelphia: Temple University Press, 2005; John Mollenkopf et al., "Politics among Young Adults in New York: The Immigrant Second Generation" in *Transforming Politics, Transforming America: The Political and Civic 1ncorporation of Immigrants in the United States*, ed. Taeku Lee et al., pp.175-193, Charlottesville: University of Virginia Press, 2006.

我们。①

因此，如果学生和我之间的信任差距（推而广之，是穷人、非白人、个人或社会动乱的受害者与没有经历过这些的人之间的差距）能够转化成行动而不是麻痹，政治参与就不会受到阻碍。

39　　信任差距是个很重要的问题，从文化差异这个维度看，它不利于优质教学，然而，那一年我作为一名公民教育者，教学效果比预计的好很多。②促使我参与公民活动的动机某种程度上来源于社会信任和政治信任——来源于我相信周围大多数人是善良和诚实的，如果好人被选为公职人员，那么他们就能够更好地改变社会，那样，我的投票在多数情况下才有意义。因此，我认为，作为参与政治活动的第一步，我应该教育学生学会信任。事实上，大多数与我谈论此事的成年人，包括其他老师，也都同意我的观点。因此，那一年，尽管我的做法与那些可以真正有效激发他们参与公民活动的积极性的措施有所不同，但我帮助他们逐渐学会了信任。要不是为写作本书在做研究时我研读了有关政治动机和参与的文献，我一定会一直坚持上述做法。我从统计数据中了解到，信任和政治参与之间常常呈现负相关，尤其是在非洲裔美国人中。和其他老师一样，某种程度上，我和学生之间的信任"裂痕"使我用一种违背学生需求的方法来达到公民教育的目的，这仍然是公民赋权差距的重要组成部分。③

此外，我和学生对效能（efficacy）在理解上的巨大差距应该是问题的关键。效能，换句话说，是指我们相信个体能够影响政府（政治效能），

---

① Al Sharpton，"Democratic Presidential Debate：Closing Debate"，Fox News Transcript，October 26，2003，retrieved November 12，2011，from www.foxnews.com/story/0，2933，101269，00.htm.

② Gloria Ladson-Billings，*The Dreamkeepers：Successful Teachers of African American Children*，San Francisco：Jossey-Bass，1994.

③ 对这一问题的有力描述和分析，参见 Beth C. Rubin，"'There's Still Not Justice'：Youth Civic Identity Development amid Distinct School and Community Contexts"，*Teachers College Record*，2007，109 (2)：pp.449-481。关于信任问题的更详尽阐述，参见第二章。

尤其是我们相信自己可以影响政府（自我效能）。效能很显然和政治参与有关，也和阶层、种族有着紧密联系。自我效能感越差，就越不可能参与公民活动。[1] 正如 2004 年春天我做的一个采访中，我曾经教过的一名来自亚特兰大的学生反复重申：

> 无论你为什么投票，无论你投了多少票，结果也不会掌握在我们手中。要发生的事情总会发生……我相信一切都掌握在上帝手中。或者……没有什么做不到的事情……我不投票的另外一个原因，就像他（同一组中的另一个学生）说的，如果假定布什没有赢得选举，嗯，那人们为什么选举呢？为什么呢？不会有什么不同……他们会选择他们想要选的任何人，选举就是这么进行的，事实就是这样。无论什么时候，无论是谁，他们都会赢得选举。

40

如果就效能差距保持在完全合理的范围内这一点来说，奥巴马总统的当选在短期内的确缩小了效能差距，但是依然没有将其完全消除。[2] 例

---

[1] Sidney Verba et al., *Voice and Equality: Civic Voluntarism in American Politics*, Cambridge, MA: Harvard University Press, 1995, table 12.14; Lake Snell Perry and Associates & The Tarrance Group, "Short-Term Impacts, Long-Term Opportunities: The Political and Civic Engagement of Young People in America", College Park, MD: Center for Information and Research on Civic Learning and Engagement and The Center for Democracy and Citizenship and the Partnership for Trust in Government at the Council of Excellence in Government, 2002; Carnegie Corporation of New York and CIRCLE, "The Civic Mission of Schools", New York: Carnegie Corporation of New York and Center for Information and Research on Civic Learning and Engagement, 2003, retrieved November 12, 2011, from www.civicmissionofschools.org/site/campaign/documents/CivicMissionofSchools.pdf.

[2] Jon C. Rogowski, *Political Alienation and Government Trust in the Age of Obama*. Memo. Mobilization Change and Political and Civic Engagement, and Black Youth Project, retrieved November 11, 2011, from www.2008andbeyond.com/wp-content/uploads/E08B_Memo_Alienation_Trust.pdf.

如，不能否认，作为一个拥有广泛的政治和社会资本、受过良好教育的中产阶级白人女性，和那些受教育水平低的、经济情况恶劣的、较少说英语的、居住在拥有有限社会和政治资本的环境中的学生们相比，我确实有更多机会影响政府和政策。[①] 尽管这是不公正、不平等和极度不民主的，但是无论谁当总统都无法改变这种情况。然而，问题在于如果那些认为自己能够去改变社会的人更多地参与公民活动，而那些怀疑自己影响能力的人又不断退却，那么这种效能差距就会更加扩大。

同样，这种情况会发生在个体对公民认同（civic identity）和公民责任（civic duty）的理解上，这对公民政治参与的特性和质量具有重大影响。[②] 迈克尔·道森（Michael Dawson）已经详细阐明了美国黑人的公民认同和公民责任感不同于其他族裔的美国人，因为他们关注美国黑人作为群体的"休戚与共的命运"，这对贫穷的美国黑人来说尤其重要。[③] 移民

① Lawrence R. Jacobs and Theda Skocpol eds., *Inequality and American Democracy*：*What We Know and What We Need to Learn*，New York：Russell Sage Foundation，2005；Larry M. Bartels，*Unequal Democracy*：*The Political Economy of the New Gilded Age*，New York：Russell Sage Foundation，2008.

② 有关这一关系的证据，参见 Walter Feinberg，Common Schools/Uncommon Identities，New Haven：Yale University Press，1998，p.47；Donald R. Kinder，"Opinion and Action in the Realm of Politics"，*Handbook of Social Psychology*，4th ed.，ed. Daniel T. Gilbert et al.，pp.778-867. Boston：McGraw-Hill，1998；William Damon，"To Not Fade Away：Restoring Civil Identity among the Young"，in *Making Good Citizens*，ed. Diane Ravitch and Joseph P. Viteritti，New Haven：Yale University Press，pp.127，135。梅丽莎·威廉姆斯（Melisa Williams）有力地挑战了这一关于身份的强调，而支持用"作为命运共同体的社区中的成员资格"代替"公民身份"；但是，即使这种"命运共同体的社区"模式也要求学生将自己和自己的未来置于与其他人的"关系中"，参见 Melissa Williams，"Citizenship as Identity，Citizenship as Shared Fate，and the Functions of Multicultural Education" in *Citizenship and Education in Liberal-Democratic Societies*：*Teaching for Cosmopolitan Values and Collective Identities*，ed. Kevin McDonough and Walter Feinberg，pp.208-247，Oxford：Oxford University Press，2003。

③ Michael C. Dawson，*Behind the Mule*：*Race and Class in African-American Politics*，Princeton：Princeton University Press，1994；Michael C. Dawson，*Black Visions*：*The Roots of Contemporary African-American Political Ideologies*，Chicago：University of Chicago Press，2001.

的公民认同感也同样模糊不清，尽管他们的爱国主义情怀和本土出生的美 41
国公民一样，甚至更高，但他们对自己作为美国人的身份认同感却是薄弱
的。例如，2004年，我采访了密苏里州迪尔伯恩市（Dearborn）的第一代
和第二代阿拉伯裔美国学生、他们的父母、老师以及社区管理者，参与谈
话的人（大多是公民）一直用"他们"来代替"美国人"：

> 我：你们中有三个出生在美国，是美国公民。但是你们在采访中
> 一直用"美国人"指代其他美国人而不是你们自己，你们和其他人
> 一样谈论美国人，我很好奇这是为什么？
>
> 哈森：我明白你想让我们说什么。我们就在这里出生，为什么我
> 们不把自己当成正常的美国人？我认为我们不同是因为我们受父母
> 的背景影响，父母也是这么教我们的。这是我们的文化，我们在原
> 来的国家时的情况以及诸如此类的事情……

哈森的观点和纽约大学一些学者的发现类似：

> 第二代美国人以两种方式使用"美国人"一词。其一，和父母
> 的文化、价值观和行为相比较，他们称自己是美国人……但他们也
> 用"美国人"指代他们在学校、办公室和公共场所遇到的本土美国
> 白人，而不是他们更熟知的、电视上和电影上的那些美国人。他们
> 认为那些美国人来自另外一个世界，一个因为种族和民族因素，永
> 远也不会接纳他们的世界。许多调查对象为了避免这两种对美国人
> 的矛盾理解而称自己为"纽约人"。①

---

① Philip Kasinitz et al.，"Becoming Americans/Becoming New Yorkers：The Experience of
Assimilation in a Majority Minority City"，*International Migration Review*，2002，36（4）：
pp.1020-1036；亦可参见 Alex Stepick and Carol Dutton Stepick，"Becoming American，
Constructing Ethnicity：Immigrant Youth and Civic Engagement"，*Applied Developmental
Science*，2002，6（4）：pp.246-257.

贝丝·鲁宾（Beth Rubin）和西娅·阿布·艾海（Thea Abu El-Haj）已经证明，相似的矛盾态度和排斥公民活动（civic disjuncture）的经历也存在于贫困的非白人移民年轻人中。①

42

如何成为好公民？

这样的矛盾是否给如何衡量和定义"公民赋权差距"提出更大的挑战？为什么在评估差距的存在或缺失时优先考虑传统的公民知识、公民技能、公民态度和参与活动的习惯？本质上，这种挑战首先强调有必要对公民身份达成共识——既在规范性上，又在经验性上。什么是好公民？

有趣的（也同样遗憾的）是，在中学任教的8年中，即使当公民身份、公民政治参与和公民教育明确列入日程的时候，我和同事们也几乎没有谈论过这些问题。例如，在麦考迈克中学教书时，我们每学期除了颁发"优秀学生奖"、"最佳出勤奖"、"最佳进步奖"和"最佳教室奖"之外，还颁发"公民奖"。我们通常倾向于把"公民奖"颁发给乐于助人和遵守纪律的学生，颁发给从不抱怨自己被分配和不受欢迎的同学一组的学生，以及为课后的足球赛当裁判员的学生等。经常制造麻烦的学生一般情况下不会得到"公民奖"，比如明显质疑课堂活动的目的和价值，在学校关于言论自由和老师大声争吵，还声称自己的权利不被尊重。总体来说，这样做可能是没有问题的。由于我们没有将刚才提到的在学校或班级层面进行的那些行为认作是公民政治参与（甚至被当作是不遵守规

---

① Beth C. Rubin, "'There's Still Not Justice': Youth Civic Identity Development amid Distinct School and Community Contexts", *Teachers College Record*, 2007, 109 (2): pp.449-481; Thea Renda Abu El-Haj, "I was Born Here, but My Home, It's Not Here': Educating for Democratic Citizenship in an Era of Transnational Migration and Global Conflict", *Harvard Educational Review*, 2008, 77 (3): pp.285-316.

则的行为），所以大多数学生和老师认为这些行为只具有破坏性和反社会性。进一步讲，许多起哄者利用公民权利作为说辞，仅仅为了达到某种效果，实际上并没有试图通过自己的行动促进公民改革或学校改革。他们只是试图利用唾手可得的夸张手段，引起课堂的混乱。然而，我不是想说我们本应该把"公民奖"颁发给制造麻烦的学生，但是应该考虑这个事情。

我所在的学校缺乏对"公民身份"的讨论，这也反映了国民普遍不确定什么是好公民。如果不参加投票算是好公民吗？如果对候选人和多数相关事情不了解，只是在考虑一件事情的基础上进行投票呢？遵纪守法有多重要？经济上富足是成为好公民的标志（或前提）吗？从来都不给其他人增添负担就是好公民吗？如何评判那些反对为国家利益血洒战场而进行的抗议？对于如何回答这些问题，如何进行有效的公民教育，我们的观点可能完全不同。

为了写作本书，我引用了一本很有影响力的报告《学校的公民教育任务》（*The Civic Mission of Schools*）中关于良好公民教育和公民身份的定义。此定义结合了许多关于公民身份的不同观念和思想：

> 公民教育应该帮助年轻人学习并学会应用知识、技能和态度，以便于他们在生活中成为有能力、负责任的公民。有能力的和负责任的公民包括以下特征：
> 1. 见多识广并且思想深刻；能够了解并且欣赏历史以及美国民主的基本程序；对公共及社区问题有一定的见解和意识；能够获取信息，批判思考，从不同角度与人沟通；
> 2. 成为社区一员，为致力于从事文化、社会、政治、宗教和信仰宣传的组织做贡献；
> 3. 积极参与政治活动，运用知识、技能和责任实现为公众服务的目的。例如，解决群众问题、公共演讲、请愿和抗议，以及投票；
> 4. 具有公民美德。例如，考虑他人的权益和利益，拥有社会责

任感，宽容和尊重他人，相信能够有所作为。①

值得注意的是，这个定义没有考虑到公民的法律地位。同样，当我在本书中使用"公民"、"公民身份"和"公民教育"时，我也没有考虑年轻人的法律地位。公立学校要求教育每一个进入校门的学生，不管他们是不是公民，是不是持有绿卡，是不是暂时居民，是否是难民或无记录的外国人，教育者都不应该根据学生的公民法律身份而对其区别对待。② 因而，我也不应该对此进行区分。

关于好公民特征的另一个本质是：如果不使之过分简单化，好公民的概念范围是很宽泛的。良好的公民教育，亦是如此。根据上文的定义，好公民会参与投票，参加抗议和联合抵制，竞选公职，加入政治党派和公共组织，采取不合作行为，传阅电子邮件请愿书，发表有影响的政治博客，编辑并推文一些被管制和隐匿的新闻，参加社区委员会会议。然而，好公民不能封闭自己，只是不给他人增添负担还不足以成为真正的好公民。在这方面，这个定义否定了"自我负责公民"的理想境界，同时包括了"参与性"和"正义至上"的理念。"参与性"的公民是指，"好公民要解决社会问题，促进社会进步，必须积极参与到已有的体系和社会结构中，并在其中起领导作用"。然而，"正义至上"的公民认为，"公民必须质疑、讨论或改变已有的体系和结构，避免原有体系随着时间的推移产生不公正"。③ 因此，"参与性"和"正义至上"的公民或许常常不赞同一些取得了丰硕成果的公民行为，不赞同某些被认为是进行公民教育的所谓的

45

———————————

① Carnegie Corporation of New York and CIRCLE, "The Civic Mission of Schools", New York: Carnegie Corporation of New York and Center for Information and Research on Civic Learning and Engagement, 2003, 4, retrieved November 12, 2011, from www.civicmissionofschools.org/site/campaign/documents/CivicMissionofSchools.pdf.

② Plyler v. Doe, 457 U.S. 202 (1982).

③ Joel Westheimer and Joseph Kahne, "What Kind of Citizen? The Politics of Educating for Democracy", *American Educational Research Journal*, 2004, 41 (2): pp.239, 240, table 1.

最好途径。但是他们都赞同知识、技能和积极的参与对促进社会发展的重要性。

另外，上文所述的定义也有不足之处，它优先考虑公民行动（civic action）的传统模式。这种传统模式历史上曾经是弱势群体、被压迫群体和被边缘化群体行使公民权力的重要工具，现在已经越来越跟不上时代，越来越不能代表名目众多的公民行动以及行为。例如，通过社交媒体（social media）有目的地组织 2011 年"阿拉伯之春"（Arab Spring）这样的行动，这无疑符合上述定义。许多其他以互联网为基础的活动占据了模棱两可的中间地带，将这些传播得像病毒一般快的影像进行归类着实困难，如 2008 年威廉·詹姆斯·小亚当斯（will.i.am）支持奥巴马的音乐视频"我们一定能"和 2009 年伊朗一场和平抗议中妮达·阿迦索乌坦（Neda Agha-Soltan）被射杀的视频。脸书的粉丝群体和其他形式的社交网络也模糊了私人场合与公共环境下话语和行为之间存在的界限，尽管这些在公民领域的重要性愈发凸显。① 上述定义似乎也不包括艺术创作和表演，例如嘻哈音乐和视频，诗歌朗诵，在公共墙壁上乱写乱画（涂写的图画或文字通常带有幽默、猥亵或政治内容），所有这些被美国或其他地方的年轻人，尤其是贫穷的有色人种用来批评当今统治集团和公民体制。② 进一

---

① 参见 W. Lance Bennett ed., *Civic Life Online：Learning How Digital Media Can Engage Youth*, Cambridge, MA：MIT Press, 2007；will.i.am, "Yes We Can", Adobe Flash video, 2008, retrieved August 25, 2010, from www.youtube.com/watch? v=jjXyqcx-mYYDOI：July 30, 2009；Lev Grossman, "Iran Protests：Twitter, the Medium of the Movement", *Time Magazine*, June 17, 2009, retrieved July 30, 2009, from www.time.com/time/world/article/0, 8599, 1905125, 00.html；Henry Jenkins, *Confronting the Challenges of Participatory Culture：Media Education for the 21st Century*, Cambridge, MA：MIT Press, 2009。待本书出版之时，我确信这些例子甚至都会过时，这就是我没有用一部分或一个章节来阐述"数字时代的公民权"的原因，尽管这是一个重要的研究和实践领域，但我担心我写的这些不出数月就会落伍。另外，我在 2006 年教中学古代历史时，也思考如何在教学中将科技与公民教育相结合。

② 关于政治领域中"冲动行为"的深刻讨论，参见 Iris Marion Young, *Inclusion and Democracy*, New York：Oxford University Press, 2000。

步讲，它没有证实"相对弱势群体"的"每天的……反抗形式"含有的公民意图和暗示。这些反抗行为包括：拖后腿、虚伪、逃跑、虚假服从、偷窃、假装无知、诽谤、纵火、蓄意破坏等。① 最后，强调以公共的、集体的形式参与政治活动很可能忽视了历史上那些没有参与公共活动，但却成为"社区支柱"的那些人的行动方式。例如，一个有声望的社区长者，通过以身作则、指导年轻人如何做事或作为非正式的最终仲裁员解决群体争端等行为，即使不参加任何公共活动，也能极大地影响公民生活。这些有意义的公民角色、行为和不同层面的影响在上面的定义中未能提及。

即便如此，传统的参与形式仍然与赋权有很大联系。在 21 世纪早期的美国，定期参与投票、联系政客及其他政府官员、在公共会议上发言、参加公民组织、给候选人和公共事务捐款的人总是比不做这些事情的人拥有更多的公民和政治权力。因此，即使不能考虑那些历史上弱势群体更容易使用和经常使用的方式，我们也要考虑这些传统的参与方式。我意识到这里有明显的冒险性和不足之处，我把某些固定的群体置于"公民赋权差距"的底层，因为我贬低了他们进行公民参与的那些方式。这些不能有效利用传统方式行使公民政治权力的人遭受过许多伤害，忽视这些伤害对任何人都毫无益处。

为什么公民赋权差距问题如此重要？

正如大量数据显示，公民知识、技能、效能感、归属感以及政治参与在美国居民和公民中呈不平衡分布。然而，令人惊讶的是，人们对此越发漠不关心，甚至习以为常。不同人口群体的政治参与程度是不同的，这和几十年前学生在数学和阅读能力上的差距一样被忽视、被合理化。"但

---

① James C. Scott, *Weapons of the Weak: Everyday Forms of Peasant Resistance*, New Haven: Yale University Press, 1985.

是穷人（或者西班牙裔和其他群体）理所当然参与得更少。和富人不同，　47

他们没有时间和经济基础（或教育水平、知识……）来参与这些活动。"　48

当把美国的公民政治参与形式和一些发达国家，甚至比美国落后的国家的
民主形式相比较时，这种说法是说不通的。20世纪八九十年代和21世纪
初，在欧洲、美洲、亚洲，受教育水平最高和最低的公民之间、最富有和
最贫穷的公民之间的投票率相差10%。这和美国25%—35%的差距比较
起来微不足道。[①]

　　贫穷、少数种族的地位和受教育水平并不会妨碍公民的政治参与。
很难断定参加"阿拉伯之春"运动的数亿勇士们的自然状况。但是，来自
半岛电视台（AL Jazeera）和Jadaliyy.com网站的新闻不能说明这仅仅是
精英群体之间的抗争。一个早些时候的分析表明，有几个国家（包括叙
利亚和也门）的抗议者是来自下层的社会群体。[②] 其他近来发生的相关事
件也说明政治参与不仅是精英的特权，例如，20世纪发生在阿根廷的抗
议活动，数十万贫穷的和中产阶级的阿根廷人走上街头，敲锅砸碗地进
行抗议，最后逼迫他们的政治领导人辞职。他们实际上是效仿"纠察员"
（Piqueteros）的例子——失业工人在20世纪90年代发起的全国性的社会
改革运动，并持续十多年。如果阿根廷（和其他南美洲的民主国家，例如
巴西和委内瑞拉）的失业工人和未受过良好教育的公民能够表现出高度的
公民政治参与，那么美国的穷人也能做到。进一步讲，政治参与差距并不

---

① G. Bingham Powell Jr., "American Voter Turnout in Comparative Perspective", *American Political Science Review*, 1986, 80 (1)：pp.17-43；Arend Lijphart, "Unequal Participation：Democracy's Unresolved Dilemma", *American Political Science Review*, 1997, 91 (1)：p.3；Antonio M. Jaime-Castillo, "Economic Inequality and Electoral Participation：A Cross-Country Evaluation", Paper presented at Comparative Study of the Electoral Systems（CSES）Conference, Toronto, 2009, retrieved November 11, 2010, from www.cses.org/ plancom/2009Toronto/CSES_2009Toronto_JaimeCastillo.pdf.

② Noah Feldman, "Praise the Arab Spring, Prepare for the Arab Fall", *Bloomberg*, June 13, 2011, retrieved June 17, 2011, from www.bloomberg.com/news/2011-06-13/praise-the-arab-spring-prepare-for-the-arab-fall-noah-feldman.html.

一直都是美国公民和政治生活的主要特点。19世纪末20世纪初，移民融合组织、工会、兄弟会（fraternal organization）①、政党等组织定期调动穷人、工人阶级、非白人和新移民，也极大地推动了这些人加入相关的公民组织。②

公民赋权差距和学业差距一样，是自然而然形成的，不可避免的。白人教育者、学者、政策制定者和公众不再愿意接受十二年级的黑人学生与八年级的白人学生的阅读水平相当。任何学校如果接受非白人贫困学生的学业平庸，甚至是完全的学业失败，都会理所应当地被责备为没有完成最基本的教学任务。更为严重的是，我们对非白人贫困学生的教育失败会被看成是整个国家的污点。实际上，所有美国人都接受（至少在理论上）给予所有孩子充足的学业教育这一观点，并认为这是国家的责任。我们也认为（至少在理论上）所有的孩子都能够在学业上达到要求，我们必须达成国家和学校层面上的共识。因此，每所学校的责任是帮助所有学生获得公民权力，美国公立学校的建立就是要达到公民教育的目的。为了使所有孩子高质量地行使公民政治权力，就像我们期待他们达到高质量的学术水平一样，学校一定要肩负起责任，我们自己也要为此负责。

这不是出于对城市中心区的、贫困的非白人儿童的过度同情，甚至也不是因为公平，而是公民赋权差距损害了所有美国人的利益，因为它削

---

① 兄弟会：在美国人们以同伴方式组织成一个联系紧密的集体，致力于成员智力、身体和社会交往等方面的发展。——译者注

② David Montgomery, *Citizen Worker: The Experience of Workers in the United States with Democracy and the Free Market during the Nineteenth Century*, Cambridge: Cambridge University Press, 1993; Howard Sachar, *A History of the Jews in America*, New York: Vintage, 1993, pp.175-176; Theda Skocpol, "How Americans Became Civic" in *Civic Engagement in American Democracy*, ed. Theda Skocpol and Morris P. Fiorina, pp.27-80, Washington, D.C.: Brookings, 1999; Theda Skocpol et al., "A Nation of Organizers: The Institutional Origins of Civic Voluntarism in the United States", *American Political Science Review*, 2000, 94 (3): pp.527-546; David Montgomery, "Presidential Address: Racism, Immigrants, and Political Reform", *Journal of American History*, 2001, 87 (4): pp.1268ff; Joshua B. Freeman, "Red New York", *Monthly Review*, 2002, 54 (3): pp.36-42.

弱了我们民主的效能和完整性。民主管理依赖于公民的参与。民主体制的合法性、稳定性和高质量都直接依赖于具有代表性和广泛性的公民的积极参与。只为满足一小部分人群需要的政府不再是民主的政府，这样的政府也不能够激发那些感觉自己被排斥在外的公民的责任和忠诚。[1] 公民制造 49 的政治暴力事件——正如黑豹党（Black Panthers）、罗德尼·金（Rodney King）事件之后的暴动以及最近国内的恐怖主义威胁——是某个民主体制中的极端，但的确有可能发生，因为暴力与不满情绪、疏离感是紧密相连的。[2]

进一步讲，民主协商和决策如果只代表一小部分有着共同经历、利益和背景的人，其质量就难以保证。当民主有效、全面地运转时，它的魅

---

[1] 杰弗瑞·斯托特（Jeffery Stout）对此进行了猛烈抨击："如果现在我们的权力精英基本上脱离了问责制的约束，这似乎是一种趋势，那么为什么还设想我们的政治体制能称得上是民主共和国？相反，它看起来更像是财阀政治，少数富有的人支配着其他人。如果真是这样，那么诚实来讲，我们不能认为自己是公民，而需承认我们只是附属品。民主希望的问题就归结为是否我们政治遗产中的基本概念适用于我们生活的这个世界。"参见 Jeffrey Stout, *Blessed Are the Organized*: *Grassroots Democracy in America*, Princeton: Princeton University Press, 2010, p.xv。

[2] 参见 Donald R. Kinder, "Opinion and Action in the Realm of Politics", *Handbook of Social Psychology*, *4th ed.*, ed. Daniel T. Gilbert et al., Boston: McGraw-Hill, pp.831-832。亦可参见 Danielle S. Allen, *Talking to Strangers*: *Anxieties of Citizenship since Brown v. Board of Education*, Princeton: Princeton University Press, 2004。当然，用群体参与的缺失来评判当今美国政府的非法性是合理的。既然如此，感叹传统的政治和公民生活中不平等程度参与和代表性导致了国家的不合法，这是具有误导性的，因为这样就假定了如果人们仅仅更加平等地参与，国家就是合法的。例如，简·娟（Jane Junn）说道："像投票、为竞选运动捐款这样的政治参与模式是支持政治体系维持的含蓄行动——工具性的或表达性的——对于在这种体系中受益最少的人来说是不利的……我们要停止假设群体应该把政治参与当成是愿意做的事情，这一想法把关注点从种族动员组织的失败以及不活跃的公民转移到对民主参与机构的监督上来，这些机构本身有可能妨碍平等的实现。"参见 Jane Junn, "Mobilizing Group Consciousness: When Does Ethnicity Have Political Consequences?" in *Transforming Politics*, *Transforming America*: *The Political and Civic Incorporation of immigrants in the United States*, ed. Taeku Lee et al., pp.32-47, Charlottesville: University of Virginia Press, 2006。

力在于能够汇集个体公民有限的知识、技能和观点，从而创造智慧，得出正确的判断。① 将一些公民排除在这个过程之外，就意味着削弱集体创造智慧的力量。例如，夸赞我学生对"9·11"事件的政治分析上"聪明"的人或许希望学生从一开始（即2001年9月12日）就能发出声音，那样就能在2003年主流评论员和政客们开始怀疑布什政府的动机之前得到全国范围的关注。

除此之外，知识、技能、态度和参与上的差距也很重要。因为这些差距严重削弱了美国民主的特点，降低了民主的质量。拉里·巴特尔斯（Larry Bartels）近来声明："政治影响似乎完全掌握在富人和中产阶级人们手中。数百万处于收入分配倒数三位的普通公民对他们所选举的代表的行为没有明显的影响力。"② 这和美国政治科学协会（American Political Science Association）下属的"美国民主和不平等特别行动队"（Task Force on Inequality and American Democracy）得出的结论相同：

> 几代美国人为使不同收入、种族和性别的公民享有公平待遇而努力奋斗。然而，今天美国公民的意见仍然没有得到平等关注和公平对待。享有特权的群体比其他人参与更多的政治活动，并组织得更加有序，对政府施压以达到他们的要求。政府官员相应地给予他们比普通公民或不富裕的公民更多的回应。优势群体不断地、清晰地表达自己的想法，政策制定者早已准备好倾听他们的声音，并习惯性地听从他们的意见，而中低等收入公民的要求却被疏忽的政府官员怠慢了。③

---

① 整合不同来源和种类的知识，存在一定的价值和挑战，相关讨论参见 Josiah Ober, *Democracy and Knowledge: Innovation and Learning in Classical Athens*, Princeton: Princeton University Press, 2010。

② Larry M. Bartels, *Unequal Democracy: The Political Economy of the New Gilded Age*, New York: Russell Sage Foundation, 2008, p.5.

③ Lawrence R.Jacobs and Theda Skocpol, eds., *Inequality and American Democracy: What We Know and What We Need to Learn*, New York: Russell Sage Foundation, 2005, p.1.

当然，这些不同程度的不公平所造成的影响不能全部归因于个体知识、技能、态度和参与的不同。即使排除上述原因造成的差距，仍然存在体制上、政治上和其他方面的因素，造成不公平和不民主的现象继续存在。政治运动的爆发、政治家对富人群体的依赖与关注，只是造成公民赋权不平等的多重障碍中比较明显的例子。但是，个体间存在的公民赋权差距对民主目标和民主实践来说是严重的威胁。我认为，对贫穷的少数民族和移民的公民赋权，以及使政体作为一个整体能够健康运转，这两者都十分重要，我们应当寻找缩小公民差距的方式方法。

减小差距

为种族隔离的、贫穷的和少数民族学生群体服务的城市学校系统，成为攻击公民赋权差距的一个重要对象。有确凿证据表明，非白人学生接受的公民教育确实比中产阶级富有的学生接受教育的数量少、质量差，部分原因是学校教学水平的差异。非白人贫穷学生，尤其是在城市的种族隔离学校中学习的学生，会同时遭遇在学校中产生的受教育机会差距以及在校外面临的公民参与机会差距。大量证据显示，居住在穷人聚集地区的人比居住在混合人群或富裕区的人参加公民活动的机会少得多，参加公民活动的可能性也小得多。尤其是年轻人，如果他们在极度贫穷的城市社区成长，在提高公民身份、学习公民知识和掌握公民技能方面会存在重大障碍。由于在种族隔离的、非白人、贫困的城市学校学习的年轻人几乎都会居住在种族隔离的、贫穷的城市社区中，这导致他们不但在学校中面临公民参与机会差距的困境，在居住的社区中也面临同样的问题。①

① 关于学校间差异的有力证据，参见 Joseph Kahne and Ellen Middaugh, "Democracy for Some: The Civic Opportunity Gap in High School", CIRCLE Working Paper 59, College Park, MD: Center for Information and Research on Civic Learning and Engagement, 2008, retrieved November 12, 2011, from www.civicyouth.org/PopUps/WorkingPapers/

如果我们关心政治稳定、民主合法和公民平等，我们就必须关心这些学校的教学内容和学生学习的内容。这不仅仅是为学生着想，更是为我们自己着想。我们也应该同时谴责在种族隔离环境中进行教育，这对所有学生不利，对整个国家也不利。大量证据表明，在自由民主社会中，对学生最好的教育要求学校是融合的——在种族上和民族上融合，在阶级、宗教、移民地位、家庭背景等方面也具有融合性。① 但事实上，种族隔离学

WP59Kahne.pdf；Joseph E. Kahne and Susan E. Sporte，"Developing Citizens：The Impact of Civic Learning Opportunities on Students'Commitment to Civic Participation"，*American Educational Research Journal*，2008，45（3）：pp.738-766；Britt Wilkenfeld，"Does Context Matter? How the Family，Peer，School and Neighborhood Contexts Relate to Adolescents'Civic Engagement"，CIRCLE Working Paper 64，Medford，MA：Center for Information and Research on Civic Learning and Engagement，2009，retrieved May 6，2010，from www.civicyouth.org/PopUps/WorkingPapers/WP 64Wilkenfeld.pdf。地理因素对公民参与、认同、知识、技能的影响，参见Cathy J. Cohen and Michael C. Dawson，"Neighborhood Poverty and African American Politics"，*American Political Science Review*，1993，87（2）：pp.286-302；Yvette Alex-Assensoh，"Race，Concentrated Poverty，Social Isolation，and Political Behavior"，*Urban Affairs Review*，1997，33（2）：pp.209-227；Daniel Hart and Robert Atkins，"Civic Competence in Urban Youth"，*Applied Developmental Science*，2002，6（4）：pp.227-236；Robert Atkins and Daniel Hart，"Neighborhoods，Adults，and the Development of Civic Identity in Urban Youth"，*Applied Developmental Science*，2003，7（3）：pp.156-164；Daniel Hart et al.，"Youth Bulges in Communities：The Effects of Age Structure on Adolescent Civic Knowledge and Civic Participation"，*Psychological Science*，2004，15（9）：pp.591-597；Britt Wilkenfeld，"Does Context Matter? How the Family，Peer，School and Neighborhood Contexts Relate to Adolescents'Civic Engagement"，CIRCLE Working Paper 64，Medford，MA：Center for Information and Research on Civic Learning and Engagement，2009，retrieved May 6，2010，from www.civicyouth.org/PopUps/WorkingPapers/WP 64Wilkenfeld.pdf。

① 参见 Amy Gutmann，*Democratic Education*，Princeton：Princeton University Press，1987；Stephen Macedo，*Liberal Virtues*，Oxford：Oxford University Press，1990；Amy Gutmann，"Civic Education and Social Diversity"，*Ethics*，1995，105（3）：pp.557-579；Eamonn Callan，*Creating Citizens*，Oxford：Oxford University Press，1997；Walter Feinberg，*Common Schools/Uncommon Identities*，New Haven：Yale University

校不仅仅在扩散，而且还在不断扩张。这些学校对当前的美国民主政治发起挑战，在这些学校里求学的学生应当受到关注和支持，包括为他们提供适当的公民教育。

这并不是说学校自身能够完全克服公民赋权差距，这需要多个社会部门作出巨大改变：同时间登记投票；尽早投票并增加投票机会；无党派重新划分选区以增加竞选次数；制定政治和经济政策以减少经济不平等；增加投资，帮扶低收入群体；彻底改变贫穷的少数种族社区中出现的"学校到监狱"的情况；改善和扩大社会储备；挑战体制上的种族偏见；移民改革；等等。要做的事情可以无限制地写下去。① 但是我们一定不能忽略学校在其中

52

Press，1998；Meira Levinson，*The Demands of Liberal Education*，Oxford：Oxford University Press，1999；Harry Brighouse，*School Choice and Social Justice*，Oxford：Oxford University Press，2000；Lawrence Blum，"The Promise of Racial Integration in a Multicultural Age" in *Moral and Political Education*，ed. Stephen Macedo and Yael Tamir，New York：New York University Press，2002；Rob Reich，*Bridging Liberalism and Multiculturalism in American Education*，Chicago：University of Chicago Press，2002；Meira Levinson and Sanford Levinson，"'Getting Religion'：Religion，Diversity，and Community in Public and Private Schools" in *School Choice：The Moral Debate*，ed. Alan Wolfe，pp.104-125，Princeton：Princeton University Press，2003；American Educational Research Association，"Amicus Curiae 10"，2006，retrieved July 11，2007，from www.aera.net/uploadedFiles/News_Media/AERA_Amicus_Brief.pdf；Gary Orfield and Chungmei Lee，"Historic Reversals，Accelerating Resegregation，and the Need for New Integration Strategies"，Civil Rights Project/Proyecto Derechos Civiles，UCLA，2007，retrieved May 1，2009，from www.civilrightsproject，ucla.edu/research/deseg/reversals_reseg_need. pdf；*Parents Involved* in Community Schools v. Seattle School District No. 1，551 U.S. 1 (2007)；James E. Ryan，*Five Miles Away，a World Apart：One City，Two Schools，and the Story of Educational Opportunity in Modern America*，New York：Oxford University Press，2010；Martha Minow，*In Brown's Wake：Legacies of America's Educational Landmark*，New York：Oxford University Press，2010。相反的观点参见 Michele Foster，*Black Teachers on Teaching*，New York：New Press，1997。

① 选举部门、市政部门和志愿服务部门的政策和实践方式对美国公民参与的数量、质量和公平性产生了妨碍，详细调查参见 Stephen Macedo et al.，*Democracy at Risk：How Political Choices Undermine Citizen Participation and What We Can Do about It*，Washington，D.C.：Brookings Institution Press，2005。

发挥的重要作用，尤其是种族隔离学校，它能帮助缩小公民赋权差距，促进全体美国人获得真正的公民平等和政治平等。

学校在许多方面能够减小这种差距。首先，我们应当承担起改善城市学校和减少辍学率的重任，一些城市地区的辍学率几乎达到了50%。号召城市学校改革似乎毫无创意并且过于理想，但在21世纪初期，谁不支持美国的城市学校进行大规模的改革和改良呢？同时，谁能完全相信这样的改革能够在短期内取得成效呢？然而这样的改革需要反复进行。在贫穷的城市学校和富有的郊区学校之间的公民赋权差距和质量差距提示我们，在某些基本方面，社会是不公平和不民主的。① 如果城市学校教育更好一些，如果更多的学生在更高质量的学校学习毕业，那么这个国家的人口差别就会缩小，公民赋权差距也会随之减小。进一步讲，高质量的城市教育会给在这些学校中求学的学生带来更好的教育效果，这就有可能对这些学生的公民赋权产生直接影响，因为学校是与公民知识、公民技能、民主公民态度和积极的公民参与关联程度最高的变量。②

我们也要将公民教育回归到课程。美国中小学公民课程的数量、范围、频率正在减小，一定要对此作出改变。大量证据表明，公民教育提高了公民政治参与。资料显示，在过去的三四十年，公民课程的数量明显减少，尤其在少数种族学校。在20世纪60年代，高中学生通常上三门公民课，包括"公民学"、"民主学"和"政府学"，现在学生们只在十二年级

① 关于这种荒谬的现象有很多著述，但很大程度上都停留在语言层面，没有实践意义，新近的重要著作包括 Jonathan Kozol, *The Shame of the Nation*: *The Restoration of Apartheid Schooling in America*, New York: Crown, 2005; Gerald Grant, 2009, *Hope and Despair in the American City*: *Why There Are No Bad Schools in Raleigh*, Cambridge, MA: Harvard University Press, 2009; James E. Ryan, *Five Miles Away*, *a World Apart*: *One City*, *Two Schools*, *and the Story of Educational Opportunity in Modern America*, New York: Oxford University Press, 2010。

② Norman H. Nie et al., *Education*, *and Democratic Citizenship in America*, Chicago: University of Chicago Press, 1996; William A. Galston, "Civic Education and Political Participation", *Phi Delta Kappan*, 2003, 85 (1): pp.29-33.

时学习"政府学"这门课程，然而很多贫穷的或少数民族的学生不到十二年级就已经辍学了。① 因此，如果只给十二年级的学生开设公民课程，实际上就是不均衡地只给富人、白人和本地公民提供公民教育。

进一步讲，如果认为仅凭借在儿童受教育期间提供几节公民教育课程就能切实调动学生成为积极参与政治活动的公民，这种想法未免太荒谬了。我们要求小学生和中学生每年、每学期都学习英语和数学，原因是掌握它们需要一定的时间和练习。因此，我们希望学生不断参与、持续强化这样的学习过程，并且督促他们做相关的练习。如果我们希望他们能够成为熟练参与政治的公民，我们应该用同样的方法。如果我们想缩小公民赋

---

① 关于公民学课程，参见 Michael Delli Carpini and Scott Keeter, *What Americans Know about Politics and Why It Matters*, New Haven：Yale University Press, 1996；Richard G. Niemi and Jane Junn, *Civic Education：What Makes Students Learn*, New Haven：Yale University Press, 1998；Damon, William, "To Not Fade Away：Restoring Civil Identity among the Young" in *Making Good Citizens*, ed. Diane Ravitch and Joseph P. Viteritti, pp.123-141, New Haven：Yale University Press, 2001；William A. Galston, "Political Knowledge, Political Engagement, and Civic Education", *Annual Reviews Political Science*, 2001, 4：pp.217-234；Judith Torney-Purta et al., "Principles of Subject-Specific Instruction in Education for Citizenship" in *Subject-Specific Instructional Methods and Activities*, ed. Jere Brophy, pp.373-410, New York：JAI Press, 2001；Judith Torney-Purta, "The School's Role in Developing Civic Engagement：A Study of Adolescents in Twenty-eight Countries", Applied Developmental Science, 2002, 6（4）：pp.202-211；Carnegie Corporation of New York and CIRCLE, "The Civic Mission of Schools", New York：Carnegie Corporation of New York and Center for Information and Research on Civic Learning and Engagement, 2003, p.14, retrieved November 12, 2011, from www.civicmissionofscho ols.org/site/campaign/documents/CivicMissionofSchools.pdf；Joseph Kahne and Ellen Middaugh, "Democracy for Some：The Civic Opportunity Gap in High School", CIRCLE Working Paper 59, College Park, MD：Center for Information and Research on Civic Learning and Engagement, 2008, retrieved November 12, 2011, from www.civicyouth.org/PopUps/WorkingPapers/WP59Kahne.pdf。关于辍学率，参见 Chris Chapman et al., "Trends in High School Dropout and Completion Rates in the United States：1972—2008", IES, National Center for Education Statistics, U.S. Department of Education, 2010, retrieved June 14, 2011, from nces.ed.gov/pubs2011/2011012.pdf。

权差距，尤其是通过提高贫穷的、少数种族和移民学生的公民知识和公民技能，那么公民教育一定要从小学开始并持续到十二年级或更高年级，而且要成为教育的常规部分。

传统学校开设的"公民学"本身并不会减小公民赋权差距。"公民学"教授的课程内容通常覆盖政府的三大部门，阐明法案如何变成法律，以及政府机构是如何运转的。然而，我的学生和其他处于"公民赋权差距"底层的学生认为政府是无能的——至少对于他们或他们认识的人，而且他们能够很好地证实他们的想法。"公民课"强调功能上、本质上公平的民主机制，对这些学生来讲却成了不相关的，或者不好的课程。因此，我们要运用另外一种方法。学校要重视这些低收入年轻人和非白人成年人的知识和经验，要利用与他们知识、经验相一致的方法，用吸引人的、赋予他们权力的方式，而不能用令他们不满的、去权的方式来进行公民教育。

也就是说，麦考迈克中学需要弄清楚如何激发特拉维斯、拉奎塔等学生，用他们的激情和洞察力参与政治活动，而不是使他们退缩。我认为，传统的"公民学"课程不能达到这样的目标。相反，我们应该以此为基础重新审视公民教育。我们需要重新思考如何通过历史课、多元文化课和跨学科实验项目，甚至通过重新思考学校本身的规则、程序和布局，来教授公民知识和公民技能，培养公民态度和公民行为。一旦我们理清思绪，我们要考虑如何使用相应的评估和问责机制来确保教育者、学校和社区教授"新公民学"。也就是说，确保他们采取一种缩小公民赋权差距的实践方式，而不是继续增大这种差距的方式。

同时，我们一定要保持对以下这些明显的、关于教育"实际问题"的回答的一致性——我们怎么教授历史课？我们应该鼓励怎样的跨学科学习？——这些给我们关于民主国家的"自我认识"带来深刻的挑战。公立学校一直承担着成就美国人和重构美国的责任。如何教育我们和其他人的孩子？我们作出的任何抉择都反映了我们如何理解当今世界，以及如何创造我们期盼的、赖以生存的未来世界。我认为缩小公民赋权差距是学校（和其他公共机构）的主要责任，也是我们成为民主国家的必要前提。但

是这项任务也存在一定风险，它可能造成我们对国家认同和民主认识上的
分歧，因为许多人不想有任何变化。这也有可能颠覆对"我们是谁？"和
"我们要成为谁？"的共同理解，甚至有可能证实这样的共同理解是根本不
存在的。因此，如果学校要采取有意义的方式缩小公民赋权差距，我们一 55
定要以清醒的头脑和诚实的心态面对这些风险。

描绘新憧憬

我在本书的开篇描绘一幅真正的赋权教育的画面——这样的教育是
通过帮助学生面对、表达和克服严重的种族不公平的政治结构以及公民、
政治生活的影响，从整体上反映美国民主和作为一个国家的整体性。在第
二章，我认为学校应该教授所有学生接受"双重意识"，这种意识能够促
使学生进行观点采择（Perspective-taking）和权力分析。[1] 我也认为，学校
应该教育来自历史上被边缘化社区的学生不断进行语言转换以及如何进行
集体行动，作为在系统内和系统外践行公民和政治权力的方式。在现实和
概念层面，这意味着公民身份不是所有人都能平等地、以同样的方式享有
的"中立"概念。即使在理论上我们都是平等的公民，和我们的公民身份
深切相关的其他个人身份也难以摆脱不公正的命运。

第三章中，我探讨了关于如何教、如何学以及如何共同构建美国的
历史叙事。毕竟美国公民身份中的团结、集体行动、包容而非排斥、民族
身份的认同是不能在无形中拔除的。相反，它们深深地植根于少数种族群
体有效地、变换地参与政治活动的长期传统中，尤其是非洲裔美国人心
中。我认为，大多数学校教授的传统的、温和的胜利主义的美国历史叙事
增强了许多学生的疏离感和去权感。美国的历史教育必须进行改革，以便
帮助学生构建和思考历史上准确的、具有很强公民赋权力的反叙事，其中

---

[1] W. E. B. Du Bois, *The Souls of Black Folk*, New York：Penguin, 1996 (1903).

56 很多会使在"美国例外主义"（American exceptionalism）氛围下成长起来的我们震惊不已。我们应该停止只有一个"统一的"美国历史这一想法，其导致的必然结果是没有一个统一的美国认同。

一定存在一些公认的美国英雄吗？像亚伯拉罕·林肯和马丁·路德·金这样的"美国伟人"，他们象征着美国最好和最高贵的一面，给我们提供可以使我们团结并努力争取的共同憧憬，他们是英雄吗？在第四章，我阐述了这些人物在理论上是令人鼓舞的，但是他们没有推动我们朝民主国家更迈进一步。学生们也没能学会，并转化为自身的公民政治参与。消除公民赋权差距、广义上加强公民赋权教育需要把焦点从遥远的英雄人物和他们取得的成就转移到普通人参与公民政治活动的特殊技巧上来，尤其是集体行动的技巧。公民英雄可能会继续鼓励我们实现国家共同的公民理想，也能通过共同的公民信仰达到团结一致。公民赋权再一次在具体的情境里，而不是总体的和抽象的情境中发挥作用。

学校是学生们参与政治活动最具体、最惯常的地点。学校本身就是公民社会，无论是好是坏。学校深刻地影响着学生和成人的公民参与体验、身份和机会，即使不是特地这样去做。我意识到这个情况，在第五章，我从调查学生如何在历史课等场景中学习关于"公民身份"（learn about citizenship）的问题，转换为我们一定让学生们有机会亲身在学校的整体环境中感受公民权力的运用（learn through citizenship）。① 如果我们想要年轻人提高公民知识、公民技能、行使公民权力的能力以及改善公民态度，那我们就要定期训练其掌握成为公民所必备的技能。在此章中，我证明了在学校的走廊、教室甚至厕所和校舍的台阶上，如何给予他们这种机

57 会。我也开发了一套能够评估学生在学校获得公民实践体验的标准，这或许就是我们希望达到的。然而，当学校越来越成为公民参与和公民赋权的

---

① 关于公民身份的学习（learn about citizenship）、通过公民身份学习（learn through citizenship）以及为公民身份学习（learn for citizenship）的深刻讨论，参见 David Kerr, "Citizenship Education: An International Comparison across Sixteen Countries", *International Journal of Social Education*, 2002, 17（1）: pp.1-15.

场所时，也面临一些挑战，影响到更广泛的政治体制，如不同的政治派别与多元道德观。通过在宗教层面反对同性婚姻而探索一个学生应有的公民身份，我认为"公共理性"（public reason）的需求不能满足平等主义的民主准则，无论是在学校，还是在更宏大的社会背景下。①

这些观点提醒我们，学校和"真实世界"的界限是多么模糊。在第六章，我主张应该为打破学校和学校周围社区的界限作出更多努力。如果我们想让成人、精英和年轻人自己，尤其是低收入、非白人年轻人认识到并且重视他们对社会的贡献，那么我们应该给他们机会，走向学校之外的世界，创造出可见的、有成效的成绩。我认为，无论是通过模拟审判、组建社区、注册投票动议、实习还是其他途径，有指导的、体验式的公民参与都为学生提供了这样的机会。这和社区服务学习不同，社区服务学习通常是让学生参与短期的、改善社区的行为，比如清理公园或为慈善机构筹款，并进行反思。为了减小公民赋权差距，一定要为年轻人提供机会，参与针对有争议事件的、具有政治倾向的集体活动，服务学习通常不能达到这个目的。很多项目都能起到这样的作用，最有发展潜力的是一些公民行动（action civics）倡议，其中一些是我想要特别强调的。

为学生提供高质量的、具有指导性的、体验式的公民参与方式，尤其是公民行动计划，需要大量时间、训练和社区的支持。这对教育者、学生和政府来说存在着风险：学生可能偏离太远，以至于教育者发现自己处于一种政治上的徘徊和慌乱的状态，社区会发现年轻人不断高声地、直言不讳地发起挑战，引发不安的骚乱。能去鼓励谁，能够让谁去冒这样的风险呢？在当代美国，几乎所有的公共教育政策归根结底都是一些标准和评价指标。公民教育应该有所不同吗？在第七章，我讨论了标准、评估、问责制在促进或妨碍高质量公民教育改革中的作用。我认为这些机制有益于成年人在民主范围内对教育进行控制，但是它们试图以牺牲年轻人接受教育、获得民主权力这一合法要求为代价。因为两者有冲突的时候，后者总

58

---

① John Rawls, *Political Liberalism*, New York: Columbia University Press, 1993.

会胜过前者。我认为，标准、评价和问责体系在民主教育改革中的作用十分有限，改革能够帮助挑选和训练积极参与政治活动和有思想的教育者，并给予他们连续不断的支持。在这样的情况下，可能会形成一种良性循环，为强大的、有效的公民教育实践提供能力、动力和公共支持。与此同时，在公立学校内，为成年人和公众提供强有力的民主呼声。

尽管存在以上挑战和风险，但是追求民主公平和合法性是必要的、值得赞赏的目标。随着学校改革的实施，它们会为学生和教师提供一整套强有力的公民体验，这有可能提高他们的效能和参与度，由此启发他们掌握公民知识和公民技能，同样也能推动他们继续有成效地参与政治活动。借此，学校通过学生直接完成工作，培育新一代积极的、被赋予权力的公民，来巩固社区和整个国家的运行。缩小公民赋权差距也巩固了民主体制，它使政府能够代表更多人的利益，增加了政府对多样化个体和社区的关照，因此在历史上被剥夺权力的社区成员眼中，这也增强了政治合法性。由于学生把注意力放在如何合作解决问题，而不是与整个系统敌对或只是对系统进行审视上，这会使学校教育更加完善。最后，它促进了公民政治平等和社会公平——这也是美国民主的核心，所有学校、所有公民都应该认同这一目标。

第二章　"在学校里我'融入主流'"

——有关种族话题的讨论以及公民赋权

1999年10月，我在波士顿的麦考迈克中学刚工作一个月，对于学校的课程安排我感到十分满意，但是对于学校设立的学生行为准则，我一直以来都认为规定得不太细致。一天放学后，我留下四个男孩，让他们安安静静地做40分钟功课，并且要清洁所有课桌，我希望这些办法可以使他们第二天在学校少惹事。当然，工作一开始，他们都要去卫生间。我马上将他们四个人的名字写在黑板上，并告诉他们，按照我写下名字的顺序，每次只能去一个人。

诺亚立刻表示反对："这样不对！莱文森博士，您有种族歧视！为什么您让那两个黑人同学最后去厕所呢？您歧视美国黑人！"

我顿时感到很迷惑。这四个学生的肤色都是深色的。在我看来，他们四个都是"黑孩子"！我思考了一会儿，是否该问问诺亚，他到底是什么意思。这样问是会帮助我对学生有更好的了解呢？还是会让学生觉得我愚蠢无知？我认为我需要知道，诺亚这么问是不是想激怒我并引起我的注意，因为这不是他第一次这样做了，早在入学20天的时候他就已经有过一次这样的行为了；或者真的存在一些差异，而我又没有注意到。

多亏诺亚他们的提醒（毕竟对于这个问题多讨论一分钟，他们就可以少受一分钟不许说话只许做功课的折磨），我才知道我列在黑板上的前两个学生的身份其实并不是美国黑人。丹尼是佛得角人，而乔伊是多米尼加人。他们非常惊讶我竟然一开始根本就不知道这一点。

第二天我上课的时候，第一次开始注意学生们名字的拼写方式。叶赛尼娅的名字发音是以"J"开头的，她是多米尼加人，茉莉亚也是一样。有些学生的名字听起来像西班牙语，这些名字的发音以"s"结束，而我之前一直以为是"z"，如 Peres，Lopes，这些学生是佛得角人，名字都来自葡萄牙语，而非西班牙语。这种情况也解释了我一直以来都感到疑惑的问题——s 和 z 发音之间的转换问题。

相比较而言，亚洲学生的名字在我看来并不难理解，因为这些学生都来自越南。有一些学生的名字看起来是源自法语，我能看出他们来自海地。虽然如此，对于一些来自岛国的学生们的姓名，我却不太清楚了。有的来自波多黎各而不是多米尼加，因为他们的名字不是以"Y"开头，记住这一点让我觉得很困难。我也会忘记有的学生是牙买加人或特立尼达人，而不是美国黑人。我逐渐了解到，这些差异对于我的学生们是很重要的，而我需要为了他们记住这些，让他们感觉到我是真的很了解他们。但是在最开始的几个月里，这对我来说绝对是一个挑战。至少我知道穆罕默德来自索马里，而萨迪奇来自圭亚那，尽管除了这一点不同之外，我真的不知道该如何区分他俩。

我逐渐意识到，对于我们学校官方统计的关于学生的人口信息，若是全都了解，还真不如一点儿都不知道。根据校方统计的情况，我们学校的学生一半是黑人，百分之三十是拉美裔，百分之十五是白人，还有百分之五是亚裔。我曾经幻想过自己对这些全部掌握，但是这些数字绝对是误导，因为真实的情况绝不像这些统计数字说的那样简单。让我感到惊讶的是，我的学生好像对于每个同学的种族、血统还有国籍都十分清楚。八年级有 200 多名学生，他们当中的许多人并不知道彼此的名字，却知道彼此来自哪里以及彼此的身份。比如他们会说："你知道的，那是个来自波多黎各的西班牙裔女孩，对，就是那个浅色皮肤的女孩。"

由于他们对彼此的种族十分熟悉，我混淆他们种族的错误就显得十分离谱。有一次，在一节历史课上，我很自然地让查理斯来扮演一位 19 世纪的历史人物，一个美国黑人。同学们嘲笑我作出这样的决定，因为每

62

个人都知道查理斯来自特立尼达岛，她是黑种人，但她不是美国黑人。接下来有关这一点的讨论让课堂变得十分混乱，因而，这一次角色扮演的教学目的也就丧失了。

他们对于彼此种族的了解，并不代表他们能够适应所有种族差异问题，除了在学校中直接体现出来的那些之外。在一次讨论有关移民问题的推拉因素（push-pull factor）时，胡里奥将所有居住在多尔切斯特的人称为"越南人、中国人、日本人，管他来自哪里"，这引起了胡和特兰的强烈反对，他们激动不已，几乎要从椅子上飞出去了。胡里奥不明白他们为何对于自己这种简略的称呼方式如此激动。他说："喂！你们不都是亚洲人吗？那我叫你们越南人或者中国人有什么分别？你们没有多么不同啊。"

正当他们语无伦次地争辩之时，我打断了他们，"对对，多米尼加人、波多黎各人，管他来自哪里"。

班上所有的学生都转过头来看我，我说的话让他们震惊，他们陷入了一片寂静之中。之后反对声此起彼伏，"莱文森女士，您说得太离谱了！多米尼加人和波多黎各人一点儿也不一样！这与中国人和日本人之间没有任何可比性！中国人和日本人都是亚洲人，但我们不一样！"

在接下来的 20 分钟里，我临时为他们上了一节课，内容是关于中日战争（the Sino-Japanese War）的。

当年 4 月份，波士顿官方对于不同种族的分类系统与学生关于种族身份的自我认知之间的分歧更加尖锐化。波士顿的公立学校让班主任给每名学生发一张关于个人情况的调查表，在表格上列出了学生种族和血统的信息分类（如白人、黑人、亚裔或太平洋岛民、美国原住民等）。学生需要在表格上核实个人信息，然后将表格交还给老师，按理说这是个十分简单和迅速的过程。但是佛得角的学生却对此十分愤怒，因为他们被归到了黑人一类，而且他们也厌恶其他所有选项。他们把表格上那些印上去的选项勾掉，在种族和血统两项的下面写上"佛得角"。而波多黎各以及其他拉美裔的孩子们也很愤怒，因为官方注明他们的"种族"（race）一项是"白人"，而只有"族群"（ethnicity）一项注明他们是拉美裔。他们确实不是

63

白种人，任何情况下都不是！他们仅仅想要官方称呼他们为拉美裔，或者就像他们自己所说的，称他们为"西班牙人"。一些被归入到"黑人"和"拉美裔"一类的多米尼加学生也十分沮丧。尽管他们不会像被归为白人一类那么吃惊，但不管他们自己的肤色如何，他们都坚决反对被归入"黑人"一类。

为了表达这些对于他们种族身份认知的不满，不同种族的学生成立了一个小组，组内包括两名越南学生、一名波多黎各学生和一名海地学生。在我的鼓励下，他们写信给学区主管（superintendent）托马斯·佩赞特，请求彻底修正这一分类原则。让我大为惊讶和感动的是，他居然回信了。他在信中解释，波士顿必须遵循联邦政府发布的有关种族分类的原则。因此，在之后的一周，我帮助学生们搜索了人口普查统计数据，以2000人为样本进行调查搜集。他们第一次发现，个人可以进行种族分类，这使他们兴奋无比。同时，他们也觉得有些遗憾，要是早点采取行动或许就可以改变这些官方的分类准则了。我点点头，表示十分理解和同情，然后将话题转回到那天的课程——"密苏里州妥协案"（Missouri Comprimise）上。

如果我们希望实现民族平等和融合，并由此使美国成为一个真正平等和包容，真正法治和民主的社会，我们就必须努力解决族群政治（ethnoracial politics）和种族政治（politics of race）中的问题。族群政治是指个体通过过去享有的、现在正在做的、未来可能存在的方式，将族群身份作为组织政治活动和集体活动的依据。而我所说的种族政治，是指种族和民族用以直接或隐秘地影响政治和公共政策的若干途径，以及影响公共政策和政治成果的族群模式。① 若是我们不谈种族，尤其是跨越种族界

---

① 我用"族群"（ethnoracial）这一术语，某种程度上是由于它没有"race and ethnicity"那么累赘。然而，更重要的是，我用它来强调种族身份和族群身份是不存在明显差别的。正如开篇的趣事中所反映的，我们说的种族和族群之间的界限很模糊，也存在争议。一些学生带有族群和种族的双重标记，而其他学生在特定族群身份中维护自己的种族特征（"我是西班牙人，不是白人！"），或者排斥任何种族设定而只支持族群归

限，就会妨碍公民生活。更重要的是，种族问题本身就是许多难以解决的政治问题的根源所在，如资源分配问题、教育分配问题、公共交通问题、平权行动（affirmative action）①、移民问题、治安问题、监管政策、量刑指南以及有关选举权的问题（比如说否认重刑犯有选举权）。② 如果我们不能直接跨越种族界限解决种族问题，不能深入有效地分析种族分类问题，不能在个人和集体层面提高种族意识，克服种族不平等的难题，我们就无法兑现当初作出的承诺，也无法消除美国民主制度中根深蒂固的缺陷。

确切地说，书写关于种族的问题就像讲授"黑人历史月"（Black History Month）③ 的知识一样。如果2月份成为唯一可以讲授或讨论黑人历史的时间，如果因为这样就将这段本应该与美国历史和世界历史交织在一起的黑人历史分离出去，那"黑人历史月"无疑会弄巧成拙。但是，即使我们教授历史的过程中彻底地展现黑人作为主体和客体在历史进程中发挥的重要作用，"黑人历史月"仍然是必不可少的。事实上，黑人本质上是美国历史的一部分，讲述和理解美国历史时，如果除去黑人在美国历史各个时期扮演的中心角色，那是毫无意义的。同样，如果在本书各个章节中未能穿插对种族和族群问题的讨论，就不能达到写作的目的，这不仅是因为我曾经说过我特别关注种族隔离学校。若是没有种族和族群作为中心概念支撑美国历史的各个阶段，便不可能真正理解美国的公民身份、政治力

属（"我是佛得角人，仅此而已，我不是白人或黑人"）。种族和族群的分界线也随着时间的变化而变化，例如犹太人和意大利人逐渐被同化为"白色人种"，转变为"族群"。这个过程只是文化构建的一个表现，而不是种族和族群的自然存在，参见 Noel Ignatiev，*How the Irish Became White*，New York：Routledge，1995。

① 平权行动又称平权法案，指美国联邦政府和州政府在法律上要求的机会平等。它防止在"肤色、宗教、性别或民族出身"上歧视雇员或就业申请人。——译者注

② Glenn C. Loury，*Race，Incarceration，and American Values*，Cambridge，MA：MIT Press，2008；Michelle Alexander，*The New Jim Crow*，New York：New Press，2010.

③ 自1976年以来，历届美国总统都将每年的2月指定为"黑人历史月"，以表示对美籍非洲裔历史的尊重，赞颂黑人为美国文化和政治生活作出的贡献。其他诸如加拿大、英国这样的国家，也效仿美国，指定一个月开展类似的庆祝活动。——译者注

量以及公立教育本身。种族和族群问题的确值得我用一个章节来讨论。

65 种族和族群问题是公民赋权差距的明显特征，它们和其他人口统计特征（如收入或教育水平问题）有所不同。公民受教育的年数是其公民知识、技能、态度以及行为最重要的预测指标。但其他人口特征，包括一些和族群有关的因素，就它们自身而言也是十分重要的。亚裔美国人的公民参与在绝对值上比其他族群少，尤其将社会经济因素考虑进去时。[1] 而西班牙裔的参与率也同样相对较低，即使统计时限定了西班牙裔的基数（超过四分之一生活在美国的拉美裔还不是合法公民），或即使控制了收入和受教育水平这些变量。[2] 若假设其他人口特征都保持一致，美国黑人的公民参与要比其他种族的人（包括白人）更强。当然，种族和社会经济地位间的相互作用根深蒂固，区别这些差异会冒着一叶障目而不见森林的危险。[3] 如果我们试图有效地解决公民赋权差距问题，这些族群差异的真实情况及其原因就显得十分重要。

进一步讲，在历史上，种族和族群问题一直都是调动美国黑人和其他族群进行公民参与的有效手段。贯穿美国历史的公民权利运动就是这一过程的明显例证。美国黑人的公民聚集地（如教堂和学校），在建构和促进赋权的历史公民叙事中扮演了重要角色。但是，种族动员行动发挥作用不仅仅是体现在聚集场所这一层面，个人的种族意识也能调动种族的公民参与。美国黑人拥有更为突出的"种族特性"（racial salience），这是

---

[1] Taeku Lee, S. Karthick Ramakrishnan, and Ricardo Ramirez eds., *Transforming Politics, Transforming America: The Political and Civic Incorporation of Immigrants in the United States*, Charlottesville: University of Virginia Press, 2006.

[2] U.S. Census Bureau, "Table 7: Nativity and Citizenship Status by Sex, Hispanic Origin, and Race: 2010", 2010, retrieved June 14, 2011, fromwww.census.gov/population/socdemo/hispanic/cps201 O/CPS-2010table07.xls.

[3] Jane Junn, "Mobilizing Group Consciousness: When Does Ethnicity Have Political Consequences?" in *Transforming Politics, Transforming America: The Political and Civic Incorporation of Immigrants in the United States*, ed. Taeku Lee et al., pp.32-47, Charlottesville: University of Virginia Press, 2006.

指他们将"黑人"作为自己重要的存在方式，并且与"群体意识"（group consciousness）相结合。"群体意识"可以理解为"一种信念——他们这个群体如果集体行动，就一定会成就一番事业，简而言之，就是群体效能感（group efficacy）——以及对群体地位的不满"，这样的美国黑人比其他人更倾向于具有强烈的公民参与意愿，更可能在政治上有所作为。[1] 同样的机制是否适用于其他族群还不清楚，但据我们所知，让学校培养学生的种族身份认知会潜在地缩小公民赋权差距，虽然不得不承认，这是一项复杂和冒险的工程。

总之，种族差异已经深深根植于美国公民生活和政治结构之中。在美国"激进民主"（agreesive democracy）的系统中，属于少数种族还是主体种族还是存在差别的。[2] 主体种族占有优势地位，如果少数种族的地位与政治上的优先性毫无关联，那么数量上的差异也就无关紧要了。但是种族的人口统计数据显示，种族因素与政治信仰、偏好、优先权关系紧密。[3] 因此，少数种族在这个系统中遭受着公民和政治权利方面的不平等待遇，而这个

[1] Dennis Chong and Reuel Rogers, "Reviving Group Consciousness" in *The Politics of Democratic Inclusion*, ed. *Christina Wolbrecht and Rodney E. Hero*, Philadelphia: Temple University Press, 2005, p.65. 亦可参见 Michael C. Dawson, *Behind the Mule: Race and Class in African-American Politics*, Princeton: Princeton University Press, 1994; Sidney Verba et al., *Voice and Equality: Civic Voluntarism in American Politics*, Cambridge, MA: Harvard University Press, 1995; Michael C. Dawson, *Black Visions: The Roots of Contemporary African-American Political Ideologies*, Chicago: University of Chicago Press, 2001; Priscilla L.Southwell and Kevin D. Pirch, "Political Cynicism and the Mobilization of Black Voters", *Social Science Quarterly*, 2003, 84 (4): 906-917; Jane Junn, "Mobilizing Group Consciousness: When Does Ethnicity Have Political Consequences?" in *Transforming Politics, Transforming America: The Political and Civic Incorporation of immigrants in the United States*, ed. Taeku Lee et al., pp.32-47, Charlottesville: University of Virginia Press, 2006。

[2] Iris Marion Young, *Inclusion and Democracy*, New York: Oxford University Press, 2000.

[3] Robert C.Smith and Richard Seltzer, *Contemporary Controversies and the American Racial Divide*, Lanham, MD: Rowman and Littlefield, 2000; Leonie Huddy and Stanley Feldman, "Worlds Apart: Blacks and Whites React to Hurricane Katrina", *Du Bois Review*, 2006, 3 (1): pp.1-17.

系统的结构更有利于主体种族（比如白人）。改革后的政治结构，侧重协商的途径，以一些有利于少数种族的方式进行投票，会起到一定的积极作用。[①] 然而，我本人并不期待联邦和各州的投票制度在如此短的时间内改革，因为这些改革实践会使那些目前掌握更多权力的人获益。因此，我们需要另外思考，如何能克服这些因种族差异而产生的社会不平等。

有关种族问题的讨论

直接讨论种族问题困难重重。种族在物质世界中并不是实际存在的，作为一种文化结构，种族是人类历史进程中一些最严重的敌对事件的导火索。我们今天所理解的"种族"起源于 500 年前，在那时，种族是将贩奴合法化的一种途径。为了使一些人暂时或永久地屈服、被驱逐甚至是灭绝，将这些残酷行为合法化而产生的分类体系无疑是一种伪科学。[②] 一些学者一直提倡，将作为概括性的词语"种族"和作为种族范畴的词语"黑人"和"白人"，从我们的字典里永久地删除。他们的根据是："这些词语将我们宣称想要摆脱的种族的生物学概念强化和合法化了。"鉴于这段杭

67

---

① 关于协商民主重塑政治权力关系的可能性，参见 Jane J. Mansbridge，*Beyond Adversary Democracy*，New York：Basic Books，1980；Amy Gutmann and Dennis F. Thompson，*Democracy and Disagreement*，Cambridge，MA：Belknap Press of Harvard University Press，1996；Iris Marion Young，*Inclusion and Democracy*，New York：Oxford University Press，2000。关于少数群体有策略的选举，参见 Lani Guinier，*The Tyranny of the Majority：Fundamental Fairness in Representative Democracy*，New York：Free Press，1994。

② Lawrence Blum，*"I'm Not a Racist, But…"：The Moral Quandary of Race*，Ithaca，NY：Cornell University Press，2002；George M. Frederickson，*Racism：A Short History*，Princeton：Princeton University Press，2002；Carol C. Mukhopadhyay, et al.，*How Real Is Race? A Sourcebook on Race, Culture, and Biology*，Lanham，MD：Rowman and Littlefield，2007.

脏的历史，这些学者的举动的确可以理解。①

　　讨论族群问题也会遭遇诸多挑战，因为它忽略了个体之间存在的巨大差异。例如，作为"美国黑人"或"拉美裔人"，会有上百种不同的表达方式和生活方式。美国黑人和拉美裔人身份是多元化的、复杂的且流动性很强的。这些身份与他们作为个体的其他身份交织在一起，如年龄、性别、宗教、性征、阶层、地域、职业以及其他一些因素。对人的界定不能仅仅通过种族和族群来确定，种族和族群词语的泛化模糊了更为具体的多样性。例如，尽管都是"亚洲"人，但越南人、老挝人和美籍华裔青年面临着不同层面的挑战和机遇，这一定程度上是由于他们特殊的种族身份及历史。此外，种族和族群分类的泛化适用于一些新移民，这些人从未对此有何考虑，而他们彼此之间的相似性与来自同一片大陆的人们没有什么不同。我的学生对于这一点很清楚，从他们对我"多米尼加人、波多黎各人，管他来自哪里"那句话所作出的回应中便可以看出。我的那句话显然激怒了他们，但是我以上的分析也勉强能站得住脚，因为政府已经从官方角度将他们划分为一个大的、泛化的族群了。若有关种族的分类从一开始就是完全恶意的，那教给移民和他们的孩子这样的分类方式是非常残酷的。许多移民的后代是混血儿，他们不属于单一国籍，也不属于单一的政治团体，这些移民会自己创造一些新的方式对后代进行种族分类，上面提到的方式也会混淆这些移民创造的新分类方式。② 特别是青年移民的文化，

---

① Orlando Patterson, *The Ordeal of Integration: Progress and Resentment in America's "Racial" Crisis*, New York: Civitas/Counterpoint, 1997, p.173；亦可参见 Naomi Zack, *Race and Mixed Race*, Philadelphia: Temple University Press, 1993；Lawrence Blum, *"I'm Not a Racist, But...": The Moral Quandary of Race*, Ithaca, NY: Cornell University Press, 2002。

② K. Anthony Appiah and Amy Gutmann, *Color Conscious: The Political Morality of Race*, Princeton: Princeton University Press, 1996；Laurie Olsen, *Made in America: Immigrant Students in Our Public Schools*, New York: New Press, 1997；Alejandro Portes and Ruben G. Rumbaut, *Immigrant America: A Portrait*, 3rd ed., rev., expanded, and updated, Berkeley: University of California Press, 2006；Dennis Chong and Reuel Rogers,

68　受飞速发展的全球化以及一些跨越国界的经历所影响，会迅速超越这种不当的族群分类所反映出的一种对种族身份和不同种族之间的差异过于简单的（将复杂问题过分简单化的）结构性分类方式。①

　　美国黑人和其他少数种族之间有关种族文化同化、压迫以及反抗的巨大差异，带来了额外的关于种族和族群的一般性问题。毫无疑问，美国

"Reviving Group Consciousness" in *The Politics of Democratic Inclusion*，ed. Christina Wolbrecht and Rodney E. Hero，pp.45-74，Philadelphia：Temple University Press，2005；Michael Jones-Correa，"Bringing Outsiders In：Questions of Immigrant Incorporation" in *The Politics of Democratic Inclusion*，ed.，Christina Wolbrecht and Rodney E. Hero，pp.75-102. Philadelphia：Temple University Press，2005；Jennifer Hochschild，"From Nominal to Ordinal：Reconceiving Racial and Ethnic Hierarchy in the United States" in *The Politics of Democratic Inclusion*，ed. Christina Wolbrecht：and Rodney E.Hero，pp.19-44，Philadelphia：Temple University Press，2005；Stacey J. Lee，*Up against Whiteness：Race，School，and Immigrant Youth*，New York：Teachers College Press，2005.

① 越来越多的文献反映出年轻人创造性地将民族、文化、族群、宗教以及其他身份混合在一起，展现出一种"灵活的公民身份"（Sunaina Maira，*Missing：Youth，Citizenship，and Empire after 9/11*，Durham，NC：Duke University Press，2009），参见 Sunaina Maira，"Imperial Feelings：Youth Culture，Citizenship，and Globalization"，in *Globalization：Culture and Education in the New Millennium*，ed. Marcelo M. Suarez-Orozco and Desiree Baolian Qin-Hilliard，pp.203-234，Berkeley：University of California Press，2004；Mica Pollock，*Colormute：Race Talk Dilemmas in an American School*，Princeton：Princeton University Press，2004；Carola Suarez-Orozco，"Formulating Identity in a Globalized World" in *Globalization：Culture and Education in the New Millennium*，ed. Marcelo M. Suarez-Orozco and Desiree Baolian QinHilliard，pp.173-202，Berkeley：University of California Press，2004；Sunaina Maira and Elisabeth Soep，*Youthscapes：The Popular，the National，the Global*，Philadelphia：University of Pennsylvania Press，2005；Vivian Shuh Ming Louie，"Growing Up Ethnic in Transnational Worlds：*Identities* among Second-Generation Chinese and Dominicans"，Identities，2006，13（3）：pp.363-394；Thea Renda Abu El-Haj，"I Was Born Here，but My Home，It's Not Here'：Educating for Democratic Citizenship in an Era of Transnational Migration and Global Conflict"，*Harvard Educational Review*，2008，77（3）：pp.285-316；Michelle Knight，"It's Already Happening：Learning from Civically Engaged Transnational Immigrant Youth"，*Teachers College Record*，2011，113（6）：pp.1275-1292。

黑人的公民历史、政治历史、身份以及有关活动是十分独特的和有争议的，以至于让人感到迷惑，是否可以将美国黑人和其他少数种族（例如拉美裔人和亚裔人）同时讨论？① 同样，若是将从厚重的黑人和白人文献中得出的研究结果草率地用于研究其他种族，也是颇具危险性的，因为其他种族的研究文献只处于初级阶段，还很浅显。

尽管有这些考虑，我选择既使用美国官方标准的种族分类词汇——"白人"、"黑人"、"非洲裔美国人"、"拉美裔人"、"西班牙裔人"、"亚裔人"等，同时也会将种族和血统视作综合性的概念，而不是单独去讨论每一个种族。这些词语限定了一种绝大多数的美国人生活、思考、活动、做

---

① 我很遗憾地承认，在本章及整本书中我没有论及美国印第安人。一方面是因为对印第安人的系统性压迫和杀害导致了他们现在只占据美国总人口的 1%—2% (U.S. Census Bureau Population Division，"Annual Estimates of the Resident Population by Sex，Race，and Hispanic Origin for the United States：April 1，2000 to July 1，2009 (NC-EST2009-03)"，U.S. Census Bureau，retrieved Sep.29，2010，from www.census. gov/popest/national/asrh/NC-EST2009-srh.html），也因为他们本身是主权国家的一员，会适当地进行公民和政治参与。当然，印第安人并不是生活在美国唯一具有双重身份的国民。许多移民和他们的后代也具有双重国民身份，他们在美国积极地进行公民和政治参与，这与他们在自己国家的公民和政治参与密切相关 (Bruce Cain and Brendan Doherty，"The Impact of Dual Nationality on Political Participation"，in *Transforming Politics*，*Transforming America：The Political and Civic Incorporation of Immigrants in the United States*，ed. Taeku Lee et al.，pp.89-105，Charlottesville：University of Virginia Press，2007）。但是由于印第安人居住在自治的领土内，他们的双重国民身份是与众不同的，当然，他们也不是美国的移民。相反，美国人"移进"他们的土地，带来可怕的后果。另外，对于许多印第安人来说，他们对美国公民身份的"好"也存在异议。一些学者和激进主义者认为，1924 年授予印第安人美国人的身份可以被认作是摧毁他们部落成员身份和自治主权的行为 (Robert Odawi Porter，*Sovereignty*，*Colonialism*，*and the Future of the Indigenous Nations*，Durham，NC：Carolina Academic Press，2004；Kevin Bruyneel，"Challenging American Boundaries：Indigenous People and the 'Gift' of U.S. Citizenship"，*Studies in American Political Development*，2004，18 (1)：pp.30-43）。鉴于公民身份、历史和认同的复杂性，坦白地说，也考虑到我在这一领域不够专业，我选择不论及美国印第安人的政治参与和赋权问题。

决定、学习、行使权力、与他人交流的话语方式。若是采用其他话语方式可能会使人混淆迷惑。① 无论何时，我们与人交流应该使用他们自己也使用的或是能够辨识出的语言，而不是希望他们去识别用不熟悉的词语表达出来的观点。无论如何，绝大多数的美国人，不论种族和血统如何，还是会使用以上那些词语指代他们自己和他人。

更进一步说，因为美国人确实生活在这种宽泛的种族框架中，接受这种框架，有助于我们了解种族内个人经历和生活的方方面面。例如，低收入有色人种年轻人的人生之路、公民权利和政治机遇等从多个方面都会跨越特定的种族边界。基于这个原因，为使我们更宽泛地看待和思考种族和族群的模式问题，我选择将问题笼统化。最后，摒弃广泛存在的各种族独有的语言可能会使一些，如"我们生活在一个没有肤色歧视（colorblindness）和后种族主义（postraciality）的世界"之类的荒谬言论大行其道，情况其实不是这样。然而，若是不使用各种族独有的语言，我们很难记录并阐释公民生活中无处不在的与种族有关的经历。因此，我使用白人、黑人、西班牙裔等词语，虽然它们既不完善也不够明确。

尤其是教育工作者，在学校这样的环境中使用种族特有的语言直接讨论有关种族分类问题会面临教学和政治上的双重困境。② 青少年听到这些词语，对它们的理解和使用可能与成年人的意图有很大差别，两者之间的不匹配可能会导致深深的误解。同时，因为种族身份并不是由外在的生理特征决定的，教育工作者可能经常会将学生的种族身份弄错——就如我当初理所当然地认为我留下的四个学生都是黑人，还有在历史角色扮演活动上，我自然而然地让查理斯来扮演一位"美国黑人"。像这样的错误可能会导致学生或他们的家人感到不被理解，甚至不被尊重，反过来也会给

---

① Meira Levinson，"The language of Race"，*Theory and Research in Education*，2003，1（3）：pp.267-281.

② 有关此方面的精彩讨论，参见 Mica Pollock，*Colormute：Race Talk Dilemmas in an American School*，Princeton：Princeton University Press，2004。

对学生的教育带来根本性的打击。

　　家庭和教师对于种族身份的意义和重要性认定的不对等，也会让每个人都置身于危险境地。教育工作者作为公职人员，属于一种地位低下的职业，他们本身就会成为学生父母抱怨和公众强烈抗议的无辜对象。而学生则是在强势父母监护下的年轻人，容易在教育工作者的断言和决定中受到伤害。学生的家庭成员作为公民和居民，要屈从于强大的资本主义教育制度，也容易受到学校权威地位的影响。学校就像是通往大学和职业生涯的把关者，若教师在学校使用的种族语言以及对于种族的分析与学生之前在家庭中学习到的相互矛盾，学生和他们的家庭就可能会感到焦虑、困惑甚至气愤。

　　另一方面，想要确保这种错误认知不发生是不太容易甚至是不可能的。想想来自佛得角的学生拒绝被认定为"黑人"那件事吧。一方面，我很容易确认学生不希望自己被按照联邦规定的种族分类方式归类，而是希望按照自己认为合适的分类方式归类。种族分类（ethnoracial categories）是从罪恶的历史中诞生的一种文化建构；它们不是任何"自然的"或是生物性的存在；因而，个人和群体成员能够自己来确定种族和人种身份。另一方面，许多佛得角人拒绝"黑人"标签，是因为他们尊崇葡萄牙血统——从本质上来讲，他们采取了与美国"一滴血"（one drop of blood）理论相反的方式。葡萄牙祖先"拯救"了他们，使他们免于成为黑人。许多多米尼加人也信奉同样的理论，他们崇拜他们的西班牙祖先胜过非洲裔祖先，而且进一步指出他们与来自海地的"黑人"之间的差别，基于多米尼加人从未被奴化这一点——由此可见，他们对于黑人身份的认定以是否遭受过奴隶制的侵害为标准。因此，反黑人的种族主义不仅影响到美国对拥有非洲裔祖先的人归为黑人的分类，也影响到了多米尼加人和佛得角人，使他们排斥黑人身份，而更推崇他们西班牙或葡萄牙血统。更进一步讲，多米尼加人、佛得角人、西印度人以及其他岛民对于"黑人"这一标签的反抗或许是在美国种族主义的社会环境中进行自我保护的重要方式。这些移民者拒绝被认定为黑人，他们试图避免遭遇此种分类所导致的"社会地位的下滑"。① 鉴于如此复杂的情况，教育工作者就更难确定学生的种族分类情况，也更难采取一种稳妥的方式对学生进行分类。我们要挑战种族主义，若不将其他抽象的种族分类实质化，或颠覆非白人家庭在种族主义社会中特有的生存策略，这种挑战有可能实现吗？目前这两种选择都乏善可陈。

不仅仅是学生的种族身份会带来教育和政治上的挑战，教师本身对于种族身份的认知也会给师生关系带来出乎预料的重要影响。我总是能够意识到，学生将我认定为白人中产阶级——就是他们概念中的富人，而这种认定会使他们作出其他一些猜测，有时这些猜测并不正确。例如，许多学生都认为我是共和党人，某种程度上是因为我不愿意告诉他们我的政治观点；因为我亚特兰大和波士顿的学生几乎都是民主党人，他们可能会推测我的含蓄是因为我不想因为政治信仰不同于他们而遭到猛烈的攻击。但是我认为可能也仅仅因为在他们的印象中，共和党人就是富有的白人，而民主党人都是贫困的有色人种。

虽然我对政治党派缄口不言，我依然尽力用其他方式与学生共同跨越种族界限。② 我曾在年初的时候请假参加犹太新年（Rosh Hashanah）的

---

① Mary Waters, *Black Identities：West Indian Immigrant Dreams and American Realities*, New York：Russell Sage Foundation and Cambridge, MA：Harvard University Press, 1999, p.26. 亦可参见 Alejandro Portes and Min Zhou, "The New Second Generation：Segmented Assimilation and Its Variants among Post-1965 Immigrant Youth", *American Academy of Political and Social Sciences*, 1993, 530：pp.74-96；Alejandro Portes and Ruben G. Rumbaut, *Immigrant America：A Portrait*, 3rd ed., rev., expanded, and updated, Berkeley：University of California Press, 2006。关于苗裔美国年轻人"黑人化"和不能接受嘻哈穿衣风格的苗族"好"孩子"白人化"的类似描述，参见 Stacey J. Lee, *Up against Whiteness：Race, School, and Immigrant Youth*, New York：Teachers College Press, 2005. 关于美国黑人学生自身的变化过程，参见 Lory Janelle Dance, *Though Fronts：The Impact of Street Culture on Schooling*, New York：Routledge, 2002；而关于美国和英国青年人在这一过程中的对比分析，参见 Natasha Kumar Warikoo, *Balancing Acts：Youth Culture in the Global City*, Berkeley：University of California Press, 2011。

② 关于保持政治中立的利与弊，参见 Diana E. Hess, *Controversy in the Classroom：The Democratic Power of Discussion*, New York：Routledge, 2009, 以及第六章。

庆祝以及犹太赎罪日（Yom Kippur），用这个事实告诉学生们我是犹太人，而且还和他们讲了我的家族历史。每年9月份，我都会讲述我的曾祖父母在19世纪末20世纪初来到美国，正好是在奴隶制和内战之后，他们移民是为了逃离大屠杀或类似原因。通过这些，我有意识地引导学生将他们的移民身份和我的联系在一起，将他们曾经暂时居住在少数种族聚集地的经历和我祖上居住于犹太贫民窟的经历联系在一起。我并不是想通过任何方式在我们之间建立一种道德情感或经历上的对等关系，而是试图在超越种族界限的基础上建立一种道德情感和经历上的联系。显然，我对于个人身份的坦诚是有作用的，我的学生愿意信任我，也相信我们可以在一种相互尊重、相互信任的氛围中共同学习。最根本的是，学生在清楚地知道我的祖先没有奴役他们的祖先，没有对他们的祖先进行殖民统治，也没有压迫他们的祖先之后，显然感到宽慰和安心。总体上，他们对我暂不评判，也愿意相信我虽然身为中产阶级白人女性，也是可以理解他们的经历、渴望或是需求的。他们会来我的教室，就他们所遇到的问题向我咨询，寻求建议；也会把我拉到一边，请求我帮助他们的朋友或是家人，并在课堂讨论或家庭作业中和我分享他们的经历。最终我得以成为一名更好的老师，而他们也能够学到更多的东西。

通过保持自己与某些白人历史因素的距离，我试图培养跨越种族的团结意识。同时，我也会开诚布公地谈论自己其实也会从"白人特权"（white privilege）中获益，尽管我之前没有确切地使用过"白人特权"这一词汇。① 对于这些八年级学生曾经有过的经历，例如在商店中被跟踪，或是被地铁中的交通警欺负，我感到十分同情，而且即刻表示，我从来没

---

① Peggy McIntosh, "White Privilege: Unpacking the Invisible Knapsack", *Independent School*, 1990, 49（2）: p.31; Cheryl I. Harris, "Whiteness as Property", *Harvard Law Review*, 1993, 106（8）: pp.1707-1791; George Lipsitz, "The Possessive Investment in Whiteness: Racialized Social Democracy and the 'White' Problem in American Studies", *American Quarterly*, 1995, 47（3）: pp.369-387; R. Patrick Solomona et al., "The Discourse of Denial: How White Teacher Candidates Construct Race, Racism and 'White Privilege'", *Race, Ethnicity and Education*, 2005, 8（2）: pp.147-169.

有过类似的经历，也希望我的学生们没有经历过。我们坦诚地谈论这些不公平现象，希望这些讨论能够赋权予学生。令人遗憾的是，到目前为止，白人权威人士公开承认有色人种年轻人在日常生活中遭受到不公平待遇仍然是极其少见的。但是，无论过去还是现在，我还不清楚学生们如何理解和看待我们之间的讨论。^① 我深切认识到这一点是在最近一次课后，那次课上的研究生来自不同种族，我混淆了种族主义和种族身份的概念。当我在课上谈论到学院中的种族主义的时候，尤其是当我说到"就是这样的"之时，在座的许多听众都认为我接受种族主义，这让我吃惊不已。我认为"种族主义"从本质上讲是一个应该在道德上受到谴责的词汇，但听众没有这样理解，可能某种程度上因为我是白人。作为一名学者，我太想当然

---

① 关于白人教育工作者进行反种族主义教学的相关建议，参见 Glenn E.Singleton and Curtis Linton，*Courageous Conversations about Race：A Field Guide for Achieving Equity in Schools*，Thousand Oaks，CA：Corwin，2006；Gary R. Howard，*We Can't Teach What We Don't Know：White Teachers，Multiracial Schools*，NewYork：Teachers College Press，2006；Mica Pollock，ed.，*Everyday Antiracism：Getting Real about Race in School*，New York：New Press，2008。然而，总体来说，鲜有文献论述教师针对种族问题的讨论对有色人种学生产生的影响，无论是从学业成就、自我意识、动机、效能、参与或是从其他角度，除了以下两个引人注目的研究之外：Gloria Ladson-Billings，*The Dreamkeepers：Successful Teachers of African American Children*，San Francisco：Jossey-Bass，1994；Beverly Daniel Tatum，"Talking about Race，Learning about Racism：The Application of Racial Identity Development Theory in the Classroom"，*Harvard Educational Review*，1992，62（1）：pp.1-24。但是，这两个文献距今已有二十多年，塔特姆（Tatum）的文献关注的是大学生而不是青少年。关于大学生，有一些实验数据是关于"刻板印象威胁"（stereotype threat）的影响，这不同于种族主义但又与之相关，仅仅明确刻板印象威胁，却没有给学生提供应对策略，会更加糟糕。教授学生积极的应对策略可能会减轻刻板印象威胁的影响，参见 Michael Johns et al.，"Knowing Is Half the Battle：Teaching Stereotype Threat as a Means of Improving Women's Math Performance"，*Psychological Science*，2005，16：pp.175-179。关于父母让他们的孩子为接受种族偏见做准备，也未有研究定论，参见 Diane Hughes，et al.，"Received Ethnic-Racial Socialization Message and Youths'Academic and Behavioral Outcomes：Examining the Mediating Role of Ethnic Identity and Self-Esteem"，*Cultural Diversity and Ethnic Minority Psychology*，2009，15（2）：pp.112-124，总体来说，这方面的文献还很欠缺。

地认为我的种族（肤色是白色）不会对我和研究生们的讨论造成障碍，而作为一名八年级教师，我也十分容易犯类似的错误。

鉴于这些阻碍，教育工作者经常倾向于避免一起讨论有关种族的问题。标准化的课程和考试的要求太多了，以至于我们尽可能快地略过这些问题也依然不可能及时完成进度要求；同时，事实上各州的课程标准也没有让教师参与有关种族问题的明确讨论。虽然如此，我还是认为，在普及公民教育的大环境下讨论种族问题是有教育意义的，因为种族模式是存在的，可利用的资源也存在，我们需要确定这些，并且帮助学生对这些问题进行批判性反思。进一步讲，将一些内容排除在规定课程之外并不意味着它们会从学生的日常生活和思维中消失。仅仅由于成长在美国，学生就可以了解种族，通过种族问题进行学习。学会如何思考种族问题，是学会如何以美国人的方式进行思考的根本所在。学校不需要教授这些，学生通过其他途径可以了解。学校可以做的是帮助学生对其所学进行批判性思考，以及考虑如何在一个受种族主义影响的社会中反抗不平等的待遇。这种批判性思考对于公民教育十分关键，美国的公民生活会因此变得更加美好。

在公民和政治生活中表明种族身份

因为巴拉克·奥巴马当选总统，当今美国充斥着"后种族主义"的论调。身处这一时代，种族身份对一个人在美国公民和政治生活中的日常经历以及行使权力的能力会产生一定影响，弄清这一点尤为重要。一定程度上，历史遗留的种族歧视问题已经影响到现今的公民结构和体系。联邦政府默许银行的种族歧视，形成了居住上、政治上和经济上的隔离模式，这些将持续影响并渗透到美国公民生活的方方面面。白人家庭的平均存款是黑人家庭的十倍，这种巨大的财富差距可能是历史固有的原因导致的，但它不可避免地影响当今美国社会经济以及政治力量的分配。税法、刑法以及社会政策对于白人、本土出生、中产阶级房产主的影响，与其对非白

74 人、非本土出生和贫穷的、没有财产的美国人的影响之间存在巨大差异，
通常这种差异是有意为之的。以上这些以及一些类似的不平等是美国公民
和政治生活中种族维度上的最核心问题。①

进一步说，种族主义、阶级歧视（与种族主义相互影响）、宗教偏见
（例如反伊斯兰教的倾向，也与种族主义相互影响），以及高涨的反移民浪
潮在21世纪的第二个十年里仍然会是在美国发挥重要作用的政治因素。
这些偏见在各个层面妨碍了少数群体成员有效地参与到公民生活之中。某
种程度上，这些人面临着一些人为设置的障碍，例如被削减的投票机会，
或是不敢向权威部门反映不合规定的工作环境，或是其他可能会导致被逮
捕及驱逐的一些不平等待遇。② 少数种族成员要拼尽全力来证实他们对于

---

① 相关证据以及其他一些难题，参见 Thomas Shapiro, *The Hidden Cost of Being African
American*, Oxford: Oxford University Press, 2004; Gerald Grant, *Hope and Despair in
the American City: Why There Are No Bad Schools in Raleigh*, Cambridge, MA: Harvard
University Press, 2009; Eduardo Bonilla-Silva, *Racism without Racists: Color-Blind
Racism and the Persistence of Racial Inequality in the United States*, 3rd ed., Lanham,
MD: Rowman and Littlefield, 2010; Moon-Kie Jung, et al., *State of White Supremacy:
Racism, Governance, and the United States*, Stanford: Stanford University Press, 2011。
关于20世纪坚持种族歧视的极端说法，参见 Douglas A.Blackmon, *Slavery by Another
Name: The Re-Enslavement of Black People in America from the Civil War to World War II*,
New York: Doubleday, 2008，它讲述了第二次世界大战期间地方法律和法律的实施对
黑人进行奴役的惊人事例。

② 关于选举途径，参见 Anne Kiehl Friedman, "Voter Disenfranchisement and Policy
toward Election Reforms", *Review of Policy Research*, 2005, 22 (6): pp.787-810;
Jamin Raskin, "Lawful Disenfranchisement", *Human Rights: Journal of the Section of
Individual Rights and Responsibilities*, 2005, 32 (2): pp.12-16; Matt A. Barreto, "Are
All Precincts Created Equal? The Prevalence of Low-Quality Precincts in Low-Income and
Minority Communities", *Political Research Quarterly*, 2009, 62 (3): pp.445-458。 关
于担心被捕或被驱逐出境，参见 Jamie Fellner and Lance Compa, "Immigrant Workers
in the United States Meat and Poultry Industry", submission by Human Rights Watch
to the Office of the United Nations High Commissioner for Human Rights Committee on
Migrant Workers, Human Rights Watch, Geneva, 2005, retrieved October 11, 2010,
from www2.ohchr.org/english/bodies/cmw/docs/hrw.doc; Sarah Paoletti etal., "Petition

美国民主的忠诚，就如巴拉克·奥巴马身为总统候选人时曾经提到，自己有一次没在西服的翻领上佩戴一枚美国旗帜的别针，就引起了一些人对于他的爱国主义的质疑。非白人公民发现他们最基本的公民地位频繁受到威胁，如针对奥巴马篡改出生证明的怀疑，以及其他数不清的质疑。特别是拉美裔和亚裔人在日常生活中接受的一项内隐态度测试的统计数据表明，绝大多数美国公民及居民认为亚裔人本质上不属于美国人，"他们永远都是外来人"；尽管许多华裔和日裔美国人的祖先要追溯到 19 世纪中期，尽管从 19 世纪晚期直至 20 世纪中期，国会一直否认亚裔美国人的公民身份。[1] 类似情况还有，尽管拉美裔家庭世代居住的国土多年以前是美国通过强占、购买或割让等手段得到的，拉美裔人近来仍然常常被认为是非法移民者。这些偏见甚至会自我强化，因为这种系统公正化心理（psychology of system justification）会导致少数种族成员认定自己属于次 75 等阶层，接受这种想法，并认为其合乎情理。[2]

Alleging Violations of the Human Rights of Undocumented Workers by the United States of America", Report to the Inter-American Commission on Human Rights, Organization of American States, 2006, November 1, retrieved October 11, 2010, from www.aclu.org/images/asset_upload_file 946_27232.pdf; Shannon Gleeson, "Labor Rights for All? The Role of Undocumented Immigrant Status for Worker Claims Making", *Law and Social Inquiry*, 2010, 35（3）: pp.561-602。全面的阐述，参见 Moon-Kie Jung et al., *State of White Supremacy: Racism, Governance, and the United States*, Stanford: Stanford University Press, 2011。

[1] Stacey J. Lee, *Up against Whiteness: Race, School, and Immigrant Youth*, New York: Teachers College Press, 2005.

[2] 参见，如 Ronald T. Takaki, *A Different Mirror: A History of Multicultural America*, Boston: Little, Brown, 1993。关于反亚裔种族歧视和美国公民身份的历史研究，参见 Kevin R.Johnson et al., "ImmigrationProfBlog: Asian Exclusion Laws", ImmigrationProf Blog, August 4, 2007, retrieved October 20, 2010, from lawprofessors.typepad.com/immigration/2007/08/asian-exclusion.html。关于内隐态度测试，参见 Thierry Devos and Mahzarin R. Banaji, "American = White?" *Journal of Personality and Social Psychology*, 2005, 88（3）: pp.447-466。关于系统公正化，参见 John T. Jost and Mahzarin R. Banaji, "The Role of Stereotyping in System-Justification and the Production of False

即使不存在较深的成见和歧视，对于白人中产阶级的准则，例如演讲、衣着、个人形象、肢体语言，文化偏好，以及由此产生的公民和政治偏好也是大范围存在的。并不是说腿又细又直的人穿短裤就比那些腿粗的人好看，眼神交流也并非真的比将眼神移开更能流露感情。假定听者能够同时理解标准的美国英语"I did that already"和黑人英语"I been done that"（我已经做过了），也并不意味着前者本身包含的信息就比后者多。虽然如此，人们更偏好于前者，认定它属于主流文化，而后者属于非主流文化。[①] 因此，这些少数种族成员在参与公民和政治活动时，如果以非主流文化的方式展现自己，就总是会发现自己被边缘化、不被尊重或被忽视。当人们在公民和政治氛围中行使权力时，如果通过多民族间的对话试图劝说他人信服自己的观点和看法，这种种族化的文化偏见就会进一步加剧。一些辩论、推理以及对共性的展示在主流政治的大背景下得到推崇；而诸如提供证据、作证、叙述故事以及举例等源自黑人教堂和非裔美国人政治背景的讨论形式都无法得到支持。[②]

即使种族偏见和文化偏好导致少数种族参与美国公民和政治生活的机会不减少，绝对数以及基于种族模式的政策优惠也将少数种族置于民主社会中一个明显劣势的位置。观点和优先权的差异从一定程度上反映了

Consciousness", *British Journal of Social Psychology*, 1994, 33: pp.1-27; John T. Jost et al., "Non-Conscious Forms of System Justification: Implicit and Behavioral Preferences for Higher Status Groups", *Journal of Experimental Social Psychology*, 2002, 38: pp.586-602。

① 更多关于主流和非主流社会资本的论述，参见 Prudence Carter, *Keepin' It Real: School Success Beyond Black and White*, New York: Oxford University Press, 2005。亦可参见 Lisa Delpit, *Other People's Children*, New York: New Press, 1995; Pierre Bourdieu, "Cultural Reproduction and Social Reproduction" in *Inequality: Classic Readings in Race, Class, and Gender*, ed. David B. Grusky and Szonja Szelenyi, pp.257-272, Cambridge, MA: Westview Press, 2006。

② Lynn M. Sanders, "Against Deliberation", *Political Theory*, 1997, 25 (3): pp.347-376; Archon Fung, "Deliberation's Darker Side: Six Questions for Iris Marion Young and Jane Mansbridge", *National Civic Review*, 2004, (Winter): pp.47-54.

生活经历的不同，这种生活经历导致不同种族用不同方式来"理解"世界。① 但是，问题在于主体种族成员常常判定少数种族成员的观点是完全　76
不合理的，甚至是荒谬的。因为黑人和白人"历史上就生活在不同的世界里"，差异表现在文化、历史、收入、教育、住房以及就业几个方面，"几乎没有白人以绝大多数黑人理解世界的方式来看待这个世界"。② 因此，黑人在政治辩论中提出有关世界的一些论证通常会得到绝大多数其他黑人的理解和接受，但白人和其他非黑人可能会拒绝接受、不理解，甚至认为那些言论是荒谬和疯狂的。

在微观层面，这一点可以从我的教学生活中得到证实。"9·11"事件发生时，我认为学生的想法是荒唐的，因为他们认为布什总统是幕后操纵者；而我的学生觉得我非常自信地认为他不是操纵者，这一点是糊涂的（需要说明的是，情况其实没有这么简单，因为也有许多学生不接受布什总统策划或至少提前知道了即将到来的袭击，我可以理解我的学生非常不喜欢、不信任布什总统，我只是不相信他会选择用飞机撞向世贸中心和五角大楼）。就如我在第一章阐明的，和我拥有同样想法的人是拥有权力的人，而有着我的学生那样想法的人是不掌握权力的群体，因此公众通常不会考虑他们的观点。

在美国，黑人和白人不同的生活经历，特别是不同的公民身份会造成彼此之间的偏见，可能眼下最有说服力的例子就是卡特里娜飓风事件（Hurricane Katrina）。黑人和白人亲眼见证飓风来临前、过程中以及飓风

---

① Michael C. Dawson, *Behind the Mule*: *Race and Class in African-American Politics*, Princeton: Princeton University Press, 1994; Robert C.Smith and Richard Seltzer, *Contemporary Controversies and the American Racial Divide*, Lanham, MD: Rowman and Littlefield, 2000; Iris Marion Young, *Inclusion and Democracy*, New York: Oxford University Press, 2000.

② Robert C.Smith and Richard Seltzer, *Contemporary Controversies and the American Racial Divide*, Lanham, MD: Rowman and Littlefield, 2000, p.10; Melissa Harris-Lacewell, "Do You Know What It Means…": Mapping Emotion in the Aftermath of Katrina", *Souls*, 2007, 9 (1): p.41.

过后的一系列事件。他们对于地面上发生的事实——发生了什么、什么时间、什么地点都有相同的感受。但是当询问他们为什么这些事情会发生时，他们给出了相去甚远的结论。他们对于事实的理解，特别是政府在事件中以及灾后的行动存在严重分歧。例如在一项颇具代表性的调查中，只有20%的白人赞同"若受灾群众是白人，政府的救灾行动就会更迅速"，但是有84%的黑人这样认为；同样，有38%的白人，但是有90%的黑人赞同"卡特里娜飓风表明种族不平等问题仍然很严重"。①

这种分歧的存在反映了种族差异不仅仅存在于对种族主义的认知上，也体现在对于黑人公民地位的看法上，即政府和一个公民群体之间的关系上。在暴风雨过后的那几天，主流媒体用了"难民"一词来描述卡特里娜飓风中的幸存者，言论一出，又是一片哗然；许多美国黑人认为这个称呼间接否认了他们的公民身份。难民是外来人，对于难民，一个国家可能会慷慨地向他们提供援助，但是他们终究不属于这个国家，国家对于他们没有责任，他们也不会得到这个国家提供的法律保护。② 梅丽莎·哈里斯莱斯维尔（Melissa Harris-Lacewell）引述了一位幸存者的话，这位幸存者在灾难发生的两个月之后在市长雷·纳金的"重振新奥尔良委员会"（Bring Back New Orleans Commission）面前证实道："当下一位美国黑人发言时，他恳求他们'暂停一会儿并关注这里上千人遭受的损失。整个国家因为"9·11"事件停滞了，但没有因为这次飓风停滞，没有人关注我们蒙受的

① Michael C. Dawson, "After the Deluge: Publics and Publicity in Katrina's Wake", *Du Bois Review*, 2006, 3 (1): pp.239-249. 亦可参见 Cedric Herring, "Hurricane Katrina and the Racial Gulf: A Du Boisian Analysis of Victims' Experience", *Du Bois Review*, 2006, 3 (1): pp.129-144; Leonie Huddy and Stanley Feldman, "Worlds Apart: Blacks and Whites React to Hurricane Katrina", *Du Bois Review*, 2006, 3 (1): pp.1-17; Melissa Harris-Lacewell et al., "Racial Gaps in the Responses to Hurricane Katrina: An Experimental Study", Princeton University, 2007, retrieved October 20, 2010, from imai.princeton.edu/research/files/katrina.pdf.

② 对这一现象有说服力的讨论，参见 Michael Eric Dyson, *Come Hell or High Water: Hurricane Katrina and the Color of Disaster*, New York: Basic Civitas, 2005, pp.71-72.

损失。我本来有家，现在无家可归了。我是纳税人，是选民，我相信我选举的官员可以做些正确的事情，但是我们什么都没有得到。我们不是难民，我们是美国公民。'"

哈里斯莱斯维尔引用了许多类似的事例来证实，"美国黑人遭受的不平等待遇是因为他们被认定为次等人，而这一点几乎已经达成广泛共识"；而他们"对于自身种族化的理解"就是将自己认定为"可以被任意处置的美国平民"。[1]

这样的认知会在一些情况下得到强化，例如，政府权力的象征——警察，冷血地杀害了几个黑人孩子和他们的家人，仅仅因为他们想要在飓风的余波到来之际，穿过一座桥到达安全地带。[2] 许多"第九区"（Lower Ninth Ward）的居民确信，决堤是政府有意为之，因为"这种情况是有先例的，在 1965 年的贝特西飓风（Hurricane Betsy）中，市政府引爆了一座大堤，有意淹没这一区域以保护主要是白人居住的、受旅游者青睐的"法国区"（French Quanter）。[3] 在这种情况下，他们这样想也是可以理解的。但是这并不意味着，占人口多数的白人也支持控诉政府有意摧毁了新奥尔良大批贫穷黑人的家园——仅有 20% 的白人认为政府出于绝大多数的受害者不是白人这一想法，缓慢地应对这次灾难。

卡特里娜飓风事件极具代表性，通过无数类似的状况，白人和黑人——或从更广泛的意义上，主体种族成员和少数种族成员——可能对同

① Melissa Harris-Lacewell, "Do You Know What It Means… : Mapping Emotion in the Aftermath of Katrina", *Souls*, 2007, 9 (1): pp.34-35.

② Trymaine Lee, "Rumor to Fact in Tales of Post Katrina Violence", *New York Times*, August 27, 2010, retrieved October 5, 2010, from www.nytimes.com/2010/08/27/us/27racial.html? ref=hurricane_katrina.

③ Evan Thomas and Arian Campo-Flores, "The Battle to Rebuild: In a Fierce Cultural Storm, the Future of the Lower Ninth Is Buffeted by Race and Politics", *Newsweek*, October 3, 2005. 有些人认为，卡特里娜飓风期间政府蓄意淹没一些区域，参见 Michael Eric Dyson, *Come Hell or High Water: Hurricane Katrina and the Color of Disaster*, New York: Basic Civitas, 2005。

样的世界有完全不同的经历和理解，而白人（以及由他们控制的主流媒体）却拒绝接受非白人的这些"极端的"或"充斥着阴谋的"想法。一项政府资助的塔斯基吉梅毒研究（Tuskegee syphilis study）中，研究人员花费数十年时间研究这种发生在黑人身上、不可治愈的梅毒带来的影响，就因为如此，许多美国黑人成了重点怀疑对象，政府强制要求他们在孩提时代就接受免疫注射，并要求他们服用抗转录病毒的相关药物以预防艾滋病。他们甚至怀疑艾滋病毒传播的源头在市中心区及非洲，这一点使得中情局想要对黑人赶尽杀绝。如果让白人关注这些，绝大多数白人都会立刻拒绝。① 若是当真关注，白人对此的反应通常都是短时间的怀疑。另外一个例子，就是20世纪90年代轰动一时的"辛普森杀妻案"引发的强烈而广泛的讨论，那时"种族的范围已经模糊不清而且失去控制了"。还有就是耶利米·赖特（Jeremiah Wright）牧师在2008年总统大选中的布道事件。②

---

① Stephen B.Thomas and Sandra Crouse Quinn，"The Tuskegee Syphilis Study，1932 to 1972：Implications for HIV Education and AIDS Risk Education Programs in the Black Community"，*American Journal of Public Health*，1991，81（11）：pp.1498-1505；M. E.Guinan，"Black Communities Belief in'AIDS as Genocide'：A Barrier to Overcome for HIV Prevention"，*Annals of Epidemiology*，1993，3（2）：pp.193-195；CNN.com，"Nation of Islam Investigates Possible CIA Crack Connection"，October 13，1996，retrieved October 18，2010，from www.cnn.com/US/9610/13/farrakhan/；Kathleen Koch，"CIA Disavows Crack Connection；Many Skeptical"，CNN. Oct. 23，1996，retrieved October 18，2010，from www.cnn.com/US/9610/23/cia.crack/；Daniel Brandt and Steve Badrich，"Pipe Dreams：The CIA，Drugs，and the Media"，NameBase NewsLine，1997，January-March，retrieved October 18，2010，from www.namebase.org/news16. html；K.Siegel et al.，"Racial Differences in Attitudes toward Protease Inhibitors among Older HIV-Infected Men"，*AIDS Care*，2000，12（4）：pp.423-434；Meira Levinson，"Challenging Deliberation"，*Theory and Research in Education*，2003，1（1）：pp.23-49. 这些看法和信仰方面的差异不仅局限于美国，例如，参见有关南非艾滋病治疗政策细微差别的论述，Didier Fassin，*When Bodies Remember：Experiences and Politics of AIDS in South Africa*，Berkeley：University of California Press，2007。

② Michael Eric Dyson，*The Michael Eric Dyson Reader*，New York：Basic Civitas，2004，p.47.

赖特以一种相当主流的方式极力鼓吹黑人解放的宗教理论，但是这并没有打动白人听众，而且他的布道事件被视为黑人极端主义的佐证。然而，针对赖特的布道，没有主流媒体对赖特表达的思想作出认真回应。

79

最后，即使白人真的去理解黑人的经历和观点，白人和黑人的联合也可能是暂时的。例如，美国黑人多年来一直抗议"Driving While Black"①，最终在20世纪90年代引起了当局对"种族定性"（racial profiling）的担忧，但是这些进展只保持了短暂的时间，为了应对"9·11"袭击，"种族定性"几乎一夜之间就再一次被公众接受。②劳伦斯·鲍勃（Lawrence Bobo）解释道："少数种族不仅感知到许多歧视，而且他们认为这种歧视是'制度化'的。许多白人倾向于，歧视既是历史遗留问题，也是孤独偏执者的行为特质。简而言之，对于白人来说，那些对艾布纳·路易玛（Abner Louima）施暴的公职人员只不过是害群之马。而对于黑人来说，这些人的行为仅仅是种族歧视的冰山一角。"③

种族不平等的另一个源头在于主体种族成员可能会有一些生存的准则，或是从生活经历中获益，但是当少数群体将这些清楚地表达出来之时，他们就会极力否认。关于"白人特权"的研究阐明这些与种族问题有关。白人通常认为他们自己的种族是正常和标准的，认为自己没有种族歧视，所以意识不到种族问题和他们自己以及其他人生活之间有何联系。④

---

① 简称 DWB，黑人司机要靠边停车接受检查。——译者注

② 在2001年9月的民意调查中，四分之三的美国人反对"总体的种族定性"，但是"足有66%的人支持对阿拉伯或中东后裔的这种做法"。参见 Taeku Lee et al., "Introduction", in *Transforming Politics*, *Transforming America*：*The Political, and Civic Incorporation of Immigrants in the United States*, ed. Taeku. Lee et al., Charlottesville：University of Virginia Press, 2006, p.6.

③ Lawrence D. Bobo, "Racial Attitudes and Relations at the Close of the Twentieth Century", in *America Becoming*：*Racial Trends and Their Consequences*, vol. 1, ed. Neil J. Smelser et al., Washington, D.C.：National Academy Press, 2001, p.281.

④ Ian Haney Lopez, *White by Law*：*The Legal Construction of Race*, New York：New York University Press, 1996；Richard D.Delgado and Jean Stefancic, *Critical Race Theory*：*An Introduction*, New York：New York University Press, 2001；Paula S. Rothenberg,

清楚的是，一名白人想当然地认为自己没有种族，或者不想片面被规定为属于某一种族。但是这种与种族相关的有差异的经历——因为被看作是默认的前提，所以似乎不起实质性的作用——很难得到白人的认可。对于许多白人来说，肤色是白色这一点，从某种程度上来说，本身就是"正常的"，而肤色是其他颜色就是非正常的。因此，对于在一场政治辩论中黑人提到的种族问题，白人通常都会抱怨，至少也会私下里抱怨，"为什么黑人总是在谈论种族问题？"他们听过太多黑人谈论种族问题的原因和有关种族问题的观点，但是他们实际上并没有听进去，也不会允许这些想法在一定程度上影响到他们，因为他们还没有意识到，其实他们本身的经历也受到种族问题的影响——但对他们而言，是白人种族的特权。与之相似的是选择性无种族歧视，它存在于以下的情况之中：白人在谴责少数种族自我隔离的同时，对于他们自己种族聚集的情况却视而不见。①

最后，为了善意地回应之前提出的两个问题，主体种族成员可能会不刻意地重复解释那些少数种族的人所说的话，以期理解他们的主张和要求。这个过程可能是无意识的，或者以夸大尊重的方式——他们可能思考或问道："你真正想要说的是……"，这是在对少数种族施以恩惠。他们对于这些问题的复述，通常将少数种族成员的主张与他们自己已知或确信的某些观点相对应。从这个角度来看，尽力转述另一个人的话（"她真正想

---

ed., *White Privilege: Essential Readings on the Other Side of Racism*, New York: Worth, 2002; Amy Aldous Bergerson, "Critical Race Theory and White Racism: Is There Room for White Scholars in Fighting Racism in Education?" *International Journal of Qualitative Studies in Education*, 2003, 16 (1): pp.51-63; Amanda E. Lewis, "'What Group?' Studying Whites and Whiteness in the Era of 'Color-Blindness'", *Sociological Theory*, 2004, 22 (4): pp.623-646.

① 塔特姆针对这些现象提出了基于调查的、深刻全面的讨论，参见 Alfred W. Tatum, "Adolescents and Texts: Overserved or Underserved? A Focus on Adolescents and Texts", *English Journal*, 2008, 98 (2): pp.82-85. 从反种族主义的白人视角，参见 Tim Wise, *White Like Me: Refections on Race from a Privileged Son*, rev. and updated, Brooklyn: Soft Skull Press, 2008。

要表达的是……")的结果通常是使她的主张变得中立，使其转变成正好符合其他讨论者眼下对于这个问题的理解，而不是迫使人们接受新的、具有挑战性的观点。结果，持异见者特别是当他们作为局外人，对于一些问题的观点和看法与主流思想有差异时，他们的立场似乎就有被主流思想同化的危险，根本不会以一种恰当的方式发挥作用。若某个人的主张足以起作用并能以恰当的方式影响协商，那他与其他人立场之间的不同一定要十分明显，足以引起别人的重视；否则，他还不如不发表看法。[1]

这并不是说，若某一种族鲜明的"差异"以及"不同"被属于主体种族的成员接受，就意味着能保证实现相互尊重或者协商民主。坦诚讲，尊重适当的、真实的文化差异与摒弃被广泛认知的标准之间存在着让人迷惑的界限。[2] 我第一年在亚特兰大教八年级英语时，让一位女学生德肖娜的家长放学后来学校谈一下关于她女儿在校的不当表现问题。我们谈了有 10 分钟，在这个过程中，她表现出极度的歉意并且向我承诺，"莱文森博士，我向您保证，这种情况再也不会发生了！"我感谢她能前来配合我。对于我们能一起努力改正德肖娜的错误，我真的感到很开心；她的妈妈可以帮助我共同规范她的行为，把注意力放在学习上。然而，当她们离开教室时，她的妈妈把她推进了旁边的一间空教室，她开始用皮带鞭打她的女

81

---

[1] 这和我在别处（Meira Levinson，"Mapping Multicultural Education"，in *Oxford Handbook of Philosophy of Education*，ed. Harvey Siegel，pp.420-442，New York：Oxford University Press，2009）曾探讨过的"包容"是相一致的，这种包容是建立在对共性（我们都爱自己的孩子；我们都重视忠诚）欣赏的基础上？还是对差异欣赏的基础上？我认为相互尊重的基础一定是后者。但是我仍然认为，当人们不得不做不符合自己风格或者与自己信仰相悖的事情时，包容已经很难做到了，更别说相互尊重了。让令人讨厌的"他人""不得不说"和大多数人一致的话来掩盖这些不同并不是尊重，而是延续了占多数群体的特权。这是对罗尔斯最初观点的最有力的批判之一，对于单一个体的人，这种差异性悄然无息地消失，对事物作出的推理表面客观，而实际上，从文化和政治上都是基于前一种原则的。

[2] Susan Moller Okin et al.，*Is Multiculturalism Bad for Women*？Princeton：Princeton University Press，1999；Kwame Anthony Appiah，*Cosmopolitanism：Ethics in a World of Strangers*，New York：W.W. Norton，2006.

儿，并且边打边喊："你下次再不尊重老师试试看！不要让我因为你的愚蠢被叫到学校来！你明白了吗！"德肖娜一边呜呜哭着，一边做着保证。我坐在我的教室里，感到震惊、彷徨而且无能为力。

之后，我从一些黑人同事那里得到了建议，他们与德肖娜和她的妈妈属于同一种族。他们中的一些人对于我的恐惧表示理解和同情。还有一些人告诉我，这件事反映出为什么我们要与学校的惩罚纪律进行反抗和斗争。父母依赖于体罚（corporal punishent）措施来教育孩子，所以孩子们在家里不敢犯错误。反之，他们在学校犯错误，特别是在他们知道我们不能打他们之后，如果我们能够像他们父母那样，修理他们一两次，那我们在学校里规范他们的行为就会变得十分容易。听到他们的这些解释时，我感到自己面对着一个十分突出的文化差异问题，差异存在于中产阶级白人对于体罚的接受程度和美国黑人教育孩子的方式之间。① 我知道差异源自哪里，但是这并不代表我会改变自己的看法，即用皮带鞭打孩子是错误的，它也不会有助于我寻找到应对这种文化差异的合适方法。我想和德肖娜的妈妈共同教育这个孩子，我十分确信她的妈妈也这样想。虽然如此，我却觉得进退两难。从那以后，我再也不敢因为任何负面的事情将这位母亲叫到学校来了——当然不是因为在余下的学期里，德肖娜改正了自己的行为成了一名好学生，我只是不想她再挨打，直到现在我仍然不知道我当时如何做更好。

观点采择和权力分析

鉴于主流政治力量和种族身份相互作用的多种途径都是不平等的，许多人一直建议这种互动本身就应该被淘汰，要么从主流政治力量中排除

①　关于这个问题的深度讨论，参见 Michael Eric Dyson, *The Michael Eric Dyson Reader*, New York：Basic Civitas，2004；亦可参见 Annette Lareau, *Unequal Childhoods：Class, Race, and Family Life*, Berkeley：University of California Press，2003。

少数种族，要么在少数种族成员个人组织活动之时不考虑主流政治力量的意见。坚持前者的人是社会同化主义者（assimilationist）。[1] 从他们的角度看，少数种族最有可能获得平等待遇的方式是在政治经济活动领域里为本种族中的每个公民争取平等的地位。"人们之间实现真正平等的先决条件是：荣誉、尊严、尊重以及自尊，缺一不可。愤愤不平的黑人和有负罪感的白人之间典型的交流是，前者要求（而后者表达）对于不平等待遇这一历史遗留问题的承认，这种交流，根本不是基于双方平等的交流。"[2] 少数种族成员被劝告要"做好自己的本分"，掌握在现今社会获得成功必备的知识和能力，而不是以其种族成员的身份或是代表某一个种族进行控诉。[3] 这种方法可能存在于一些"没有借口"（no excuses）的学校，比如开展"知识就是力量项目"的学校，教师直截了当地教孩子们要接受白人以及中产阶级的文化准则和语言。在这样的学校中，成功大体是由下面这个因素来衡量的：学生能否跻身绝大多数白人身处的中等或高等教育学府，并在这些学校中取得好成绩。

而主张后者的人则是分离主义者或独立派（separatist）；在美国黑人的思维中，分离主义已经有长久的发展历程了。在政治思想上，表现为黑人民族主义（Black nationalism），在教育实践上，体现为非洲中心主义（Afrocentrism）。从这个角度看，少数种族应该创立属于他们自己的政治和经济自治机构，而不是尝试融入那些被白人控制的主流政治机构中，相 83

---

[1] 詹姆斯·鲍德温（James Baldwin）反对这种理想，他叹息："美国白人和其他地方的白种人一样，都认为他们拥有某些黑人需要或想要的内在价值。这一假设使得解决黑人问题依赖于黑人接受和采纳白人标准的速度，许多自由主义者阐述黑人平等问题时显露的遗憾腔调可以体现这一点。当然，是黑人要求得到平等的。"James Baldwin, *The Fire Next Time*, New York：Vintage International，1962，p.94.

[2] Michael C. Dawson, *Black Visions：The Roots of Contemporary African-American Political Ideologies*, Chicago：University of Chicago Press，2001，p.288，引述自 Glenn Loury。

[3] Booker T.Washington, "The Atlanta Compromise", in *Ripples of Hope：Great American Civil Rights Speeches*, ed. Josh Gottheimer, pp.128-131, New York：Basic Civitas，2004（1895）.

互融合最终逃不过失败的命运。就如尤金·里维斯（Eugene Rivers）写的那样：

> 主张消除种族隔离的人提出的种族平等在民族主义观念中占据主导地位已经超过 40 年了。但是，肤色仍然是决定人生际遇的重要因素；上百万黑人在住房、教育以及政治生活等方面一直被排除在美国公民之外。此外，种族隔离没有任何消退或消亡的迹象。我们坚持种族平等，但同时又面临着种族隔离存在的现实，因此我们需要重新思考对于种族平等以及种族融合的认知和定位，并重新展开有关种族平等在民族主义层面上有意义的讨论……黑人建立了一个"国中之国"。[①]

这种哲学——或与之相似的一系列哲学思考，可能会体现在教授非洲中心主义或其他有关种族和文化课程的学校中，因为黑人民族主义，以及其他由黑人爱国主义运动引发的种族隔离运动有着千丝万缕的联系。非洲中心主义和黑人民族主义一样，存在多种表现形式。[②] 尽管如此，学生们从学习中大体上了解到，黑人历史上一直以来就是十分伟大、自强自立的民族，他们能够而且应该继承祖先留下的集体成就以及民族自决的精神遗产。为提倡种族上的各自赋权，不应鼓励跨越种族界限进行合作及构建同盟。

我不建议公立学校采取上述任何一种方法，而是描述问题本身，提出解决之道，正如 W. E. B. 杜波依斯在《黑人的灵魂》（*The Soul of Black Folk*）开篇中提到的，在此值得详细引述：

> 黑人是上帝的第七子，出生在美国这个社会——一个没有给他

---

① Michael C. Dawson，*Black Visions：The Roots of Contemporary African-American Political Ideologies*，Chicago：University of Chicago Press，2001，p.101，引述自 Eugene Rivers。

② Amy J. Binder，*Contentious Curricula：Afrocentrism and Creationism in American Public Schools*，Princeton：Princeton University Press，2002.

真正的自我意识、只是让他通过看见另一个世界得到启发来认识自己的社会，他们出生时戴着面纱，拥有与生俱来的超于常人的洞察力。这是一种独特的感知力，一种双重意识，总是通过他人的视角来审视自己，通过这个到处充斥着蔑视与怜悯的荒谬世界来衡量自己的灵魂。他们总是能感受到自己的双重身份——美国人，黑人；感受到双重的灵魂、双重的思想、双重的抗争；以及黑色皮肤下面隐藏的两种矛盾的理想，而他们本身依靠顽强的力量坚持，使自己不致被这两种矛盾的想法撕裂。

美国黑人的历史就是抗争的历史——渴望获得自我意识的男子气概，渴望将双重人格合二为一，形成一个更好、更真实的自己。在这个融合的过程中，他们并不想丢弃原有的自我，不想让美国非洲化，因为美国人能教给世界及非洲太多东西。在白人美国主义的浪潮中，他们不想洗白黑人的灵魂，因为他们明白，黑人血统为世界保留了独特的色彩。他们仅仅是希望同时成为一名黑人和一名美国公民，不被同伴诅咒或唾弃，不能仅仅因为肤色而关闭他们面前的机遇之门。

这些便是他们抗争的最终目的：成为文化王国中的一名合作者，逃离死亡和孤独，积聚并利用他们的力量和潜在的天资。[①]

杜波依斯最为反对的是全面彻底的同化。他也十分反对政治上的分离主义（separatism）。取而代之，他倡导实现一种真正意义上的融合，即上文提到的"更好、更真实的自我"，或者说，是个体的种族身份和公民身份同时存在。两者都不需要主导一方或者将另一方排除在外。相反，他们可以实现共存，甚至相互渗透。通过政治参与及爱国主义行为，作为一名少数种族的个体是有可能成为一个真正的美国人，也是有可能成为真正的种族成员的。

---

① W. E. B. Du Bois, *The Souls of Black Folk*, New York：Penguin, 1996 (1903), p.5.

在教育实践中，这意味着什么呢？虽然将这些原则运用到教育实践中并非简单的一一对应，但一些教育上的启示是引人关注的。首先，应该教育年轻人，让他们了解到自己见解的独特性，以及认识到那些辅助他们形成此种观点和见解的种族和文化身份。对于所有年轻人包括主体种族成员来说，这都是重要的一课，因为对于主体种族成员来说，他们更不容易意识到多元化的观点，更倾向于认为他们自己的身份和经历是毋庸置疑的准则（norms）。他们没有受杜波依斯所说的"双重意识"（double consciousness）的困扰。当然，在杜波依斯看来，这本来就是一件好事；"双重意识"的确是一种令人感到艰难的经历，但在一个经历过变革且崇尚平等的社会中，人们可以完全克服这种分裂性的意识。但是，即使身处在一个可以实现"更好、更真实的自己"的社会，杜波依斯也"希望不要失去原有的自我"。认识到一个人的身份既包含种族成分又包含公民成分（以及许多其他的成分）是有意义的，一个人"衡量自己的灵魂"以及衡量这个世界的方式，很有可能与其他作出相同评判的人的评价标准不同。这也是为什么主体种族和少数种族要学会采纳多种观点，并形成这种习惯的原因所在。理想化来说，这样可以降低对于少数种族成员"双重意识"的要求，因为此时，"美国人"不会再单单指"白人"了。这样也可以潜移默化地将这种意识散播到白人的世界里去，使他们意识到自己观念的局限性以及自己也会遭受他人的审视和评判。①

能以一种多元化的视角来审视这个世界，这种能力和习惯有助于公民活动的开展。除了可以帮助学生们认识到他们自己的公民身份与其他任何人没有什么不同，不比其他人"正统"或"自然"——换句话说，成为美国人或者爱国，不仅仅有一种方式。也就是说，学生采取多元视角看待问题的能力和习惯也让他们能够意识到种族文化偏见，并且与之抗争。他们更愿意，也能够听到与他们自身经历相冲突和矛盾的观点，对自身的经

① 一代和二代苗族（Hmong）移民青年普遍认为"白人"就是"美国人"，相关阐述参见 Stacey J. Lee, *Up against Whiteness*: *Race*, *School*, *and Immigrant Youth*, New York: Teachers College Press，2005。

历有更深刻的理解和阐释。他们也可能更愿意并且更有可能倾听别人的主张，而不是将注意力转移到周围同伴的衣着、肤色或所操的口音上。鉴于此，主体种族成员以及所有公民，若善于运用多元化的视角，就可能更容易识别、理解那些黑人所拥护的信仰以及准则，并且严肃认真地对待它们——尽管有时基于他们的生活背景，一些准则看起来很陌生（比如说穆斯林妇女戴头巾这种现象引起了人们的不安，而修女戴头巾就不会这样），真有不同的准则出现时，主体种族更喜欢将那些陌生的准则与自己生活中较为熟悉的准则进行对应来促进理解。

在公民和政治环境中传授这些观点采择的技能和习惯还有另一个重要的方式，即教授权力分析（power analysis）。对于掌权人来讲，权力是无形的，它是自然而然存在的，所以他们行使权力的时候往往不是刻意的，甚至是无意识的。可以想象一下，以下这些行为中体现出的权力：穿着得体、胸有成竹、讲一口流利的英语、作为主体种族的一员、认识的专业人士可以提供不支付薪水的暑假实习机会、有一个虽然不支付薪水但却很有前途的实习机会，而不是在杂货店里做包装的工作、参与到政治竞选中并在强势的民众中保有选举权、在当地或国家的主流媒体报道中展示自己的观点和见解，或是身处的社区不断创造就业机会。行使权力的人往往会对这些权力和机会的来源视而不见，但是未拥有如此权力的人却在一旁相当眼馋，他们中的许多人都有少数种族血统。如果我们教会学生去识别和分析这些权力的种类和来源，他们则更可能理解和尊重其他人对于这个世界的不同理解方式及其内在的原因。

知之非难，行之不易。教授这些技能、培养这种习惯是相当困难的。倾听那些看起来就与自己完全不相同的人的主张，需要审慎思考，并结合对复杂历史知识的理解。帮助学生实现这一目标是极其困难的，通过我本人的教学经验，每学期若能有一次或两次的实践，让学生看起来从内心中真正掌握了一系列复杂的思想观念，并且在历史和文化的情景中重新思考和设想自己的经历，那我就万分激动了。可能我的目标定得太低，但我认为问题不在于此。虽然我强烈建议设定这些教学目标，但是，我们不能相

73

信这种类型的公民教育本身能够减少公民生活和政治生活中的种族不平等。更进一步说,虽然基于这种视角的公民教育值得进一步深入探索,长久来看会促进改革,但至少短期和一段时间内种族不平等和不同公民身份的体验会继续存在。因此,在下一部分中我将论述,我们还需要让少数种族的年轻人掌握一些特殊的技能,与当前公民平等和公民赋权中存在的障碍做斗争。

语言转换

如果赋予每个公民权利是我们的目标,那么教育工作者需要教会少数种族学生"语言转换"(code switch):陈述和表达自己观点之时,以主体种族成员,即那些拥有政治特权和权力的人,会自然理解和产生尊重的方式。学生们应该了解,每个群体都有自己的话语方式和权力文化。如果一个人想要发起一次有效的政治对话,而不是采取直接强硬的方式、联合抵制或游行示威,那么这个人必须掌握和使用对方的话语方式以及文化表达。[①]正如上一部分分析的那样,它包括特殊的语法结构、修辞手法、词汇、叙事或说明的方式、衣着、肢体语言以及个人外表,等等。同时,也包括文化、政治、经历上的共识:回顾本书的序言部分,那些真正拥有权力的人直到今天也更倾向于熟知科特·柯本而不是马斯特·比。"在教会学生阅读、算数以及批判性思考的同时,教育也应侧重向学生灌输权力文化的实现途径。"[②]

88　　当然,老师们总是试图教孩子们"正确地说"、"正确地做"。尽管如

[①] Lisa Delpit, *Other People's Children*, New York: New Press, 1995; Lisa Delpit and Joanne Kilgour Dowdy, eds., *The Skin That We Speak: Thoughts on Language and Culture in the Classroom*, New York: New Press, 2002.

[②] Prudence Carter, *Keepin' It Real: School Success Beyond Black and White*, New York: Oxford University Press, 2005, p.47.

此，教育工作者重点则在于传授孩子们将语言转换作为一种强有力的工具，他们除了可以利用"在自己家里使用的语言"以及通过他们自己的文化模式和知识来思考，也可以采用语言转换的方式，而不是告诉学生们他们做得不对，或者他们及他们的家庭对学校和公众毫无贡献。[1] 在这里，语言转换作为一种额外的方式，不是完全取代他们本民族的非主导的文化资本。最容易也是最有效的实现方式是通过"翻译"练习，学生们不仅需要将黑人英语（或者是当地的语言和方言）转译成美国标准英语（SAE），而且要将美国标准英语转化成他们自己的方言。利用这种技能，即对比分析，学生们可以互相讨论不同的语言或者文化表达方式在什么时候是合适的，以及为什么要采取这种方式。这样，他们就会成为"文化交流的推动者"。[2] 一名教师解释说："我们根据自己的语言设计考试，那些说标准英语的人很难读懂。我们阅读用标准英语和方言写成的论文、故事以及诗歌，看不同人演讲的视频。绝大多数孩子更喜欢他们本民族的语言，喜爱本民族语言的力量、韵律及诗意，我们决定了语言转换的时机和理由，还讨论学习标准英语的重要性。"[3] 相似的方法也可以用于教授学生非言语

[1] Linda Christensen, "Whose Standard? Teaching Standard English", *Rethinking Our Classrooms*: *Teaching for Equity and Justice*, vol. 1, ed. Bill Bigelow, pp.142-145, Milwaukee, WI: Rethinking Schools, 1994.

[2] Judith Baker, "Trilingualism" in *The Skin That We Speak*: *Thoughts on Language and Culture in the Classroom*, ed. Lisa Delpit and Joanne Kilgour Dowdy, pp.49-61, New York: New Press, 2002; Rebecca Wheeler and Rachel Swords, *Code-Switching*: *Teaching Standard English in Urban Classrooms*, Urbana, IL: National Council of Teachers of English, 2006; Prudence Carter, *Keepin' It Real*: *School Success Beyond Black and White*, New York: Oxford University Press, 2005, p.30. 这样的转写和翻译练习，或"口语学习"现在已经成为九、十年级"英语国家课程"设置中的一项标准。学生的这项能力占据英语普通中等教育考试（所有十年级学生在结业时必须参加的全国标准化考试）的 10%。

[3] Linda Christensen, "Whose Standard? Teaching Standard English", *Rethinking Our Classrooms*: *Teaching for Equity and Justice*, vol. 1, ed. Bill Bigelow, Milwaukee, WI: Rethinking Schools, 1994, p.145.

交际。

> 海涅曼小姐站在教室的前面，教授不同种类的身势语。她盯着一个学生问道："盯着一个人看有什么内涵意义？"一名学生回答："盯着一个人看是粗鲁的"，之后海涅曼小姐点点头……接下来，她转过目光继续问："如果在学生—教师和教师—学生的交流中，学生没有进行眼神交流，这是积极的还是消极的？"她解释道，虽然在一些文化里眼神交流被认为是不礼貌的，美国教师还是鼓励眼神交流的……之后她让学生对美国的非言语交际方式和他们自己国家的进行一番比较。[①]

89　　此时，语言转换不仅是一种在修辞上自我表达的方式，也是关于文化、历史以及政治标准的选择，这些标准是被主流社会和精英群体认可的。例如，当我讲到马丁·路德·金的《我有一个梦想》时，我们着重关注他演讲中提到莎士比亚、《圣经》、亚伯拉罕·林肯以及那些对美国历史和文化发展作出重要贡献的人的次数——而不是提到兰斯顿·休斯（Langston Hughes）、菲利斯·惠特利（Phyllis Wheatley）、弗雷德里克·道格拉斯或者索杰纳·特鲁斯（Sojourner Truth）的次数。从这个角度看，对于一些能够模仿马丁·路德·金演讲技艺的学生来说，他们需要了解对于主体种族来说什么才是最有价值的，然后通过这些内容来吸引他们的注意。重申一下，语言转换完全是一种附加方法，通过这种方式能够确保学生在不同种族和文化构建的环境中掌握行使权力的有效途径。

　　因此，语言转换作为一种工具可以在恰当的场合使用。年轻人通过运用语言转换感受到能够掌控事物，而不是令他们完全摒弃自我。[②] 不是

---

① Stacey J. Lee, *Up against Whiteness：Race, School, and Immigrant Youth*, New York：Teachers College Press, 2005, pp.56-57.

② Howard Fogel and Ehri Linnea, "Teaching Elementary Students Who Speak Black English Vernacular to Write in Standard English：Effects of Dialect Transformation Practice",

让他们竭力揣测如何表现、如何说话才符合时宜，而是让他们有主人翁的感觉，能够运用恰当的文化模式进行思考。年轻人（和成年人）总是会对于他们自己文化的"双语性"感到骄傲。我访谈原来的两个八年级学生，在他们高二年级春季学期时，这两个学生一个是圭亚那人，一个是越南人，他们证实了上述说法。萨迪奇首先解释说："去任何地方我都会适当作出调整。我来到这，我会用合适的语言方式讲话，我不会说'Oh, yeah, whatever'和'Y'all'，但是当我回到自己家里的时候，或和我的朋友在一起的时候，我知道他们也会用这种方式讲话，而且我也知道他们的行事方式，我就会再调整回来……"利恩立刻表示赞同："我也会这样做。当我和姐姐谈话的时候，我会讲黑人英语，而在学校里我会'融入主流'。"

虽然如此，语言转换也不是不费吹灰之力，信手拈来的。语言转换 90 需要耗费一定的时间，可能会占用学习其他知识和技能的时间。这种担忧是切实的，有些学校和班级对于教授基础课程都要挤时间来寻找合适素材。同时，教授学生语言转换的方法也是十分困难的。不仅从教学的角度，从更为宽泛的公民教育视角来看，告诉一个公民（或即将成为合法公民的人）他们是"社会中的局外人"也是无益的。我们希望所有学生了解，他们都是合法公民，而且他们能够也应该在民主环境的大背景下像"局内人"一样发挥作用：他们应该参与活动、发表言论、参与选举并且采取行动。但是，为了达到这个目的，使他们像"局内人"一样参与民主商议，学校必须向学生们强调，他们是"局外人"，需要学习并使用和他们本族语言不同的"权力话语"（language of power）。虽然教育工作者们为此付出了艰苦的努力，学生们可能仍然会感到，若想取得成功，他们需要抛弃自己本民族最根本的文化，学校教育就是要使他们被主流文化标准同化。利恩提到的有关"黑人英语"的讲话模式和"融入主流"的讲话模式之间的不同，就证实了这一结论。学生们也有可能会感觉语言转换只

Contemporary Educational Psychology，2000，25（2）：pp.212-235.

不过是他们又学会的一种额外方式，让他们知道自己有缺陷，永远不会得到权力，这成为他们不想进行公民参与的原因。对于中产阶级白人教师来说，教授低收入、非白人学生语言转换是更为困难和冒险的。有一种能长期有效解决这个问题的方式就是吸纳更多合格的少数种族教师加入到这个系统中来——就是那些在 20 世纪 50 年代至 70 年代间废除种族隔离运动中被集体解雇的教师们。① 但与此同时，我们也要指导白人教师尽其所能来教好学生语言转换这一技能。

更进一步说，学生对语言转换掌握得无论多好，都不能解决少数种族公民不平等的所有弊端。原因之一便是"翻译"的问题。仅仅学会"权力话语"并不意味着可以运用自如地表达所有观点。如果我们考虑到主流话语（majority dialogue）及文化、政治、社会背景，就可以更加清楚这一点。下面我举一个有关宗教而非种族差异的例子，一个宗教中的保守派可能会反对色情文字，但同时也会明白反对的理由可能不会为世俗大众所接受。因此，她可能会选择将她的理由转换成世俗大众所能接受的方式来表达——不会说色情文字亵渎了上帝的圣杯，而是说它助长了对女性的暴力犯罪。虽然这种"转译"可能会帮助她实现禁止色情文字的终极目标，但同时也会歪曲了她的立场，很容易遭到反驳。色情文学对于暴力犯罪的潜在推动性并不能作为反对它的理由，一些研究表明，文学中较隐晦的性描写，能够给予男性另一种遐想的空间，降低对女性的暴力犯罪。进一步说，与促进相互沟通和理解的协商民主相比，这位保守派的行为会使她的形象在同伴面前大打折扣；因为她在劝说大众相信一件事，但她的理由都不能让自己真正信服，而且她也无法给出让她自己真正信服的理由。在其他情况下，少数种族也可能有类似的感觉。因此，教授学生将他们自己的观点、想法以及关注点转译成主流群体的语言，让其能够理解，这并不足以保证他们诚实、公开、不失真实地表达自己。

---

① Alfred W.Tatum，"Adolescents and Texts：Overserved or Underserved? A Focus on Adolescents and Texts"，*English Journal*，2008，98（2）：82-85.

其次，在许多情况下，学生学习"权力话语"可能会以永久地改变他们的身份归属作为代价。如果反反复复地进行短期的转变和适应，长此以往就会发生质的变化，导致被主流文化所同化，丧失自己本民族的语言。杜波依斯在其为黑人民主平等化的抗辩中对此明确发出警示。这种民主赋权的方式在很多方面都需要学生"参与其中"，这看起来合理而非激进。在很大程度上，学生将自己置身于"局内人"而非"局外人"的位置上。我们在多大程度上能够期望少数种族反复地、完全地参与到主流语言 92 的对话中，最终又不会因长久的融入而被同化？想要缩小公民赋权差距，不应该使年轻人因为自己本民族的语言、自身的经历以及文化或社会因素而被阻隔在机遇大门之外。

集体行动、种族团结以及群体意识

赋予少数种族权力不能仅仅通过个人掌握"权力话语"，以及获得近距离接触权力中心的机会。种族作为一个整体也需要积聚和布署集体力量，如建立联盟，获得媒体曝光机会，有效地游说，群体内部有策略地选举，以及通过示威等方式干扰传统的政治和公民体制，以改变政治机会的组成结构。这些都是一些非常具体的技能，历史上被边缘化的种族中的年轻人，应该掌握这些技能以提高他们集体的政治力量，同时也能够避免个人为了迎合整体可能会出现的自我迷失和身份丧失的情况（关于这些情况上文已经有所描述）。政治斗争总是一把"双刃剑"。通过运用集体行动（collective action）颠覆现有的权力系统，少数种族可以针对一些政治上种族不平等的现状采取迂回的策略，使传统的"局内人"的政治参与变得十分困难且令人沮丧。

例如，拉美裔、穆斯林或是同性恋者想要发挥影响，不是让政治家们信服他们观点的合理性，而是让这些政治家们明白，如果想要在选举中赢得他们的选票，就必须认真对待他们的观点。这里还有一个例子，

1999年时，美国主流社会的绝大多数人认为6岁的古巴难民伊利安·冈萨雷斯（Elian Gonzales）不应该被强制留在美国，他古巴籍的父亲关于监护权的申诉也不应该被驳回。但是由于迈阿密的美国人拥有至关重要的选举权，许多主流媒体的报道以及许多政治家——包括阿尔·戈尔（Al Gore），敏锐地觉察到佛罗里达在2000年总统大选中是一支不可忽视的潜在力量——都十分严肃认真地对待有关申诉。迈阿密的古巴裔美国人不需要去劝说任何人信服他们的观点；相反，虽然他们具有明显的极端性，但他们运用自己作为选区的力量，迫使人们将他们的观点视作合理。而其他形式的集体活动，比如联合抵制、游行示威等，都会在民权运动的高潮中对政策的改变发挥巨大作用——尽管那些作出政策改变的人不认为这是正确之举。敌对的行为可能在道德上不如协商式的行为好，但是也可以作为一种填补公民赋权差距的重要手段。①

集体行动不是凭空而来的，也不仅仅依赖公民身份而存在。相反，实证研究表明，集体行动根植于个人对于群体意识的感知以及群体的团结。在绝大多数有关少数种族成员政治行为的调查中，关于美国黑人的数据最为丰富。对于美国黑人来说，他们的种族意识重点是指他们对所面临的种族不平等产生的意识，这种意识也促使了联合行动的产生。简·朱恩（Jane Junn）将其描述为"政治推动形成的意识"（consciousness with political kick）。② 更宽泛些讲，在民权运动时期，"群体意识"

---

① Meira Levinson，"Challenging Deliberation"，*Theory and Research in Education*，2003，1（1）：pp.23-49.

② Jane Junn，"Mobilizing Group Consciousness：When Does Ethnicity Have Political Consequences？"，in *Transforming Politics*，*Transforming America：The Political and Civic Incorporation of immigrants in the United States*，ed. Taeku Lee et al.，Charlottesville：University of Virginia Press，p.46. 亦可参见 Dennis Chong and Reuel Rogers，"Reviving Group Consciousness"，in *The Politics of Democratic Inclusion*，ed. Christina Wolbrecht and Rodney E. Hero，pp.45-74，Philadelphia：Temple University Press，2005；John Mollenkopf et al.，"Politics among Young Adults in New York：The Immigrant Second Generation" in *Transforming Politics*，*Transforming America：The Political and Civic*

吸引了成千上万的美国黑人参与到集体行动中，争取平等权利，为参与政治活动奠定基础。美国文学中有关早期移民的经典作品也强调了集体认同感是政治参与的来源。人们相信集体认同感可以促进新成员参与其中，否则，由于这些新成员缺乏知识和信息来源，他们可能会发现美国的政治是令人迷惑且让人失望的。除了三种促进参与行为的必要因素——公民技能和资源（civic skill and resources）、心理参与（psychological engagement）以及政治动员（political mobilization）——集体意识作为一种心理资源，使政治与人们生活相关，同时也让人们拥有积极行动起来的理由。[1]

群体意识和政治活动之间的这种联系也同样适用于年轻人。[2]

虽然如此，仅仅是意识本身也不总是能促使政治活动的发生，特别是对于集体的动员（collective mobilization），"团结一致"（solidarity）可以作为一种有益的补充。意识提高了成员们对于团队所面临的困难的感知，而"团结"促使每个人承诺共同努力来攻克这些困难。[3] 团队的组织

94

Incorporation of Immigrants in the United States, ed. Taeku Lee et al., pp.175-193, Charlottesville: University of Virginia Press, 2006; Priscilla L.Southwell and Kevin D. Pirch, "Political Cynicism and the Mobilization of Black Voters", *Social Science Quarterly*, 2003, 84 (4): pp.906-917.

[1] Dennis Chong and Reuel Rogers, "Reviving Group Consciousness", in *The Politics of Democratic Inclusion*, ed. Christina Wolbrecht and Rodney E. Hero, Philadelphia: Temple University Press, 2005, p.45.

[2] Jonathan F. Zaff et al., "Predicting Positive Citizenship from Adolescence to Young Adulthood: The Effects of a Civic Context", *Applied Developmental Science*, 2008, 12 (1): pp.38-53.

[3] Dennis Chong and Reuel Rogers, "Reviving Group Consciousness", in *The Politics of Democratic Inclusion*, ed. Christina Wolbrecht and Rodney E. Hero, pp.45-74, Philadelphia: Temple University Press, 2005; Jane Junn, "Mobilizing Group Consciousness: When Does Ethnicity Have Political Consequences?" in *Transforming Politics, Transforming America: The Political and Civic Incorporation of immigrants in the United States*, ed. Taeku Lee et al., pp.32-47, Charlottesville: University of Virginia

者们对此洞若观火，他们经常会通过接触来自少数种族的个人，利用种族意识和"团结一致"来将队内成员团结起来并激励他们。[①] 这种建立在种族文化认同和团结基础上的私下联合在美国历史上常常成为移民参与政治活动的首要驱动力。虽然现今这种团体的影响力削弱了，但它们仍然在推动移民者的公民和政治赋权上发挥了重要作用。例如，在加拿大，政府就是因为上述原因而支持这样的种族组织。[②]

Press，2006. 一种影响美国黑人超过一个世纪的具有特殊历史作用的种族团结形式是"种族崛起"。"种族崛起"理念涉及宽泛甚至相互矛盾的意涵；然而，它聚焦美国黑人在经济政治方面追求种族平等这一理想。种族崛起的支持者历来在是否通过同化、顺应或分离获得平等上持有不同意见。关于种族崛起是否能通过黑人中产阶级的提升来实现，这些黑人中产阶级随后"返回""拉动"低水平的黑人提升到中产阶级，或者还是通过所有黑人的集体提升才能实现，他们对此也存有争论。最后，一些种族崛起的支持者把它理解为个体现象，以这种方式个体黑人可以向白人证明他们——乃至其他非洲裔美国人——是值得获得种族平等的，然而，也有一些人支持以集体方式，运用经济、政治手段来进一步获得种族平等。当今也有学者抨击种族崛起理念，将其视作是阶级歧视、性别歧视、殖民主义的原型或是其他一些罪恶的事情。参见 Jacqueline M. Moore，*Booker T. Washington*，*W. E. B. Du Bois*，*and the Struggle for Racial Uplift*，Wilmington，DE：Scholarly Resources，2003. 正是因为以上原因，我没有在正文中讨论种族崛起，也没有提倡将其作为一种可以缩小公民赋权差距的理念在学校中教授。但是，这毫无疑问是非洲裔美国人政治教育和思想团结中很流行的趋势。关于20世纪黑人中流行的种族崛起思想的深刻调查分析，参见 Kevin Kelly Gaines，*Uplifting the Race*：*Black Leadership*，*Politics*，*and Culture in the Twentieth Century*，Chapel Hill：University of North Carolina Press，1996。

① 关于这一现象的讨论，参见 Shawn A.Ginwright and Taj James，"From Assets to Agents of Change：Social Justice，Organizing，and Youth Development"，*New Directions for Youth Development*，2002，96：27-46。

② Louis DeSipio，"Building America，One Person at a Time：Naturalization and Political Behavior of the Naturalized in Contemporary American Politics"，in *E Pluribus Unum*？*Contemporary and Historical Perspectives on Immigrant Political Incorporation*，ed. Gary Gerstle and John Mollenkopf，pp.67-106，New York：Russell Sage Foundation，2001；Michael Jones-Correa，"Bringing Outsiders In：Questions of Immigrant Incorporation"，in *The Politics of Democratic Inclusion*，ed. Christina Wolbrecht and Rodney E. Hero，pp.75-102，Philadelphia：Temple University Press，2005；Janelle Wong，*Democracy's Promise*：

教育工作者面临的挑战

很难想象以下情景：走进州政府，请立法者以及学校董事会成员签署一项有关公民课程的文件，教授种族"双重意识"、团结一致、集体行动、多角度观点采择、权力分析以及语言转换。从实践的角度看，这些建议听起来带有强烈的种族意识，可能造成种族间的不和甚至分裂——比我想象的程度更深。如果稍微改变一下表达方式，我想绝大多数人都会赞同这些教学方式背后的最根本的想法。这些想法也有被拒绝的危险，因为其背后是一个谎言，即地位平等、经历相同。当今政治哲学家有关公民身份的几乎所有讨论都在强调公民身份的共同继承性问题。成为一名合法公民，从定义上，就意味着要和其他公民享受同样的权利、履行同样的义务、在法律上拥有同样的地位，也要和其他公民一样拥有同样的公民身份。"公民身份应该提供一个（普通的）参照点。我们的生活、承担的义务可能会有所不同，但是我们都是平等的公民，作为公民，我们就可以在公开场合提出主张，也可以评判其他人提出的观点。"① 事实上，在整个第二章里，我一直都在论证这一点是不可行的。即使在理论上我们是平等公民，我们的其他身份——种族身份，还有性别、性取向或者宗教身份——都与我们本身的公民身份紧密相连，公民身份不可能脱离它们而存在。即使没有其他原因，我们也不会仅仅以"公民"这一身份，而是还要以种族成员的身份"提出主张"，因为我们"个人生活以及需要履行的义务"等这些事情本身也是依附于种族身份而存在的。

95

Immigrants and American Civic Institutions, Ann Arbor: University of Michigan Press, 2006; Irene Bloemraad, *Becoming a Citizen: Incorporating Immigrants and Refugees in the United States and Canada*, Berkeley: University of California Press, 2006.

① David Miller, *Citizenship and National Identity*, Oxford: Oxford University Press, 2000, p.41.

虽然如此，但如果严肃地看待这个问题，就会在很大程度上将公立学校作为公民教育机构这一角色复杂化。我建议的公民教育模式，表明公立学校以及州政府片面地诠释了个人身份与公民身份之间的关系。从某种意义上讲，在多数人民主的政体下，学校通过重视少数种族成员特有的知识和技能，至少暂时"确定"了在公民环境的大背景下少数种族学生公民身份的意义。因此，要有意识、有目的地将黑人学生纳入到和白人学生不同的公民教育课程体系中，同时在这些课程中教导他们作为黑人必须完善自身的特殊技能从而成为好公民。但这也存在一定问题，从实证角度来看弊大于利，这源自美国政府对种族的界定，以及教导孩子们，特别是非白人孩子们，身为某一种族的一员意味着什么；而政府关于非白人种族身份和公民身份之间关系的声明也面临同样问题。公立学校涉及少数种族公民身份的建构，也面临着"规范化、标准化"的挑战。而当政府根据年轻人的种族身份将其划分出等级，特别是如果这种划分导致了这些年轻人接受了完全不同的教育，这就潜在地违反了民主的基本原则。①

对白人学生而言，这种方式也会面临理论上和实践上的挑战。我在上文曾论述白人学生会从培养群体"双重意识"这一行为中获益——意识到自己是白人，并不比其他种族的人更"正统"，以及意识到他们的经历和观点与他们的种族身份相关。但是我一直非常坚定，避免作出任何论述支持由白人团体主导的政治以及集体行动——一个十分极端的具体表现形式就是3K党，即使不极端，以少数种族的团结意识为基础也会遭到道德上以及政治上的质疑。很难去设想，学校如何以少数种族的团结意识为基础，在教授少数种族学生有关集体行动的技能的同时，避免学校里的主体种族学生不会效仿。

解决这些原则上、实践上的问题没有十全十美的方法。在非理想的环境中分析有关政治和教育理论会产生一种结果，就是我们通常会面临令

_____

① 这一论述明显地引起了大范围的基于规范化、标准化的考虑，从平权行动到群体权利，再到机会均等。关于这些问题我在注释中无法充分阐释，在正文中阐述这些又会离题太远，所以只能悬而未决了。

人挫败的真相，即完全公正或者有效的行为过程是不存在的。为了解决上述问题，举例来说，通过否认学校在公民环境的大背景下应专注于少数种族学生公民身份的实现这一点，就可以简单地将现今公民和教育不公平的问题置之不理。相反，如果现状本身就是反民主的，就如我之前论述的公民赋权差距，那政府即使不作为也和有所作为没什么区别；尽管如此，后者还是存在风险的。

　　因此，我认为最好要解决这些隐忧，我也建议有关"团结"的教育需要和教授种族以及道德责任结合起来。公民教育不单是让公民学习如何获取权力，也要让他们学习如何明智、公平地运用权力。从这一点来看，我们希望学生不仅要了解种族团结的价值和原因，也要培养自己的习惯和能力组织跨种族的联盟。多样化的跨种族团体如果组建成功，将具有极大的价值，因为种族成员可以跨越种族界限进行换位思考，无论以何种身份，都致力于与不平等进行抗争。

　　当然，想要实现这些目标需要极其前卫的意识以及教育技巧。向学生传递以开放的视角看待关于少数种族公民遭遇的不平等，对待这种不平等，需要团结和协同合作以及必胜的乐观信念。① 在自满和绝望之间为批判性意识（critical awareness）提供了绝佳空间，如何达到这一绝佳位置，因所属团体、接受的教育甚至一起学习的同伴的变化而变化。例如，愤世嫉俗及缺少信任刺激了黑人政治行动的产生，但却压制了白人的政治行动。② 与之类似，一名研究人员发现，为有优越感的白人学生设计的关于社会平等的课程，实际上只会让他们更坚定他们的态度，从而使情况变得越发糟糕。③

① Doug McAdam, *Freedom：Summer*, New York：Oxford University Press, 1988.

② Priscilla L.Southwell and Kevin D. Pirch, "Political Cynicism and the Mobilization of Black Voters", *Social Science Quarterly*, 2003, 84（4）：pp.906-917.

③ Scott Seider, "'Bad Things Could Happen'：How Fear Impedes the Development of Social Responsibility in Privileged Adolescents", *Journal of Adolescent Research*, 2008, 23（6）：pp.647-666；Scott Seider, "Resisting Obligation：How Privileged Adolescents Conceive of Their Responsibilities to Others", *Journal of Research in Character Education*, 2008, 6（1）：pp.3-19.

这些对我们意味着什么？教师发现教授种族相关问题十分具有挑战性，从而不再对种族作出界定（学生们可能会有不同观点）；避免涉及种族问题（毕竟这个问题有关文化建构，而且十分棘手）；不会试图主导学生对有关自己和他人种族身份的观点；完全意识到她们自己的种族身份——通常都是中产阶级的白人妇女，一直遭到学生的审视。这些挑战没有好的解决途径，在后面的章节里会以不同的方式出现。但是，我诚恳建议，如果我们诚实地、头脑清楚地与公民赋权差距做斗争，并且主动了解而不是回避我们工作中涉及的种族问题，和我们的学生共同学习进步而不是把自己当作一名专家，那我们就更有可能取得成功。基于此，我建议采取建构主义的方式，帮助学生学会采取多种视角的同时，寻找使自己获得赋权的方法，而不是仅仅告诉他们如何去做。教育工作者也需要开拓学生的多角度思维，丰富其经历。在下一章中，我将论证这种建构主义的方法是如何与公民赋权及历史教育联系起来的。

第三章 "你有权斗争"

——构建历史的反叙事

1996 年 9 月，瓦尔登中学已经进入"重构计划"（reconstitution）的 第四个月。"重构计划"是亚特兰大教育董事会对多年来学术教育失败的激进回应。[1] 尽管学校的建筑没有变化，七年级和八年级的学生没有变化，但瓦尔登中学的其他地方几乎都发生了改变。学校新增了一门课程："国际中学文凭课程"（International Baccalaureate Middle Years Programme），我也要参与这门课程的实施。我们还购置了新电脑，大多数老师都不知道如何使用，学校还招聘了新教师，制定了新的管理机制，还为学生和职员发放了新的制服。整个六年级的学生只有 20% 家不在附近（瓦尔登中学一直以来就是一所社区学校，如今也是）。

让学生抱怨最大的就是校服这项。不对，"抱怨"不准确，学生们讨厌校服，鄙视校服。尤其是八年级学生更这样认为，因为他们已经熟悉了改革前的学校，熟悉了没有校服的学校，并期待着今年能够在这个地方称王称霸。但是现在，几乎所有以前的教师都走了，以前的校长也走了，他们的地位没有了，他们的传统也没有了。在他们的地盘上，竟然还有校服？

机会来了！我当时负责指导一个学生小组，帮助他们举办社会科学

---

[1] 这一学校改革模式现已被美国教育部长阿恩·邓肯（Arne Duncan）纳入他的"力争上游"（Race to the Top）倡议。

100　展——就像科学展一样，但是课题集中在地理、历史、经济、社会学、心理学和政府学。这时候，我很容易想到一个激发学生兴趣的话题。不久，我让三个八年级学生——詹姆斯、克瑞斯特和艾尔伯特成立小组，我们研究的历史课题是：为什么奥斯汀·T.瓦尔登中学强制学生穿校服？我的学生试图用这些信息来改变校服政策，当然，他们知道首先要弄明白是什么原因造成他们穿校服的痛苦以及校服政策的历史渊源。一些老师反对这个课题，他们认为调查这件事情相当于不遵守学校的规定；他们不明白我为什么这样"鼓励"学生。但大多数老师认为我们的课题有点儿意思——我们在午饭时间和放学后借他们的电脑开始进行初步研究，他们很高兴瓦尔登中学会在社会科学展中亮相，并祝我们好运。

　　一两周后，在我们的研讨会上，整个小组正在阅读报纸上关于公立学校校服在全国流行的报道，这时，詹姆斯抬起头来，说道："你们知道学校董事会为什么强制我们穿校服吗？他们不想让我们混在社区中，所以他们让我们穿校服，试图让我们戴上学校的印记，看起来有所不同。"

　　"说得对，"克瑞斯特表示赞同，"他们想让我们看起来整齐，想让我们脱离贫民区。我们穿着学校的黄色衬衫和蓝色裤子走在大街上，看起来又呆又傻。如果他们认为这么容易就能使我们一下子从社区中区别出来，那就大错特错了。"

　　"为什么你认为学校董事会不喜欢你们社区？"我问道。"甜奥本（Sweet Auburn）街区有着让人称奇的历史：音乐、艺术、政治，还有马丁·路德·金，埃比尼泽浸礼会……那是令人骄傲的地方！"

　　"甜奥本的历史，或许吧，"克瑞斯特解释说，"但不是现在的'第四居住区'。"

　　"我们继续集中精力找证据吧，"我回答说，"我真的不认为学校董事
101　会试图侮辱'第四居住区'！看吧，我们国家有太多学校都采取校服制，现在很流行。无论如何，我们下周去亚特兰大教育董事会办公室的时候就清楚了。他们在会议备忘录中会解释他们的想法的。"

　　接下来的周四，詹姆斯、艾尔伯特和克瑞斯特挤进我的车里，我载

着他们去市中心的亚特兰大公立学校行政中心大楼。我们学校离市中心开车只要 5 分钟。瓦尔登和"第四居住区"是社区支持者和城市官员给取的名字，我的学生们称其为"家附近一带"或者是"甜奥本街区"（根据历史上横穿而过的奥本大道命名），从这个州的其他地区同样也很容易到达这里。I75/85 市区连接公路将这个街区与亚特兰大市中心分隔开，它的出口和入口的坡道正好限定了我们学校和操场的地界。

我们从学校的车道上开出来之后立即驶向 I75/85 公路的高架桥下，在公路和我们学校交界处的地方我又纠结了。我一直考虑鼓励其他学生实施一个科学课题，研究我们学校这里土壤的铅含量，但是我想如果铅含量真的很高，学生就会被禁止在现在的操场上活动，而我们又没有其他干净的地方进行活动，所以我什么都没做。不过，我决定鼓励学生积极参与解决争议性事件；毕竟，我刚刚受聘来这里才四个月。因此，去市区的路上我什么也没说，只和他们开玩笑，说我车上的收音机通常播放古典音乐或公共新闻，如果播放嘻哈音乐就会"中断"。克瑞斯特和詹姆斯每个人都拿着装报纸的文件夹，报纸内容是关于美国校服的历史，当然还有校服制度的优点和不足，还有写着他们下周采访学校董事会成员和老师的问题的草稿。艾尔伯特和往常一样，把他的文件夹落在家里了，但是他口袋里塞着一些空白纸，准备记笔记。只有克瑞斯特记得带笔。驶进停车场后，在进门之前，我从车上又找了几支铅笔。

我和艾尔伯特、詹姆斯、克瑞斯特被请进一个房间，房间中央有张大桌子，书架都靠着同一面墙，架子上是一个个文件夹。学校董事会的秘书指出了存放 1994 年至 1996 年会议备忘录的位置，然后他向我们解释委员会议和所有的学校董事会会议记录都在那儿，并告诉我们，如果学生想找出为什么学校董事会决定在瓦尔登中学采取校服制，这两种资料都需要读。

刚开始读的几分钟，他们就目光呆滞，觉得太无聊了，也没有任何进展。"让我们先学习一些略读技巧吧！"我建议，"然后你们不必全部阅读就能找到重点了。"我们列出了要找的关键词——重构、瓦尔登、校服——然后练习在 10 至 15 分钟略读完一页，只找出目标词。做了一些热身练习后，克瑞斯特和艾尔伯特快速地翻着书页，詹姆斯帮忙给所有相关会议的页码做标记以便重新阅读。我很高兴，想要通过教他们研究技巧来协助完成这个课题，比如教他们如何略读，如何在政府档案馆查找原始资料，如何做采访，如何提出论点，然后在研究中找出证据支持论点，等等。今天的参观，他们做的其他研究，加上他们计划好下周就实行的采访，都能帮助他们掌握这些技巧。因此，我认为这个课题实在是太好了。

两个小时后，我的学生已经准备放弃了——不是今天的活动，而是关于整个课题。他们浏览了两年来有价值的文件，没有发现任何关于校服的讨论，一点儿也没有。校服制度却出现在最后的重构计划中，但是现在我们知道了，学校董事会成员实际上并没有讨论过为什么要或是否要强制瓦尔登中学的学生穿校服，他们就这样做了。

"我不相信！"詹姆斯大声说，"他们竟然没有讨论就让我们穿这破布？"

"那太不对了。"艾尔伯特同意他的观点。

"或许，他们讨论了，但是没有记下来。"我弱弱地反对说，"我们看看下周采访的时候能得到什么结论。克瑞斯特，你有一个对米吉·斯威特（Midge Sweet）的采访，对吧？"米吉是一位白人女性，她是学校董事会里的进步人士。我们上周给她打了电话，她已经同意了我们的采访。我的岳母和她是熟人，之前我在寻找教职工作时就已经和她打过交道。但是她似乎很真诚和热心地帮助我的学生，她也参与到"重构计划"中。"我确定斯威特女士一定能解释明白。"我又说道。"希望如此吧，莱文森博士。"克瑞斯特闷闷不乐地回应我。

在我的督促下，学生下次开会时总结了他们之前学到的东西。他们制作了一个 T 形图，一边列出支持校服制度的观点，另一边则列出反对意见。尽管他们之前预想反对意见会占据优势，但令人惊奇的是，两方观点很平衡。艾尔伯特和克瑞斯特制作了一个关于瓦尔登中学"重构计划"的粗略时间表；詹姆斯完成了一个关于美国校服历史的总结，在我的坚持下，他还记录了大多数国家将校服制度作为准则的相关信息。"但是我们不是大多数其他国家，莱文森博士！"詹姆斯反对说，"我们国家是自由的土地。我们的权利呢？"

接下来的周六，我到克瑞斯特家接上她并载着她去采访米吉女士。不到一英里远的距离，但是风景的变化是令人震惊的。克瑞斯特和她的奶奶居住在"第四居住区"中心的一间狭小的廉租房里。公寓的门直通停车场，厨房窗户向外延伸，搭在了装满垃圾的废料箱上。周围的街区遍布着其他小的廉租房、穷人住的公寓和空地。"社区发展小组"修缮了马丁·路德·金童年时期的住房和埃伯尼泽浸礼会教堂附近几处历史上安妮女王时期的盒式房屋，一些中产阶级和职业家庭买下了它们。但是它们仅占据奥本大道一至两个街区，离国王中心（King Center）和正在兴建的国家公园服务中心下属的"马丁·路德·金中心"（the National Park Service's King Visitor's Center）很近。当我载着克瑞斯特沿着埃齐伍德路（一条与奥本街平行的商业街）行驶时，我们穿过了"大力水手炸鸡店"，许多理发店和发廊，还有殡仪馆，一片空地和很多酒铺。

经过了五个街区，我们穿过旧的铁道来到了"因曼公园社区"，风景有了极大的变化。维多利亚时代的大房子和小砖平房完好无损地保存着，坐落在绿荫笼罩、风景优美的环境中，露台和阴凉的健身馆在后院中若隐若现。铁路附近几座残留的工业建筑中，有一个小型实验剧院、时髦的家庭装修商店和几家非营利性机构。尽管我们离米吉女士的房子不到半英里，克瑞斯特惊奇地看着四周，她以前没有来过因曼公园社区。"哇，莱文森博士，"她说，"这些房子真像宫殿！"

当我把车停在米吉女士的房前，克瑞斯特紧张地在车的镜子前检查自己的仪表，抱怨她的头发，拉拉她的裙子。为了这次采访，她尽力打扮了自己，看起来还不错。我对她说了一些鼓励的话，然后我们走上台阶，按下了门铃。

采访大部分都进行得很顺利。米吉女士非常热情和蔼，她很直率地回答克瑞斯特的问题。显然，克瑞斯特很紧张，但是她的采访做得非常

好。最开始的问题以及接下来的一些问题都问得很恰当，她认真听米吉女
105 士的回答，并做了笔记，这都展现了她的智慧、知识和严肃认真的态度，
让我对她刮目相看。只存在两个问题：第一，米吉女士不断让克瑞斯特重
复问题，因为克瑞斯特有轻微的口吃，而且她只会说黑人英语，完全不知
道如何转换成标准的美式英语；① 第二，米吉女士不能解释为什么学校董
事会强制瓦尔登中学的学生穿校服。我的学生现在又回到了原点。

因此，在下一次讨论会上，学生们都认为继续研究为什么强制瓦尔
登中学的学生穿校服已经没有任何意义了。再过两周社会科学展就开
始了，他们渴望能够打印完成调查，并开始装饰课题报告板。所以，他
们决定详细写出他们的发现，如关于校服制度缺乏反馈和讨论有何深层
意义。

我很好奇学生们会有什么想法。我希望他们能够将之前研究中支持
校服制度的论点（如可以减少学生之间的穿着攀比而使他们更关注学习，
减少帮派意识，强化学校纪律），展现在学校董事会成员面前。我认为，
除上述原因外，加入到全国性的校服浪潮中看起来很与时俱进，能够迎合
中产阶级父母，他们很多被说服把上六年级的孩子送到了瓦尔登中学（这
些都是来自社区外的孩子）；减少贫穷父母的开支；或者仅仅想让学校看起
来更漂亮。尽管我不能完全信服校服制度实现了这些目标，但我也不强烈
反对。基于上述原因，我保持相对中立的态度。

然而，克瑞斯特、艾尔伯特和詹姆斯三人关于学校董事会强制实行
校服制度而没有说明原因这件事，态度就没那么仁慈了。从我的学生的角
106 度看，当他们解释结论这部分时，他们认为学校董事会已经竭尽所能地做
了能使他们和周围环境区分开的事情，甚至使他们和各自的家庭、朋友、
文化分隔开。显然，学校董事会认为瓦尔登中学的学生和老师都不好，因
此需要改革。开设"国际中学文凭课程"是因为学生不会再认为自己是社
区中的一员；他们是"国际化的"，不是本地的。所有这些"富有"的六

---

① 本书第二章详细阐述了语言转换这一问题。

年级学生都来自"第四居住区"之外；新的课程和校服是用来吸引他们，用来改变瓦尔登中学的"黑人"学校地位的。通过让当地学生穿上校服往返于校内外，学校董事会试图让学生们看起来更整齐，和社区中其他人有所不同，这样他们就不再认为自己是社区的一部分了。关于校服政策的制定，学校董事会明显缺乏讨论，这进一步证明了他们对瓦尔登中学的学生非常不尊重。如果他们真的尊重学生，本可以花点时间来讨论并思考这是否是个好政策。

"但是你们之前研究的实行校服制度的其他原因呢？"读完他们的论述之后，我问道。

"哦，莱文森博士，那些可能是其他学校实行校服制度的原因，不适用于我们"，詹姆斯回答道。

这是什么状况？我知道学生开始的时候对校服问题就有自己的看法，这也是我们当初选择这个主题的原因，他们已经投入其中。但是我没有意识到学生不仅对校服制度有情绪，他们还了解到被强制穿校服的背景知识，知道别人对"贫民窟"的社会地位和政治地位的态度以及他们自身在其中所处的位置，也很有技巧地把明显不相关的事情联系起来，比如把中产阶级六年级学生的到来和新课程的实行联系起来，目的是为了得到复杂的结论：学校对他们的社区、他们的家庭和他们自己存在特有的不尊重。我认为这个（为什么强制穿校服）只是历史性问题，而我的学生却不赞同，他们对此问题的理解源于他们对"第四居住区"居民和当地的政治精英，如亚特兰大教育董事会之间的政治关系的理解。因为我的学生至少要比我——至少作为第一年入职的教师，更多地意识到或者能够参与思考这方面的因素，他们陈述了个人、家庭、社区所遭遇到的权力缺失和不尊重的真实性，并以此结束了课题；这不是我最初的目的。当然，他们可能是对的，那些证据，或证据缺失，不能证明出其他结果。但是我没能去理解学生们发表的论断，这意味着他们永远也不会真正地挑战自己的观念了；尽管我们发挥了集体的智慧，做了大量的工作，我们也没能改变我们自己或他人的想法，因此，我们没能够赋予自己或他人

107

权力。①

　　当我们思考如何消除公民赋权差距的时候，我们要认真对待学生从"校外"（他们的生活经历，他们从家中、朋友、多种媒体那里听到的故事和信息等）学到的东西。学生们不是空瓶，等待着被灌输适当的公民态度和公民知识；相反，他们来到教室时，至少已经对公民认同、政体内外的身份，甚至对历史在他们生活中的意义有了一定的理解。詹姆斯、克瑞斯特和艾尔伯特对校服政策的分析可以证明这一点。正如我在第一章中提到的，5年后我的学生对于"9·11"事件的反应也可以证明这一点。特拉维斯和拉奎塔立即利用关于美国政权使用和滥用的故事，将当时发生的事情置于宏观背景下进行解读。这样的叙事基于他们的个人经历以及对历史事件的理解，包括2000年佛罗里达州竞选辩论、萨达姆·侯赛因试图谋杀老布什总统、海湾战争。这些解读不依赖于他们在学校中的所学，甚至是对以学校为基础的"权威"（包括我自己）的回应。我的学生没必要认为我提供的信息（例如关于校服制度的文章）是错误的，它们只是价值有限，或者在某种程度上与学生们所认为的正确观点相矛盾，或者没有将学生已知的确凿的事实考虑进去，这样学生当然有理由对其进行贬损了。就像詹姆斯告诉我的，"它们不适合我们"。②

---

① 塔玛拉·布波欧夫拉丰唐（Tamarra Beauboeuf-Lafontant）对此进行简要阐明，"有意识地注重学生的政治而不是文化体验给我们提供了有效的方式，来应对大多数白人女性作为中坚教学力量和公立学校正在增长的非白人人群这一现实。如果我们认为对贫困学生和有色人种学生的成功教育取决于学生和教师之间的政见一致，而不是文化相似，我们就会热衷于帮助教师辨别和思考他们的政治信仰和教学方法，以此体现他们对民主的积极追求。教学质量好的黑人隔离学校的历史和学校中的优秀教师很好地诠释了政治相关性这一概念，因为他们为这种积极的斗争提供了依据，展示了与政治相关的悠久的教学历史，让人引以为豪。"参见 Tamara Beauboeuf-Lafontant, "A Movement Against and Beyond Boundaries: 'Politically Relevant Teaching' among African American Teachers", *Teachers College Record*, 1999, 100 (4): pp.702-723.
② 关于这种态度和方法的进一步证据，参见 Keith C. Barton, "'My Mom Taught Me': The Situated Nature of Historical Understanding", Paper presented at Annual Meeting of the American Educational Research Association, Chicago, 1995; Terrie Epstein,

因此，当老师和学校试图解释公民赋权差距的时候，他们要了解学生对于历史、公民身份、政治合法性和权力关系的理解，也要意识到学生的理解是独立于课程、教材、教师和其他教育"权威"的理解的。而且，他们的想法通常是和这些理解相冲突的。① 因此，教育者必须公开地、有意图地理解学生的信仰、态度和叙事模式（narrative schema），这意味着要从学校、课堂和学生的角度对教学作出调整。同时，教育者必须拥有更广阔的视野，超越学生的公民知识、技巧、态度和行为，理解学生已经构建的想法。换句话说，并不是直接去证实他们的想法，因为公民赋权差距并不能仅仅通过强化学生的信仰、态度和差异去解决。相反，教育者要帮

"Sociocultural Approaches to Young People's Historical Understanding", *Social Education*, 1997, 61: pp.28-31; Terrie Epstein, "Deconstructing Differences in American-American and European-American Adolescents' Perspectives on U.S. History", *Curriculum Inquiry*, 1998, 28 (4): pp.397-423; Terrie Epstein, "Adolescents' Perspectives on Racial Diversity in U.S. History: Case Studies from an Urban Classroom", *American Educational Research Journal*, 2000, 37 (1): pp.185-214; Samuel S.Wineburg, *Historical Thinking and Other Unnatural Acts: Charting the Future of Teaching the Past*, Philadelphia: Temple University Press, 2001; Terrie Epstein, "Racial Identity and Young People's Perspectives on Social Education", *Theory into Practice*, 2001, 40 (1): pp.42-47; Bruce VanSledright, "Confronting History's Interpretive Paradox while Teaching Fifth Graders to Investigate the Past", *American Educational Research Journal*, 2002, 39 (4): pp.1089-1115; Keith C.Barton and Linda S. Levstik, *Teaching History for the Common Good*. Mahwah, NJ: Lawrence Erlbaum Associates, 2004。

① Judith Torney-Purta, "The School's Role in Developing Civic Engagement: A Study of Adolescents in Twenty-eight Countries", *Applied Developmental Science*, 2002, 6 (4): pp.202-211; Helen Haste, "Constructing the Citizen", *Political Psychology*, 2004, 25 (3): pp.413-439; Judith Torney-Purta, et al., "Latino Adolescents' Civic Development in the United States: Research Results from the IEA Civic Education Study", *Journal of Youth and Adolescence*, 2007, 36: pp.111-125. 成年人也忽视或反对不带人性的权威——书籍、电视节目、校内课程和仅仅会传递广为接受的知识的教师——而支持直接体验，如个人经历、家庭成员讲述的故事，或者在博物馆或历史景点直接欣赏艺术品。参见 Roy Rosenzweig and David Thelen, *The Presence of the Past: Popular Uses of History in American Life*, New York: Columbia University Press, 1998。

109 助学生构建更加具有赋权意识的公民叙事（civic narrative）：令人信服、不自相矛盾的叙事，融合个人和社区的生活经历同时又证实和强化个人政治效能感、公民身份感和公民责任感的叙事。

这是公认的高要求。然而，从任务本身的宗旨出发，我提到令人信服的、赋权的历史已经存在，并说明了过去学校是如何完成这项任务，今天也仍旧可以。关于学校尤其是被隔离的黑人学校如何帮助学生构建具有赋权能力的公民叙事，在过去和现在都是有例可循的。"布朗案"发生之前的法律上允许的隔离学校、自由学校（Freedom Schools）从 20 世纪 60 年代延续至今，这些学校以及现在的隔离学校，尤其是非洲裔美国学生就读的学校，都提供潜在的关于抗争、义务和机会的历史反叙事（counternarratives）来帮助学生构建公民赋权的历史叙事。因此，我建议其他背景下的老师和学生可以灵活地扩展或引入这些历史叙事，以促进他们自身的公民参与和政治参与。

为什么历史如此重要？

对于缩小公民赋权差距，历史老师的作用是至关重要的。学生理解现今世界的方式，包括他们能得到的机会，很大程度上取决于他们对过去的理解。另外，历史一直被认为对于有成效的、反思性的公民政治参与十分重要。"认真学习和理解历史对培养民主公民非常重要。"这一点基于如下原因："历史能够为学生呈现追求平等和自由的道路是多么漫长曲折"；

110 将学生置于决定了我们命运的"战场"中；能够帮助他们"了解反民主的思想"；能够使他们立足事实，强化正义感，保护他们远离绝望，崇尚真理。①

① Albert Shanker Institute，"Education for Democracy"，Washington，D.C.：Albert Shanker Institute，2003，p.14.

但是，第一夫人劳拉·布什（Laura Bush）提出的"对历史的理解和欣赏能使每个美国人更积极地参与政治活动"这一说法具有误导性。[①] 下面是我以前在麦考迈克中学教过的一位八年级学生卡门 2005 年给我发来的她创作的诗，这是她上完我的公民参与课之后写的，并把历史和公民参与的关系写在了这首诗里，因此她不经意地得到了 A+。

我爱美国

我爱这个使我成为奴隶的国家，

我爱这个把我们隔离的国家，

我爱它。

我爱这个让年纪小小的我们冒着生命危险加入战争的国家，

却又因年龄太小而规定不能喝酒和开车的国家；

我爱这个让我们努力挣扎获取平等权力的国家；

我爱这个不在乎生活在贫穷之中的年轻人的政府，

我爱这个意识不到这一点的最富有的国家；

我爱不能看到我所看到的事情的总统，

我爱这个为了战争而杀害我们"美国人"同胞的国家，

他们为美国而生，为美国而死，

现在他们像强壮的士兵和军人一样死去，

有一天你会意识到你也是那么热爱这个国家……

我们很难认为，卡门的历史知识激发了她对美国有更深程度的认同、忠诚和信仰。

对像卡门这种感情的回应，很多人游行反对导致学生产生这样情绪的历史和公民教育课。正如"美国教科书委员会"（American Textbook 111

---

① Bruce Craig, "SEDIT-L archives—May 2003（no. 1）", NCH Washington Update，9（19），retrieved May 18，2007，from https：//listserv.umd.edu/cgi-bin/wa？A2=ind0305&1=sedit-l&O=A&P=52.

Council）对 20 种历史教科书的分析中提到的，"对进步和爱国的骄傲情怀已经消失了……取而代之的是这个国家一直不能实现其理想，而且实行着颇受指责的制度……年轻读者通过这种方式可能会了解到国家耻辱的过去，从而使公民信心和信任大打折扣……新的历史书正在消除青少年的民族自豪感——除了国家记忆（national memory）"①。桑德拉·斯托斯基（Sandra Stotsky）在她的选修课程以及历史教师的专业素养标准中有类似的指责，"假装为教师提供更积极的教学方法，对历史现象的深层理解时常陷入偏见，他们雇用愚笨的教师作为代理人，促成学生对美国、对西方文化、对欧洲裔美国人的敌意。这些补充材料对教师的思想和教学实践产生了恶劣影响，这种影响会贯穿于整个学校课程中，而中立的教科书和许多相互矛盾的观点造成了学校课程中道德教育和公民教育缺失"。② 而这种批评由来已久，正如教育历史学家大卫·提阿克（David Tyack）所说："在 20 世纪 20 年代，一些历史教材批评美国历史中被称颂的英雄人物，这样的教材在许多州被禁止使用。例如，在俄勒冈州，如果教材中使用忽视美国建国者，或者忽视维护民族团结的人，或者低估其作用的素材，则被认定是不合法的。这样看来，我们无法既批判历史，又热爱祖国。"③

这些对"有敌意的"教材的评论大体上建议历史教育回到彼得·吉

① 引自 Albert Shanker Institute，"Education for Democracy"，Washington，D.C.：Albert Shanker Institute，2003，p.13。亦可参见 Diane Ravitch，"Standards in U.S. History：An Assessment"，*Education Week*，1994，14：p.48；Lynne V.Cheney，"The End of History"，*Wall Street Journal*，224：A22，（October 20，1994）；Lynne V.Cheney et al.，"Correspondence"，New Republic，212（6）：pp.4-5，（February 6，1995）；William Damon，*Greater Expectations：Overcoming the Culture of Indulgence in America's Homes and Schools*，New York：Free Press，1995。

② Sandra Stotsky，"The Stealth Curriculum：Manipulating America's History Teachers"，Thomas B. Fordham Foundation，Washington，D.C.，2004，p.12，retrieved June 28，2007，from www.edexcellence.net/doc/StealthCurriculum%5BFINAL% 5D04-01-04.pdf.

③ David Tyack，*Seeking Common Ground：Public Schools in a Diverse Society*，Cambridge，MA：Harvard University Press，2003，p.53.

本（Peter Gibbon）赞美为"温和的胜利主义"这一源头：历史应该是一个国家的故事，这个国家建立在普遍令人向往的自由和平等的理想之上，又在实践中对理想进行恶名昭彰的破坏（如奴隶制、性别歧视、种族歧视等等），但又努力追求更全面地实现这些理想。[1]"传统上认为，美国历史最有戏剧性的地方，"戴安·拉维奇（Diane Ravitch）赞同地解释说，"是国家理想和实践的冲突；随着时间的流逝，通过选举、法院裁决、立法改革、浴血内战、个人英雄、改革运动和其他一些民主机制上的进步等方式，这种冲突已经越来越得到缓解。尽管理想会被破坏，它们也是美国人一直努力追求的目标。"[2]拉维奇和一些人认为，这不仅仅是对美国历史的准确描述，更是鼓励公民积极参与政治活动的动力。因此，这很可能会缩小公民赋权差距。例如，学生们不仅会学到"民主的优点"，还会意识到改变的可能性并相信未来掌握在他们手中。[3]因此，一个以美国民主历程和进步为中心的鼓舞人心的历史叙事会提高个体的政治效能，也可能会促进公民政治参与。这些学者认为，如果卡门学习了这样的历史，她的诗就不会受到对美国历史政策负面的评论的影响，她对美国的"爱"也不会那么讽刺。

我认为有一些理由支持这种历史叙事。美国的缺点是可以补救的，

112

---

[1]　Peter Gibbon, "Panel Discussion: Why Is U.S. History Still a Mystery to Our Children?" October 1, 2002, retrieved May 18, 2007, from www.aei.org/events/filter., eventID.131/transcript.asp. 亦可参见 Patricia G.Avery and Annette M. Simmons, "Civic Life as Conveyed in United States Civics and History Textbooks", *International Journal of Social Education*, 2000, 15（2）: pp.105-130; William Damon, "To Not Fade Away: Restoring Civil Identity among the Young", in *Making Good Citizens*, ed. Diane Ravitch and Joseph P. Viteritti, pp.123-141, New Haven: Yale University Press, 2001。

[2]　Diane Ravitch, *The Language Police: How Pressure Groups Restrict what Students Learn*, New York: Alfred A. Knopf, 2003, p.151; 亦可参见 Arthur, Jr.Schlesinger, *The Disuniting of America: Reflections on a Multicultural Society*, rev. and enlarged ed., New York: W. W. Norton, 1998。

[3]　Albert Shanker Institute, "Education for Democracy", Washington, D.C.: Albert Shanker Institute, 2003, p.18.

拥有许多鼓舞人心的理想，以这样的方式讲述美国具有历史合法性和激励性。这样的历史叙事是对世界历史和美国历史唯一的或最具有历史合法性的解释，但问题在于只有学校正确地教授，它才能成为鼓励和团结所有美国人的力量。然而，我认为上述说法是错误的，它们和我给克瑞斯特、艾尔伯特和詹姆斯社会科学展提出建议的情况一样，面临许多误解。我认为，作为他们的老师，我知道他们所了解的（当然，以及更多事情）。换句话说，我知道他们的所知和不知，以及任何他们所熟知的事情。进一步讲，我不假思索地认为，如果我的学生思考他们所知道和了解的，那他们就会得出和我一样的结论。共同的知识得出共同的结果。但是我错了，因为我不了解他们所了解的，因为我也没注意到他们和我对已知事物的理解是不同的。我对他们认为校服会视觉性、标志性地把他们和他们所在的社区分开的想法没有充分理解。我也没有从重视不同数据的角度进行分析，例如，我的分析更倾向于借助公开的报告而不是像我的学生那样注重个人经验。因此，我建构的关于瓦尔登中学校服的历史和学生建构的有所不同，他们忽视我对历史的建构，也在情理之中。

同样，上述引用的许多评论似乎错误理解了学校是历史理解和公民认同的主要传播者这一说法。他们认为，如果学校仅仅教授正确的民族历史，那么所有的知识都是固定的。换句话说，同样的历史会导致同样的公民政治认识。① 就像我教克瑞斯特、艾尔伯特和詹姆斯关于校服政策的历史时一样，就他们对校服政策的认识来说，我教授的知识只是一部分，而且是最不重要的一部分，学校教授的美国历史和世界历史也只是他们对美国历史和美国身份所认知的一部分，而且是不重要的一部分。② 学生从他

---

① 值得称赞的是，戴安·拉维奇十分清楚地了解校外影响的重要性。"学校并不是完全的公共机构，它们并不能操控学生生活的方方面面。学生不仅受教材和考试的影响，也受家庭、朋友、社区、宗教机构和流行文化的影响。"（Diane Ravitch, *The Language Police: How Pressure Groups Restrict what Students Learn*, New York: Alfred A. Knopf, 2003, p.159）

② Judith Torney-Purta et al., "Latino Adolescents' Civic Development in the United States: Research Results from the IEA Civic Education Study", *Journal of Youth and Adolescence*,

们的家庭、社区、牧师、同伴和媒体那也能了解到公民和历史叙事。这些知识来源所传递的知识内容大有不同，尤其是不同的民族、文化、宗教和社区对于他们各自的历史地位、要相信什么样的历史材料、"官方"历史（如学生在学校中所得到的知识）的真实性或虚伪性等问题，所持有的观点和教授的知识是不同的。[1]

114

　　因此，学生在感受和建构在学校中习得的历史时，同样证实了"基于种族"的差异性，并构建"校本性"的历史。例如，特里尔·爱泼斯坦（Terrie Epstein）对比非洲裔美国高中生和白人高中生对学校历史课的反应时发现：

　　　　学生成长的社会文化环境会塑造他们对美国历史持有的观点，以及次要信息来源的可信性。非洲裔美国学生不仅反对历史课本中缺少非洲裔美国人的事迹，没有将他们在家中了解到的或从以非洲裔美国人的角度为出发点的媒体那里了解到的考虑进去，缺少这样视角的美国历史让他们感到怀疑。相反，大多数欧洲裔学生很少关注他们在家或通过媒体了解到的历史和他们在学校学到的历史之间存在的不一致。

2007，36：pp.111-125. 亦可参见 Judith Torney-Purta，"The School's Role in Developing Civic Engagement：A Study of Adolescents in Twenty-eight Countries"，*Applied Developmental Science*，2002，6（4）：p.206。

[1] Roy Rosenzweig and David Thelen，*The Presence of the Past：Popular Uses of History in American Life*，New York：Columbia University Press，1998. 甚至媒体也事实上带有隔离倾向，为小部分受众量身定做。例如，尼尔森（Nielsen）收视统计对非洲裔美国人、西班牙人、一般人群收看的前十个广播电视节目的比较显示了他们对不同媒体的关注。在我撰写这部分的当天（2010 年 10 月 8 日：数据来自于 2010 年 9 月 27 日这一周），只有不到一半的媒体同时出现在总名单上和非洲裔美国人清单上，西班牙裔观众所收看的前几个节目没有任何重合（Nielsen Media Research，"Top TV Ratings"，September 27，2010，retrieved October 8，2010，from en-us.nielsen.com/content/nielsen/en_us/insights/rankings/television.html.）。

进一步讲，"因为教科书和教师很少从他们的想法出发呈现历史事件，非洲裔美国学生把学校的历史看成是'白人的历史'"。[①] 如果学生学习"别人的"历史——在这种情况下，既是关于别人的，也是为了别人——那么通过历史教育而进行公民赋权的希望就会彻底落空。"书本知识"只会停留在学校层面，只是在作业和考试中有所体现，然后就被立即遗忘。然而，"家庭"或"街头知识"（street knowledge）则长久不会遭受挑战或发生改变。

当然，我们没有必要查找学术研究材料来寻找有效证据，证明不同115 环境下的不同群体对历史课的理解各不相同。关于2008年总统选举中耶利米·赖特牧师布道的争议例证了国内认识上的分歧——从理解过去和描绘未来两个角度看，我们应该从美国历史中学到什么？赖特因为他所作的"上帝谴责美国"的布道而遭到指责，晚间新闻和电视谈话节目不断播放这个30秒的演讲视频。然而，如果全面审视他2003年所作的题为"令人迷惑的上帝和政府"的演讲，我们看到的不是不加思考的反美国主义；反之，他展示了一个认真的、透明的、具有批判性的美国历史叙事，尽管引起了很大争议。在布道中，赖特说：

> 政府失败了……英国政府失败了，俄罗斯政府失败了，日本政

---

① Terrie Epstein, "Deconstructing Differences in American-American and European-American Adolescents' Perspectives on U.S. History", *Curriculum Inquiry*, 1998, 28 （4）：pp.408, 419；亦可参见 Peter Seixas, "Historical Understanding among Adolescents in a Multicultural Setting", *Curriculum Inquiry*, 1993, 23：pp.301-327；Keith C.Barton, "'My Mom Taught Me'：The Situated Nature of Historical Understanding", Paper presented at Annual Meeting of the American Educational Research Association, Chicago, 1995；Terrie Epstein, "Adolescents' Perspectives on Racial Diversity in U.S. History：Case Studies from an Urban Classroom", *American Educational Research Journal*, 2000, 37（1）：pp.185-214；Terrie Epstein, "Racial Identity and Young People's Perspectives on Social Education", *Theory into Practice*, 2001, 40（1）：pp.42-47；Terrie Epstein, *Interpreting National History：Race, Identity, and Pedagogy in Classrooms and Communities*, New York：Routledge, 2009.

府失败了，德国政府失败了。当美国政府"公平地"对待她的印第安公民时，美国政府也失败了，她把他们赶进了保留区。当她"公平地"对待日本裔公民时，她失败了，她把他们赶进了俘房收容所。当她"公平地"对待非洲裔公民时，她失败了，她给他们戴上了枷锁，使他们成为奴隶，成了拍卖的物品；她使他们在棉花地里劳作，上不好的学校，住破旧的房子；她使他们成了实验品，做薪水最低的工作，他们不受法律的保护，因种族原因不能接受高等教育；她把他们置于无望和无助的境地。政府给他们毒品，建造更大的监狱，通过"三振出局法"(three-strike law)①，还指望我们歌唱"上帝保佑美国"。不，不，不！不是"上帝保佑美国"，而是"上帝谴责美国！"在《圣经》中，这是滥杀无辜的行为。上帝谴责美国，因为她不人道地对待她的公民！②

赖特的这段话和卡门的诗对美国的描述具有异曲同工之处。尽管卡门——波士顿本地人——在她 2005 年写诗的时候从未到过赖特的芝加哥教堂，也未曾听过他的布道，她还是得出了关于美国历史的公民教育功能的相似看法。 116

因此，向所有学生教授相同的资料无法关注到他们对于所学的历史有不同的、批判性的理解。学校不能仅仅给学生灌输历史责任以及关于历史进步和功绩的鼓舞人心的事迹，不能期待所有学生都拥护美国公民身份并积极参与公民政治活动。这种方式对于那些成长在传递否定颂扬胜利

① 三振出局法又称三振法，是美国联邦层级与州层级的法律，要求州法院对于犯第三次（含以上）重罪的累犯，采用强制性量刑准则，大幅延长监禁时间：目前所有法案下限皆为 25 年有期徒刑，最高是无期徒刑，而且后者在很长一段时间内不得假释（大多法案规定为 25 年）。这样的法案在 20 世纪 90 年代极为盛行，至 2012 年美国联邦政府及 27 个州都颁布了此类法案。——译者注

② Jeremiah Wright, "Confusing God and Government", Sermon delivered at Trinity United Church of Christ, Chicago, April 13, 2003, retrieved April 10, 2009, from www. sluggy.net/forum/viewtopic.php? p=315691&sid=4b3e97ace4ee8cee02bd6850e52f50b7.

的、反传统历史叙事的社区中的学生不起作用。进一步讲，历史不局限于过去，而与现在紧密联系。学生们现在的经历千差万别，对历史的理解也千差万别。学生是知识的批判继承者；教育者，尤其是历史教师，一定要考虑到这一点。

历史的反叙事模式

在历史上被隔离的非洲裔美国人的中小学、大学和其他一些机构，如教堂和兄弟互助会中存在着教授具有赋权功能的公民叙事的有效和有力模式，这种模式不会遵从温和的胜利主义或进步主义的叙事路线。[1]一个世纪以来，他们一直把美国历史当作一场斗争来讲授，并会继续下去。这是一场针对内在压迫和不平等所进行的抗争，同时也告诉学生有责任利用自己的机会、通过公民政治参与来继续这场斗争。对现状的满足并不能赋予人们权力。课程的内容不应该是"多么伟大的国家——难道你就不想参与进来吗？"相反，应该强调继续斗争对于保持目前的不公平现状都是十分必要的，正因为如此，能够迈向公平更需要个人和集体的继续抗争。

由于美国自身固有的种族主义和不公平，为了生存而斗争，为了兴盛而斗争，为了公平而斗争，为了被重视而斗争是十分必要的。[2]美国是建立在"原罪"基础上的国家，在第一块建立的殖民地詹姆斯敦

---

[1] 关于非洲裔美国人的教堂，参见 Yvette Alex-Assensoh and A. B. Assensoh，"Inner-City Con-texts，Church Attendance，and African-American Political Participation"，*Journal of Politics*，2000，63（3）：pp.886-901。关于非洲裔美国人的兄弟互助会，参见 Theda Skocpol et al.，*What a Mighty Power We Can Be：African American Fraternal Groups and the Struggle for Racial Equality*，Princeton：Princeton University Press，2006。

[2] Langston Hughes，"I，Too，Sing America"，in *The Collected Poems of Langston Hughes*，New York：Knopf，1994（1925）.

（Jamestown）实行了奴隶制，在立宪之后奴隶制才慢慢消亡。① 想到这儿，历史上几乎"不可避免的"关于平等和公平的概念就显得很滑稽，非洲裔美国人（还有其他非白人）过去不得不为他们得到的权利和机会而斗争，而且会一直为此而斗争。正如奥巴马还是总统候选人的时候，在一个关于种族问题的著名演讲里所讲的：

> 然而，羊皮纸上的字不能够使奴隶从束缚中解放出来，也不能使不同种族和不同信仰的男性和女性拥有他们作为美国公民的权利。我们需要的是世世代代的美国人都愿意履行责任——通过在法庭上或大街上抗议和斗争，通过内战和反抗的形式，冒着很大风险去缩小我们实现理想的承诺与现实之间的差距。②

从某种程度上说，这种叙事是对传统的进步主义完美叙事的颠覆。两种叙事都反映美国秉持承诺，追求卓越。但是在这种叙事中，各种鼓舞人心的事件构成了可以讲授的历史，然而，鼓舞人心的并不是承诺本身，而是非洲裔美国人为实现承诺而斗争的过程。③ 这种叙事不认为非洲裔美

① Barack Obama, "A More Perfect Union", Speech delivered in Philadelphia, March 18, 2008, retrieved April 10, 2009, from www.npr.org/templates/story/story, php? storyId=88478467. 联邦政府对奴隶制持续支持，这是全国性的而非局部的，直到第二次世界大战早期，奴隶制都一直长期有效地存在，关于这方面的论据，参见 Don E. Fehrenbacher, *The Slaveholding Republic: An Account of the United States Government's Relations to Slavery*, New York: Oxford University Press, 2001; Douglas A. Blackmon, *Slavery by Another Name: The Re-Enslavement of Black People in America from the Civil War to World War II*, New York: Doubleday, 2008; Steven Hahn, *The Political Worlds of Slavery and Freedom*, Cambridge, MA: Harvard University Press, 2009。

② Barack Obama, "A More Perfect Union", Speech delivered in Philadelphia, March 18, 2008, retrieved April 10, 2009, from www.npr.org/templates/story/story, php? storyId=88478467.

③ Robert K. Fullinwider, "Patriotic History" in *Public Education in a Multicultural Society*, ed. Robert K. Fullinwider, Cambridge: Cambridge University Press, 1996, p.206.

国人的斗争是令人沮丧的，反之，它是高贵的，展现了非洲裔美国人的集体力量和毅力。孩子们由此可以学习到他们的祖先团结一致，要求公正平等，迫使当权政府作出让步，使得他们得到应有的权利。正如詹姆斯·鲍德温提出，"接受过去，接受历史和沉浸在历史中不是一回事，接受历史是学习如何使用它"。① 因而，作为正义的力量，他们有责任参与美国民主、了解和加入到公民机构中。作为行为主体——把命运掌握在自己手中而不是依赖于虚假的历史必然性。他们必须证明拥有同等的顺应力和责任，为争取应有的权利而斗争，不应该也不能让美国陷入困境。

关于斗争的叙事也让人们同时了解到责任和机会。这样的叙事证明，具备政治意识、参与政治活动是一个人的责任，利用现有的、祖先们不能利用的有利机会是年轻人的责任。因此，浪费前辈们斗争得到的权利而不为自己或后人考虑是不值得尊重的，甚至是可耻的。卡罗尔·莫斯利布劳恩（Carol Mosley-Braun）在 2003 年秋季举行的早期民主党总统候选人辩论中的最后一场演讲中，提到过这种叙事："我希望这里的每一个人都意识到选举的责任，让他们知道每一票都很重要，虽然 2000 年的竞选不能让人满意。我们有责任向孩子们保证我们为他们提供的机会、希望和自由不比祖先留给我们的少。如果我们尊敬祖先，对孩子公平，那么我们就要共同努力确保这些人不会继续偷梁换柱，不会使我们远离国家的理想。"②

同样，我瓦尔登中学的同事也赞同这种对非洲裔美国人过去的历史斗争的理解，并认为促进这种理解能够使我的学生获得更多的教育机会，这也是我们必须承担的责任。正如之前一位瓦尔登教师解释说，"你教孩子们认为教育是理所当然的。嗯……我的祖先努力得到孩子们今天所拥有的东西，但是他们却不想要！"我的同事们一遍又一遍地强调，受奴役的

① James Baldwin, *The Fire Next Time*, New York: Vintage International, 1962, p.81. 亦可参见 Roy Rosenzweig and David Thelen, *The Presence of the Past: Popular Uses of History in American Life*, New York: Columbia University Press, 1998, p.159。

② Carol Mosley-Braun, "Democratic Presidential Debate: Closing Debate", Fox News Transcript, 2003.

黑人甚至是行动自由的黑人没有最基本的自由，黑人不被允许读书写字，如果这么做，就会受到严厉惩罚；非洲裔美国人在奴隶制中生存下来的唯一途径就是彼此关照，现在黑人、妇女、儿童都有责任利用这些权利、自由和技巧。每个黑人、妇女、儿童都有责任学习文化知识、起身反抗。① 另外一个同事谈及应该把这种想法灌输给学生们："什么让你们停滞不前？你们不必用蜡烛看书，不必居住在山洞里，不会被袭击，不必为了学习而忍受这些。看看你们的祖先都经历什么才使得你们坐在这里。我过去常常告诉学生，'这样你们才能坐在这里。'"当地的牧师在每周日的布道中和平日的团契活动上也灌输类似的想法。亚特兰大普罗维登浸礼会教堂的牧师杰拉尔德·杜丽（Gerald Durley）2004 年主动接受我的采访时说："你要让他们清楚自己现在的地位，告诉他们有责任和义务去改善现有的处境……是因为很多人流血，很多人被绞死，很多人遭受私刑，他们才有今天的机会。不要不珍惜这个机会……我们每个人都有义务铺路修桥，恩泽后人。"

一些历史上的黑人精英大学如莫尔豪斯学院（Morehouse）和史贝尔曼学院（Spelman）都不约而同地强化了这一思想。在 2003 年我对莫尔豪斯学院新近的毕业生杰弗里的采访中，她简洁地表达了对强调责任叙事（Obligation narrative）的看法，"不要扔了接力棒！"莫尔豪斯学院用教授历史和认同感来实施这一想法，通过紧张的为期一周的"新生入学指导"（Freshman Orientation）使他们了解莫尔豪斯的历史和传统，教育他们成为"莫尔豪斯人"意味着什么，这种做法后来被延长为贯穿整年的、两学期的必修课。② 新生参加马丁·路德·金教堂举行的活动，观看一场关于

---

① Theresa Perry, "Up from the Parched Earth: Toward a Theory of African-American Achievement", in *Young*, *Gifted*, *and Black*: *Promoting High Achievement among African-American Students*, ed. Theresa Perry et al., pp.1-108, Boston: Beacon Press, 2003.

② Morehouse College, "Freshman Orientation/Morehouse College", retrieved August 7, 2007, from www.morehouse.edu/academics/degree_requirements/freshman_orientarion. html; Black Excel, "Morehouse College Profile", retrieved August 6, 2007, from www. blackexcel.org/morehous.htm.

莫尔豪斯历史的电影，学习校歌，了解莫尔豪斯的"优秀毕业生"，讨论莫尔豪斯"杰出的"前任校长本杰明·E. 梅斯（BenjaminE.Mays）的成就，并痴迷地研读关于莫尔豪斯历史和传统的小册子。高年级的学生（在"迎新周"期间，要求穿白衬衫、系领带以便于识别）常常拦住这些新生，并让他们背诵莫尔豪斯历史上的重要事件，或唱校歌，讨论莫尔豪斯人的品质，等等。忽视这些事情的后果是很"严重的"，杰弗里解释道。新生周结尾会安排一场火炬引领的游行，这场游行从学校开始，穿过周边的非洲裔美国人的历史街区，返回到乐声荡漾的教堂。在这里，学生们承诺履行他们作为莫尔豪斯人的历史和当代责任。这样，历史和认同感相互结合能够创造一种强调身份和义务的强有力叙事，这回应和强化了非洲裔美国人斗争、责任和机会的公民反叙事（counternarratives）。①

　　这些关于斗争的高贵性和机会利用的教育也深深植根于被隔离的黑人中小学中，这种教育可以通过正式或非正式的途径进行。一位经验丰富的非洲裔美国教师提出了"目的和高贵"，这是她和她的同事们在早期的被隔离的黑人学校中想要向学生们灌输的思想，正如她说："我告诉学生

---

① 讽刺的是，因为历史上许多黑人大学是由白人创建、管理和投资的，因而直到近年，这些机构与那些法律上或事实上的种族隔离 K-12 学校相比，总体上不太强调提倡独特的非洲裔美国人的公民叙事。参见 Marybeth Gasman, *Envisioning Black Colleges：A History of the United Negro College Fund*, Baltimore：Johns Hopkins University Press，2007；Yolanda L.Watson and Sheila T. Gergory, *Daring to Educate：The Legacy of the Early Spelman College Presidents*, Sterling, VA：Stylus, 2005。例如，约翰·霍普（John Hope），莫尔豪斯学院的第一位非洲裔校长，"给莫尔豪斯学院渗透了种族领导的精神——责任、义务和个人责任感"。这对于莫尔豪斯学院来说是新鲜的："过去的校长从没有这样活跃的；当然，所有之前的校长都是白人。"（Leroy Davis, *A Clashing of the Soul：John Hope and the Dilemma of African American Leadership and Black Higher Education in the Early Twentieth Century*, Athens：University of Georgia Press，1998, p.199.）史贝尔曼学院自从任命了第一个非洲裔校长之后，学生在"政治意识、团结和能动性"上也发生了类似的转变，关于这方面的描述，亦可参见 Albert E. Manley, *A Legacy Continues：The Manley Years at Spelman College, 1953—1976*, Lanham, MD：University Press of America, 1995, pp.15-90；Yolanda L.Watson and Sheila T. Gergory, *Daring to Educate：The Legacy of the Early Spelman College Presidents*, Sterling, VA：Stylus, 2005, p.32。

他们需要为了自己想要得到的东西斗争……我也提醒他们，他们有责任利用自己的能力为别人获得利益而不是自己获利，他们有责任回馈社区。"[①]　121
另一位非洲裔美国教师在描述她自己 75 年前就读的黑人学校时这样说："即使学校被隔离了，教师们为了教授与白人学校不同的课程做了很多努力，但是学校董事会没有批准。尽管学校董事会规定的课程中没有太多与黑人相关的内容，教师还是告诉我们很多关于自己种族的知识。我们每次上课和集合前都唱'黑人国歌'——《放声高唱》(Lift Ev'ry Voice and Sing)。"[②]

　　我在亚特兰大任教时，唱这首国歌是瓦尔登中学和很多亚特兰大公立学校的一项实践活动，是一种进行集体的、历史的自我界定的政治行为。"黑人国歌"明确地界定了非洲裔美国人的公民认同不同于"星条旗永不落"，以及其他代表美国政治认同和政治身份的符号所表现出的一般性的美国公民认同。《放声高唱》所描述的是关于非洲裔美国人集体斗争、责任和争取机会的故事，是令人振奋的赞歌。正如第二节的歌词中写道：

> 我们走过艰辛道路，经历苦难日子，
> 我们未萌生的希望落空；
> 然而我们不知疲倦，迈着坚定的脚步，
> 来到了我们祖先没有到达的地方？
> 我们踏着洒满热泪和鲜血的道路，
> 走出了阴暗的过去，终于站在了这里，

[①] Michele Foster, *Black Teachers on Teaching*, New York：New Press，1997，pp.34-35. 亦可参见 bell hooks, *Teaching to Transgress：Education as the Practice of Freedom*, New York：Routledge，1994；Theresa Perry，"Up from the Parched Earth：Toward a Theory of African-American Achievement" in *Young，Gifted，and Black：Promoting High Achievement among African-American Students*，ed. Theresa Perry et al.，pp.1-108，Boston：Beacon Press，2003。

[②] Michele Foster, *Black Teachers on Teaching*, New York：New Press，1997，p.38.

这里散发着我们明亮之星的白色光芒。①

进一步讲，演唱《放声高唱》是正常课程之外的一种纪念仪式，它对于保留社区叙事有历史性的贡献。这些仪式还包括解放日（Emancipation Day），"在 19 世纪末期和 20 世纪早期曾是黑人社区独有的庆祝活动"。除此之外，还有"林肯—道格拉斯日"（Lincoln-Douglas Day）、"第十五条修正案日"（Fifteenth Amendment Day）、"扫墓日"（Decoration Day），以及其他不同种类的社区活动，被隔离的黑人学校和一些场所如"全国有色人种促进会青年会"（NAACP）、黑人学院和自由学校都讲授或庆祝这些节日。② 法律上和实际上被隔离的非洲裔美国人学校和社区以正式或非正式的方式将斗争和责任相结合，形成了严密无隙的关于个人机会和公民责任的叙事。

例如，1964 年，自由学校帮助学生利用自己的斗争经验和受压迫经验，作为推动学生公民和政治行为的方式，转变他们社区中的权力关系。查尔斯·科布（Charles Cobb）解释说，"他们必须看到腐烂的窝棚和变质的美国之间的联系，"她 20 岁，是"学生非暴力合作委员会"（Student Nonviolent Coordinating Committee）的秘书，是自由学校的倡导者。对"变质的美国"的回应不是绝望，不是不参与或者暴力的反叛，而是公民和政治激进主义。③ 当代的自由学校仍保持着类似的情形。④ 克里斯·迈尔斯（Chris Myers），

---

① James Weldon Johnson，*Lift Every Voice and Sing*，New York：Penguin，2000.

② Charles M. Payne，"More Than a Symbol of Freedom：Education for Liberation and Democracy"，*Phi Delta Kappan*，2003，85（1）：p.25.

③ Charles M. Payne，*I've Got the Light of Freedom：The Organizing Tradition and the Mississippi Freedom Struggle*，Berkeley：University of California Press，1995，chapter 10；亦可参见 G. W. Chilcoat and J. A. Ligon，"'Helping to Make Democracy a Living Reality'：The Curriculum Conference of the Mississippi Freedom Schools"，*Journal of Curriculum and Supervision*，1999，15（1）：pp.43-68。

④ Charles M. Payne，"More Than a Symbol of Freedom：Education for Liberation and Democracy"，*Phi Delta Kappan*，2003.

一位白人男性，他在密西西比州森福劳尔县建立了"森福劳尔自由项目"（Sunflower County Freedom Project），2004 年接受采访时他向我解释道："我们为他们展示了一幅清晰的图画，我们不会回避现存的种族主义和权力的不公平分配，不仅仅是在密西西比，而是在任何地方。但是我们也不回避这种说法，如果你有足够的胆量，足够的决心，那么你也会克服这些。因为如果你参与进来，国家会提供很多机会。"他把这些机会和斗争的历史和公民义务联系起来，他说："这个国家有很多机会，准确地说，一定程度上是由于范妮·卢·哈默（Fannie Lou Hammer）和民权运动，以及他们所取得的成就为我们开启了机会之门。否认这一点不仅是错误的，不仅是对现实的否认，还给因此而付出巨大牺牲的人以打击。"

122

一种生动的叙事

值得关注的是，这种叙事不只是教育者制定的彻底的、在现实世界中没有驱动力的反主流文化叙事。这种叙事是关于斗争、机会和责任的故事，以及对斗争的认同，而不是对获取成功的认同。我在 2004 年采访中经常遇到这样的故事，采访的对象是那些已经"战胜"了公民赋权差距的人。这些人大部分在贫困的环境中成长，是第一代或第二代移民，在实际上被隔离的少数种族聚集地工作生活。然而，他们最终成为公民政治领袖和激进主义者。

对反胜利主义（antitriumphalist）的公民认同推动力最有力的阐释者之一或许是亚伦·沃森（Aaron Watson），他是一位非洲裔美国律师，是亚特兰大教育董事会前任主席。为了回答我的问题，"什么使一个人成为美国人？什么造就了美国？"他解释道：

> 嗯，我会说，作为一个在美国生活的非洲裔美国人，我可能不会把自己归为美国人，如果没有特别提醒——在美国对于非洲裔美

国人来说意味着什么？将其推广至美国的其他少数种族，我认为这意味着你有权利斗争……你有权利和机会与各种各样的压迫做斗争，不过，取得成功要看你愿意为此付出多大代价……很多人认为斗争不是坏事，我也这么认为。①

在后来的采访中，沃森用下面这些话明确描述了他对公民身份和政治认同的看法："我不认为自己是爱国的。作为一个美国人，我感到自豪，但是成为'美国人亚伦·沃森'我也很自豪，一个在这里进行斗争的美国人，为了我自己，也为了全体美国人。我很高兴能参与其中……所以，我选择了自己的路，为此我很自豪。"沃森似乎很愿意从斗争的角度构建赋权的美国历史和美国认同，而不是像"温和的胜利主义"那样从成功的角度来构建。沃森意识到美国有很多种存在形式，让我们成为其中一员："可以说，在乔治·布什的美国当一名美国人，我没什么可感到骄傲的。"这个美国要比沃森所指的和认同的"有权利斗争的美国"在某种程度上更加具体，更加有形。但是他有意识地选择将自己和另一个带有隐喻色彩的美国联系起来，并以此为荣："我选择了自己的路，为此我很自豪。"

同时，值得注意的是，关于斗争、机会和责任的叙事没有必要偏袒任何政治党派，也不局限于激进的行动主义者或民主党人。迈克尔·斯蒂尔（Michael Steele），"共和党全国委员会"（Republican National Committee）的首位非洲裔主席，上任后不久发表评论说："谁会想到 2009 年，会有两位黑人站在这个国家政治权力的巅峰？这是斗争、坚持和机会的见证。"②

---

① 沃森的评论与罗森茨维格（Rosenzweig）和西伦（Thelen）的发现是一致的："当我们问他们（非洲裔美国人）与其他美国人共有的历史是什么时，他们总体上都回避传统的对自由和民主的情感。相反，他们在移民历史或反对压迫的斗争中找到了一致之处——与其他移民和贫困的美国人有着共同特点，而不是与那些占主导地位的社会群体或主流政治理想。"（Roy Rosenzweig and David Thelen, *The Presence of the Past: Popular Uses of History in American Life*, New York: Columbia University Press, 1998）

② Michael Steele, "State of the Black Union Roundtable", CSPAN, March 4, 2009, retrieved March 9, 2009, from www.youtube.com/watch? v=ojO-4zvULaM.

这种对斗争的认同以及关于斗争的赋权叙事并不局限于非洲裔美国公民和政治行动主义者。乔尔（Joel）是一位拉丁裔的年轻行动主义者，他在波士顿"海德广场特别行动队"（Hyde Square Task Force）工作，他这样解释我对沃森提出的问题，"对于美国——我不知道怎么表达。我想起的前两个词是'自由'和'斗争'……有很多机会，当然这也是通过斗争得到的"。阿比德·哈穆德（Abed Hammoud），一位黎巴嫩裔美国县级检察官，公民和政治行动主义者，两次成为密歇根州迪尔伯恩（Dearborn）市长候选人，他用移民事例向我解释自己的行动：

> 因此，这是驱使我为阿拉伯裔美国人下一代开辟新道路的动力。 125
> 我认为自己是过渡的一代……两方面都影响我。就我而言，我想和意大利裔、爱尔兰裔、法国裔和其他美国人一样，我认为这是可以实现的。或许在我有生之年我会坐在这里给我的孙子们讲故事，告诉他们我的日子多么艰难……因此，为了做到这一点，我们不得不牺牲。有一次我爸爸甚至对我说，"如果再过十年参与其中，对你来说会容易很多。"他说因为刚开始人们遭受了太多，也会有很多痛苦。我对他说，我的答案是："如果每个人都只是观望徘徊，那就永远都不会有改变。"

我承认哈穆德受进步理想的驱动。从长远来看，他预见了从过去"一半一半的"一代人到现在完全成为美国人的"新的一代人"的转变。但是他也看到了当今时代下斗争的荣誉，他毫无疑问地认同这些参与到斗争中的人而非那些不劳而获的人，并深受鼓舞。"我们需要告诉这些人，不仅崇尚和平、不惹是生非的阿拉伯裔美国人能够做到，不仅是崇尚和平、不惹是生非的非洲裔美国人能够做到，每个人都能做到。这就是为什么会有反映马尔科姆·艾克斯多方面生活的电影，还有关于马丁·路德·金，以及关于迪尔伯恩和'美籍阿拉伯人政治行动委员会'（Arab American Politicai Action Committee）的内容。"斗争、机会和责任的主题蕴含在许多移民故事中，故事讲述了为什么他们来到美国，在美国的生活、公民身份意味着什么，如何承担起对孩子的职责。移民社区经常强调移民一代的牺牲精神，目的是为了给孩子们带来机会，这些机会是他们应该得到的，也是对他们父母或祖先牺牲的回报。

移民和其他少数族裔成员可能会被这样的叙事感动，因为这种叙事并不像传统的公民叙事那样要求人们对国家具有同等积极的个人认同。在温和的胜利主义的叙事中，公民参与能够表达个人对这个具有崇高理想的国度的认同感。美国的公民身份是让人感到骄傲的，公民政治参与是表达和赞同这种身份的方式。然而，许多处于过渡时期的年轻移民和成人可能不会强烈地感受到对美国的认同。他们可能会附属于多个国家，心中对一个国家充满矛盾的感情，感觉自己被压迫，也被关心，认为他们在文化、宗教以及其他方面的认同感要比自己身为美国公民更加重要。通过将公民参与植根于行动，而不是关于公民身份的确认，我描述的这种反叙事可以克服以上难题，这显然也对那些不重视美国公民身份或一点儿也不渴望得到美国身份的年轻人有益。

因此，尽管反胜利主义关于斗争、机会和义务的反叙事以非洲裔美国社区为背景，但非洲裔美国人学校和其他非非洲裔美国人学校都可以有效地讲授这种叙事。在非洲裔美国学生不占主体的学校，除了这里提到的例子，学生们还可以利用历史上的其他事例和当前的社会情境。比起那些已经得到身份认可的美国人所经历的斗争，那些生活在以移民为主的社区、为了在美国赢得一席之地的人进行的斗争更有意义。① 进一步讲，教师需要做的额外工作是帮助学生从经济领域到公民政治领域都充分认识到

---

① 这种情况可能是双方面的。罗森茨维格和西伦在对非洲裔美国成人的采访中发现，他们"总体上都回避传统的对自由和民主的情感。相反，他们在移民历史或反对压迫的斗争中找到了一致之处——与其他移民和贫困的美国人有着共同特点，而不是与那些占主导地位的社会群体或主流政治理想"。（Roy Rosenzweig and David Thelen, *The Presence of the Past: Popular Uses of History in American Life*, New York: Columbia University Press, 1998, p.157）

他们祖先斗争的观念，以及他们作为移民的后代肩负的机会和责任。如果不夸大公民政治民主的健康发展，只从自身的利益来讲，这样的参与也会使他们自己受益，移民儿童、他们的家庭和他们所在的种族聚集区也会直接受益于他们的公民政治参与，这足以有利于缩小公民赋权差距，并为他们的后代设定参与的模式。[1]

在以非洲裔美国人为主的学校，重新体验和讲授这种具有赋权能力的关于斗争、机会和责任的反叙事也是非常重要的。被隔离的黑人学校、自由学校、教堂等教授这些反叙事的机构的消失，也有可能成为导致美国黑人公民政治参与水平下降的一方面原因，因为黑人参与水平在过去是最高的。[2] 让这些叙事回归学校可能会潜在地减缓非洲裔美国人公民政治参与的衰退，也能缩小其他群体的公民赋权差距。

构建和参与多种叙事

向所有学生讲授普通的关于斗争、机会和责任的历史叙事而不是温和的胜利主义的叙事，是缩小公民赋权差距、在全国范围内构建历史的唯一方式吗？下面有一些支持该方法的具有说服力的观点。第一，这种叙事是真实的（我至少已经证明了），不仅是来自历史上不受重视的地区和来自贫穷的少数种族移民社区、在被隔离的学校求学的年轻人应该学习这种对美国历史的建构方式，所有美国年轻人、所有学校的年轻人都应该了解历史的真相。

第二，这种反叙事很有可能成为主流，因为它包含了温和的胜利主义叙事的许多要素，既强调自由、公正和平等的理想，又强调实现这些理

---

[1] Sidney Verba et al., *Voice and Equality: Civic Voluntarism in American Politics*, Cambridge, MA: Harvard University Press, 1995.

[2] 关于此方面的讨论，参见 Charles M. Payne, "More Than a Symbol of Freedom: Education for Liberation and Democracy", *Phi Delta Kappan*, 2003。

想的可能性。《放声高唱》中的第一节是这样勉励我们的：

> 放声高唱吧，直到天地放射光芒，
> 那是自由和谐的光芒……
> 带着黑暗的过去教给我们的信仰歌唱，
> 带着现实带给我们的希望歌唱。①

这种对自由和进步的强调和胜利主义叙事是完全可以并存的。当我提出其他国家也实行校服制度的时候，詹姆斯的回应也与此相关："但是我们不是大多数其他国家，莱文森博士！我们应该是自由的国度，我们的权力呢？"两种叙事都强调平等和自由的美国价值，进步是可能的，进步已经取得了，关键的是反叙事强调这种进步没有历史必然性，它取决于持续的警醒和斗争，既需要在"黑暗的过去"生活过并作出过斗争的人的努力，也需要正在不断前进直到取得成功的人的努力。②即使它强调"原罪"，然而，这不会被认为是对美国公民叙事的完全破坏。因此，用另一种叙事代替这种叙事也是十分容易的。③

第三，当已经学习了温和的胜利主义叙事的白人第一次了解到反叙事的时候，他们通常会把它当成是来自国外的、忘恩负义的叙事，是完全错误的。共同分享关于斗争、责任和机会的美国叙事会消除白人的这种误

---

① James Weldon Johnson, *Lift Every Voice and Sing*, New York：Penguin，2000.

② 这也依赖于集体斗争，而不仅仅是个人英雄主义，我在下一章会深入讨论。

③ 这就是历史学家加里·纳什（Gary Nash）和他的同事认为的那样："故事的多元化以及不和谐的视角能够促进对美国历史的一致理解吗？简单来说，通过转换起主导和支配地位的叙事，如将依据选举政治界定的民主崛起的叙事转换为为实现自由、司法公正、平等进行斗争的叙事，能很容易将社会历史的一些细节引向主流。这种新的叙事，来源于民主化的历史实践，围绕对权力的竞争和冲突，以及这样的竞争如何折射出不同群体通过长期的斗争在国家成立时宏大诺言的庇护下实现胜利。"（Gary B. Nash et al., *History on Trial：Culture Wars and the Teaching of the Past*, New York：Vintage, 2000，p.101）

解（甚至比误解更糟糕的状况）。我注意到胜利主义的叙事可能激励许多人，甚至具有历史合法性，因为大多数美国公民在过去几百年获得的权力和自由是逐步稳定地增多的。但是，如果白人和优势群体学习这种叙事，弱势群体和非白人学习反叙事，这两种不同的世界观的交锋会造成互不信任、误解和仇恨。查尔斯·佩恩（Charles Payne）带有讽刺性地评价了名为"为了自由而教育"（Education for Liberration）的会议："其中主题为'为白人青年建立自由学校'的工作坊出席率最低。即使考虑如何对有色人种儿童进行更有效的社会教育的人，也不一定在主体种族年轻人的教育中看清这一点。"① 白人孩子被假定为教育对象的全部，实际上，种族特权和阶级特权让他们处于"盲区"。能够肯定的是，平衡种族盲区的一种方式就是用关于斗争、责任和机会的叙事来代替胜利主义叙事。介绍反叙事会更好地教育白人学生，给他们提供均衡的具有双重意识的教育，这在上一章中我曾提到过。詹姆斯·鲍德温解释说，非洲裔美国人"从来不相信美国白人所依赖的集体神话——出生在世界上最伟大的国家，这让他们有优越感"。② 为什么不让美国白人也接触到一个真实的、赋权的、充满斗争和责任的历史叙事呢？为什么强迫其他美国人反对那些坚守虚假的、最终会破灭的美国神话的白人学生呢？

这使我开始关于讲授斗争、机会和责任的常规的、标准的叙事的又一探讨。即，多种公民叙事是存在分歧的，而一个统一的公民叙事就像是"黏合剂"。③ 遵照这种说法，2002 年国会决议："如果没有共同的公民回忆，没有共同的对于塑造这个国家的伟人、重大事件和理想的理解，美国人就会失去成为美国人的意义，也会失去在民主国家履行公民基本责任的能力。"④

---

① Charles M. Payne，"More Than a Symbol of Freedom：Education for Liberation and Democracy"，*Phi Delta Kappan*，2003，p.27.

② James Baldwin，*The Fire Next Time*，New York：Vintage International，1962，p.101.

③ Lynne V. Cheney，"American Memory：A Report on the Humanities in the Nation's Public Schools"，Washington，D.C.：National Endowment for the Humanities，1987，p.7.

④ 2002 年美国第 107 届国会。

夏克尔研究所（Shanker Institute）撰文《为民主而教育》（*Education for Democracy*）也强调了这一观点："掌握历史的共同核心观念使我们团结一致，能够形成以爱国主义原则为基础的共同的公民认同，使我们团结起来共同完成历史及未来的责任。"关于"9·11"事件，夏克尔研究所补充说明："因为我们是美国人才会被袭击。我们至少要知道成为美国人意味着什么。"①

这些观点至少在某种程度上都是合理的，其中一些观点是很有说服力的。最后，我们得出结论，用一个庞大的关于斗争、机会和责任的叙事代替另一个庞大的、温和的胜利主义叙事来消灭公民赋权差距是错误的。首先，用前者代替后者会造成不均衡的反叙事，这样的叙事就不再令人备受鼓舞，难以被接受。推行任何一种完全统一的叙事都会忽视学生对公民叙事的自我建构，这种途径假定了一种统一的叙事是具有可能性的，同时也是难以达成的。最终，我们要培养学生注重识别、尊重模糊性和差异性，包括不同的人对公民历史的不同建构，而不应该推行"理解历史有唯一'正确的'方式"这一想法。综合考虑，我认为，前文提到的在全国推行校服制度这一具体的反叙事，是为了鼓励老师和学生都能构建有说服力的、具有赋权能力的历史叙事，并在自己对历史的讲述和分析时融入多种公民叙事。下面我对此进行逐一解释。

第一，很容易想象，教科书的编写者和课程的设计者会采取一些措施，削弱关于斗争、机遇和责任叙事的普遍化程度。也可以想象"斗争"转换成了纯粹的、令人振奋的进取精神，伴随着为追求崇高的奉献而带来的痛苦和不公。按照这种说法，斗争也就能变成仅局限于过去："让我们感谢先人为给我们创造现在享有的机会所进行的斗争。"我们已经专门探讨过反叙事，其中，强调斗争的持续性能够帮助缩小公民赋权差距。但是，斗争在过去被神化了，而现在继续斗争的责任又被弱化了。同样，种

---

① Albert Shanker Institute，"Education for Democracy"，Washington，D.C.：Albert Shanker Institute，2003，pp.3-4，14.

族歧视和不公正事件的发生不是偶然发生的、沾染在美国纯粹的理想和价值上的污点，而是美国立国和历史进程中核心的、不可回避的元素。这种"原罪"意识很容易被覆盖并最终消失。每到这时，教科书就又会讲述简单的为获得机会而斗争的故事，又会变回到温和的胜利主义叙事。值得注意的是，这种转变时有发生，即便并非出自恶意。乔纳森·齐默曼（Jonathan Zimmerman）在一部关于文化战争的书中指出，很多看起来想要推翻温和的胜利主义叙事的人，包括很多历史上被歧视的群体的代表，只要他们自己的群体公平地被呈现在历史上的著名人物之列，他们实际上也一致支持这种叙事。①

第二，从本章前半部分关于建构主义历史教育必要性的进一步讨论中可知，直接用另一种官方的叙事代替前一种是毫无益处的。关于这一点，海伦·黑斯特（Helen Haste）提醒我们，"个体会主动构建或与他人共同构建和经验一致的叙事和理解，并在社会、文化和历史环境中培养自己的认同感，而不是消极地被'社会化'。通过叙事和对话，或通过理解社会结构和特征而形成的自我认同和群体认同对理解公民身份构建至关重要"。② 无论学校是否有所作为，这种积极构建、对话和协商都一样会发生。但是，如果学校最终选择一种"官方的"叙事，随便哪种，它们就会把自己排除在这个过程之外。如果学校的目标是传播一种预定好的叙事，那么它就不能也不会帮助学生亲自建构具有赋权功能的公民理解。因此，遗憾的是，关于斗争、责任和机会的叙事的固定和僵化最终不适用于来自不同背景的年轻人，正如胜利主义叙事目前的处境一样。

第三，我们要意识到，在实践中仅有一种民族叙事是不可能的。人们居住的环境具有多样性，他们对历史的了解以及对一些概念的认识存在差异，并且他们对事物之间关系的构建也不尽相同。没有任何一种公民叙事

132

---

① Jonathan Zimmerman, *Whose America？ Culture Wars in the Public Schools*, Cambridge, MA：Harvard University Press, 2002.

② Helen Haste, "Constructing the Citizen", *Political Psychology*, 2004, 25（3）：p.420.

是针对所有学生、所有成年人或所有社区的。① 历史教师可能会利用一些指导原则，他们最终要以一种方式来讲授美国历史，以便学生能够构建适合自己的、具有赋权功能的公民叙事和作为美国人的认同感，无论这种叙事是上面提到过的还是完全不同的叙事。换句话说，无论国会作出怎样的决策，真正对美国历史的"共同的公民回忆"和"共同的理解"是不可能的。

尽管我在本章集中讲述一种叙事模型，但对其他的叙事也会加以说明。比如关于"公共劳动"（public work）的叙事：普通人在日常环境中的实际努力创造了带给我们社区最大价值的事物，这也是理解历史进程的本质以及公民身份中蕴含的责任和快乐的关键。通过把"政治"理解为"解决问题和建立环境的日常活动"，哈里·博特（Harry Boyte）论述道，我们对美国历史和公民身份的理解是不同的。一方面，这些理解一定与许多社会历史学家倡导的叙事相一致；另一方面，这些理解和许多崇尚"一分耕耘，一分收获"的贫穷的非白人社区相一致。② 霍华德·津恩（Howard Zinn）编写的著名系列高中历史教科书——《人民的历史》（*A People's History*）也以上述观点为基础。其他一些叙事反对把美国作为中心，把美国历史和公民参与都纳入到相互依赖的全球化背景下，以回应环境威

---

① 关于这一点的讨论，参见 Danielle S. Allen, *Talking to Strangers*：*Anxieties of Citizenship since Brown v. Board of Education*, Princeton：Princeton University Press, 2004。他指出，我们想要创造一个"所有人的"政体，而不是"某一个"民族的。

② Staff and Partners of the Center for Democracy and Citizenship, University of Minnesota Extension, "Reinventing Citizenship：The Practice of Public Work", 2011（1995），retrieved June 7, 2011, from www.extension.umn.edu/distribution/citizenship/dh6586.html. 亦可参见 Harry Chatten Boyte and Nancy N. Kari, *Building America：The Democratic Promise of Public Work*, Philadelphia：Temple University Press, 1996；Harry Chatten Boyte, *Everyday Politics：Reconnecting Citizens and Public Life*, Philadelphia：University of Pennsylvania Press, 2005。在第六章中，我讨论了一些体验性公民教育项目，这些项目围绕"公共劳动"创立，包括"共创辉煌"（Public Achievement），"地球卫队"（Earth Force）和"青年建设"（Youth Build）。

胁、新殖民主义压迫或全球市场力量（取决于政治见解）。① 还有另外一些叙事，它们只局限于特定的种族群体、文化或宗教社区、地域。在这里，历史只讲述给极少数人的群体，自身和民族故事的构建也是针对某一小部分人的。在任何情况下，无论公民历史叙事的范围多么狭小或多么具有包容性，它们都会遭遇挑战，因此对于面临选择的老师来说也是挑战。

从这些方面看，一些美国历史教科书完全丧失了叙事的概念，叙事被"拆散"，这也是有好处的。② 遗憾的是，从实践方面看，教科书近来放弃连贯的叙事，这通常不能使教师进行建构主义教学。相反，它除了成为标准考试的"动力"之外，更多地导致了学生在很多情况下完全缺乏方向或目标。但是，这种对毫无故事情节的教材的批评并不是必要的。正如戴安·拉维奇（Diane Ravitch）的建议，如果教师仅仅把教材当成"参考书"，那么他们就真正开始建设性地教学了。③

第四，也是最后一点，为了实现公民赋权和民主，关键是教会学生用多种角度看问题，带着疑问建设性地进行公民参与，而不是向他们灌输单一的公民叙事（无论这种叙事多么具有赋权功能，多么让人深信不疑）。然而，这种灌输单一叙事的方式早已在他们的观念中根深蒂固，不容异议。历史教师，必定是一名公民教育者，要铭记这种双重身份。当他们讲授历史的时候，应该把自己看作是与学生共同构建具有赋权功能的公民叙事的合作者。但是，他们也要帮助学生带有差异性地、有主见并富有想象

① 参见，如 Veronica Boix-Mansilla and Anthony Jackson, *Educating for Global Competence: Preparing Our Youth to Engage the world*, Washington, D.C.: Council of Chief State School Officers and the Asia Society, 2011。

② Joseph Moreau, *Schoolbook Nation: Conflicts over American History Textbooks from the Civil War to the Present*, Ann Arbor: University of Michigan Press, 2003, chapter 7; 亦可参见 Jonathan Zimmerman, *Whose America? Culture Wars in the Public Schools*, Cambridge, MA: Harvard University Press, 2002。

③ Diane Ravitch, *The Language Police: How Pressure Groups Restrict what Students Learn*, New York: Alfred A. Knopf, 2003, p.156.

力地参与公民活动；差异性即指不同的视角，不同的时间和地点，不同的经历，不同的世界观和生活观。为了成长为负责任的公民，学生要知道其他人也是以合理的、有别于他们的方式看待世界和感受世界的，要知道还有其他合法的、合情合理的历史和公民叙事。我不想让学生——年轻的公民——在成长过程中认为只有一种理解美国或世界历史的方式，不管这种理解方式看起来多么引人入胜和令人信服。"阅读或倾听他人的故事，与讲述自己的故事同样重要，都是一个公民应当做的。"① 兼顾这两者叙事在理论上比在实践中更容易达到，这一点是具有共识的。从发展和教育的角度看，教师面临着艰巨的任务，既要试图帮助学生创造一种有吸引力的、真实的和具有赋权功能的历史叙事，使学生变得更加富有激情，同时又要帮助学生认识到他人的经历、观点和叙事也有其存在的合理性，即使这些叙事和他们自身的完全不同。从公民教育的角度看，无论过程多么艰难，这项任务都极其重要。因而，我们不能也不应该仅仅推行一种标准的公民叙事而抛弃其他叙事。

缩小公民赋权差距的工具

这让我们处于什么样的境况呢？首先，学生以及我们所有人都被历史故事包围着。他们和我们在许多地方都能学习历史，学校只是其中之一。因此，即使学校不教授历史，也不意味着学生一点儿也不懂得历史。

---

① Jeffrey Stout, *Blessed Are the Organized*：*Grassroots Democracy in America*，Princeton：Princeton University Press，2010，p.xviii. 相似地，马歇尔·甘兹（Marshall ganz）把讲述一个人自己的故事、倾听他人的故事、共同构建一种故事这三者用于在政治组织工作中激发行动。参见 Marshall Ganz，"What Is Public Narrative？"Harvard Kennedy School of Government，2007，retrieved June 8，2011，from www.hks.harvard.ed u/organizing/tools/Files/What%20Is% 20Public%20Narrative.3.8.07.doc. 在甘兹和一些人的指导下，数以千计的奥巴马成为美国志愿者，在 2008 年总统选举期间参与培训，讲述"自己的故事"、"我们的故事"和"现在的故事"，并启发其他人讲述这样的故事。

相反，学生会从其他地方学到历史并对历史作出评判，或以史鉴史。即使
学校传授历史，也不意味着这就一定是学生学到的历史。学生对历史作出
的评判不仅来自于学校教授的历史，也来自于从其他途径了解到的历史。
鉴于此，学校要开展与学生关于历史的对话，这点十分重要。学校不应该
也不能把传授历史和解读历史的责任完全留给别人，同时也不应该也不能
把自己当成是传授和解读历史的主宰者。不管喜欢与否，学校的历史教育
者针对历史和公民身份与学生进行对话，因此他们需要认真承担起作为公
民教育者的责任。我已经提出了一种方法——尤其是学校有责任帮助缩小
公民差距——来帮助学生构建真实的、具有赋权功能的公民历史叙事。

　　对于一些学生来讲，传统的"温和的胜利主义"叙事在一定程度上
是真实的对学生具有赋权功能的叙事。这种历史叙事告诉学生：美国建立
在一系列理想的基础上，如自由、平等、解放等。尽管在历史上，乃至今
天美国也没有完全实现这些理想，但是美国历史已经势不可当地朝着这些
理想的方向迈进，因为它们代表着我们作为一个民族的存在。这种叙事证
实具有赋权功能，通过激励人们积极进行公民参与，使其成为美国的一部
分。这样的行动是公民认同的一种表达："作为美国人我很骄傲"，公民参
与就伴随这种荣誉感而产生了。由于这种叙事使学生（和成年人）不能从
那些有着坎坷经历的美国人的角度看待历史，它也不能明显地鼓励所有美
国人参与公民活动，不能赋权给全体美国人，因此，其他公民叙事就十分
必要了。

　　基于多种历史和现实证据，尤其是从非洲裔美国人学校和公民机构
得到的证据，我提出了一种既反映真实历史，又具有公民赋权能力的反叙
事：主张教育学生美国是建立在种族歧视的"原罪"基础之上的，因为拥
有一直以来秉承的自由和平等的理想，因而又存在能够通过斗争获得拯
救的希望。根据这种历史公民叙事，公民行动是至关重要的，既因为有
必要推动美国与根深蒂固的缺陷做斗争而使其变得更加完美，也因为我
们有责任捍卫先辈们获得的、我们现在享有的权力和机会。不采取行动
是危险的，因为美国会面临恢复原有的种族主义、歧视和不公的危险；不

行动也是对先辈为获取自由而进行的斗争的极大不尊重。行动是主体性（agency）的表达——"我能，我要有所成就"——而不是身份认同的表达：如艾伦·沃森（Aron Watson）所说，"我认为自己不是美国人"。

尽管我认为这种叙事很可能在相当多的情况下被真实地构建并起到赋权的作用，它也不应该被认为是"新"的美国公民叙事。对这种叙事不假思索地接受也会使学生看待和思考历史时流于经历，或者基于他人的视角。一些学生和社区没能把这种叙事看成是合理反映和描述他们亲身经历的叙事；因此，这种叙事不能够对所有学生起到赋权作用。进一步讲，没有一种公民叙事会成为"官方"的历史而免受批评。我们的观点是片面的，我们的理解总是存在偏颇的，相互对话、共同解决问题才是最需要的，这对于历史学习以及民主来说都是至关重要的。

137　　进一步讲，无论一种叙事构建得多么全面或鼓舞人心，它都不可能仅仅依靠自己来解决公民赋权差距问题。叙事本身很少能够提供充足的动力。如果这种叙事是对历史的泛泛讲授，而不是审视获取权力和变革的具体方式，就很难为目标转化为行动提供充分指导。如果没有积极的公民体验，也很难建构具有赋权功能的叙事，以下几个章节我会阐述这些挑战。

第四章　重新理解英雄和榜样

2009 年 7 月，"德克萨斯州教育局"（Texas Education Agency）正在138致力于起草一份新的社会科课程标准，用来指导未来十年的教学、测试及教科书选用。尽管这些标准正由一批教育者和社区成员共同起草制订，"德克萨斯州教育董事会"（Texas State Board of Education）仍然委派了一个由 6 名"专家"组成的团队，来指导这项工作。这些专家包括四名大学教授和两名基督教组织的领导者及创始人。① 每个人都被要求从回顾现

---

① 这四名教授是德克萨斯州立大学历史系教授、主席杰西·弗朗西斯科·德拉·泰加（Jesus Francisco de la Teja），美利坚大学教授丹尼尔·L. 德莱巴斯赫（L. Dreisbach Daniel），德克萨斯女子大学历史学教授里伯斯·霍奇斯（Lybeth Hoges），德克萨斯农工大学教育及人类发展学院副院长、教授吉姆·卡拉奇（Jim Kracht）（Texas Education Agency，"TEA-Curriculum-Social Studies Expert Reviewers"，July 2，2009，retrieved July 24，2009，from ritter.tea.state.tx.us/teks/social/experts.html.）。"围墙建立者"（Wallbuilders），由大卫·巴顿（David Barton）创建，致力于"展现美国被遗忘的历史和英雄，强调我们的道德、宗教和宪法遗产"，它的目标是："（1）教育整个民族铭记美国的建立是神圣的；（2）当联邦、州和地方官员制定能反映圣经精神的公共政策时，为其提供信息；（3）鼓励基督徒登上公民舞台"（WallBuilders，"Wallbuilders Overview"，retrieved July 24，2009，from www.wallbuilders.com/ABTOverview.asp.）。"彼得·马歇尔教会"（Peter Marshall Ministries），由彼得·马歇尔（Peter Marshall）创建，"通过布道、教学和撰写关于美国基督教传统和基督教身份及重生的文章，致力于帮助美国人重建圣经精神"（Peter Marshall Ministries，"Peter Marshall Ministries，America's Christian Heritage，Restoring America，Christian Homeschool Material and Curriculum"，retrieved July 20，2009，from petermarshallministries.com.）。彼得·马歇尔担心"集体记忆的丢失"，认为"为了恢复美国本色，我们必须重新认知关于

行的《德克萨斯州基本知识和技能》（*Texas Essential Knowledge and Skill*，*TEKS*）开始，这个课程标准制定于 1990 年。在他们回顾的过程中，那两名基督教组织的领导者对课程中包含和删掉的历史人物持有坚定的立场。因此，安妮·哈钦森（Anne Hutchinson）、西泽·查维斯（Cesar Chavez）和瑟古德·马歇尔（Thurgood Marshall）等人面临从教科书中被删去的危险。

彼得·马歇尔是马萨诸塞州"彼得·马歇尔教会"的创建者和领导者。他解释说："不应该把安妮·哈钦森与威廉·佩恩（William Penn），约翰·史密斯（John Smith），或者罗杰·威廉姆斯（Roger Williams）这样如此重要的殖民地领袖放在一起谈论。""她肯定不是一个重要的殖民地领袖，因为挑起事端，被驱逐出了'马萨诸塞州海湾殖民地'（Massachusetts Bay Colony），除此之外，她没有取得什么成就。"同时，彼得·马歇尔还向课程标准叫板，让学生们去"'辨识如西泽·查维斯和本杰明·富兰克林（Benjamin Franklin）这样积极参与民主化进程的楷模'，把西泽·查维斯和本杰明·富兰克林列在一起有些滑稽和荒唐"，彼得·马歇尔解释说："西泽·查维斯，他不是我们孩子们应该效仿的模范和榜样。"在马歇尔的课程标准回顾中，他还反对把瑟古德·马歇尔囊括进"影响美国历史"的人物之中，他认为这个人不足以作为"强有力的例子"。① 瑟古德·马歇尔在美国高等法院取得了"布朗案"的胜利，后来在高等法院中担任大法官，不过在彼得·马歇尔看来，这似乎并不能表明其具有历史重要性。

美国基督教传统的真理以及上帝在我们历史中的作用"（Peter Marshall Ministries，"Peter Marshall Ministries，America's Christian Heritage，Restoring America，Christian Homeschool Material and Curriculum Index"，retrieved July 20，2009，from petermarshallministries.com/about/index.cfm.）。

① Peter Marshall，"Feedback on the Current K-12 Social Studies TEKS"，Memo to Miriam Martinez，Curriculum Director，Texas Education Agency，retrieved July 9，2009，from ritter.tea.state.tx.us/teks/social/Marshallcurrent.pdf.

大卫·巴顿是"围墙建立者"（WallBuilders）[①]的创始人和领导者，他致力于"通过强调我们的道德、宗教和宪法遗产，来展现美国被遗忘的历史和英雄"。[②] 这与马歇尔对哈钦森和查维斯的评价是一致的。在关于"历史上的英雄"的书面评估中，巴顿承认哈钦森确实是一个"历史性的人物"，她参与创立罗德岛州，还致力于女性平等，反对针对印第安人的奴役制度，但是他也质疑她作为一个重要的殖民地领袖的地位。他更为直接地表达了将查维斯包含进来的不满："西泽·查维斯或许可以作为一个选择，代表美国的多元化，但相比其他许多人，他肯定没有在道德、精神等层面达到一定高度，缺乏一定影响力和整体贡献。此外，他与索尔·阿林斯基（Saul Alinsky）所领导的运动之间公然的密切关系，使人们怀疑他是否是一个值得称赞并能够引导学生在民主化进程中积极参与的楷模。"[③] 很明显，巴顿质疑查维斯通过"农场工人联合会"（United Farm Workers）组织联盟，以及《激进者守则》（*Rules for Radicals*）的作者阿林斯基在社区组织方式上的民主性问题。[④]

我探讨上述争议问题，一方面出于对公民教育的兴趣，另一方面是我的个人经历也让我对此心存好奇。我在德克萨斯州的公立学校接受教育，从四年级一直到高中毕业。在那段时间里，我的母亲在"德克萨斯州教育局"工作，并且牵头组织了《德克萨斯州基本知识和技能》这一课程

140

① "围墙建立者"是由共和党激进分子大卫·巴顿于 1989 年创立的右翼组织，宗旨包括强调美国建国的宗教基础，为联邦、州、地方政府官员提供信息以制定依据圣经价值观的公共政策，鼓励基督徒投身公民领域活动。——译者注

② WallBuilders，"Wallbuilders Overview"，retrieved July 24，2009，from www.wallbuilders.com/ABTOverview.asp.

③ David Barton，"2009 TEKS Review"，Memo sent to Miriam Martinez，Director of Curriculum Texas Education Agency，retrieved July 24，2009，from ritter.tea.state.tx.us/teks/social/Barton current.pdf，p.19.

④ 参见 Saul David Alinsky，*Reveille for Radicals*，Chicago：University of Chicago Press，1945；Saul David Alinsky，*Rules for Radicals：A Practical Primer for Realistic Radicals*，New York：Vintage Books，1971。

标准的制订。在我读高中时，她组织了有 25000 多名德克萨斯州居民参加的英语和西班牙语社区论坛。论坛的参与者讨论了德克萨斯州儿童在成长过程中应该了解和有能力去做的事情，对此他们各抒己见。我记得她和一些教育工作者、商业领袖以及家长等，一起修订和明确了第一个全州通用的涵盖所有内容的课程标准。我还记得她曾描述对州教育董事会的失望，而 20 世纪 80 年代宗教保守主义介入选举制度的早期目标就是成立这个董事会。

我知道这些争议在德克萨斯州一直存在，如果有什么区别的话，现在只能说愈演愈烈。因为宗教右派人员占据了选举的多数席位，并且还被任命为董事委员会的主席。他们在性教育、发音学（phonics）、进化论和环境教育等话题上，经常会存在争议。最近，环境保护主义者企图利用高中环境科学课程对德克萨斯州的石油和天然气产业进行猛烈攻击，但被州教育董事会成功地阻止了，有名董事会成员最近特别庆祝了此事。[1] 但是我很好奇，社会科课程上有哪些特别的进展吗？

当我第一次阅读报刊文章，看到由那 6 位"专家"提交的关于社会科课程的具体报告，大卫·巴顿和彼得·马歇尔的立场让我震惊，怎么会有人否定瑟古德·马歇尔是一个对美国历史很有影响并且促进美国发展的强有力的代表人物呢？至于西泽·查维斯，巴顿想把他从课程中排除的原因也正是我认为足以把他保留在课程标准中的原因。查维斯通过集体斗争和行动践行和例证了"积极参与民主化进程"，这也是我想让学生们学习并效仿的地方。我认为，西泽·查维斯和瑟古德·马歇尔都是美国的英雄人物，我们应该在历史和社会科课程中讲授他们的事迹。他们拒绝屈服于当时社会、经济和政治环境的局限，与非正义做斗争，并与他人联合起来，为创造一个更好的国家而奋斗。谁比他们更能鼓励并且赋权予学生，特别是那些处在公民赋权差距底层的人？与此同时，我感觉正是这些特征——

141

---

[1] Barbara Cargill, "The Cargill Connection", April, 2009, retrieved July 20, 2009, from www.thsc.org/thscpac/BarbaraCargill4-25-09.htm.

加之查维斯和马歇尔想要成为美国左翼的英雄这一事实——不能迎合巴顿和彼得·马歇尔。我坐在电脑前，为这些人对德克萨斯州教育董事会的影响感到气愤，而他们这种不利影响甚至还扩大到众多学校、教师、遍及整个州的学生。

如今这场争执已经结束。最终，查维斯、马歇尔和哈钦森全部侥幸进入了新的课程标准。而和他们一起新加入的还有保守派人士，包括詹姆斯·贝克（James Baker）、弗里德里希·哈耶克（Friedrich Hayek）和菲利斯·施拉夫利（Phyllis Schlafly）。国内的相关媒体对此也进行了新闻报道，但是像 2010 年《纽约时报杂志》（*New York Times Magazine*）把类似的争议作为封面进行报道的盛况如今已经不复存在了。[①] 教师们忙于调整他们的课程计划，使其符合新的德克萨斯州课程标准。一些州政府官员对此已经产生了其他方面的担心。或许是时候去衡量一下这场争执是否有意义了。学生们是否情愿自己接触不同的事物？因为他们可以同时学习查维斯和施拉夫利，而不是只学一个或者都不学。学生们的公民参与特征或者公民赋权能力是否会受到一定程度的影响？坦白说，我对此感到怀疑。我每年都会花时间和正上中学的学生们谈论马丁·路德·金，如果存在采取集体民主行动的英雄人物，那他一定是其中之一。我所教的大约 1000 名学生几乎都表达了对马丁·路德·金强烈的崇拜和敬仰之情。事实上，这是全体美国人的共同情感。例如，在一项民意调查中，马丁·路德·金成为 20 世纪最受尊敬的人，排名仅次于特蕾莎修女（Mother Teresa）。[②] 但

---

① Russell Shorto, "How Christian Were the Founders?" *New York Times Magazine*, 32ff, February 14, 2010, retrieved June 8, 2011, from www.nytimes.com/2010/0 2/14/magazine/14texbooks-t.html.

② Frank Newport, "Martin Luther King Jr.: Revered More After Death Than Before", Gallup News Service, July 16, 2006, retrieved August 18, 2008, from www.gallup.com/poll/20920/Martin-Luther-King-Jr-Revered-More-After-Death-Than-Before.aspx；亦可参见 Sam Wineburg and Chauncey Monte-Sano, "'Famous Americans': The Changing Pantheon of American Heroes", *Journal of American History*, 2008, 94（4）: pp.1186-1202.

142　实际上我的学生们，以及其他美国人几乎没有考虑过把马丁·路德·金所运用的技能应用到行动中去。我的学生们会泛泛谈及马丁·路德·金的不屈不挠，对信仰的坚决拥护，对事业的献身精神，以及其他赞誉之词，但是学生们很少会谈及他在更大范围上的公民领导力，以及赋权他人，鼓励他们朝着坚定的目标奋进。

　　马丁·路德·金和他的同事们在公民权利运动中所使用的技巧和战术，现在已经较少使用，尽管与 50 年前一样，我们国家面临许多不幸，也犯下众多罪行，威胁正义、平等、自由。成千上万的公民在那段时间里进行的公民不服从（civil disobedience）①和集体行动，即非暴力反抗（nonviolent protest），没有在学校课程中明显体现，因为学校的课程把马丁·路德·金塑造成伟大的英雄主义形象，单枪匹马率领美国人前往心中的"乐土"；非暴力反抗也没有出现在 21 世纪早期美国公民和政治运动实践中，除了茶党的行动。年轻人（或许也包括成年人）甚至很难确定他们能有声有色地将马丁·路德·金的事业发扬光大。此外，学生们认为马丁·路德·金的个人特质已被美化和"不朽"，不能激励他们在日常生活中作出改变。②他们尊敬马丁·路德·金，但是不会效仿他。

　　马丁·路德·金是仅有的两位不是总统却在每年拥有一天为纪念其而设置法定假日的人之一，他的事迹还被引入美国历史和公民学教科书，以及市面上出售的大量儿童和成人读物中。作为一名公民运动领袖，他的"梦想"映射出整个国家的理想。年轻人不去效仿马丁·路德·金，如何相信他们能够被其他历史人物所鼓舞？巴顿和彼得·马歇尔反对西泽·查维斯、瑟古德·马歇尔和哈钦森，是因为这些人代表了一股激进力量，针

---

① 公民不服从，指发现某一条或某部分法律、行政指令是不合理时，主动拒绝遵守政府或强权的若干法律、要求或命令，而不诉诸暴力，这是非暴力抗议的一项主要策略。据说在最初的含义（ahimsa 以及 satyagraha）中，有怜悯的意味，包含了对不同意见的尊重。——译者注

② Julian Bond, "Remember the Man and the Hero, Not Just Half the Dream", *Seattle Times*, April 4, 1993, retrieved August 21, 2008, from seattletimes. nwsource.com/special/mlk/perspectives/reflections/bond.html.

砭时弊，运用各种各样的民主手段去推进长远的改变。① 他们很担心学生
们了解此类人之后，会受到激励，以其为榜样，这与"按上帝的旨意重塑
美国"截然相反。② 我想让学生了解这些公民英雄恰恰也是出于这样的原
因，学生们受到鼓励并效仿这些榜样。就这一点来说，巴顿、马歇尔和我
似乎能够达成共识：什么样的英雄可以囊括在社会科课程中是十分关键的
问题。但真的是这样吗？缘由何在？

143

英雄的公民示范作用

让我们从回顾成年人教授儿童关于公民英雄的原因谈起。③ 英雄和榜
样的一个最基本的功能是：对英雄人物的公开推崇能够为孩子们提供可以
效仿的榜样。例如，一个 19 世纪典型的学校所教的背诵材料中这样写道：

> 小孩子，当他们长大成人后，成为大人物，仅仅是因为他们小
> 时候的努力奋斗，比如华盛顿。④

换句话说，就像我们最伟大的公民华盛顿那样，我们应该努力用哪
怕很不起眼的方式来达成一件事。通过这样的模仿，年轻人将会成为善良

---

① James Bernsen，"State Board of Education Pulls Reins on 'Radical' Curriculum Group"，
Texas Republic News，retrieved July 20，2009，from www.texasinsider.org/？p=8341.

② Peter Marshall Ministries，"Peter Marshall Ministries，America's Christian Heritage，
Restoring America，Christian Homeschool Material and Curriculum"，retrieved July 20，
2009，from petermarshallministries.com.

③ 更全面的阐释，参见 Meira Levinson，"'Let us Now Praise...?' Rethinking Heroes and
Role Models in an Egalitarian Age"，in *Philosophy of Education in the Era of Globaliz-
ation*，ed. Yvonne Raley and Gerhard Preyer，pp.129-161，New York：Routledge，2009。

④ Dixon Wecter，*The Hero in America：A Chronicle of Hero Worship*，New York：Charles
Scribner's Sons，1941，p.99.

的、正直的、有道德的公民。此外，他们还吸收一些公民价值观，将国家或城邦（civitas）紧密联系在一起。人们总是认为，一个国家的英雄人物提供了用来理解这个国家灵魂的窗口：这个国家看中的核心价值和效仿的事物有哪些，它对自己又有何种构想——它认为它所代表的是什么。因此迪克森·维克特（DixonWecter）在关于美国英雄的标志性论著中，将华盛顿、富兰克林、杰斐逊（Thomas Jefferson）、安德鲁·杰克逊、林肯、罗伯特·李（Robert E. Lee）、西奥多·罗斯福（Theodore Roosevelt）等人视为"我们政府的象征，从他们身上我们可以看到作为美国人的价值所在"，将他们视为展现美国价值的有形标志，而美国价值则是以《独立宣言》和美国联邦宪法作为标准的。① 正如许多作家所提到的，这在很大程度上是人为的甚至是虚假的过程。杰克逊被列入美国英雄的名单，因为他象征着民主和民粹主义，而不是印第安人的种族灭绝或反智主义，尽管这些确实俘获了美国人民，体现了一些基本的美国价值观。另一方面，英雄确立的过程中似乎将马丁·路德·金变成象征美国长久以来追求公平和多样性这一"梦想"的标志，而不是提醒人们关注他一直以来强烈反对的种族主义或者军国主义。②

---

① Dixon Wecter, *The Hero in America: A Chronicle of Hero Worship*, New York: Charles Scribner's Sons, 1941, p.viii.

② "英雄确认"（Heroification）是洛温（Loewen）使用的术语（James W. Loewen, *Lies My Teacher Told Me: Everything Your American History Textbook Got Wrong*, New York: New Press, 1995）。正如萨姆·温伯格（Sam Wineburg）和昌西·蒙特萨诺（Chauncey Monte-Sano）提出，"我们怀疑蒙大拿州（或其他地方）全白人课堂的高中生会认可马丁·路德·金，他在1967年告诉大卫·哈伯斯塔姆（David Halberstam），'大多数的美国白人自觉或不自觉地是种族主义者'；他把美国种族主义和军国主义联系起来，将两者同经济剥削一起合称为美国社会的'三大罪恶'；他把越南的大屠杀当作是'残忍的、争夺霸权的大较量'，其中美国是'罪魁祸首'；他在被暗杀两个月之前的演讲中曾控诉，美国'犯下的战争罪行比世界上任何国家都多'"（Sam Wineburg and Chauncey Monte-Sano, "'Famous Americans': The Changing Pantheon of American Heroes", *Journal of American History*, 2008, 94（4）: p.1201）。关于马丁·路德·金的"模棱两可的英雄品质"更激进的分析，参见 Michael Eric Dyson, *The Michael*

当一个人看到国家英雄出现在公民学教科书上时，通过对英雄的认同来完成公民自我概念化和自我实现的过程体现得尤为明显。年轻人受到明确的指导，这些英雄人物意味着什么？他们的国家拥有哪些价值观？因此，《公民教育》（*Civics for Citizens*）教导学生：拉什莫尔山（又称总统巨石山）是为了纪念四名曾致力于追求自由这一美国理想的伟人。① 同样，《马格鲁德的美国政府》（*Magruder's American Government*）展示了这样一幅画面，学生们在杰斐逊纪念堂中的杰斐逊雕像前显得十分渺小。图片的说明中写着："站在位于首都华盛顿的杰斐逊纪念碑前，学生从我们最伟大的爱国者身上受到了启迪。杰斐逊相信所有人生来平等；人们应该建立自己的政府；人们应该拥护言论自由、出版自由、宗教自由。在他进行公共服务的 60 年里，杰斐逊的个性与理想在这个国家中打下了深刻的烙印，永不磨灭。"②

除了总体上传递国家价值观，对公民英雄的认同和推崇还能告诉人们理想的公民领导者所应具备的特点。就这一点来说，公民英雄可能不一定是所有公民模仿的榜样，但却暗示了国家应该由这样的英雄来管理。因此，推崇战斗英雄能够告诉人们，他们选举出来的领袖应该在军事上发挥作用，或者至少展现了战斗英雄通常拥有的力量、无畏、纪律。相反，一些英雄人物与非正义做斗争，抗拒整个制度体系，联合被剥夺选举权的人，年轻人可以去寻找体现这些理想的公民领袖。

由这个方法得到的一个推论是，那些没有被定义为英雄的人，就会潜在地被降低身份或受到社会排斥。如果某一类人，例如女人或非白人，没有被当作英雄，就会传递出如下讯息，即此类人同样也不适合成为公民

145

Eric Dyson Reader，New York：Basic Civitas，2004，pp.287-305；关于英雄确认和历史记忆的重建更全面的解释，参见 Michael G. Kammen，*Mystic Chords of Memory：The Transformation of Tradition in American Culture*，New York：Knopf，1991。

① Stanley E. Dimond and Elmer F. Pflieger，*Civics for Citizens：Annotated Edition*，Philadelphia：J. B. Lippincott，1974，p.7.

② William A. McClenaghan，*Magruder's American Government*，Boston：Allyn and Bacon，1953，p.23.

领袖。为了应对众多群体施加的压力，如今的教材出版商对这种符号主义的排外性十分敏感，因此，他们着力确保学生们学习多种类型、代表各种不同文化的英雄人物。白人现在基本不会连续出现在公民学等教科书的边栏或作为特写照片。而且，在每个白人或其他明显的"主流"英雄人物后面都紧跟着醒目的少数民族、女性、入籍公民、残疾人或其他代表"多元文化"的英雄。① 在这种情况下，要提供多重试金石，促使我们期望的公民领袖更具广泛性。

一直以来，教授英雄人物事迹的另一个目的就是弘扬爱国主义精神。正如诺阿·韦伯斯特（NoahWebster）所言："每一个美国儿童都应该熟知他们自己的国家。他一开口说话，就应该能复述其国家的历史，就应该颂扬自由以及那些发起革命的英雄和政治家。"② 这种爱国主义有时需要一些历史重构甚至欺骗："尽管拉什（Benjamin Rush）不赞赏华盛顿在战争期间的领导能力，但他认为没把关于开国元勋的全部真相讲出来是非常明智的。'让全世界去崇拜我们的爱国者和英雄，假定他们天资和美德并存，这将会激发爱国主义热情，成就国家的宏伟大业。'"③ 同样，一些偶像人

---

① 为了验证这一印象，我分析了当前 5 本公民学教科书的边栏和特写照片，5 本书全部例证了这种编排。James E. Davis et al., *Civics: Government and Economics in Action*, Upper Saddle River, NJ: Prentice Hall, 2005; William H. Hartley and William S. Vincent, *Holt American Civics*, New York: Holt, Rinehart and Winston, 2005; William A. McClenaghan, *Magruder's American Government*, rev. ed., Needham, MA: Prentice Hall, 2003; Steven C.Wolfson, *Civics for Today: Participation and Citizenship*, rev. ed., New York: Amsco School Publications, 2005; Glencoe/McGraw-Hill, *Civics Today: Citizenship, Economics, and You*, New York: Glencoe, 2005.

② Noah Webster, "On the Education of Youth in America", in *Webster, A Collection of Essays and Fugitiv Writings on Moral, Historical, Political, and Literary Subjects*, Boston: I. Thomas and E. T. Andrews, 1790, p.23.

③ David Tyack, "School for Citizens: The Politics of Civic Education from 1790 to 1990", in *E Pluribus Unum? Contemporary and Historical Perspectives on Immigrant Political Incorporation*, ed. Gary Gerstle and John Mollenkopf, New York: Russell Sage Foundation, 2001, p.337.

物拥有真正神话般的成就，比如刘易斯（Meriwether Lewis）和克拉克   146
（William Clark），道格拉斯·麦克阿瑟（Douglas MacArthur），哈里·杜
鲁门（Harry Truman），西奥多·罗斯福以及西部牛仔，他们都被用来强
化美国人那种乐观进取、吃苦耐劳的精神，进而被用来传递共同的公民价
值观，激发爱国情感。学生们还被教导："只有在美国"，像安德鲁·卡内
基（Andrew Carnegie）或比尔·盖茨（Bill Gates）这样英雄式的企业家
才能实现自己的梦想，进而实现美国梦。"只有在美国"，才能涌现像海
伦·凯勒和科林·鲍威尔这样从身份低微、默默无闻到如今成就伟大事业
的英雄人物。

与此同时，"单单"强调爱国主义只是公民团结统一进程中的一个阶
段。随后，公民英雄可谓"半人半神"（demigod），被用来建立或美化一
种能够联合整个国家的公民宗教（civil religion），共同崇敬被神化了的爱
国者。① 这个过程在乔治·华盛顿、亚伯拉罕·林肯、马丁·路德·金身
上体现得尤为明显。例如，"对华盛顿的英雄崇拜"早在18世纪70年代
就已经开始了，自此每十年就会轮回一次。②1847年出版的《美国革命传
奇》（*Legend of Amercian Revolution*）"讲述了一个神秘人听到上帝的呼唤：
'我将向这片新世界的大陆上派送一名使者，他将把我的同胞们从身体的
束缚中拯救出来，正如我的儿子将他们从精神死亡中拯救出来一样。'这
个神秘人从德国到达了新大陆，在一个午夜，用圣油把华盛顿奉为神圣，
让他头顶月桂花冠，身佩一把宝剑。"③75年后，这种神化带来的公民影响
可以从一个年轻的移民女孩的描述中得以体现："'当我重复儿童故事中关

① David Tyack，"School for Citizens：The Politics of Civic Education from 1790 to
  1990"，in *E Pluribus Unum? Contemporary and Historical Perspectives on Immigrant
  Political Incorporation*，ed. Gary Gerstle and John Mollenkopf，New York：Russell Sage
  Foundation，2001，p.337.

② Dixon Wecter，*The Hero in America：A Chronicle of Hero Worship*，New York：Charles
  Scribner's Sons，1941，p.111，亦可参见第六章。

③ Dixon Wecter，*The Hero in America：A Chronicle of Hero Worship*，New York：Charles
  Scribner's Sons，1941，p.139.

于爱国者的那些简单词句时，我从未有过如此彻底的崇拜和敬仰之情。我以崇拜的目光盯着乔治·华盛顿和玛莎·华盛顿这样的爱国者，直到闭上眼也能看到他们。'"① 相似的是，尽管林肯花费很长时间才取得"半人半神"的地位，"但20世纪，美国人开始重新在历史长河中塑造林肯这一民族英雄，逐渐他们发现了基督般的悲情式人物，他们找到了救世主，为人民分担痛苦。他们看到了伟大的道德家，民主的先知和预言者，伟大的废奴者，改变历史进程的巨人。他们看到了永远无法被超越的一个人：一个太过优秀、形象太高大而不能被当作凡人来看待的人"②。

马丁·路德·金在美国也几乎达到了基督的地位，这种标准式的叙事可以总结如下，并看起来有些滑稽："马丁·路德·金因为我们犯下的罪过而生而死。他要我们所有人像兄弟一样，彼此相爱。当他活着时，出于某些原因总是有大量种族主义存在。通过他的努力，尤其是《我有一个梦想》的演讲，他教导人们彼此相爱，不要成为种族主义者。后来他被一名种族主义者暗杀，但是他的梦想永远存在，如今人们和谐融洽地相处。"几年前，这种神化了的故事被我一个朋友4岁的儿子表达到"极致"。在马丁·路德·金纪念日过后一两周，耶利米问他的老师："谁赋予我们人性？"在他的老师回答之前，耶利米突然说："是马丁·路德·金给了我们人性！因为他一直告诉我们所有人要善良待人、和谐相处，他给予我们人性，帮助我们铭记如何为善。"他的老师哭笑不得地给他的母亲写了一封电子邮件："我认为这很好，但是要提醒耶利米，即便马丁·路德·金也希望如此，但在他出现之前，人性也一直存在。"

在所有这些案例中，华盛顿、林肯和马丁·路德·金都被塑造成基

---

① David Tyack, "School for Citizens: The Politics of Civic Education from 1790 to 1990", in *E Pluribus Unum? Contemporary and Historical Perspectives on Immigrant Political Incorporation*, ed. Gary Gerstle and John Mollenkopf, New York: Russell Sage Foundation, 2001, p.356.

② Barry Schwartz, "The Reconstruction of Abraham Lincoln", in *Collective Remembering*, ed. David Middleton and Derek Edwards, London: Sage, 1990, p.98.

督般的英雄人物，并且人们把他们作为公民宗教的核心。就像维克特不带讽刺地指出："这些英雄在某种程度上代表了我们信仰的实质，我们把他们的脸庞雕刻在山上，作为美国式谱写史诗的方式。"①

另一种统一国家的方式是通过建立和强化包容性的叙事，让我们国家的全体人民（无论以何种方式界定）去扮演各种各样的英雄角色。我在前面讨论过，公民领袖的定义如何受到一套美德体系所局限。也就是说，身为白人，一名退伍军人，或者说一名男性，我注意到目前教科书 148 的作者都尝试对这些公民领袖的文学形象作出更多的描绘，以便建立更具包容性的完美典型。有意识地、兼收并蓄地塑造和教授公民英雄的方法能够帮助建立一个共同的"国家故事"，在这样的"国家故事"中，所有公民都能找到自己的位置，都能感受到自己是其中一分子。②2005 年版的《公民学：行动中的政府和经济学》（*Civics：Government and Economics in Action*）——一本当今具有代表性的初高中公民学教科书，就展现了这种逻辑。尽管它描述的英雄人物并非如此，但它还是重点收录了 15 个"公民档案"，从米奇·利兰（Mickey Leland）、詹姆斯·麦迪逊（James Madison）、卡罗尔·莫斯利布劳恩（Carol Moseley-Braun）、路易斯·布兰代斯（Louis Brandeis）到钟彬娴（Andrea Jung）、爱丽丝·瑞芙琳（Alice Rivlin）、瑟古德·马歇尔、马德琳·奥尔布赖特（Madeleine Albright）。每个档案都有一段话，都在强调这些英雄是非白人、非基督教徒或者女性身份，并且附有照片，以及一个问题，来强化这些英雄人物对国家公民事业的贡献。③

---

① Dixon Wecter, *The Hero in America：A Chronicle of Hero Worship*，New York：Charles Scribner's Sons，1941，p.viii；亦可参见 Michael G. Kammen, *Mystic Chords of Memory：The Transformation of Tradition in American Culture*，New York：Knopf，1991。

② Jonathan Zimmerman, *Whose America？Culture Wars in the Public Schools*，Cambridge, MA：Harvard University Press，2002.

③ James E. Davis et al., *Civics：Government and Economics in Action*，Upper Saddle River, NJ：Prentice Hall，2005.

公众对英雄的认同和宣扬可以发挥完全不同的公民教育目的，特别是把它们用作论证个体能动性对于公民社会的重要性之时。如果学生能够认识到英雄改变历史轨迹的力量，他们将会意识到历史宿命论是多么的愚蠢滑稽。历史不是必然的。因此，公民也必须承担创造未来的责任。[1] 更宏伟的目标则是激励公民承担起和他们心目中的英雄同等的责任，达到相同的伟大程度。"伟人会激发出我们最大的潜能。他们鼓舞那些普通人，不受外界干扰，遵从自己内心的直觉。"[2] 在某种意义上，这让我们回到这些英雄具有的首要的公民功能，即提供可以效仿的榜样。但是这个首要目标有些低，公民们被期望以某些特定的方式、在有限的程度上去模仿他们心中的英雄。例如，因为乔治·华盛顿诚实做人，所以公民也诚实做人，他们所付出的努力都是出于人性的，而非英雄式的。然而我们可以通过教授历史上英雄的事迹，鼓舞并创造出未来的英雄。教授英雄事迹的作用就是去激励公民寻找并实现他们自己内心的英雄主义情怀，不一定在同一领域，或者去原样照搬英雄身上的美德，但从某种程度上，一定是更高层次的自我。[3] 因此，一些人了解到华盛顿的勇气胆识，可能会备受鼓舞，实现伟大的自我，成为一名优秀的教师、一名卓越的运动员，或者拥有其他的英雄作为；即使她的成就与勇敢或诚实没有任何关系。"长颈鹿英雄计划"（Giraffe Heroes Project）在年轻人和成年人中广泛开展，目的是为了"发现新的英雄，讲述他们的故事，让更多的人英勇无畏"，从而推动认同和颂扬英雄这一公民教育功能。就像他们提到的，"每个人都知道是

---

[1] William James, "Great Men, Great Thoughts, and the Environment", *Atlantic Monthly*, 1880, 46 (276): pp.441-459; Arthur M.Schlesinger, Jr., "The Decline of Heroes", in *Heroes and Anti-Heroes: A Reader in Depth*, ed., Harold Lubin, San Francisco: Chandler, 1968 (1958); Peter Gibbon, *A Call to Heroism: Renewing America's Vision of Greatness*, New York: Atlantic Monthly Press, 2002.

[2] Arthur M.Schlesinger, Jr., "The Decline of Heroes", in *Heroes and Anti-Heroes: A Reader in Depth*, ed., Harold Lubin, San Francisco: Chandler, 1968 (1958), p.350.

[3] Peter Gibbon, *A Call to Heroism: Renewing America's Vision of Greatness*, New York: Atlantic Monthly Press, 2002, p.xxi.

什么造就了长颈鹿"，这里长颈鹿就是指这些英雄为了追求公共善而不懈追求。①

最后，英雄可以帮助我们开阔视野，让我们认识到人性的一切可能。我曾探讨过运用英雄来建立作为参选人或其他公民领袖的参照标准。这种情况下，英雄们可以用来帮助公民想象出超越他们自己生活和经历的可能性。"公众英雄或者说是拥有非凡成就、勇气以及伟大灵魂的并不完美的人，教会我们突破自身以及左邻右舍去寻找优秀榜样，增强了我们的想象力，教会我们大胆想象，扩展我们对可能性的感知认识。"② 这明显与之前的两个功能相关联，但它的目的不一定是去激励公民模仿某些特定的英雄，而是要激励公民去形成一种公民抱负，超越表面的可能性甚至现实性，建立一个更加完美和令人奋发向上的社会。

英雄的式微与榜样的兴起

我列举出的关于英雄的绝大多数事例都来自于早前几个世纪，这点 150
绝非偶然。证据有力地表明，在当前美国，英雄的卓越受到很大程度的局限。因此，他们起不到曾经发挥的作用。例如，2000 年 10 月，一份盖洛普民意测验（Gallup Youth Survey）显示，当年轻人被问道："当今世界，在你心目中是否有一些英雄（无论男女），他们所取得的成就和具备的道德品质让你感到特别钦佩？"超过三分之一（约36%）的人给出否定答案。他们实在找不出这样的人。另有近四分之一（约23%）的年轻人选择了一位家庭成员。除此之外，作出其他选择的人数相对更少。换句话说，仅

---

① Giraffe Heroes Project，"Kids Page-Guided Tour Stop 1"，retrieved December 5，2008，from www.giraffe.org/guidedtour1_text.html.

② Peter Gibbon，*A Call to Heroism：Renewing America's Vision of Greatness*，New York：Atlantic Monthly Press，2002，p.13.

有 40% 的年轻人在确定所崇拜的英雄时能够不局限于自己的家庭。[1]

此外，年轻人崇拜的陌生人也很少被视为真正的英雄。1971 年至 1996 年间，对 13 岁至 17 岁年轻人的年度调查中，他们被问及："除了亲戚或私人朋友外，你听说过的或读到过的，世界各地的，无论男女，你们最尊敬最崇拜的是谁?"[2] 下面这个表格罗列了 1979 年、1986 年和 1996 年最受人尊敬崇拜的前十名人物。与表格上 1979 年的人物相比，很难想象 1996 年列出的那些人物会被视为英雄，尽管他们对这些人极为崇拜。更关键的是，如果他们真的把这些知名人士当作英雄，那就意味着他们贬低了当代英雄主义概念，也反映了青少年选择英雄时的倾向和首要考虑。

151

盖洛普民意调查结果：关于"你最崇拜的人物"

1979 年	1986 年	1996 年
吉米·卡特	罗纳德·里根	迈克尔·乔丹
安瓦尔·萨达特	杰西·杰克逊	比尔·克林顿
杰拉尔德·福特	唐·约翰逊	布拉德·皮特
曼海姆·贝让	教皇约翰·保罗二世	杰西·杰克逊
理查德·尼克松	德斯蒙德·突图	安福尼·哈达威
穆罕默德·阿里	李·艾柯卡	艾米特·史密斯
杰里·刘易斯	鲍勃·吉尔道夫 / 普林斯（并列）	小肯·格里芬
教皇约翰·保罗二世 / 州长杰里布朗（并列）	汤姆·塞立克	小卡尔·希普肯

---

[1] Gallup Organization and Linda Lyons, "No Heroes in the Beltway", 2002, retrieved August 18, 2008, from www.gallup.com/poll/6487/Heroes-Beltway.aspx. 遗憾的是，关于青年人看待英雄的态度的长期跟踪研究较少——至少在选择家庭成员或其他熟识的人方面——自 2000 年起民意调查特意从答案中排除了家庭和朋友："你所听过或读到过的、生活在世界各地的男性或女性，不包括亲戚和朋友，你最崇拜的是谁?" 2000 年之前，青年人拒绝说出任何人的名字，没有这方面的百分比数据。

[2] Linda Lyons, "Results for Teens, Ages 13-17, Most Admired Men + Women", fax to author, 2008.

1979 年	1986 年	1996 年
约翰·特拉沃塔	罗伯·洛 / 布鲁斯·斯普林斯廷（并列）	迈克尔·杰克逊 吉姆·凯瑞 / 沙奎尔·奥尼尔（并列）

当然，年轻人不是凭空选择的，他们对于英雄主义的态度反映出一种更广范围上的文化转型。在我研究本章中所探讨的英雄问题的文献资料时，20 世纪 70 年代末期的众多题为《英雄们都去哪儿了?》的文章令我感到十分惊讶。与英雄主义有关的著作名称也经历了一个转变过程。1983年出版的具有争议性的《过渡时期的英雄》（*The Heroes in Transition*）和1996 年出版的《每个人都坐在路边：美国的英雄为什么消失？是如何消失的?》（*Everybody is Sitting on the Curb：How and Why American Heroes Disappeared*），与之前的英雄主义著作形成了鲜明的对比，如 1969 年的《美国式英雄》（*The Hero，American Style*）或 1941 年迪克森·维克特的经典之作《美国的英雄：英雄崇拜的年代记》（*The Hero in America，A Chronicle of Hero-Worship*）。与之类似的是，1949 年发表的《美国的英雄崇拜》（*Hero Worship in America*）一文中，社会学家克拉普（Orin E. Klapp）试图解释何以存在如此多的英雄崇拜，今天我们很难想象一个社会学家面临这样的挑战。①

152

---

① Pete Axthelm，"Where Have All the Heroes Gone?" *Newsweek*，August 6，1979，p.44；Christopher Hanson，"Where Have All the Heroes Gone?" *Columbia Journalism Review*，1996，34（6）：pp.45-48；Andrew Marr，"Where Have All of the Heroes Gone?" *New Statesman*，October 21，1998，pp.25-26；William M. Silverman，"Where Have All the Heroes Gone?" *Journal of the American Osteopathic Association*，2003，103（1）：pp.27-28；James Truchard，"Where Have All the Heroes Gone?" Control Engineering 3，March 1，2005，retrieved December 4，2008，from www.controleng.com/article/CA5 09812.html；Todd F. McDorman et al.，"Where Have All the Heroes Gone?" *Journal of Sport and Social Issues*，2006，30（2）：pp.197-218；Ray B. Browne and Marshall W. Fishwick，*The Hero in Transition*，Bowling Green，OH：Bowling Green University Press，1983；Alan Edelstein，*Everybody Is Sitting on the Curb：How and Why America's Heroes Disappeared*，New York：Praeger，1996；Marshall William Fishwick，*The Hero*，

不可否认的是，每个时代都会为前一个时代伟大英雄人物的消逝深深惋惜，而如今这些英雄被稍纵即逝的、肤浅的明星所取代。[1]1925 年，温斯顿·丘吉尔（Winston Churchill）非常遗憾地写道："现在看起来比过去缺少了英雄主义气息，那些伟大的获得解放的国家看起来已经不需要引导者和守护者。她们不再像之前险恶年代或者像现在欠发达民族那样依靠英雄、指挥者或是导师。""现代社会能够离开这些伟大人物吗？他们能够告别或摆脱英雄崇拜吗？"在提出这个问题之后，他悲伤地指出："我们缅怀我们的英雄，遗憾的是，属于他们的时代已经一去不复返了。"[2]

然而，丘吉尔的遗憾归根于英雄已经被手段（measures）、机器（machines）和"多数人的所谓常识"所取代。[3]他没有像今天很多人做的那样，为这种对英雄主义普遍的冷漠或反感而叹息："一个现代的领导形象并不是攀登上一座小山的西奥多·罗斯福，而是用独木舟划桨击退一只野兔的吉米·卡特；绊倒碰壁、摔得头破血流的杰拉德·福特；或在日本首相面前呕吐的乔治·布什；与莫尼卡·莱温斯基的性丑闻而永远被定性了的比尔·克林顿。这些形象阐释了权力的内涵，并且创造了一种文化，使人们对政治与道德领袖有了更清醒的认识。"[4]近几十年来，英雄主义的概念——特别是在历史上很大程度与领导能力联系到了一起——已经逐渐减弱，甚至潜在地被贬低。英雄人物不再是"伟大的男人"，或"盛气凌

153

American Style，New York：D. McKay，1969；Dixon Wecter，*The Hero in America：A Chronicle of Hero Worship*，New York：Charles Scribner's Sons，1941；Orrin E. Klapp，"Hero Worship in America"，*American Sociological Review*，1949，14（1）：pp.53-62.

[1] Dixon Wecter，*The Hero in America：A Chronicle of Hero Worship*，New York：Charles Scribner's Sons，1941，p.489.

[2] Winston Churchill，"Mass Effects in Modern Life"，1925，retrieved August 16，2008，2008，from www.teachingamericanhistory.org/library/index.asp？documentprint＝1032.

[3] Winston Churchill，"Mass Effects in Modern Life"，1925，retrieved August 16，2008，2008，from www.teachingamericanhistory.org/library/index.asp？documentprint＝1032.

[4] Tyler Cowen，"The New Heroes and Role Models"，*Reason*，May，2000，retrieved August 15，2008，from findarticles.com/p/articles/mi_m1568/is_1_32/a1_62162015/pg_l？tag=artBody；coll.

人"的女人。相反，"如今的一些美国人把作出牺牲或试图有所成就的体面人物视为英雄。他们以当地第二次世界大战老兵的名字命名街道；以一些教师的名字命名公园；以当地政治家和慈善家的名字命名桥梁。他们使英雄这个词语变得民主化，摒弃了古希腊概念中把英雄看作是超人或神一样的存在。①

当今关于这种趋势的一个强有力的例证体现在美国全国广播电视新闻网的"CNN英雄"（CNN Heroes）栏目中，这是一个"全球性的倡议"，目的是为了"展现普通人作出非凡事迹的例子"。② 当我在某天下午（2008年8月16日下午4点19分）随意点击新闻中的英雄人物链接时，每一个单独的链接都突出强调了一个参与挽救他人生命的人，诸如："一个失踪的幼童被安全地找到。""坐轮椅的女士从火车道上被拽走。""一个婴儿从燃烧着的轿车中被解救出来。""8岁的男孩拯救了窒息在岩石上的同伴。"对英雄主义的看法完全脱离了社会变革、伟大的人格甚至是意愿。或许更重要的一点是，这个名单几乎很难展现一个可供公民效仿的典型，除非我们想要年轻人处处陷入困境。

没有证据表明在当代美国社会中对他人的崇拜甚至效仿是不可能的，或是不同寻常的——只是英雄并不是这种崇拜和模仿得以培育的手段。我相信美国人都已经逐渐开始重视推崇接地气的榜样（role models），而不是超越现实的英雄人物。榜样的概念在20世纪50年代被首次提出，指我们尊敬并试图去模仿之人，这个概念一直被沿用至今。有趣的是，榜样概念提出正值"英雄崇拜"相关概念渐近淡出之时。③ 理论上，英雄人物也

---

① Peter Gibbon, *A Call to Heroism: Renewing America's Vision of Greatness*, New York: Atlantic Monthly Press, 2002, p.12.

② CNN.com, "CNN Heroes: A Note to Educator", February 2, 2008, retrieved August 16, 2008, from www.cnn.com/2008/LIVING/studentnews/02/0 8/heroes.educator.note/index. html.

③ Adeno Addis, "Role Models and the Politics of Recognition", *University of Pennsylvania Law Review*, 1996, 144 (4): p.1381；亦可参见 Peter Gibbon, *A Call to Heroism: Renewing America's Vision of Greatness*, New York: Atlantic Monthly Press, 2002, p.12.

154 是榜样。但从实证心理学角度，至少在当今时代，英雄并没有充当榜样的作用。相反，榜样几乎不可避免地是平凡的普通人，这些人与我们相似，差别仅仅体现在某一特定维度，而不是跨越多重维度、真正卓尔不群之人。① 正是他们身上的平凡，而不是伟大的人格、魁梧的身材或者巨大的影响力，激励着我们，效仿他们所取得的成就，使我们有所作为。

美国人从效仿（至少是崇敬）卓越伟大的英雄到模仿平凡普通的榜样的转变能够解释最近的一些调查结果，这些调查显示家庭成员和朋友一举超越其他人群，成为英雄或榜样的首选。以成年人为例，盖洛普民意调查显示，把家庭成员或朋友作为他们"最崇拜"的男性，在过去的 60 年中增长了 6 倍，把家庭成员或朋友作为最崇拜的女性，也呈翻倍增长。② 对于青少年来说，在过去的 30 年中，他们也更多将亲密的朋友，特别是

---

① Adeno Addis, "Role Models and the Politics of Recognition", *University of Pennsylvania Law Review*, 1996, pp.1377-1468；亦可参见 Theodore D. Kemper, "Reference Groups, Socialization, and Achievement", *American Sociological Review*, 1968, 33：pp.31-45；Jeanne J. Speizer, "Role Models, Mentors, and Sponsors：The Elusive Concepts", *Signs*, 1981, 6（4）：pp.692-712；Penelope Lockwood and Ziva Kunda, "Superstars and Me：Predicting the Impact of Role Models on the Self", *Journal of Personality and Social Psychology*, 1997, 73（1）：pp.91-103；Penelope Lockwood and Ziva Kunda, "Outstanding Role Models：Do They Inspire or Demoralize Us?" in *Psychological Perspectives on Self and Identity*, ed. Abraham Tesser et al., pp.147-171. Washington, D.C.：American Psychological Association, 2000。

② 1949 年，当第一次设计提问这个问题的时候，只有 1% 的被调查者将他们的家人或朋友作为"你所听过或读到过的、生活在世界各地的"最崇拜的男性。3% 的被调查者认为自己最崇拜的女性是家人或朋友。1955 年这些数字保持稳定，下一年的调查结果也类似。然而，到 1966 年，这些数字开始上涨——3% 的人认为自己最崇拜的男性是家人或朋友，5.6% 的人认为自己最崇拜的女性是家人或朋友——到 2006 年，认为自己最崇拜的男性是家人或朋友的人的比率翻了一倍，有 9% 的人认为自己最崇拜的人是家人或朋友。从 20 世纪 70 年代以来，认为最崇拜的女性是家人或朋友的被调查者比率稳定在 6% 左右；我猜测这是因为对公众人物的宣传和识别使得性别差距逐渐缩小。以上结果是作者根据盖洛普公司 1949 年、1955 年、1966 年、1977 年、2006 年的调查数据计算得来的。

父母视作最崇拜的人。①

玛利亚是一位来自社区委员会的年轻代表，当她还在读高三时，我在波士顿采访过她。她排斥有距离感、非凡的英雄人物，更支持那种有亲近感的、平凡的榜样模范。我问及"人们试图让你以谁为榜样？你实际的榜样又是谁？"这样的问题时，她的回答意味深长：

> 当然，著名的领袖如马丁·路德·金和马尔科姆·艾克斯这些人都给我们的文明带来了改变。但是我心目中的英雄……或称呼为其他，我想说是我的父亲。我父亲在我出生后没有养育我，他在狱中服刑，刑满释放后，他做的第一件事就是从纽约搬到波士顿，开始新的生活。因而，我10岁到11岁时才"有"了父亲，从那时起我们的父女关系才真正建立起来。当你看到我现如今的父亲，你不会相信他曾有过一段艰苦的生活经历，他犯过罪等等，因为他已经放下了，开始了新的生活，通过反复摸索才取得了成功。

155

---

① Joy Averett, "Facets: Today's Kids and Hero Worship, Who Can They Look Up To?" *English Journal*, 1985, 74 (5): p.23; Douglas V. Porpora, "Personal Heroes, Religion, and Transcendental Metanarratives", *Sociological Forum*, 1996, 11 (2): p.222; Anton A. Bucher, "The Influence of Models in Forming Moral Identity", *International Journal of Educational Research*, 1997, 27 (7): pp.619-627; Kristin J. Anderson and Donna Cavallaro, "Parents of Pop Culture? Children's Heroes and Role Models", *Childhood Education*, 2002, 78: pp.161-168; Antronette Yancy et al., "Role Models, Ethnic Identity, and Health-Risk Behaviors in Urban Adolescents", *Archives of Pediatrics and Adolescent Medicine*, 2002, 156 (1): pp.55-61; Jennifer Robison, "Teens Search for Role Models Close to Home", Gallup, June 10, 2003, retrieved August 17, 2008, from www.gallup.com/poll/8584/Teens-Search-Role-Models-Close-Home. aspx; Gerald M. Pomper, *Ordinary Heroes and American Democracy*, New Haven: Yale University Press, 2004, p.22; Patricia Bricheno and Mary Thornton, "Role Model, Hero, or Champion? Children's Views Concerning Role Models", *Educational Research*, 2007, 49 (4): pp.383-396.

玛利亚很清楚她应该视谁为英雄，但是她也同样意识到，对她来说，那些著名的领袖不会像她父亲一样具有直接激励作用。某种程度上，正是她父亲身上的弱点与抗争，加之他的长期坚持，通过每件小事逐步取得稳步成功，造就了他成为玛利亚心目中的英雄。就这一点而言，玛利亚的看法在我 2004 年采访的年轻公民领袖中极具代表性，这也阐明了出自弱势群体、历史上被剥夺了选举权的一些年轻人为什么以及是如何击败公民赋权差距的。我采访的超过一多半的年轻公民领袖选择家庭小圈子内的成员作为自己崇拜的榜样或者英雄，这不单是因为他们没有了解到更多的传统英雄。[①] 关键在于个人关系因素，比如乔尔——一个波士顿17岁的高中生，这样解释道：

> 就像我的老师希望我学习马丁·路德·金和西泽·查维斯。我学习了他们，但我没有把他们当作我的榜样。他们当然都是伟大的领袖，相当伟大，但我不认为他们是榜样。我心目中的榜样是杰西（一位年轻的非营利组织的领导者），他给予我很多帮助，跟我谈心，默默地为我做了一些事。我对他心怀感激，我的榜样就是这样，我很尊敬他。

民主环境下是否需要英雄？

如今这种否定卓越非凡的英雄而推崇平凡普通的榜样模范有什么公

[①] 我对 4 个社区约 100 名青年人的调查得到了相同的结果。其中一个问题是让他们补充完整这句话，"我的榜样（们）是……"93% 回答该问题的人的答案中至少包括家庭成员、朋友或宗教人物，如上帝、穆罕默德、耶稣——学生感觉似乎与自己有直接个人关系的人物。另外，这不是因为学生没有意识到更著名的或更卓越的人物。他们一致提到领袖人物如马丁·路德·金和其他四位"每个美国人都听过的"人物。相反，这些数据有力地强化了以下观念，谈到榜样认同，个人关系显得更加实际，完全超越了那种对遥远的英雄的抽象了解。

民意义呢？或许英雄没落、平凡榜样的涌现对于民主是有积极意义的。毕竟，民主建立在平等的概念之上，特别是公民平等，但这种平等的概念似乎与公众对英雄的认可和推崇有所差异。所有公民都应该有能力进行民主审议和民主参与，进行人民自治。在这一过程中，公民可以学习身边的榜样并受到鼓舞，因为除了一些确定的细节外，榜样实质上和一般人没有什么区别。另一方面，对英雄的崇拜与民主化的平等主义（democratic egalitarianism）正相反，它将英雄的成就和强大人格看作是普通公民不能企及的。① 从这个角度看，若民主的架构设计得当，公民能够得到授权、自发地通过他们平常的行为为集体的利益贡献力量，不需要额外付出非凡的努力，因为民主制度本应该建立在所有公民通过日常的行为就能预见并满足国家的需要这一基础上，所有公民也应当具备这种能力。②

此外，对于一个国家来说，如果将公民领导力依赖于个人的伟大，那将是十分危险的。如此会使"人类的福祉取决于某些个人的特殊干预，这经常是不可靠的，具有随意性的。胜利地解决危机基本上取决于运气，取决于遇到伟人的几率，以及一些人能够在关键时刻经历蜕变"。③ 在此方面，历史宿命论的说法有抬头趋势。历史发展的方向和结果是不可逆转的，英雄人物在改变一个国家的历史时，会对国家产生深远的影响。但期望能有如此一个英雄人物适时出现，却是轻率的、宿命的。

---

① Andrew Marr，"Where Have All of the Heroes Gone?" *New Statesman*，October 2，1998，pp.25-26；Christopher Kelly，*Rousseau as Author：Consecrating One's Life to the Truth*，Chicago：University of Chicago Press，2003.

② Gerald M. Pomper，*Ordinary Heroes and American Democracy*，New Haven：Yale University Press，2004；亦可参见 Christopher Kelly，"Rousseau's Case For and Against Heroes"，*Policy*，1997，30（2）：pp.347-366。相反，托马斯·卡莱尔（Thomas Carlyle）震惊于一个民主国家完全拒绝对英雄的向往，尽管这一点也不出乎意料。他谴责道："民主，意味着寻找英雄人物来治理，满足他们的愿望而已"（Thomas Carlyle，Past and Present，New York：Charles Scribner's Sons，1918 [1843]，p.249）。

③ Gerald M. Pomper，*Ordinary Heroes and American Democracy*，New Haven：Yale University Press，2004，pp.4-5；亦可参见 Sidney Hook，*The Hero in History：A Study in Limitation and Possibility*，New York：John Day，1943，p.229。

另外，让个体行动者去扮演立法者的角色，并重新塑造民主的命运是反民主的。民主治理的重要性在于所有公民都应该被赋权，团结一致去塑造这个国家的历史。为此，那些掌权者的英雄气概阻止了公民行使一定的审查权，而这种审查是民主良好、公正运行的必备条件。例如，詹姆斯·洛温认为，历史课本将这个国家英雄化，实质上是"反公民权的手册，教导公民顺从的手册"。[1] 在民主社会中，公民应该对领袖以及这些领袖代表国家作出的主张抱有质疑精神。如果他们不这样做，就是自动放弃自己的管理和监督权。但是人们通常对待英雄不是出自一种健康的怀疑态度，如果怀疑，就是彻底否定他们的英勇事迹。因此，没有英雄的民主可能会变得更好，或至少，不将掌权者英雄化。

然而，即使以上所有的论述都正确，现代的民主国家中也一定存在其他原因，需要认同并尊敬英雄。民主化的国家仍旧需要建立一定形式的公民团结，作为自我保护的一种工具。我在上一章论证过，历史公民叙事不具备赋权功能，不能保证公民团结的实现。但是从公民英雄或公民宗教（如林肯和马丁·路德·金）上体现出的规范性准则会潜在地培养一种统一理想，与分裂做斗争。当然，实际情况是，民主的领袖们做好了他们的工作，他们需要也理应受到尊重。贬低或者否认这些领袖的英雄作为会打击那些致力于公共服务的人的决心，当他们得知这么做很难获得尊重和荣誉时，也阻止了一些仁人志士发挥他们的领导力。[2]

与此相关的是，民主政体以及任何管理体系都需要对选举的领袖和代表持有较高期望。2000年和2004年的总统大选引发了诸多议论，乔治·布什对选民来说就像是个"靠得住的人"，能与之坐下来攀谈、共饮啤酒，而不像阿尔·戈尔和约翰·克里（John Kerry），他们根本不是这样类型的人。在这种情况下，布什在大学成绩差、曾因酒驾被拘捕、言语表

① James W. Loewen, *Lies My Teacher Told Me: Everything Your American History Textbook Got Wrong*, New York: New Press, 1995, p.216.

② Andrew Marr, "Where Have All of the Heroes Gone?" *New Statesman*, October 2, 1998, pp.25-26.

达有过失，以及其他小瑕疵反而对于选民来讲更有吸引力。但是平庸之辈不能更好地服务民主政体（小布什也不能很好地为我们服务，甚至很多共和党人也这样认为），他们不必非得鼓励庸才执政。

事实上，2008年之前，美国选民已经不再着迷于选举看起来平凡普通的人做总统，他们或许认识到具备卓越才能的总统才能更好地服务国家，而不是那些能力普通的人。这种想法已经有所体现，而候选人都会强调他们自己身上所具备的英雄品质。约翰·麦凯恩（John McCain）在整个大选活动中一直强调他曾是战争英雄，他身上的英雄主义是与众不同的。尽管巴拉克·奥巴马在竞选活动中没有直接地表现出他自己本身就是英雄，但他被相当一部分美国选民当作心目中的英雄或被期望成为英雄。这种对英雄主义的迎合提高了选民对于未来总统的期望，使得他们对于每名竞选者有了更多的要求。然而，这些膨胀的期望会付出代价，当奥巴马没能为他们心中的英雄标准买单时，他们顿时觉得幻想落空，甚至会有一种遭到背叛的感觉。

在奥巴马最狂热的支持者看来，他的不可避免的过失有助于提醒我们民主国家只有依赖于品行正直、精力充沛的公民才能保持其健康运行、合法有效。就像我在上面讨论过的，英雄能够被用作提升公民道德品质，促进公民积极参与民主活动，坚定追求卓越的信念。例如，奥巴马将这种被施加的英雄主义传递到他的支持者身上，他反复强调，"我们被寄予厚望，我们可以成为那样的人"。他的网站上的每一页顶端都有大字特写："你们要有信心，不仅仅是我有能力为华盛顿带来这些真实的变化，你们也可以。"[①] 这些信息的大意就是利用那些追随者（这里用"追随者"或"党羽"比仅仅用"支持者"、"选民"更合适，更能体现他在某些圈子内

159

① Obama for America，"Barack Obama and Joe Biden: The Change We Need"（Obama's campaign home page），retrieved December 7，2008，from www.barackobama.com；Barack Obama，"Remarks of Senator Barack Obama: Super Tuesday"，Chicago，February 5，2008b，retrieved December 8，2008，from www.barackobama.com/2008/02/05/remarks_of_senator_barack_obam_46.php.

特有的英雄地位）赋予在他身上那种隐含的伟大，来试图扩大这种伟大的广度，将普通公民纳入进来。

同时，一直以来人们怀疑奥巴马，担心他关于公民自我救赎（或者至少是自我改变的推动者）的言论，其原因在于这种挽救和改变是以一种自满的方式，削弱了另一种潜在的公民功能，即促进人的良性的自我怀疑以及对自身错误的认知。正如乔治·布什的任期所表明的，盲目的自信以及拒绝怀疑一个人的行为或判断都可能会带来违反民主的严重后果。发现他人的伟大之处，包括与我们相比他人的优势，对于克服傲慢的自鸣得意是必要的。① 这并不是去否认上面提出的平等问题；从平等的民主主义视角，教育公民与他人的英雄主义相比其自身地位低下，这很明显是存在问题的。但我们也可以有另外一种解读，这种态度鼓励谦虚、质疑精神和自我怀疑，这些实际上都有助于民主美德的发扬。

英雄在当今公民教育中的作用

尽管对于年轻人来说英雄可能不再有太多意味，但鲜有证据表明大多数年轻人对英雄持反对态度。也就是说，没有理由认为，出于特定目的教授关于英雄的事迹必定会适得其反。年轻人都知道一些杰出人物，像马丁·路德·金。而且，历史上社会对英雄的推崇和认同所要达到的目标在民主社会中仍然适用，至少在以一种平和的方式追求这些目标，或者目标不过于不切实际时。所有事物都可以通过暴虐的方式得到，教育公民"认清他们在社会中所处的地位"则不需要以这样的方式。我们提升对领袖和选举出来的官员的期望，尽管与此同时，我们想让年轻人和全体公民相信他们有能力和机会在民主社会中成为公民领袖。

160

---

① Arthur M. Schlesinger, Jr., "The Decline of Heroes", in *Heroes and Anti-Heroes*: *A Reader in Depth*, ed. Harold Lubin, San Francisco: Chandler, 1968 (1958).

鉴于此，我认为那些卓越的个人，无论是否被明确定义为英雄，都可以用作推动公民目标的实现，基于被动的欣赏或形成认可，而不一定是积极模仿。具体来说，公民教育中关于英雄事迹的教授能够有以下作用：传授和强化共同的公民价值观及标准；建立公民对于选举出来的领袖素质的检验标准；激发爱国情怀；通过建立和强化具有象征性和包容性的成员标准来团结这个国家；象征人类的一切可能性。我并不认为这些可以轻而易举实现，教授英雄事迹不一定是实现以上目标的最佳方式，但我也尚未发现它会对实现这些目标有什么危害。

我们还应激发对英雄的积极效仿，就这一点而言，我认为以平凡的榜样代替伟大的英雄人物应该成为公民教育的核心，这是显而易见的。①为了引领这一过程，教育者需要选择一些在公民教育中能够发挥作用的人，这些人的特征应当在种族、文化、宗教、原籍、居住地以及阶层方面与学生拥有一定的共同点，从而能够增加学生将他们视为榜样的几率，激发学生进行效仿。学生们需要真正有机会来逐渐了解他们，并且与这些人心灵相通，如同感觉到与家庭成员和朋友一样亲密的关系，而这样的家人和朋友常会被他们当作行为楷模。他们还需要了解一些日常的、平凡的行为是如何影响整个社区的。教育者可以帮助学生们找出并运用这些平凡的榜样身上体现出的关键技能。这样，学生们更有可能积极、有效地参与到公民和政治活动中。

我在麦考迈克中学八年级任教时，有一年我们邀请尹常贤（Sam Yoon）做演讲嘉宾。尹常贤当时任职于亚裔社区发展协会（Asian Community Development Corporation），几个月后成功当选波士顿市议员，成为首位华裔议员。在他演讲结束后，学生们很容易地指出他成功的关键要素，如接受过良好的教育、关心他人、努力工作。但是学生们装腔作势地说这些陈词滥调是很难得到公民赋权的，也不会有什么收获，因为在尹

①　关于这方面的实证研究依据，参见 Joseph Kahne and Joel Westheimer，"Teaching Democracy：What Schools Need to Do"，*Phi Delta Kappan*，2003，85（1）：pp.34-40，57-66。

常贤演讲之前，学生们就已经了解这些要素。因此，我鼓励学生去关注他为社会变革所作出努力的一些细节。例如，他是如何尝试借用媒体对他作为全市首个亚裔候选人这一个人背景的兴趣，来关注他所关心的问题。学生们备受启发，了解到如何与媒体打交道，公开表达自己，并且利用他们自己的个人经历，去吸引他人关注诸如年轻人缺少工作机会和街区暴力等问题。他们把自己的背景、利益和关切融入其中，培养了宝贵的沟通和演讲技巧。实际上，这些学生遇到过尹常贤，并且和他交流过。一个学生几天后在附近的餐厅遇到过他，另一个学生在巴士上遇到过他。这使他们深受鼓舞，让他们认识到掌握这些技能会产生作用。

162　　这是一种积极的、以建立关系为导向的、体验式的学习方式，与当今公民学教科书形成鲜明的对比，这些教科书呈现平凡榜样的方式用心良苦但却漏洞百出。如今的课文极力宣传普通榜样模范的重要性，常冠以这样的标题，"青少年在行动"，"美国人传记"，"一个人的力量"，"年轻公民在行动"，"学生能够产生作用：积极的公民"，"公民档案"，"你能行"。与20世纪50年代的一些公民教育教科书（包括相同教科书的50年代版本）相比，这些教科书促进了对于有效公民身份的新解读，即更积极、更具参与性、"更加平凡"。①50年代的教科书中没有这样一些信息。

　　尽管出版商的想法很好，然而，以教科书中的段落来呈现"年轻公民在行动"存在三个致命缺陷。第一，出于标准化课程特别是标准化测试的需要，教师没有动力去使用，甚至是抵制这些教科书中的素材。当然，"平凡"的无名之辈将不会被包含在国家课程框架中或全国课程内容标准之中。因而，我在八年级教书时，几乎跳过教科书的每一个边栏、插

---

① Steven C.Wolfson, *Civics for Today*: *Participation and Citizenship*, rev. ed., New York: Amsco School Publications, 2005；William A. McClenaghan, *Magruder's American Government*, rev. ed., Needham, MA: Prentice Hall, 2003；Glencoe/McGraw-Hill, *Civics Today*: *Citizenship*, *Economics*, *and You*, New York: Glencoe, 2005；William H.Hartley and William S. Vincent, *Holt American Civics*, New York: Holt, Rinehart and Winston, 2005；James E. Davis et al., *Civics*: *Government and Economics in Action*, Upper Saddle River, NJ: Prentice Hall, 2005.

页以及强调积极的公民身份的页面，因为它们与我的课时安排不匹配，我相信其他教师也会这么做。对于将这些平凡榜样请入教室，教师们也不太热衷。而与之形成悖论的是，比起成本较低的阅读一段"年轻人在行动"，将榜样模范融入到体验式的教学需要很大努力和投入，但它会增强教育的效果。负责开发国家课程框架或者最终决定学区教学节奏的人不会花费时间去阅读教科书的边栏。即使教师会很自然地将这些内容融入教学，但对于已经过度繁冗的课程和选拔性考试的要求，再增加内容是不太可能的。① 而在体验式学习的情况下，将榜样模范请进课堂，没人可以假设老师会"挤出时间"。如果学生们需要了解当地的一些模范榜样，与他们建立关系，实践他们身上的技能和策略，就应该让教师把时间分配到课程中，帮助达成这个目标。如果没有留出足够的时间，那么对于任何人来说，很明显这不是优先考虑的事。如果时间被留出，老师就会明确了解到，这是需要优先考虑的，再加之适当的专业支持，就会推动其实施。

第二，教科书单独一段描述英雄榜样所产生的另一个问题是，它们必然是肤浅的，甚至是在走形式。仅仅阅读一段关于其他青少年如何做的文字，学生能够从中学到多少呢？更别说会受到什么激励了。简单的一个段落不能教会学生关于公民赋权的实际技能和策略。事实上，四到五个句子并不能达到上面讨论过的任何公民目标。它们可能很好地象征了个体公民对于公共生活贡献的重要意义，但如此长度的片段式描述除了具有象征性意义外，别无其他用处。

第三，这些教科书中提到的平凡但陌生的人物是对榜样的来源与本质的误解。榜样是那些学生能感觉与之有直接联系的人，因为从个人角度他们是了解这些人的。在教科书中，四五句乃至十句关于随机选出来的年轻人的描述并不会有助于学生的个人认同以及行为改变，而这恰恰是我们期望学生通过效仿真实的榜样所应该得到的启发。因此，教授平凡榜样的方法通过教科书调整后可能最终变成最不恰当的方法。年轻人既没有向能

163

---

① 我在第七章中讨论了标准化课程及评估对公民教育的影响。

164 够帮助他们设想人类无限可能性的卓越英雄学习，也没有找到真正可供效仿学习的平凡榜样（学生熟识的人，而不是教科书中那些青少年）。

传统的以教科书为导向的环境以及以全面覆盖内容为前提的公民教育课堂是不能够实现上文提及的宏大计划的，那我们应该怎么做？在这种情况下，事实上在所有情况下，我认为学生们应该了解，集体行动是公共生活的重要权力杠杆。平凡的榜样乃至杰出的英雄极少是独自行动的。个体行动者成功的背后是成百上千、成千上万人的集体行动。朱利安·邦德（Julian Bond）以马丁·路德·金为例，生动阐述了这一点：

> 美国人渴望独立的、英雄式的领导力，一个独自实现拯救的人物。马丁·路德·金就是这样一个人物，但是他依托的是一个代表着民主、以群体活动为主的运动。他不是独自一人从塞尔玛进军蒙哥马利。他在华盛顿的演讲也不是对着一片空地。有上千人随他一起前行，在胜利的大游行前携手并肩做了许多努力。美国黑人不仅仅向着自由进军，并通过周密的组织安排，排除万难争取公民权利，逐一注册成为选民，在每个街区建立可靠的组织，在每个州都建立跨种族联盟。①

就这点来说，讲授马丁·路德·金的事迹需要同时讲授成千上万普通美国人支持民权运动、确保其胜利的故事。实际上，其他任何方式的讲授都是不准确的，也是缺乏公民赋权的。

沿用我在上一章中的论述，通过重塑历史和公民学教科书的公民叙事至少在理论上能够很容易实现这种课程变革。目前，这些叙事倾向于关注个人，而忽视促成个人成就的集体战斗。萨姆·温伯格和昌西·蒙特萨

---

① Julian Bond，"Remember the Man and the Hero，Not Just Half the Dream"，*Seattle Times*，April 4，1993，retrieved August 21，2008，from seattletimes. nwsource.com/special/mlk/perspectives/reflections/bond.html.

诺以罗莎·帕克斯（Rosa Parks）① 为例抱怨道：

> 我们看到了帕克斯夫人单一的英雄形象，而不是了解到一个有组织的大规模运动——一个关于普通民众的赋权和主体性的叙事，他们一个周末印制了 52500 份传单（这些足以覆盖蒙哥马利黑人团体的全体成员）并把它们派发到教堂。与此同时，电话联系多人，组织周一早晨集体拼车，这样人们不必走着去上班。和马丁·路德·金一样，她发起了争取公民权利的游行，结果转回到领导一些被动的无名人士为种族平等进行斗争。②

其实完全没有必要这样做。教科书可以以同样的篇幅清晰、准确地讲述罗莎·帕克斯的故事，将她的行动建构成普通民众所组织的大规模运动的一个组成部分。很容易找到关于这些方法的有效例证。③

从这一点来看，为了推进公民教育目标的实现，卓越的英雄和平凡的榜样不是对立的，而是互补的。教育者能够从两者中得到借鉴，帮助年轻人了解由伟人领导的最深刻的公民变革是由普通民众的集体奋斗达成的，正如奥巴马在就职演说中提到的，"数以万计的民众默默无闻地作出努力"。④ 这样的课程内容才能有助于树立团结、高效、共同奋斗的远大

---

① 罗莎·帕克斯（1913—2005）：美国黑人民权行动主义者，美国国会后来称她为"现代民权运动之母"。——译者注

② Sam Wineburg and Chauncey Monte-Sano，"'Famous Americans'：The Changing Pantheon of American Heroes"，*Journal of American History*，2008，94（4）：pp.1201-1202.

③ Howard Zinn，*A People's History of the United States*，New York：Harper and Row，1980；Herbert Kohl，*Should We Burn Babar? Essays on Children's Literature and the Power of Stories*，New York：New Press，1995；Cornel West and Eddie S. Glaude，Jr.，"Standard Covenant Curriculum：A Study of Black Democratic Action"，*Covenant with Black America*，2006，retrieved December 10，2008，from www.covenantwithblackamerica.com/resources/covenant_StandardCovenantCurriculum.doc.

④ Barack Obama，"Inaugural Address"，Washington，D.C.：The White House，2009，retrieved May 23，2011，from www.whitehouse.gov/blog/inaugural-address/.

理想，并将其付诸课堂实践。

但如果认为这样的课程内容只能在课堂中学到，或从他人的成就中学到，那也是错误的。我在前几章已经论述过，我们应该通过改变学生们学习美国历史的方式，以及他们学习公民和社会行动者（如英雄和榜样）事迹的方式，改变他们对公民身份的理解。现在我想要强调，还应该给予学生更多实践公民身份（learn *through* citizenship）的机会。① 如果我们想让年轻人获得一个赋权公民所应具备的知识、技能、态度、习惯，就必须给予他们机会，让他们常规地实践作为一名公民的体验。此外，如果我们想让成年人和其他精英人士认同和重视年轻人的贡献——特别是低收入的有色人种年轻人——那么就必须给予这些年轻人机会，超越校园的边界，在更广阔的世界中作出显著的、有价值的贡献。学校如何能够为年轻人提供这样的机会，这是以下两章所要阐述的核心内容。

---

① David Kerr, "Citizenship Education: An International Comparison across Sixteen Countries", *International Journal of Social Education*, 2002, 17 (1): pp.1-15.

第五章　如何在你不熟悉的世界中展翅飞翔

——在学校里公开谈论"公民身份"有关话题

每天早上进入瓦尔登中学后，学生们都会在校长助理面前排成一队。校长助理手持金属探测仪，对每个学生浑身上下进行检测后，才允许他们进入食堂。许多六年级学生都十分矮小——仅有 4.5 英尺高，还着迷于纸牌游戏和一些小玩笑。他们每天都被监视是否携带了武器上学，对此他们作何感想？而我那些刚刚步入青春期的八年级学生，他们又是怎么看的呢？在瓦尔登任教的三个学年里（1996—1999），我从来都没有想过问他们这个问题。

1998 年 9 月。蒂亚娜——一个聪明、成熟、成绩好、社交能力强的女孩——正在竞选瓦尔登八年级学生会主席。她在老师和同学中十分受欢迎。我们八年级教师组在课后统计选票时看得出来她赢定了，但是有一个问题：蒂亚娜怀孕了，我们就不知道事情该如何进行下去了。

我们若是让一个怀孕的 14 岁八年级学生当选学生会主席——所有学生的"领袖"，这意味着什么呢？从另一方面来讲，我们若是不让她出任学生会主席，就意味着要推翻这次公开、公平的选举结果，这又意味着什么呢？蒂亚娜一直努力成为一名学生干部，并且希望能带着荣誉毕业。如果她自己不把怀孕这件事当作成为学生会主席的阻碍，那我们为什么要因为这个拒绝她？然而，让不让她成为学生会主席，这两者之间有极大的不同。当然我们仍然会继续支持她、教育她并且喜欢她，但这并不等同于我们应该给她以荣耀，让她成为其他学生的榜样，而这些学生中的很多人本来就有可能在未成年阶段怀孕或令他人怀孕。

我们教师组对这个问题进行了长时间的激烈讨论，需要在第二天早晨公布选举结果。然而，目前我们之间唯一能达成一致的就是：这件事情很难抉择。

1998 年 12 月。我和法默女士、比泽先生在瓦尔登校门口散步。"早上好，凯莎。"比泽先生笑着问候一名学生。"早上好，德奎恩。"法默女士笑着对另一名学生说。"早上好，埃克斯维尔斯。"比泽先生向另一个学生问候。"见到你很高兴——请你摘下帽子。"他愉快地跟学生说着。大多数学生即使回应，也只是嘟囔一声了事，而比泽先生和法默女士则一直坚持不懈，他们两个每天早上和下午都站在那儿，叫出每个学生的名字，向他们问候、冲他们微笑，每天都这样。

1998—1999 年。瓦尔登有三位教师在这一年怀孕。其中亨肖女士是一个十分活泼、受欢迎并且行为严谨的美术教师。一天放学后，我们为她举办了一场迎婴派对，我们通过阳光基金给她买了一大篮子婴儿用品。而另外两位怀孕的老师——克拉克女士和尼尔森女士，就没有受到那么热烈的祝贺，因为她们未婚先孕，只收到了由教师个人捐款购买的很小的篮子，而且我们也没有为她们举办迎婴派对。包括蒂亚娜在内，今年有 4 名中学生怀孕。

1999 年 5 月。我们八年级教师团队又一次遇到了麻烦。这一次是因为八年级的毕业典礼。我们想要在典礼上缅怀波比·韦尔奇，一个不起眼的孩子，这个孩子在 1 月份被杀害了，起因是一场关于琐事的争执，对方是一个比他年长、身体强壮的孩子。从我们在事后听说的情况来看，波比在争执之后离开时，只是带有一点儿青紫的瘀伤，身体其他部位没有受伤。然而 45 分钟后，他拿着一把枪回来了。任何了解他的人都知道，他是不会用枪来杀死别人的，他仅仅就是想要让别人看到那把枪，以显示他的"强大"。但是，就是他这样的"炫酷"让他丢了性命。因此，如何来缅怀他？这又把我们难住了。我们在校门外种了一棵小树来纪念他，但是这并不能弥补他在毕业典礼上缺席的悲伤事实。

诺里斯小姐建议我们将一张覆盖黑布的空椅子放在毕业生中间，以此作为对他去世的一种无声缅怀，表明他的死对于我们集体而言是一种损失。但是，利昂小姐不同意这个建议。她认为，我们的学生可能会把这种纪念仪式当作是对暴力行为的推崇，推崇他的行为——持枪返回冲突现场。由于成绩不好，许多八年级学生不能顺利毕业，如果波比活着的话，他可能也是这些人当中的一员。在我们已经让许多学生不能参加毕业典礼的情况下，为什么要为他专设一个座位？另一方面，格莱汉先生指出，我们应该考虑一下，如果不对波比的悲剧表示出缅怀和同情，他的家人会怎么想？许多 14 岁的孩子作出了愚蠢而冲动的选择，但是他们不该为此付出生命的代价。我们当然不想把一个学生的死——特别是一名黑人男学生的死——当成是意料之中的事。

2000 年 10 月。"格兰特小姐，你的学生列队走得太糟糕了！"毕肖普小姐在走廊里大声嚷道。她是我们学校以前的体育教师，是麦考迈克的新任校长助理。格兰特小姐英语课上的那些孩子刚才还在图书馆门前吵吵嚷嚷，在这一声大喊之后，这些孩子突然就安静下来，倚在右侧的储物柜上，一声不吭了。但是有两个男孩，还在相互嬉戏着，并来回挪动腋窝制造出一些噪音。 ₁₇₀

毕肖普小姐靠近他们说："杰米、艾迪，立刻跟我来。你们不可以在走廊里制造这种噪音了。格兰特小姐，带你的学生回班级，让他们站好队。我无法容忍这种行为出现在我们学校里。"

在毕肖普小姐斥责格兰特小姐之时，孩子们面面相觑。他们的老师会为自己申辩吗？他们紧张地一个挨着一个地挪动着。

格兰特小姐回答："毕肖普小姐，我们正在去图书馆的路上，因为那个消防演练的关系，我的学生们就只剩半个小时来完成他们的研究项目。杰米和艾迪需要和他们的小组一起来完成他们的研究。我需要他们留在同学们中间。"

"他们会回到你们班的，格兰特小姐，但是我要先教育一下他们不礼貌的行为。我知道你们的时间不够了，但是我们不能容许八年级学生——

学校中年龄最长的学生——有这样的行为。如果他们不能规范地在走廊里行走，那他们也就没资格拥有去图书馆的权利。"毕肖普小姐离开了，强行把杰米和艾迪带进了她的办公室。

格兰特小姐十分丢脸，强压着怒火，把她的学生带回教室，并又一次带着他们前往图书馆。

2001 年 2 月。孩子们都很拥护麦考迈克这一届的学生会，它是在八年级科学教师安东尼奥小姐的提议下创办的。每个班级选出两名代表，每个年级选出相应的学生领袖。学生会成员每个月在教学日见一次面——学生这时是可以逃课的——在课余时间也会每个月见一次，他们对于组织一次大规模的倡议活动——情人节康乃馨资金募集活动感到兴奋不已。

2004 年 10 月。在一节英语课上，每个学生都轮流坐在一张特定的椅子上，向大家读自己写的传记。他们已经用了一个月的时间写这个自传，撰写了多个草稿，而且他们对能在大家面前分享自己的自传感到兴奋。他们的英语老师——斯利珀小姐和格兰特小姐，给予这些学生全面的指导，包括听别人的自传时要注意听哪些地方，还有怎样进行诵读等。许多孩子都穿着正式，在朗读时非常认真，而在别人朗读结束时会报以热烈的掌声。年底的时候，斯利珀小姐的班级在校园里巡回演出《罗密欧与朱丽叶》，我们都给予他们热烈的欢呼和掌声。

2005 年 12 月。我的学生都在忙于他们的"公民身份项目"，在这个调查研究中，他们尝试在自己所在的集体中发现问题。像往常一样，许多学生都提出学生厕所的肮脏环境应该得到改善。他们拍下了厕所各种问题的照片，例如漏水、没有门、皂盒里没有肥皂、放卫生纸的纸槽没有卫生纸。许多学生去采访校医，并记录下整天忍着不上厕所给学生身体带来的危害。许多女孩在私下里表示，由于厕所的糟糕状况，她们甚至不愿意在学校的厕所中大便，在生理期时上厕所更是一种挑战。但是学生们很害羞，并没有把这些放在展示环节里。

有一组学生十分有勇气，他们计划与校长面谈有关重修厕所的问题。校长多次拒绝和他们见面，但是最终他们还是在她的办公室见到了她并提出这个问题。

校长对此不屑一顾："男厕漏水是因为学生在如厕后将厕纸扔到马桶里使厕所堵塞。厕所管理员布雷恩上周花了1小时才疏通了厕所，里面都是厕纸——这就是为什么本周不提供厕纸了。"她转向这些来找自己的学生，说："这些问题都归咎于你们的同学。为什么没有门？因为是你们学生把门的链条弄断了。"

"您说的这些我们考虑到了"，学生们回答。"如果厕所看起来很好很新，我们就不会想要破坏它。为什么不装上自动干手机、自动抽水马桶、可封闭的卫生纸槽呢？这样就可以解决很多问题。"他们对于自己的建议感到自豪，并且很好奇校长会怎样作出回应。

"不"，校长说，"装修厕所要花费我们很多钱，我们可没有那个闲钱。而且即使重新装修，这些设施也会被学生随意破坏。"

2008年1月。我和我先生到荫山学校（Shady Hill School）走访，这所私立学校拥有幼儿园和八个年级。学校位于马萨诸塞州剑桥的一座山顶上，位置非常好。我们跟随向导从一幢小楼来到另外一幢小楼，每幢楼都有一些教室，每个年级基本上都有自己的一幢楼，外面是走廊，以及室内室外供学生自己或者和其他学生一起学习的场所。我很惊讶地看到，学生们十分自由地到处跑动，无论是在教室里还是在学校的其他地方。在麦考迈克，我们一直致力于减少"转换场地的时间"：教学时间不够是因为学生四处参加活动或是串换教室浪费了时间。我们认为，他们换动得越快，越能尽快安定下来投入学习。我们组织并监督每一次转换场地，让他们列队，一个班级一个班级地察看，监督换衣服的时间（locker time），甚至陪着他们去食堂。但是在荫山学校，更换活动地点是频繁发生的，也没有人看管，学生们从自己的教室到画室、实验室、食堂、操场都没有老师的陪伴。这所学校对于我们活泼好动的女儿来说一定会是个快乐的求学之处，坦率地讲，对于所有孩子来说，这都会是个快乐的地方。

2009年11月。2009年秋季学期，我在哈佛大学为在城市中学教书的历史教师开设了一门课，其中有一节是关于"课堂管理"的，我邀请了五

172

173

位富有经验的城市中学教师，请他们和大家分享经验和诀窍。所有教师都认为和学生建立良好的关系是课堂管理成功的关键。他们讨论了如何在班级中和学生建立相互尊重的关系，强调即使学生十分顽固且目中无人，也不能放弃这些学生。他们也赞同，清楚明了的教学流程和步骤是课堂管理顺利进行的关键。他们所提出的一些具体建议也反映出尊重学生的立场。

但是理论和实践是存在差距的。一位老师说，有一些中学生上课忘记带钢笔，他会给这些学生蜡笔，以此让他们觉得羞愧，提醒他们今后不再犯此类错误，做好课前准备。另一位教师笑着跟大家分享了她应对学生在课堂上请假去厕所的策略。她说："通行证是一个旧的马桶座圈，如果学生想要在上课的时候去厕所，他们就必须拿着它，或者将它套在脖子上。如果在这种情况下他们还会请假上厕所，那就说明他们是真的想去了。"我听后感到沮丧，这些人可都是名师啊。我知道他们喜爱并尊重学生，学生也知道这一点。但是这样的专题讨论让我想到，在学校里，特别是在规模较大的学校或城市学校里，竞争压力实在太大了，保持对学生的尊重和仁爱之心是一件十分不易的事情。

因此，我对自己过去的一些不恰当行为感到愧疚：我曾有一次在班级所有同学面前清空了一位女同学的钱包，因为我确信她偷了同学的一样东西；有一个学期，我实施了一项班级管理措施：如果他们在和我一起吃午饭的时候默不作声，那就不准去买快餐，即使我知道学校提供的午餐是多么难以下咽；还有一些其他的失当行为，我已经记不清了，但我确信，这些行为一定会给我的学生留下深深的心理阴影。

学校天然具有为学生提供公民体验和经历的优势。在这个被称为"学校"的有限的公共空间内进行观察和参与，学生和成年人都会了解到自己的身份定位，以及在更广阔公共领域中的行为方式。学校会通过诸如课堂流程和日常活动、课程与教学策略、走廊和餐厅中的互动，以及辅助课程和课外活动等途径，给予或剥夺学生、教师实践多种公民技能和行为的机会。这不需要有意为之，确切地说，所有学校都教授有关公民认同、期望、机会的体验式课程，尽管它们并不是刻意要这么做。

在第四章中，我论述了让学生认识社区中"平凡的榜样"的重要性。我认为，这些身边的榜样可以鼓励学生自己采取公民行动，并且在教师的帮助之下，通过学习和效仿这些榜样，学生能够了解到有效的、具有赋权功能的公民技能、态度和实践。然而，榜样并不都来自于学校之外，教师自身以及学生经常接触的所有在校成年人都不可避免地塑造着学生的公民习惯、态度和技能，成为学生正面或反面的样板。他们在很多方面引起学生的效仿，如对待不同人公正或是不公正，对待假定的劣势群体（年轻人）、平辈（同事）和上级（学校行政管理人员以及学校董事会成员）尊敬或是不尊敬；对待有着不同优点、需求以及家庭背景的学生是否尊敬并一视同仁；对待学校的使命和目标言行上具有责任感还是冷漠或彻底抵制，以及其他类似种种处理问题的方式。学生从这些榜样和经历中学到很多。正如一项研究显示的："尽管来自不同的种族或族群，青少年如果能够感受到教师尊重学生、以平等的态度对待学生，他们就更倾向于相信美国是一个公正的社会，致力于实现公民目标。"①

学校也不可避免地成为公民团体和公民机构的标杆。作为公民团体，他们可以提供这样一种范例，公民是重要的个体还是被看作芸芸众生中可以被替代的一员；学校也可以作为包容或排外的范例，即形形色色的人是否都被容纳进来，他们是否可以表达不同的意见；学校还为信任和尊敬提供范例。作为公民机构，学校也为公正与否，平等与否，透明还是卡夫卡式的晦涩（Kafkaesque obscurity），人性、灵活还是僵化、官僚主义的冷漠提供了典范。这些方面的典范也显著影响了学生的公民态度和公民

① Constance A. Flanagan et al., "School and Community Climates and Civic Commitments: Patterns for Ethnic Minority and Majority Students", *Journal of Educational Psychology*, 2007, 99 (2): p.428.

信仰。①

由于年少的学生直接体验到学校中成年人所塑造的正面或负面的公民准则、公民关系以及公民实践，学生们通过培养相关技能、规范相关行为来适应这些体验。他们了解到什么时候该安静，以及如何违反规定而不被发现。他们会践行同化（assimilation）的技能，融入主流，效仿地位高的学生；或者他们会践行适应（accormadation）的技能；或者坚持己见，不趋同于任何人，在不同的群体间能够游刃有余。在倡导合作精神的学校中，学生会形成并践行合作精神。而在倡导个人主义和专注于培养自我保护的学校中，学生也会形成相应的态度和习惯。除了为公民参与提供示范，学校也为学生提供机会，去体验赋权的或去权的公民关系、准则和行为。②

让我们通过上述那些日常生活中发生的逸事，来探讨如何在实践中树立这些榜样，为学生提供机会。很明显，这些逸事是日常生活中随机发生的零散片段，是复杂事件的零星缩影。如果把它们联系到一起，我认为它们为我们了解学校内的公民生活提供了一扇窗，让我们窥一斑可见全豹，从学生的公民身份认同的角度或者获得公民参与机遇的角度来了解学生在学校中获得的体验是有教育意义的，还是恰恰相反。进一步讲，我在

176

---

① 学校是"一个微型社区，是社会的萌芽"，参见 John Dewey, *The School and Society and The Child and the Curriculum*, Chicago：University of Chicago Press, 1990 (1900), p.18。支持此论断的实证研究，参见 Constance A. Flanagan et al., "School and Community Climates and Civic Commitments：Patterns for Ethnic Minority and Majority Students", *Journal of Educational Psychology*, 2007, 99 (2)：pp.421-431。

② Margaret A. Gibson, *Accommodation without Assimilation：Sikh Immigrants in an American High School*, Ithaca, NY：Cornell University Press, 1998；Theodore R.Sizer and Nancy Faust Sizer, *The Students Are Watching：Schools and the Moral Contract*, Boston：Beacon Press, 1999；Judith Torney-Purta et al., *Citizenship and Education in 28 Countries：Civic Knowledge and Engagement at Age Fourteen*, Amsterdam：International Association for the Evaluation of Educational Achievement, 2001；Constance A. Flanagan et al., "School and Community Climates and Civic Commitments：Patterns for Ethnic Minority and Majority Students", *Journal of Educational Psychology*, 2007, 99 (2)：pp.421-431.

前文提到的那些趣闻逸事反映了像瓦尔登和麦考迈克这样的以低收入、少数族裔群体学生为主的学校如何对学生进行了一系列持续不断的微侵犯行为，他们的这种做法是缺乏道德的。在这里，我借用了其他学者使用的"微侵犯"（microaggression）一词，他们用其强调在日常生活中由于种族身份而引发的不被察觉、未被公开承认的侮辱和忽视个体人格的行为。"与种族相关的微侵犯行为在日常生活中很不起眼，但却司空见惯，表现为语言上、行为上或者是环境上的侮辱行为，无论是有意还是无意，这样的行为都会向有色人种传递一种不友好的、有敌意或是负面的轻蔑及羞辱。"① 这些学者认为，虽然每一个微侵犯行为很难被受害者察觉——而且通常施为者也完全没有意识到，但是这些行为会逐渐积累，导致接受者"感到被贬低，自信心削弱，自我形象毁灭"。学生自身对这些微侵犯行为的感知可能会严重影响他们公民技能以及公民身份认同的培养，从而进一步扩大公民赋权差距。②

让我们来看一下学生在学校中的感受吧。一方面，法默夫人和比泽先生这样的老师让他们感到在学校这个集体中是受欢迎的、有价值的一员。另一方面，那些只有 11 岁的学生每天进入教学楼之前，都要接受安

---

① Derald Wing Sue et al., "Racial Microaggressions in Everyday Life: Implications for Clinical Practice", *American Psychologist*, 2007, 62 (4): p.271.

② Tara Yosso et al., "Critical Race Theory, Racial Microaggressions, and Campus Racial Climate for Latina/o Undergraduates", *Harvard Educational Review*, 2009, 79 (4): p.661. 亦可参见 Chester Pierce, "Stress Analogs of Racism and Sexism: Terrorism, Torture, and Disaster", in *Mental Health, Racism, and Sexism*, ed. C. Willie et al., pp.277-293, Pittsburgh: University of Pittsburgh Press, 1995; Daniel Solorzano et al., "Critical Race Theory, Racial Microaggressions, and Campus Racial Climate: The Experiences of African American College Students", *Journal of Negro Education*, 2000, 69 (1/2): pp.60-73; Derald Wing Sue et al., "Racial Microaggressions and the Asian American Experience", *Cultural Diversity and Ethnic Minority Psychology*, 2007, 13 (1): pp.72-81; Derald Wing Sue et al., "Racial Microaggressions and Difficult Dialogues on Race in the Classroom", *Cultural Diversity and Ethnic Minority Psychology*, 2009, 15 (2): pp.183-190.

检，查看他们是否携带了武器，这种行为间接地让他们知道他们在公众眼里是怎样的形象：被认为是公众安全的潜在威胁。这些事情是中产阶级的白人学生不会经历的，他们不太可能受到这种政策的管制。但是，这种公民身份却强加在相当一部分在城镇中种族隔离学校求学的、来自贫困家庭的有色人种孩子身上。①

对学生进入教学楼之后行动范围的约束会产生一定的影响。当荫山学校的学生为了寻找一处合适的区域来学习，从教室中的一处跑到另一处而不被老师指责；当他们被允许按照自己的意愿离开教室去厕所；当他们可以选择在学校食堂吃饭或者到外面和朋友一起吃，此时他们感觉到自己是被信任的，并考虑如何能够承担起责任不辜负这种信任。当然，在此过程中很多学生也会犯错。例如，有人趁机四处走动，与朋友窃窃私语，或者在午餐时间逛得太远，以致上课迟到。面对这些不当行为的后果，学生们也学会了今后如何更好地判断是非，从而在接下来的日子里表现得更好。

其他学校则使用完全不同的方式来规范学生的校内活动。许多城镇学校——特别是一些著名学校，比如说"知识就是力量项目"中的学校——规定，学生在走廊中行走时不能说话，要排成一列，将他们的手放在身体两侧，从而将相互之间发生摩擦或者打斗的可能性降到最低。还有一条与此相似的规定，源于上文中提到的毕肖普小姐和格兰特小姐之间发生的不愉快。这样的规定也会延伸至其他领域。不管有什么理由，学生一定要得到批准（以及通行证）才可以离开教室。关于上课去厕所这一点更

① 根据国家司法局教育统计中心（the Bureau of Justice's National Center for Eduaction Statistics）2009 年关于学校犯罪与安全指标的报告，相比以白人和非贫困学生为主体的学校，以非白人学生为主体或 75% 的学生是贫困学生（有资格享有免费或降价的午餐）的学校让学生随机或每天接受探测仪进行检查的几率要多 4 至 10 倍。同样，城市学校比郊区或乡村学校更可能进行这样的检测（Rachel Dinkes et al., "Indicators of School Crime and Safety：2009", National Center for Education Statistics and Bureau of Justice Statistics, U.S. Department of Justice, 2009, retrieved June 28, 2010, from bjs. ojp.usdoj.gov/index.cfm? ty = pbdetail&iid = 1762, table 20.22, p.136）。

是有特别严格的规定：每天的第一节课和放学之前的最后一节课不能去厕所，每节课的前10分钟和后10分钟也不能去——如果一个学生请假去厕所有可疑记录，那么他一整天去厕所的请求都不会被批准。或者，就像我在上文提到的那些例子，让请假上厕所成为一种在公众面前丢脸的行为，来阻止学生请假去厕所。学校也针对在教室以及其他集会地点（如食堂）中学生的活动，作出了规定（"待在你的座位上！"）。瓦尔登和麦考迈克都要求学生们在午餐时间待在教室里，而且不允许学生换座。如果某个学生在班级中最好的朋友坐在餐厅的另一侧，那太糟糕了；这些11岁到15岁的学生在这里没有权力自己选择吃饭的位置，以及和谁一起吃饭。

　　这些规章制度是出于理性考虑的。在麦考迈克，午餐需要迅速解决，20分钟之内学生要去储物柜，去学生食堂，排队等候打饭，吃饭，清洗餐具，整队奔赴下一堂课。学生食堂一次能容纳250名学生，因为绝大多数学生都有资格享受免费午餐，所以几乎所有人在等待午餐的时候都会被驱赶着排好队，以减少他们的焦躁和嬉笑打闹。麦考迈克的厕所很可能是被故意损坏的；里面隔间的每一扇门都破损了，尤其是男厕所，由于被厕纸和其他杂物堵塞，经常被淹。在瓦尔登和麦考迈克，经常会有这样的危险：无人监督的学生可能会在毫无缘由的情况下拉响消防警报。虽然这两所学校相对而言都是安全的、秩序井然的，但是每年都会发生几起斗殴事件。学校为了彻底杜绝此类意外的发生，就会让学生列队出入，监控学生的行为。

　　然而，这些出于理性的规章制度却并不合理。我们通过这些方式限制学生的活动，甚至是他们的身体，这是在告诉他们，我们对于他们的责任心以及自我约束能力持怀疑态度。这样，我们就否定了所有学生，不给他们显示或培养自我约束力的机会，而这些学生中绝大多数并没有故意搞破坏或者有过其他严重过失行为。与荫山学校的学生不同，我们的学生没有机会从他们所犯的错误中汲取教训，因为他们根本就没有犯错误的机会。我们的学生也没有机会体验成功以及成为成功的楷模，因为我们没有给予他们自己做选择的自由，而这些却是取得成功所必备的。我们陷入了

178

179

一种恶性循环。我们对学生的不信任使我们剥夺了学生展示负责任行为、赢得我们信任的机会。他们在学校缺少对自己行为负责的机会，这使得他们中的一些人一旦得到自由，也不会表现出责任感；这反过来又会强化我们的不信任，从而对他们实施更加严苛的看管。我们无意中加剧了他们在技能、态度以及行为上的差距，而这些恰恰是公民赋权差距的核心。

就这一点来说，我们将许多马克思主义和功能主义学者在经济范畴内探讨的学校问题复制到公民领域。这些学者提出，低收入学校在实践中大体上都在培养学生今后从事低收入工作。[①] 不管是否有意为之——我宁愿相信是无意的，虽然这不能算作借口——城市中的种族隔离学校也同样会培养学生体验种族隔离的公民意识。至于公民技能、公民态度和公民行为，正如我论证过的，也是如此。有充分证据表明："孩子们关于政治权威的概念是从体验成人权威的过程中构建的"；而最近距离的权威莫过于他们的老师和其他学校工作人员，而非父母。

> 青少年认为那些运用权力影响他们生活的人对他们都是公正和支持的。此外，与他们身处同一社区的公民对共同善的追求使他们相信美国从根本上是一个公平的社会，信奉民主得以运行的原则。从有关成年人的调查中我们得知，对政治体系的信任与制度运行程序（而非结果）的公平紧密相连。同样，我们认为，年轻人对政治体系的信任来自于对公平（正当）程序体验的积累以及与成人权威的积极互动……学校和社区所提供的公共空间以及在这种环境中成年人的行为会向年轻一代传递这样的信息：成为一个政体中的一部分

180

---

① Robert Dreeben, *On What Is Learned in School*, Reading, MA: Addison-Wesley, 1968；Philip W. Jackson, *Life in Classrooms*, New York: Holt, Rinehart, and Winston, 1968；Joel Spring, *Education and the Rise of the Corporate State*, Boston: Beacon Press, 1971；Samuel Bowles and Herbert Gintis, *Schooling in Capitalist America*, London: Routledge and Kegan Paul, 1976；Martin Carnoy and Henry M. Levin, *Schooling and Work in the Democratic State*, Stanford: Stanford University Press, 1985.

意味着什么，以及在正当程序中，包容、公平、公正的准则在多大程度上起作用。①

我们所塑造的公民关系、所构建的学生公民体验使得阶层结构和权威控制具体化，削弱了他们的自我效能感，加剧了相互间的不信任。在此情况下，通过强化学生的疏离和去权意识，很可能导致公民态度差距的进一步加深。

这样也很可能深化了学生的行为差距。通常大家都认为，美国的公立学校一直以来通过学生的实际体验来灌输公民"美德"，而不仅仅通过说教。② 在学校中的参与经历是未来公民参与的最重要的影响因素。③ 因此，我想重申，我们忽视或阻止这些非正式、有效的机会，会扩大学生的公民赋权差距。当我们的学生会发现其最重要目标的是组织情人节募捐，而不是集体治理，那他们就丧失了践行民主的机会。当学生关于重修厕所的提议被校长专断否决时，他们就亲身上了被拒绝以及去权的一课。

更进一步说，通过强化下面的观点——我们的学生在学校外展现出的知识、技能以及能力与学校内的行为无关，我们会无意识地扩大赋权差距。在校外，许多学生都会十分关心并照顾自己的兄弟姐妹，他们乘坐公共交通工具来学校，承担起购物和清扫等家务琐事，在暑期打工，帮助不会讲英语的亲属填写政府下发的表格，在他们就医时充当翻译。这些年轻人很有能力；然而我们却不相信他们可以在无严格监管的情况下自行去厕

---

① Constance A. Flanagan et al., "School and Community Climates and Civic Commitments: Patterns for Ethnic Minority and Majority Students", *Journal of Educational Psychology*, 2007, 99 (2): pp.422, 428-429.

② Noah Webster, "On the Education of Youth in America" in Webster, *A Collection of Essays and Fugitiv Writings on Moral, Historical, Political, and Literary Subjects*, Boston: I. Thomas and E. T. Andrews. 1790; Stephen Macedo, *Liberal Virtues*, Oxford: Oxford University Press, 1990.

③ Sidney Verba et al., *Voice and Equality: Civic Voluntarism in American Politics*, Cambridge, MA: Harvard University Press, 1995.

所，或者在餐厅中自主选择座位。公立学校对于学生来说是公共机构的缩影，学生在麦考迈克和瓦尔登的经历强化了他们这一想法：自己生活在不受欢迎、不被信任的公民社区，是无权力的一员。

学生们在校内外不安定的地位，以及学校在社区中或本身作为一个社区的不安定状态，也会导致矛盾和一些事与愿违的复杂情况发生。思考一下我之前提到的，在学生走进校门之前检查他们是否携带武器。我认为这种经历——一般仅限于发生在招收大量有色人种学生的低收入城市学校——会让学生认识到他们被权力当局看作是潜在的犯罪人群。① 也有另外一种可能，这些孩子从每天早晨的安检过程中得到完全不同的感受，即学校管理人员很重视他们的安全。从这点来看，他们会感到自己被重视和认可。2005 年前后，帮派暴力事件在多尔切斯特的大街小巷盛行，导致这个城市的谋杀犯罪率达到了十年来的顶峰。那时，麦考迈克的校长（当时还没有使用金属探测仪和探测棒）曾信誓旦旦地向在校学生和教师保证，让学校成为学生能够安心学习、不必担心自身安全的场所，她将学校称为学生躲避外界危险的避风港。从这个角度看，我们旨在在四面围墙之内建立一个模范的公民社区；尽管波士顿当年有 75 人在街头被杀害，其中有 30 名年轻人。②

---

① Rachel Dinkes et al., "Indicators of School Crime and Safety: 2009", National Center for Education Statistics and Bureau of Justice Statistics, U.S. Department of Justice, 2009, retrieved June 28, 2010, from bjs.ojp.usdoj.gov/index.cfm? ty = pbdetail&iid = 1762, p.136, table 20.22.

② Maria Cramer and Adrienne P. Samuels, "Boston's Homicides 2005: A *Boston Globe* Special Report", Boston Globe, December 30, 2005, retrieved June 28, 2010, from www.boston.com/news/specials/homicide2. 类似地，一位芝加哥公立学校的教师对我说，2011 年学校范围内的调查显示，她所在高中的学生想要更多的保安，而不是更少；他们也支持更高比例的停课率，因为他们觉得某些学生停课时他们能更好地学习。这些结果涉及复杂的现实问题。尽管对学生而言，他们可能是对的，当学校的处罚规定更严格、保安监督更严密时，他们能更好地学习，但是这也值得商榷，因为学校社区已经破烂不堪了。如果学生的社会、情感和学术需求得到一致的满足，那有可能许多"坏孩子"就会变成"好孩子"，他们不"需要"被停课。如果学校社区感觉更像一个

　　然而，这种方法也会暴露出一些错综复杂的问题。一部分学生曾向我抱怨，他们每天在往返于家和学校的路途中都有遭遇袭击的危险，如果他们手无寸铁，毫无防御，就会觉得十分恐怖。他们赞同学校是中立的、安全的避风港。但是他们对于学校坚持不让他们携带利器上学感到困惑；难道我们想让他们成为袭击的目标吗？或者陷入更加糟糕的境地？教师和行政管理人员真的了解学生们生存的环境吗？许多学生认为答案是否定的。学校只是再一次成为公共机构忽视学生需求的例证，它们采取的政策性"解决之道"根本不切实际。这里需要阐明，我并不是完全站在学生一边，同意他们的控诉。学校教学楼里的确不应该有武器存在。学生上学放学携带刀具就能保证自身安全吗？我对这一点持怀疑态度，虽然我承认我对于多尔切斯特街道街头暴力的情况知之甚少。暴力会导致暴力，从而形成恶性循环。但这样并不代表学生在上学、放学路上感到恐慌、缺乏安全感有什么错，或他们更深入地认为公共机构在保护民众方面连最基本的都没有做到的想法有什么过火。①

　　在这方面，2010 年我看到《纽约时报》上的一篇报道说，位于洛杉矶的洛克高中（Locke High School）的整改预算约为 1500 万美金，我为此十分震惊。学校的改革者们对此有所忧虑，因为这笔钱中的一大部分来自于私人慈善捐赠，不是所有需要全面整改的学校都能收到这样的捐赠。洛克高中的额外支出包括"雇佣校车接送 500 名原来需要步行往返学校的学生"，以及用于支付"两名心理学家和两名社工的薪水，他们帮助学生排解痛苦，度过艰难的时光，比如在暴力事件中失去兄弟姐妹，或被房东驱逐。"当被问及这些花费的合理性时，这篇报道中引述的一位专家称："如果不舍得花钱整改这些学校，这些没有教育好的学生最终会填满我们的监狱，为此我们每年会浪费数十亿美元。"这是一种分析问题的方式。

大家庭，而不是一个分裂的、人人需要保护的区域，那么就不会为了太平需要而增加安全巡逻。

① 洛杉矶学生也面临类似的困境，此方面的阐述参见 Donna Foote, *Relentless Pursuit: A Year in the Trenches with Teach for America*, New York: Alfred A. Knopf, 2008。

183　　另外一位专家表示，政府最基本的责任是确保居民的人身安全。如果政府连小孩子的安全都保证不了，而且十分吝啬地不肯出资，连尝试一下都不肯——来自明尼苏达州的民主党参议员阿尔·弗兰肯（AL Franken）对此问题仍持怀疑态度："我正在思考，这种情况该如何衡量呢？"——这样就完全丧失了民主的合法性。这些孩子冒着生命危险来上学，但是他们（也是我们）选举出来的政府官员却在争论，现在是否用日后在监狱中关押这些人的费用来投资整改学校。那些在种族隔离的城市学校中求学的贫穷的有色人种孩子们，不仅生活在困难的社区之中，在某些情况下，他们生活在一个失败的国家之中。①

　　我在这里再赘述一下，我认为学生在学校中的这些经历与他们所在社区的一些公民准则和期望有明显的、根本性的脱节。在第三章中，我讨论过学生关于瓦尔登校服政策的想法，他们认为校服政策蓄意将他们与家

---

① Sam Dillon, "School Is Turned Around, but Cost Gives Pause", *New York Times*, June 25, 2010, A1, A3. 这个问题不仅局限在洛杉矶。例如，在芝加哥，仅仅在2009—2010学年，就有32名学生在往返学校的路上被杀，226名学生遭受枪击（Susan Saulny, "Graduation Is the Goal, Staying Alive the Prize", *New York Times*, July 2, 2010, 159：A1, 15, retrieved June 14, 2011, from www.nytimes.com/2010/07/02/us/02chicago.html）。那一学年芝加哥公立学校仅有172天是上学时间，也就是说，每5天在去学校或离开学校的路上就有一名学生丢掉生命，每天都有学生由于中枪而受伤。芝加哥公立学校的学生在2010—2011学年得到了更好的保护，因为联邦政府紧急拨款建立"安全通道"（Safety Passage）项目，这是对2009年戴瑞恩·阿尔伯特（Derrion Albert）被打致死的手机视频疯狂传播而作出的回应。由于"安全通道"项目的实施，"黄马甲"——穿着黄色安全马甲的社区成员，常常是父母，每小时得到10美元的报酬，在放学前后站在设定的街角，在学生来回的路上进行监督。"安全通道"也支付大量费用在高中周围雇佣警察。"放学后，警察的直升机通常在暴力事件发生的热点学校上空盘旋。另外，根据学校和黑帮提供的信息，将警察局迁至打架或枪战可能发生的学校或街区。"可以理解，一些社区成员——甚至是以前的警察——也对在低收入有色人种学生周围设立"警察局"有所顾虑（David Schaper, "Chicago's Silent Watchmen Guard School Route", Morning Edition, National Public Radio, March 24, 2011, retrieved June 12, 2011, from www.npr.org/2011/03/24/134798564/chicagos-silent-watchmen-guard-school-route）。同时，许多教育者和学生想知道是否这一耗资巨大的项目能够得以保留。

庭所处的社区相隔离。不穿校服可以使得他们在大街上融入人群，而如果身着校服走在上学或放学的路上，他们就会感到自己暴露在大庭广众之下。他们每天经历从街坊到学校之间的转换。[①] 超过半数的极度贫困的学校以及约一半的种族融合学校要求学生身着统一校服，而非白人或穷人占比少于四分之一的学校只有 5% 才有这样的要求，这证明了低收入的有色人种更有可能在种族隔离学校接受教育。[②] 这种疏离感也可能在学校内被复制，正如一个学生提问："为什么我们要学这些东西？"得到的答案是"因为上面要求我这样教你"，或者"因为考试要考这些"。当学生和教师感受到"讲话、插队是最严重的犯错，而宽宏大量却被视而不见"时，相似的疏离感也会出现，底波拉·迈尔（Deborah Meier）将其称为学校的"道德标尺"。[③]

虽然如此，但仅仅提倡将学校与周围社区完全融合也是不恰当的。我们的校长努力使麦考迈克学校成为安全之地，使其区别于周边危险的社区环境是明智的。许多教师肯定想要令他们的教室成为学生的"避难所"，让学生免受外部威胁和压力的侵扰，而这些原本不是他们所能控制的。教育工作者努力帮助学生认识他们所经历的世界之外更广阔的世界，这一点是无可厚非的。詹妮是我之前在瓦尔登学校工作时的同事，她在一次访谈中详细阐述了这一挑战，很大程度上抓住了我的困惑和矛盾。她开始的时候就像跟自己的学生谈话一样，说道："你们（瓦尔登的学生）有自己长远的目标，你们开始看到自己十年之后的样子……你们的母亲那时候可能已经进了监狱，而你们的兄弟姐妹那时候可能已经有了孩子，兄弟们也有

184

---

① 洛杉矶学生对此十分担忧，详细描述参见 Donna Foote, *Relentless Pursuit: A Year in the Trenches with Teach for America*, New York: Alfred A. Knopf, 2008, chapter 4。

② Rachel Dinkes et al., "Indicators of School Crime and Safety: 2009", National Center for Education Statistics and Bureau of Justice Statistics, U.S. Department of Justice, 2009, retrieved June 28, 2010, from bjs.ojp.usdoj.gov/index.cfm? ty = pbdetail&iid = 1762, p.136, table 20.22.

③ Deborah Meier, *The Power of Their Ideas: Lessons for America from a Small School in Harlem*, Boston: Beacon Press, 1995.

可能进了监狱。你们必须跳出你们的家庭，展望更广阔的世界。"随后她转而用第一人称进行阐述：

> 我一直在告诉我的孩子们，我不会让他们离开自己所属的集体，离开自己的家庭，那样我们就无法帮助他们。对于只有13岁的孩子来说这太沉重了，有时我自己都感到很不安，但是我并没有其他办法。我猜测许多教师的想法是，"如果我不帮助他们，那他们就没有别人可以寻求帮助，去看看外面的世界"，即"第四居住区"（少数种族的聚集区，瓦尔登中学就坐落于此，我们的学生们也都居住于此）之外，或者他们身处的环境之外的世界。所以每年我们都花很长时间来谈论……我希望他们明白，世界上有一种叫作"上进心"的东西……我知道他们还很小，但是他们应该知道这些。他们一定要从现在就知道。

在访谈快要结束的时候，通过回溯我们在瓦尔登为学生所创造的集体环境，她总结了她关注的问题。在这所学校中，我们尽自己最大的努力培养学生，对学生体贴、关心，但事实上，有时也将严格的纪律施加给学生，坦言之，它就像是一座监狱，学生仅仅从窗户的小小缝隙中看到外面的世界："我总是在想，把学生关在瓦尔登中学里真是个方便之举，我总是担忧这一点，让他们羽翼丰满、独立自主，知道自己可以自由飞翔对于我们来说实在是太困难，太困难了。试想，如何在你不熟悉的世界，甚至是一无所知的世界中展翅飞翔？"①

学校需要针对这个学生"从未见到过"的公民世界为学生提供一些典型的范例。它们需要为年轻人创造典型的实践公民活动的空间，同时给

---

① 这一观点毋庸置疑地显示了解学生社区甚至家庭的途径是存在缺陷的。尽管本可以更积极地与学生的家庭和所在社区进行互动，而不仅仅是绘制他们飞翔的蓝图，但这反映了人们真正认识到"第四居住区"成长起来的青年人所面临的风险和阻碍，那也是他们以及他们的家庭渴望摆脱的。

予他们机会来培养和实践公民技能、习惯以及态度。这样做，学校能够鼓励和培养学生，使他们成为有用的、积极参与的年轻人。这一点十分重要，特别是对于那些低收入的有色人种年轻人，他们在校外几乎难有机会实践上述技能，且通常不会被认为是有前途、有创造力的公民，而是被当作潜在的罪犯。他们有过如下的经历：在商店被保安跟着；亲眼目睹其他行人为避免同他们并行在人行道上而穿越马路；在亚利桑那州以及阿拉巴马州，由于他们的外表，被索要证实公民身份的证件。他们中的许多人在和公职人员打交道的过程中几乎没有愉快的经历。他们在公共住房、医疗保健、教育方面接受的是打了折扣的服务。他们将自己的生活环境描述得如同"战区"一般，认为政府不愿意给予他们最基本的安全保障，更不用说创造条件使其得以实现所谓的"美国梦"了。就如我在之前的章节中提到过的，通过重新构建历史叙事方式，创造一个更准确、更具赋权性的公民叙事，在一定程度上会有所帮助。然而，学校也同样需要改变这些年轻人的生活经历。如果身处公民赋权差距底层的年轻人无法证实他们会对社会的改变起作用，或是未受到作为公民应该得到的尊重，未被看作是对社会有贡献的、享有权利的一员，那么他们就没有理由进行公民参与。学校一定要帮助学生体验公民赋权，使他们建立未来公民参与所需的知识、技能、态度和习惯。这些经历能够也应该被贯穿到学校日常教育实践的点滴之中。①

① 关于学校"日常"经历和挑战的重要性，参见 Mica Pollock, *Colormute: Race Talk Dilemmas in an American School*, Princeton: Princeton University Press, 2004; Thea Renda Abu El-Haj, *Elusive Justice: Wrestling with Difference and Educational Equity in Everyday Practice*, New York: Routledge, 2006; Mica Pollock ed., *Everyday Antiracism: Getting Real about Race in School*, New York: New Press, 2008。

有关变革的民主理论

因此，我要讨论的并不是学校应不应该模拟及推动体验式的公民教育，而是如何去做。我认为每所学校都要有目的地、透明地、反思性地思考如何模拟并确保学生真实地实践赋权的公民关系、准则和行为。通过这样的方式，学校就可以帮助学生获得必备的公民技能、公民态度以及公民参与的习惯，这些对于缩小公民赋权差距十分必要。目的性（intentionality）是必要的，否则学校就会再一次退化成一些漫无目的的教学活动的大杂烩，时而向学生赋权，时而让人失望，就像在本章开篇的事例中提到的那样。透明性（transparency）是十分必要的，学生和家长对他们的经历作出选择就变为集体的行为，也体现出集体的判断。前文我论述过检查学生携带武器这一举动的矛盾性：学生们该如何看待这件事呢？是对初期犯罪行为的间接指控，是确保他们安全的承诺？还是误导性地证明他们来学校所冒的风险？又或者是其他完全不同的理解？对此，我们并不知道，而且也无从获知，因为我们从未讨论过此项措施，因此，我们也失去了向学生解释我们意图的机会。让学生以我们这种方式来看待事物，他们也丧失了向我们解释他们的想法和观点的机会，从而帮助我们提高实践能力。我在本章开篇的时候提到过的一些决策和经历，从该如何对待未婚先孕的问题到我们在英语课上摆放"作者之椅"的位置，都有着类似的"事后诸葛亮"（second-guessing）的性质。我们对于所做的事通常目的明确，只是我们没有向学生们表露我们的意图，所以我们就失去了与学生探讨我们所做决定的有效性的机会。

反思（reflection）使教育工作者和学生能够坚持对于自己的行为进行审视并寻求反馈。事实上，一种程序和步骤过去进行得十分顺利，或某一次行得通，不代表永远都有效。进一步讲，反思与透明两者相结合可以确保"学以致用"，也就是说，使学生能将他们在一种情境中学到的知识、技能、态度以及行为应用到一种新的、不同的情境中去。这一点是基于一些习得理论和研究的，有确切证据显示，学习者如果能确认、实践并反思有效行动的特定技巧，他们就具备把这种理解迁移并且应用到新的情境中的能力。[①] 最后，真实性（authenticity）也是十分重要的，因为只有真实的经历才能使学生相信他们可以并且应该在新世界里"展翅飞翔"，被充分赋予公民参与的权利。每一代年轻人都要重申《麦田里的守望者》中霍顿·考尔菲德（Holden Caulfield）对于"虚伪"的反抗；非真实的赋权经历不会使年轻人信服他们自己是有用的、负责的公民行动者。模拟的公民经历可能会帮助学生提升他们的公民技能，缩小公民赋权差距。但是真实的经历可以帮助学生形成参与的、有效能感的公民身份和积极行动的习惯，为未来的公民参与做准备。

目的性、透明性、反思性以及真实性是学校公民教育的核心。如果学校具备这些特征，那么它们所示范的以及学生所经历的公民关系、准则、习惯就能够贯彻下去。学生们将会从这些经历中受益匪浅，从而使自己成为有技能的、参与度更高的行动者。然而，问题是我们真正想要学生学习的技能、态度以及习惯到底是什么呢？换句话说，我论述学校应该提供示范，给予学生机会去实践公民关系、公民准则以及公民行为——但是具体应该是什么呢？

为了避免循环论证，简单地说，这些技能、态度以及习惯应当能够 188 缩小公民赋权差距，在实践中促进公民平等。本质上，我在本书中一直强调普通人的公民平等——不只在理论层面，更是在实践中——对于民主平等、稳定以及法治都是十分必要的。有关这方面的讨论奠定了我在第一章中分析公民赋权差距的基础，也是我倡导的赋权的公民教育的核心。在实际生活中实现公民平等是一项艰巨的任务；我从来没抱有此类幻想——在

---

① David Perkins, "What Is Understanding?" in *Teaching for Understanding*: *Linking Theory with Practice*, ed. Martha Stone Wiske, pp.39-44, 51-57, San Francisco: Jossey-Bass, 1998; John D.Bransford et al., eds., *How People Learn*: *Brain*, *Mind*, *Experience*, *and School*, Washington, D.C.: National Academies Press, 1999.

实践中改变招收低收入、有色人种的种族隔离学校的公民教育状况就会实现公民平等，但是这样做会起到一定作用。想要在普通人中实现公民平等，就要保证那些长期以来被边缘化的群体中的年轻人能够畅所欲言——使他们的意见能够受到重视。更进一步说，他们需要提升自身的技能，增强自信心，倾诉关切自身利益的问题，引起别人的重视，并对这些问题有着其他人（成人、特权种族成员）所不具备的认识和理解。

因此，学校应该义不容辞地教育年轻人重视并运用他们自己的意见、知识、能力以及对于世界的理解，更重要的是，至少学校绝对不能在这些方面削弱他们的自信。效能感很重要，多角度看问题及语言转换也是如此。[1] 除此之外，来自长期以来被边缘化的少数种族群体的年轻人需要学习通过集体行动放大自己的声音。支持他们的人可能很少，这些边缘群体的年轻人试图去改变现有体制，但很可能轻易地就被压制了。然而，个体行为不能奏效，集体力量却能够成功。因此，学校应该给予学生团结协作的机会，进行集体行动，而不仅仅是个人单独行动。最后，公民认同、公民责任与参与公民行动之间也有很大的关联性，学校应该示范并创建公民社区，让学生可以在这样的团体中拥有积极的认同感，并在其中培养责任感。总而言之，学生在学校中的公民体验应该强化他们畅所欲言的价值（通过树立榜样）和能力（通过实践的机会），强调他们对世界的理解的价值，并通过团结协作、有效的领导以及集体行动让他们的意见得以引起关注。

下面将以上特征按取得成效的程度从小到大排列，期望每次经历都发挥最大的效用是不现实的。坦率地讲，发挥最小作用对于许多学校来说都是很艰巨的，特别是那些招收低收入、有色人种学生的种族隔离学校。虽然如此，它们也会为教育工作者和学生提供可以借鉴的理想典范，也为我们提供了一套标准，来评价学校中的各种活动以及学生日常经历的质量。

---

[1] 对此我在第二章中进行了详细的论述。

学校中公民经历的连续体

学校如何构建公民经历（教学法）	
最小限度	**最大限度**
反应性、间断性的	明确的目的性、持续性、综合性
不可见的、神秘的	透明的、学生和家长显而易见的
模仿的	真实的
具体的、孤立的、无反思的	普遍的、以转变为目的
学生通过公民经历可以学到什么（教学目的）	
最小限度	**最大限度**
个人的力量	集体行动的力量
参与的价值	通过领导力来进行变革的价值
具有可以弥补的缺陷	利用自身能力、依靠自身优势成为有贡献之人

这些期望看起来可能让人难以应对，但是在一个民主体制中，降低要求对于学生来说就是不负责任。我们认为学校日复一日地帮助年轻人成为读者、作家或者数学家，这是正确的。若是没有这些实践，他们何以才能掌握未来事业要求具备的复杂的知识、技能、态度或者习惯？[①] 我们也会对竞技体育作出相似的评判。实际上，对于想要成为优秀棒球运动员的年轻人，整个赛季每周都要花费数十小时进行训练——更不用说季前和季后的训练了，甚至对于年幼的运动员来说这也已经成为一条准则。他们每周都会在教练的严格纪律和密切留意下进行大量训练。但是，学生在公民身份和公民权方面能获得何种指导、训练以及类似的经历呢？学校和其他公共机构在公民法则、公民技能以及公民准则方面是否应该像棒球训练一样给学生提供足够的指导？这样的要求真的不合理吗？

进一步讲，一所学校若是没有棒球队就不会教给学生有关这项竞技

---

① 不可否认，受标准化考试驱动的学校里的学生通常不会观察或模仿真正的阅读者、作家或数学家，而会参与到类似能够反映考试需要的训练活动中。但是这些学生并不一定真正掌握了成为优秀的作家、数学家以及阅读者应有的复杂的知识、技巧，有效的态度和习惯。

运动的知识，除非这个学校拥有其他运动队，棒球没有其他运动受重视。然而，所有学校都要对学生进行体验式的公民教育。学生们不可避免地要在公民技能、公民准则以及公民习惯相关方面得到锻炼。例如，如何处理好与官方之间的关系，如何对待彼此之间的相似或不同之处，要畅所欲言还是低头不语，是与他人合作还是孤军奋战，是将他人视为合作者还是对手。一所没有棒球队的学校不会教学生打糟糕的棒球，而是根本就不会教他们。然而，一所学校若是没有建立相应的教学体系让学生体验赋权的公民经历，那么它就是在建立一个去权的教学体系，或者至少是和赋权背道而驰的体系。

191

有关师徒关系的传统观念可以阐明，学校作为公民社区起到的模范作用与学校向学生提供实践公民参与的机会两者之间的关系。"年轻人需要榜样，向他们展示什么是历史学家、数学家、音乐家或者足球运动员，同时也需要榜样，向他们展示参与民主生活的艺术……通过邀请年轻人进入他们的圈子，成年人群体更像一个宗教组织或者部落，使年轻人能够尽可能快地完全融入到集体当中，得到越来越多的优待，承担越来越多的责任。"[1] 因此，年轻学生会通过一种相互促进的循环机制学会观察和实践。毕竟，榜样并不仅仅是代表公民美德或恶习的静态形象，他们能够激发学生的效仿。榜样能够展现、激励、鼓舞他人进行相似的活动。通过帮助年轻人，使其有能力从公民准则和公民实践两方面完成相关学业，这样的榜样就会完美地推动他们进入一个有关公民身份、技能、活动、效能以及赋权的良性循环。[2] 那么，为了实现这样的目标，在教学过程中就要有明确的目的性、透明性以及反思过程。这些是学校在公民教育方面承担的必要责任。

---

[1] Deborah Meier, "So What Does It Take to Build a School for Democracy?" *Phi Delta Kappan*, 2003, 85 (1): pp.16-17; Joseph Kahne and Joel Westheimer, "Teaching Democracy: What Schools Need to Do", *Phi Delta Kappan*, 2003, 85 (1): pp.34-40, 57-66.

[2] 关于这一循环的实证依据，参见第六章。

在课堂中创设公民文化

以上提到的这些想法可以通过多种多样的方式在课堂中实现。一些简单的小事，诸如"等待的时间"——老师在提问之后和叫学生回答问题间隔的时间，或者是干脆自问自答间隔的时间——可以让学生开口或让他们闭嘴。如果教师将等待的时间延长，那么他们就可以通过留给那些思考较慢、考虑问题比较全面或是不太愿意在提问环节举手示意老师的学生更广阔的思考空间，以此向学生传达包容和协作的精神。反之，若是教师缩短等待的时间，用一种非常泄气的情绪自问自答，就像电影 *Ferris Bueller's Day Off*（"Anyone，anyone？"）中的那名经济学教师一样，这样无疑是在向学生传达一种信息，他们的想法和观点是无足轻重的。实际上，教学方法的点滴之中都蕴含着公民教育。①

192

在这里我想要强调，公民赋权教学法最根本的一点就是鼓励学生表达自己的观点，但遗憾的是，这点却很少出现在课堂之中。具体来说，我所展望的教学方法，是能够创设一种"开放式的课堂氛围"（open classroom climate）来支持真实、活跃的课堂讨论，讨论中鼓励学生提出

---

① 罗伊（Rowe）展示了这些技巧如何使"之前的'隐形'人变成'有形'人"[Mary Budd Rowe，"Wait Time：Slowing Down May Be a Way of Speeding Up！"*Journal of Teacher Education*，1986，37（1）：p.45]。哈曼（Homana）等和托尼－普塔（Torney-Purta）对学生公民赋权教学策略的相互作用进行了有用分析，参见 Gary Homana et al.，"Assessing School Citizenship Education Climate：Implications for the Social Studies"，CIRCLE Working Paper 48，College Park，MD：Center for Information and Research on Civic Learning and Engagement，2006，retrieved January 17，2012，from www.civicyouth.org/popups/workingpapers/WP48homana.pdf；Judith Torney-Purta et al.，"Developing Citizenship Competencies from Kindergarten through Grade 12：A Background Paper for Policymakers and Educators"，Education Commission of the States，2006，retrieved August 2，2011，from www.ecs.org/html/IssueSection.asp？issueid=19&s=Select ed+Research+%26+Readings。

相反的观点，倾听他人的观点，而不让他们感觉到不自在。在公民教育研究的文献中，最强有力的研究结论即开放式的课堂氛围与公民教育效果呈正相关。纵观过去四十年来横跨几十个国家的研究，可以得出如下结论：学生们认为自己可以在课堂中畅所欲言是"展现关于民主价值的知识，体现对民主价值的支持，也预示着他们今后在学校内外能够参与政治讨论"。① 开放式的课堂氛围的体验也会对学生产生以下方面的积极影响：其总体上的公民和政治知识水平，选举的意向，成为一名见多识广的选民的可能性，期待参与其他政治与公民行动，表达政治效能和公民责任，适应公民和政治冲突，对于时事政治的关注及兴趣，批判性思考和沟通的能力。这些调查结果在美国和全世界范围内的许多不同学校都是一致的，有真凭实据的。②

① Judith Torney-Purta et al., *Citizenship and Education in 28 Countries*：*Civic Knowledge and Engagement at Age Fourteen*，Amsterdam：International Association for the Evaluation of Educational Achievement，2001，p.137. 亦可参见 Diana E.Hess，"Teaching about Same-Sex Marriage as a Policy and Constitutional Issue"，*Social Education*，2009，73（7）：pp.344-349。

② 关于整体的公民和政治知识，参见 Glen Blankenship，"Classroom Climate，Global Knowledge，Global Attitudes，Political Attitudes"，*Theory and Research in Social Education*，1990，43（4）：pp.363-386；Carole L. Hahn，"Citizenship Education：An Empirical Study of Policy，Practices and Outcomes"，*Oxford Review of Education*，1999，25（1-2）：pp.231-250；Judith Torney-Purta et al.，*Citizenship and Education in 28 Countries*：*Civic Knowledge and Engagement at Age Fourteen*，Amsterdam：International Association for the Evaluation of Educational Achievement，2001。关于选举的意向，参见 Judith Torney-Purta et al.，*Citizenship and Education in 28 Countries*：*Civic Knowledge and Engagement at Age Fourteen*，Amsterdam：International Association for the Evaluation of Educational Achievement，2001。成为一名见多识广的选民的可能性，参见 David E. Campbell，"Voice in the Classroom：How an Open Classroom Environment Facilitates Adolescents'Civic Development"，CIRCLE Working Paper 28，College Park，MD：Center for Information and Research on Civic Learning and Engagement，2005，retrieved January 17，2012，from www.civicyouth.org/popups/workingpapers/WP28campbell.pdf，参与其他公民政治行动的愿望，参见 Joseph E. Kahne and Susan E. Sporte，"Developing Citizens：The Impact of Civic Learning Opportunities on Students'Commitment to Civic

开放式的课堂讨论氛围有一定的积极作用，因为它使在家庭环境下讨论政治的习惯可以在课堂中再现。据调查显示，在家庭中讨论政治对于年轻人的政治知识储备以及政治参与度都有很大的影响。据说，这些讨论在家庭中发生的频率与父母的受教育程度和社会经济地位有关。因此，通过营造开放式的课堂讨论氛围，学校可以弥补学生之间这种社会群体差

193

Participation", *American Educational Research Journal*, 2008, 45 (3): pp.738-766。关于政治效能和公民责任的表达，参见 Glen Blankenship, "Classroom Climate, Global Knowledge, Global Attitudes, Political Attitudes", *Theory and Research in Social Education*, 1990, 43 (4): pp.363-386; Carole L.Hahn, "Citizenship Education: An Empirical Study of Policy, Practices and Outcomes", *Oxford Review of Education*, 1999, 25 (1-2): pp.231-250; Stephane Baldi et al., "What Democracy Means to Ninth-Graders: U.S. Results from the International IEA Civic Education Study", *Education Statistics Quarterly*, 2001, 3 (2): pp.89-96; James G.Gimpel et al., *Cultivating Democracy: Civic Environments and Political Socialization in America*, Washington, D.C.: Brookings Institution Press, 2003; Arie Perliger et al., "Democratic Attitudes among High-School Pupils: The Role Played by Perceptions of Class Climate", *School Effectiveness and School Improvement*, 2006, 17 (1): pp.119-140。关于公民和政治冲突适应，参见 John R.Hibbing and Elizabeth Theiss-Morse, *Stealth Democracy: Americans' Beliefs about How Government Should Work*, New York: Cambridge University Press, 2002; Diana E. Hess, *Controversy in the Classroom: The Democratic Power of Discussion*, New York: Routledge, 2009。对于时事政治的关注及兴趣，参见 Glen Blankenship, "Classroom Climate, Global Knowledge, Global Attitudes, Political Attitudes", *Theory and Research in Social Education*, 1990, 43 (4): pp.363-386; Carole L.Hahn, "Citizenship Education: An Empirical Study of Policy, Practices and Outcomes", *Oxford Review of Education*, 1999, 25 (1-2): pp.231-250。关于批判性思考和沟通能力，参见 Carnegie Corporation of New York and CIRCLE, "The Civic Mission of Schools", New York: Carnegie Corporation of New York and Center for Information and Research on Civic Learning and Engagement, 2003, retrieved November 12, 2011, from www.civicmissionofscho ols. org/site/campaign/documents/CivicMissionofSchools.pdf。国际方面的数据，参见 Carole L. Hahn, *Becoming Political*, Albany: State University of New York Press, 1998; Judith Torney-Purta et al., *Citizenship and Education in 28 Countries: Civic Knowledge and Engagement at Age Fourteen*, Amsterdam: International Association for the Evaluation of Educational Achievement, 2001。

异——特别是招生对象主要是来自低收入家庭学生的学校。①

　　鉴于开放式课堂氛围的积极作用得到了广泛认同，并且在一定程度上，历史、社会科和英语课很自然地使用公民赋权的教学方法，创造让学生表达意见的氛围，我们可以期待在上述情况下，讨论、立场选择训练、正式或非正式辩论，以及其他一些鼓励学生表达意见的方式也会随之推广。然而，美国和世界其他国家的绝大多数社会科教师很少采用以上教学技巧。教科书、讲授以及活页练习占据主导，角色扮演、辩论以及讨论的方式运用较少。②

---

① Sidney Verba et al., *Voice and Equality: Civic Voluntarism in American Politics*, Cambridge, MA: Harvard University Press, 1995; Molly W. Andolina et al., "Habits from Home, Lessons from School: Influences on Youth Civic Engagement", *PS: Political Science and Politics*, 2003, 36 (2): pp.275-280; David Campbell, "Voice in the Classroom: How an Open Classroom Climate Fosters Political Engagement among Adolescents", *Political Behavior*, 2008, 30 (4): pp.437-454; Britt Wilkenfeld, "Does Context Matter? How the Family, Peer, School and Neighborhood Contexts Relate to Adolescents'Civic Engagement", CIRCLE Working Paper 64, Medford, MA: Center for Information and Research on Civic Learning and Engagement, 2009, retrieved May 6, 2010, from www.civicyouth.org/PopUps/WorkingPapers/WP 64Wilkenfeld.pdf; Joseph E. Kahne and Susan E. Sporte, "Developing Citizens: The Impact of Civic Learning Opportunities on Students'Commitment to Civic Participation", *American Educational Research Journal*, 2008, 45 (3): pp.738-766.

② 来自世界各地的有力数据，参见 Judith Torney-Purta et al., *Citizenship and Education in 28 Countries: Civic Knowledge and Engagement at Age Fourteen*, *Executive Summary*, Amsterdam: International Association for the Evaluation of Educational Achievement, 2001, pp.9-10。一项具有代表性的全国调查显示，近90%的美国学生回答，"学习公民课时最常用的方法是阅读教材、活页练习、死记硬背的学习活动"，不足一半的学生回答以辩论、讨论和角色扮演的方式学习公民课 [Judith Torney-Purta, "The School's Role in Developing Civic Engagement: A Study of Adolescents in Twenty-eight Countries", *Applied Developmental Science*, 2002, 6 (4): p.209]。"全国教育进步评估"（NAEP）的数据与此一致：83%的四年级学生至少每周都使用社会科教材，三分之二以上的四年级学生每周或每天都要完成活页练习。与上述方法类似使用频率的还有使用定量数据、图表和表格（81%），教师的课堂讲授（66%）。这四种相对被动的以教师为中心的教学法，也是至少四分之三的八年级学生每周或每天使用的方法；唯一显

即使在课堂上存在所谓的"讨论",这种讨论也常常以"轴心式"的形式存在,即由教师引出讨论,很快又返回到教师,而不是针对手头问题,在学生中创设一种真正包容、共同参与的讨论。美国最早从事课堂互动研究的学者之一考特尼·卡兹登(Courtney Cazden)将其称为"IRE"课堂互动模式(IRE model),即:(通过发问,)教师开启一场对话式互动(interaction,I),一名学生作答(reply,R),之后教师对这名学生的回答给出评价(evaluation,E),然后再以另一个问题开启一段新的互动。[1] 这种方式或许在某些时候是一种有效的教学模式,但是它很难促成一种课堂文化,让学生能够真正探索自己的想法,表达自己的观点,并主动去倾听他人的观点。然而教师和学生经常将上述"IRE"课堂互动模式当作是一种讨论,这极有可能是因为无论何种类型的学生观点表达都是相对鲜有的。[2] 但是,称其为讨论并不代表它的本质就是讨论。

调查显示,与来自富裕家庭的白人本土学生相比,来自低收入、移民家庭的有色人种学生在开放式课堂氛围中很难拥有足够多的讨论机会,尽管这种经历对他们公民知识和公民参与的提升大有裨益。这令人遗憾,但却在意料之中。例如,一项研究调查了芝加哥公立学校 35 个高中班级中的 135 节课,这些高中招收的学生绝大多数是来自低收入家庭的非白人学生。通过课堂观察发现,没有一节课能够给予足够长的时间让多数学生参与深层次的探究或讨论,这让人感到遗憾,因为针对芝加哥公立学校的其他研究表明,如果课堂能够提供公民参与的机会,包括创设一种开放式

著的区别就是 95% 的八年级学生每周或每天使用社会科教材(Anthony D.Lutkus et al.,"NAEP 1998 Civics Report Card for the Nation",Washington,D.C.:U.S. Department of Education,Office of Educational Research and Improvement,and National Center for Education Statistics,1999,p.91)。

① Courtney Cazden,*Classroom Discourse:The Language of Teaching and Learning*,2nd ed.,New York:Heinemann,2001;亦可参见 Hugh Mehan,*Learning Lessons*,Cambridge,MA:Harvard University Press,1979。

② Diana E. Hess,*Controversy in the Classroom:The Democratic Power of Discussion*,New York:Routledge,2009,p.36.

的课堂氛围，这极有可能消除由其他因素引起的公民赋权差距。[1]

　　如果我们认真对待利用学校来缩小公民赋权差距这一方式，那么我们就有必要改变课堂文化和氛围，创设一种开放和包容的课堂，使学生能够畅所欲言。学生需要感受到自己的观点是与议题相关的而不是偏离的，是值得仔细讨论和探究的——包括经受不同意见或挑战，而不是不恰当的跑题甚至是对正常教学造成的干扰。至少，这一点意味着真正的课堂讨论应该是课堂生活具备的基本特征，在相互尊重、共同参与的氛围中，学生们能够表达、捍卫自己的观点，倾听他人的观点。如果我们认真倾听学生们讨论，我们会听到学生故意反驳其他学生或者老师提出的观点。如果我们注意发言的顺序，我们会发现学生们会彼此回应，并不是仅仅回答老师的提问。他们的回答也表明，他们倾听并且理解了其他同学的发言，切实融入到这个氛围中来，而不仅仅是按次序发言。学生们试图提出证据

---

① Joseph Kahne et al., "Developing Citizens for Democracy? Assessing Opportunities to Learn in Chicago's Social Studies Classrooms", *Theory and Research in Social Education*, 2000, 28 (3): pp.331-338; Stephane Baldi et al., "What Democracy Means to Ninth-Graders: U.S. Results from the International IEA Civic Education Study", Washington, D.C.: U.S. Department of Education and National Center for Education Statistics, 2001; David Campbell, "Voice in the Classroom: How an Open Classroom Climate Fosters Political Engagement among Adolescents", *Political Behavior*, 2008, 30 (4): pp.437-454; Britt Wilkenfeld, "Does Context Matter? How the Family, Peer, School and Neighborhood Contexts Relate to Adolescents'Civic Engagement", CIRCLE Working Paper 64, Medford, MA: Center for Information and Research on Civic Learning and Engagement, 2009, retrieved May 6, 2010, from www.civicyouth.org/PopUps/WorkingPapers/WP 64Wilkenfeld.pdf; Joseph E. Kahne and Susan E. Sporte, "Developing Citizens: The Impact of Civic Learning Opportunities on Students'Commitment to Civic Participation", *American Educational Research Journal*, 2008, 45 (3): p.755. 关于加利福尼亚州青年人公民学习机会大规模的调研数据，参见 Joseph Kahne and Ellen Middaugh, "Democracy for Some: The Civic Opportunity Gap in High School", CIRCLE Working Paper 59, College Park, MD: Center for Information and Research on Civic Learning and Engagement, 2008, retrieved November 12, 2011, from www.civicyouth.org/PopUps/WorkingPapers/WP59Kahne.pdf。

来佐证自己的陈述，也会相互反驳。绝大多数学生都会参与讨论；讨论本身——以及课堂作为一个整体——不会只由几种强势的言论主导。我曾经采访过奥斯汀一所学校的老师，对这一点他有很好的总结："在讨论中，我的课堂不会是很安静的，我希望班级里的每一个人都能参与其中，每个人都举手向我提问，或是对我提出质疑。我的学生都十分擅长挑战我的观点。他们会说，'等一会儿，埃斯特拉达先生，您说的这一点是怎么回事？'他们会提出这样的问题，他们也真的会发问，而这正是我希望看到的。我不希望他们只是呆坐在那里，反应迟钝。他们已经明白不要做"木头疙瘩"（lumps on the log）！如果你不参与我们的讨论，这个课堂也不需要你。你需要做一个积极的参与者。"如果所有教师——特别是那些在招收低收入、有色人种学生的种族隔离学校从事教学工作的教师（就如埃斯特拉达先生工作的学校一样）——都向学生传达这样一种信息，即要求他们在课堂上积极参与，期望他们向权威挑战，进而学生的课堂经历和随后的公民赋权也会有重要改变。不，不仅如此，年轻人在课堂中的经历会发生天翻地覆的变化。①

　　然而，转换课堂氛围、使其变得更为开放只是消除公民赋权差距最基础的一步。想想学生们的一系列公民经历！我在上文描述的那种课堂讨论可能是一种隐性的教学方法，而不是直接就可以传授给学生的东西，如课程目标。换言之，教师们可能会"以讨论的方式"教学生，但却忽略了"教学生讨论"；他们没能教会学生今后如何融入到一场有效的讨论之中。② 进一

① 这种关于开放式课堂氛围的讨论与政治哲学和社会科学中关于协商民主的大量文献相契合。然而，由于研究空间和关注点，我认为这不能给对协商民主感兴趣的人将来的研究工作提供有成效的指导。作为开创性研究，罗森博格（Rosenburg）针对这一话题给出了理论和实证的优秀范例，参见 Shawn W. Rosenberg ed., *Deliberation*, *Participation and Democracy：Can the People Govern*？ Basingstoke，England：Palgrave Macmillan，2007。

② Walter C. Parker and Diana E. Hess，"Teaching With and For Discussion"，*Teaching and Teacher Education*，2001，17（3）：p.273. 亦可参见 Diana E. Hess, *Controversy in the Classroom：The Democratic Power of Discussion*，New York：Routledge，2009，chapter 4.

步讲，讨论的过程有可能是模拟的，而非真实的。如果讨论的问题是教师认为重要的，并不是对学生有意义的，那么这样的讨论就不能算作是真实的讨论。

值得注意的是，不能只根据要讨论的话题来判断一场讨论是否是真实的。有效的教学过程会使学生十分热衷于调查一些热点问题以及与课程有关的问题：谁会从奴隶制中获益更多，北方还是南方？安德鲁·杰克逊是否可以进入总统名人堂？约翰·布朗（John Brown）是一名恐怖分子吗？第二次世界大战是否终结了经济大萧条？学生们可能会对这些重要的问题进行很好的分析，进而投入激情去寻找和讨论问题的答案。① 从另一方面看，虽然学生通常都喜欢讨论本地发生的事件以及时事——这些都是在如今的课堂上被忽视的问题，是由于课程的覆盖范围导致的——而对于那些当前发生的问题，若是他们感到与自己关系不大，或者感到他们的老师由此高人一等，他们便不屑于讨论了。用 5 分钟时间讨论最近发生在附近的枪击案，或者是否支持阿富汗战争（Afghanistan War），还不如不进行讨论。学生们关注的是别人能充分重视自己的忧虑及所想，做事情的时候能和别人平等。因而，不能仅仅从话题本身判断学生们参与了一次模仿性的讨论还是投入到了一场真实的、充满观点交锋的讨论中。但无论如何，如果只付出最小的努力，是无法做到真实的。

此外，最小程度的开放式的课堂氛围能够激发学生的参与热情，但是这并不一定有助于培养学生的沟通能力和领导能力。学生可能会有效参与到一场由其他人发起和领导的讨论中，但是他们没有学会自己如何发起和引领一次讨论，也并不会在讨论中转换话题，以便更好地解决问题并分辨出大多数人不知晓的观点。最后，我之前所描述的那种开放式的课堂氛围或许很难培养学生共同思考和学习的能力。学生们可能会把这种课堂讨论作为表达自己个人观点的机会，来锻炼自己的思考和沟通能力，而不

---

① 关于这些重要问题，参见 Grant Wiggins and Jay McTighe, *Understanding by Design*, exp.2nd ed., Alexandria, VA: Association for Supervision and Curriculum Development, 2005。

是看作集体共同思考、依靠个人努力无法实现的对某一问题更好理解的机会。

需要重申的是，这并不意味着不需要最低程度的开放式课堂，也不是说这样的课堂氛围不值得我们探讨。在这样的课堂中，学生会很自由地表达出一些潜在的不受欢迎的想法，倾听来自他人的观点，并感受着一种相互尊重和包容的环境。这样的机会其实是很少的，特别是在那些招收来自低收入家庭的有色人种学生的城市学校中更是如此。如果所有年轻人都能一直在这样的课堂上度过他们的求学时光，我会十分兴奋和激动。这样不仅会缩小公民赋权差距，辍学率也会降低，学校纪律方面的问题也会变少，学生的学业成绩、情感以及社交能力都会有所提高。

虽然如此，我想再花点时间来描述一下最大程度的开放式课堂氛围是怎样的。学生在这样的课堂上能够有机会经历并且学习如何通过尊重、包容、集体、赋权的方式来进行思想的碰撞。这样的讨论是常规的，甚至可以是每天进行的，是课堂活动的一部分。它们基于真实的情境，关注与学生切身利益相关的问题，包括一些有争议的公共话题。我重申，这并不意味着所有话题都是当今发生或者与"真实生活"相关的。正如我在上文中强调的，学生在一位好老师的引导下，可以更深层地关注时空久远的事件和年代。但是针对某些事件，也会陷入窘境，而这对于年轻人是很重要的，这样的讨论和调查是十分有意义的，因为它们会带动学生去表达自己，相互质疑，修正自己的理解，并且通过探究的方式共同学习。这就与敷衍了事、由教师一人主导的课堂有着天壤之别。

学生们也会了解如何组织、领导、全身心地投入到集体探究性学习中。这是一整套有难度的技能学习，我当初教八年级学生的时候，需要教他们如何用自己的话转述其他同学的观点，如何在别人的观点上进行发挥，如何礼貌地表达自己的反对意见，以及如何请求别人给出进一步的阐释。学生在讨论过程中参照一张模板句型单，在那个学年的前几个月里，我要求他们和别人进行讨论的时候，要以那上面的句子开头。这些句子包括：

我同意她的观点，因为……

我有一个问题，就是……

我不理解为什么／怎么……

这一例子可能会支持……

为了支持你的论点，你假设……

你说的是……

为了回答这个问题，我们需要知道……

主要的问题似乎在于……

人们到目前为止还没有提到的问题是……

还有一张类似的单子上列出了一些问题，以帮助这些十三四岁的学生进行积极的倾听，能够跟上讨论的进度并融入其中：

他究竟是提出了一个论点，还是为了讨论而讨论？

这个反对意见的核心要点是什么？

他们是否有用以支持他们论点的事实、见解和论断？

如果我们之前做过研究，这个问题是否就会得到解答？我们需要了解什么？

为什么人们关注这个话题？

这个问题是如何影响到我的生活的？它可能对我的生活造成怎样的影响？

我个人之前是否经历过和这个问题有关的事？

199　　戴安娜·海斯（Diana Hess）对教师的研究发现，一些成功运用讨论进行教学的教师也展示出相似的教学技巧。例如，海斯描述一名教师的讲课方式，他对学生们讲明，"讨论中的每个因素都会成为评分表上的一项，所以学生们就会十分清楚参与讨论的价值是什么。"另一位教师让她的学生观看了前一学年的一次很成功的课堂讨论视频；学生和老师用一张评分表对一场成功讨论的质量进行分析和评估。之后，她还会让学生观看一场成人间进行的质量不高的讨论视频，用一张评分表格来引导他们对这样的讨论进行评判，最终学生就足以对有争议的公共话题发起讨论。①

这种逐级递进式的教学，直接为学生组织一场讨论提供支撑，使过程透明而且容易理解。它使得一些因感到害羞、觉得没有能力或不知所措而不会参与讨论（如"我无法像他说的那么好"、"我不知道如何去理解"）的学生得以参与，因为学生对于参与讨论的目标、规定以及流程很清楚明了。这样的程序使得所有学生都能对讨论有所贡献，不管他们是否完全掌握了材料中的内容；也能让所有学生，即使是那些见多识广的学生都能从他人那里学到一些东西。这样可以使学生既能够体验到对集体的贡献，又能从共同探究的过程中有所收获；他们既是个体的学习者和思考者，又是集体的学习者和思考者。个体的贡献受到重视，但更有价值的是当不同信仰、对于问题有着不同理解的人共同致力于同一问题的研究时集体思路的转换。学生们也从这样的过程中学会如何坚持（礼貌地）让别人认识到自己所作出的贡献，以及让别人重视自己的见解。他们学会了如何以一种包容的、建设性的方式来推动讨论的进行，了解了为什么他们想要将讨论进行下去——为什么共同探究比大喊大叫更加有效。一段时间之后，他们就不需要老师不断地监控讨论的过程、注入探索性的问题，引导学生发言或者是引出对立的观点。他们可以运用自己的交际能力和领导技巧来处理这样的事情。这并不意味着教师是可有可无的，至少从目前来看，教师还是课堂中最具知识的参与者，也是最了解每个学生学习需求的人。但是学生不需要依赖她，最后，通过"全方位"地参与讨论过程，学生们可以将所学到的知识和技能运用到其他情境中去，例如学校之外的讨论和公开辩论。

然而，建立一种开放式的课堂氛围也是冒险的，会威胁到教师的生存。小学教师底波拉·迈耶（Deborah Mayer）说：

① Diana E. Hess, *Controversy in the Classroom*：*The Democratic Power of Discussion*，New York：Routledge，2009，pp.67-68.

她教的是四到六年级的学生，有一次她让学生针对《泰晤士报》儿童版（这是学校认可的课程的一部分）上的一篇文章进行讨论，内容是关于抗议美国政府 2003 年 1 月准备入侵伊拉克。一名学生问她是否也参加了示威游行。她说，每当她看到"呼吁和平"的标语之时，她就摇旗呐喊，发动战争之前要寻求能够和平解决争端的方式。之后一位家长投诉了她，校长命令她以后再也不许在课堂上讨论战争以及她的政治立场。那一学年末，她的雇佣合同没有得到续签，她被解雇了。①

第七次巡回法院的判决结果是：针对她的解雇是合理的，鉴于她的言辞是"她出售给雇佣者的商品以换取薪水"。在课堂上与学生讨论有争议的公共话题变得更加冒险了。② 如果教师今后有信心教授学生开放、民主的话语技巧和习惯，那么他们就需要更强有力的法律保护。

学生讨论的过程中有哪些限制？

教师们在课堂上自由表达自己的观点十分冒险，对于教师来说，把握好学生们在课堂上发表言论的自由界限也是十分复杂的。2006 年春天，我带的一名实习教师柯尔斯滕与她的学生一起讨论她们的"公民权项目"中想要研究的问题。一些人选择了学校厕所的糟糕状况（我在上文中曾经提到）。另一组成员则想要研究隔壁小学二年级学生阅读成绩的糟糕状况。

---

① Bob Egelko，"Supreme Court Denies Hearing for Fired 'Honk for Peace' Teacher"，*San Francisco Chronicle*，October 2，2007，A7.

② *Mayer v. Monroe County Municipal School Corp.*，474 F.3d 477（7th Cir.），cert. denied，552 U.S. 823（2007）. 莫兰（Moran）讨论了政治和教学上的"雷区"，尤其是在大选期间谈论政治以及相关对策建议，见 Martin Moran，"The Politics of Politics in the Classroom"，*Schools：Studies in Education*，2009，6（1）：pp.57-71.

其他学生则选择醉酒驾驶、青少年自杀以及多尔切斯特发生的暴力事件等日常琐事。乔纳是一名正统的犹太孩子，他几个月前进入麦考迈克学校，和其他学生有着不同的想法，他所提出的研究问题我们之前谁都不曾想过。他想要研究马萨诸塞州同性婚姻合法化的问题，更具体地说，他想基于犹太法典的相关条例来进行反驳。

乔纳的提议使我和柯尔斯滕在放学之后争论了几个小时。同性婚姻的确是一个有争议的话题，一些人出于善意反对它。马萨诸塞州高等法院（Massachusetts Supreme Judicial Court）曾在 2004 年 5 月对同性婚姻合法性作出裁决。作为回应，保守派的激进分子发起了一场民意投票，企图废除同性婚姻；整个 2005 年至 2006 年，媒体一直就同性婚姻合法性问题争论不休。从这些方面来看，同性婚姻一直都是辩论和政治活动的焦点。若从人权的角度来探讨这一问题，我和柯尔斯滕都支持同性恋合法化。但从个人的角度看，即使在 2006 年，同性婚姻也本不该成为辩论的焦点问题，就像当下争论的种族间通婚一样。在这点上，我们将同性恋的权利视作与废奴主义和反纳粹激进主义同一类的事物，它们并不是像战争、经济政策 202 或社会服务供给之类的"普通"话题。我们或许对这些"普通"话题有着自己热衷的特定立场，但是我们也一定会赞成给学生机会去寻找证据来支持与我们相对立的观点。这种宽容是开放式课堂氛围存在的核心，而且也是非灌输式教育的核心。但是课堂并不是允许所有立场观点都存在，即使是在公立学校的课堂上：我们也不需要谈论一种亲纳粹的思想，或者怀念"吉姆·吉劳法"（Jim Crow）① 盛行的年代。反同性婚姻的立足点在哪里？如果同性相恋是人权之一，那么在公民层面，甚至人性层面使同性婚姻合

---

① 吉姆·克劳法，泛指 1876 年至 1965 年间美国南部各州以及边境各州对有色人种（主要针对非洲裔美国人，但同时也包含其他族群）实行种族隔离制度的法律。这些法律上的种族隔离强制公共设施必须依照种族的不同而隔离使用，且在隔离但平等的原则下，种族隔离被解释为不违反宪法保障的同等保护权，因此得以持续存在。但事实上黑人所能享有的部分与白人相比往往是较差的，而这样的差别待遇也造成了黑人长久以来处于经济、教育及社会上较为弱势的地位。——译者注

法化对于一个国家意味着什么？如果我们在课堂上讨论这个问题又是否合适？柯尔斯滕认为不合适，而我也犹豫不定，但是最终同意了这种做法。同性婚姻一直都是马萨诸塞州和美国政府讨论和辩论的焦点。我们是谁？我们凭什么禁止学生在公民课上讨论这个时下极其重要的政治问题？①

　　然而，这个问题本身的情形也只是我们考虑的诸多因素之一。我们反同性恋的观点本身可能无法成为禁止乔纳在课堂上讨论解决这个问题的理由。但是，保护课堂上其他同学的人权却可以作为理由来禁止他这么做。我们一直都致力于将课堂打造成对所有学生来说是安全的、相互尊重的——包括那些本身是同性恋，或者有家庭成员和朋友是同性恋的学生。我总是向学生阐明，他们自己可以出于道德或宗教信仰的立场反对同性恋，但是在我的课堂上，我对他们一视同仁，也希望他们之间能平等相待。乔纳提议反对同性婚姻，认为这是对上帝的亵渎，但这也将我们试图创造的一种开放式的课堂文化置于危险境地，我们努力创造的开放式的课堂文化是让所有学生都感到受欢迎、被尊重且被赋权。讽刺的是，这样开放的课堂制造出这样一种情景，即一名学生尝试着提出自己的见解——这种举动有去权的危险，使问题无法公开化，并且从根本上疏远了与其他同学的关系。因为对同性恋行为的恐惧（Homophobia）在麦考迈克学校是公开的而且是无人指责的，所有学生都不能幸免；我们甚至不清楚学校这750个孩子有多少来自同性恋家庭。但是乔纳班级里有一位同学的确是同性恋，当然我们并不知道，其他同学是否会确定他们的性取向，或者父母是同性恋，又或者因为乔纳提出的研究问题而感觉受到人身攻击。所以情况十分明了，一些学生会直接被乔纳的问题伤害到。

　　但是，这种对于其他人潜在的社交以及心理上的伤害是否足以成为阻止一名学生进行公民参与的理由？让我们看另外一个例子，一些学生反对伊拉克战争，但是班里有一名学生的父亲是军人，并且被派往伊拉克战

203

---

① 对这一问题的讨论，参见 Diana E.Hess, "Teaching about Same-Sex Marriage as a Policy and Constitutional Issue", *Social Education*, 2009, 73 (7)：pp.344-349。

场。如果这些学生介绍反对伊拉克战争的方案，在展示的过程中强调战争中的民众伤亡，并宣称这场战争是无法取胜的，那么那个学生就会感到愤怒、痛苦甚至遭受精神创伤。可以说，这名学生在此过程中经历的伤害不会比上面提到的同性恋学生或者拥有同性恋父母的学生受到的伤害少。既然如此，我们若是允许这组反战的学生继续他们的研究计划（我认为会是这样的），那么为什么不允许乔纳继续研究他的选题呢？

当讨论这个问题时，我们意识到，作为负责任的教师，要事先接触那些可能受到影响的学生。比如，我们可以和那个父亲在伊拉克参战的孩子交谈，对即将开始的话题让其有心理准备；如果有可能，我们也可以和她的家人或者监护人谈一谈。直接接触受影响的当事人是十分必要的。但是在同性婚姻的情况下我们如何辨别受影响的当事人呢？最核心的问题在于，我们不能确定谁私下是同性恋者，谁正纠结于性取向问题，谁的家庭成员或朋友是同性恋。公开向学生阐明——"你要听到的是，你的一位同学将会对一些问题发起正面攻击，可能与你的处境有关，所以请告诉我们你是否与这一问题有隐秘的联系，或者你是否对此有质疑"——看起来不是解决问题的一剂良方。

在乔纳的案例上，宗教与这个话题本身是什么关系？柯尔斯滕认为这才是关键。首先，通过攻击同性婚姻，认为其是"罪恶的"，而不仅仅是一个政策性的错误（因为它削弱了传统婚姻的观念或者类似观念），乔纳可能会去质疑其他人基本的性取向，这不仅仅是在政策层面上的争论。进一步说，柯尔斯滕提出，有关宗教的讨论不属于"公民权项目"的范畴。乔纳忽视了一个要点，即在美国，宗教与政府是相互独立的。作为讲授公民学的教师，我们需要帮助他理解并且接受这个事实。实际上，这一点可能就是让乔纳继续他的研究的价值所在。如果他愿意在这个过程中摆脱宗教因素，基于调查数据进行实证研究，那么不仅这个研究项目本身对于其他学生的威胁较小，而且乔纳还会学到美国立宪制度的一个重要原则。柯尔斯滕也会据此支持他——尽管她随后就要开始思考推荐给乔纳哪些有价值的参考文献可以帮助支持他的观点。

204

　　柯尔斯滕坚持要把和宗教有关的讨论从"公民权项目"中剔除，这一点我不能赞同，虽然我也很矛盾。正如我在第二章中阐述的，我认为，强迫公民掩盖甚至歪曲自己的真实想法对政策立场发表意见，会危害公共话语体系。如果乔纳反对同性婚姻的观点是基于宗教的立场，那为什么强迫他改换社会科学方面的选题呢？确实，乔纳可能会从这次经历中学到宗教和政府相分离的好处，但又或者他可能会感觉自己被当作是二等公民，不被允许讨论他对于某项政策的真实想法，而其他世俗论者在这方面就不用担心面临限制；他可能因此排斥宗教和政府之间的界限，从此认为有关政治的讨论都是另一种形式的谎言，开始远离公民和政治参与。这些都不是我们想要看到的结果。进一步讲，在美国，宗教语言，甚至是宗教推理一直都是美国政治话语体系的一部分——最明显的就是在民权运动中，其中包含了对同性婚姻权利的反对。想象一下，20 世纪 50 年代至70 年代的民权运动中没有马丁·路德·金、弗雷德·舒特尔斯沃（Fred Shuttlesworth）、约瑟夫·洛厄（Joseph Lowery）这些牧师或者其他"南方基督教领袖会议"（Southern Christian Leadership Conference）成员的宗教言论会是什么样的结果？在当时，宗教领袖和宗教言论发挥着至关重要的作用，这不是历史的偶然，而当今宗教信仰问题也就一定会成为引起争辩的话题。①

　　我和柯尔斯滕在这一阶段争论的焦点在于约翰·罗尔斯（John Rawls）对于"公共理性"（public reason）的解释以及对其限定性的辩护。罗尔斯坚持认为，在讨论和决定宪法的实质性内容以及基本正义的相关问题时，公民必须单方面依赖公共理性，它应该"独立于那些与之相对立或相矛盾的、得到公民一致认同的哲学和宗教信条"。②只有通过这种方式，在这个多元化程度很高的社会中，所有公民才能承认并肯定国家政治和社会制度的正义性。同性婚姻显然是一个基本的正义问题，所以"公共理

---

①　参见 Jeffrey Stout, *Blessed Are the Organized: Grassroots Democracy in America*, Princeton: Princeton University Press, 2010。

②　John Rawls, *Political Liberalism*, New York: Columbia University Press, 1993, p.9.

性"对其适用。罗尔斯宣称，对于宗教组织内部的成员来说，相互之间谈论某一具体的公共政策，基于宗教方面的原因对其支持或者反对，都是无可厚非的。但是这些非公共的宗教理由与公共领域无关，因为它们不是公共理性——意味着它们不仅不应当进入公共政治话语体系，而且也不应该左右公民的选举决定。[①] 基于罗尔斯的理论框架，在乔纳的案例中，我们不仅应该教他在非宗教的公共领域为什么以及如何构建和展示反同性婚姻公民项目的研究，而且还应该让他知道，为什么在反思这个政策问题时，他要暂时摒弃根深蒂固的宗教观念。犹太法典中和这个问题相关的条款与公共讨论并没有直接关系，对非犹太人和犹太人都是如此。

坦率地讲，我并不信服罗尔斯关于公共理性特点和界限方面的论述。对于公共理性具有很强大的约束力这一点，我是十分怀疑的，因为它太容易就会将多数人所推崇的文化准则和观点提升至"公共"范畴，将少数人的准则和观点认定是"非公共的"。即使罗尔斯的论述被证实是理想的理论，意味着在一种理想的、公正的情况下，只有公共理性才能真正支配公共话语体系以及立法者、选民的实际决定。然而，柯尔斯滕和我所争论的教学问题毫无疑问是植根于非理想的情境中的。进一步讲，我们面临不断变化的因素。我们八年级的学生正在学习如何辨别并且有效地利用证据。我们正在尝试着帮助他们回答一些比较基本的问题，比如：当你面对一系列的统计数字时，你如何知道哪些与你所研究的问题相关？如何从一篇访谈中引用话语？谁才是权威？如何评价和引证网络上的资源？在这种情况下，向乔纳或他的同学讲解公共理性的界限真是令人望而却步，至少可以这么说。

最终，柯尔斯滕建议乔纳去关注一些非宗教性的论述来支持自己的观点。毕竟是青少年，乔纳立即回答，说他其实已经正在考虑另外一个选题，自从上一次和柯尔斯滕讨论后，他认为自己还是去研究青少年吸烟的

206

---

① John Rawls, *Political Liberalism*, New York：Columbia University Press，1993，Lecture VI.

问题。至此，我们在实际教学中遇到的困境得到了解决，但是原则性的困境仍然存在。进一步讲，课堂中因教师将权力转交给学生而在教学方法上、政治上，甚至是职业安全感方面产生的风险依然存在。创造及保持一种开放式的课堂氛围在许多层面上都面临挑战。由于时间、合法性或者文化上的限制以及缺乏培训等其他方面的因素，最大化地创设开放式课堂可能超出了许多老师和学校的能力范围，但是，这样的实践是十分必要的，它给予学生机会进行基于课堂的赋权体验，可以强化他们作为参与者和领导者的价值，锻炼他们的技能，并且帮助他们养成公共参与的习惯。

课堂之外

在本章结尾，我想提醒大家，以上这些目标对于学校各方面的教育工作者都是巨大的挑战，无论在课堂内还是课堂外。例如学校规章制度的问题，我曾经十分执着地花了很长时间思考，什么样的纪律性政策可以作为例证公民体验最大化的标准？最终，我认为，它应该是目的明确的、有持久性的、透明度高的、真实的、具有普遍性的，以及可以帮助学生进行集体合作，以改变社会为目标去践行他们的领导力。通过一些同伴之间的调解方案、荣誉委员会（honor councils）、少年法庭、循环审判或者其他模式，这样的政策将学生的意见和参与囊括进来，让他们参与目标的制定，在冲突发生和未达到预期目标时出面调解，并且对一些违反道德或者法律的行为所产生的后果给予提醒。这样，毕肖普小姐就不会也不再需要在走廊里面斥责学生和他们的老师了。八年级的学生可以继续挤压他们的腋下，发出恼人的噪音。荣誉委员会也不能完全根除青少年们的搞笑行为——但是其产生的结果能够在学生内部得到反思。类似的例子有许多，但是在城市公立学校中，这样的例子却很少。反之，许多城市公立学校推行一些"零容忍"政策，施加极其严厉的处罚措施——包括长期停课、开除，甚至是刑事上的惩罚——这种违反道德准则的惩罚措施还在一直增加。贫困的有色人种孩子，尤其是黑人孩子，有一大部分都不得不屈从于这样的政策，接受这样的惩罚。①

或者我们可以考虑为学校设计和提供一些课内和课外活动。除了体育运动，以任何形式参与课外活动，都能促进选举投票、志愿服务以及其他各种形式的公民参与的增长；以公民参与为导向的活动，比如学生自治（student government）、创办校报、建立服务组织或者是领袖俱乐部，都会有效推动学生的公民身份认同和公民参与实践。② 低收入的城市学校给学

208

---

① 关于恢复性司法（restorative justice），参见 Elizabeth Elliott and Robert M. Gordon eds., *New Directions in Restorative Justice：Issues，Practice，Evaluation*, Portland，OR：Willan，2005；Anita Wadhwa，"'There Has Never Been a Glory Day in Education for Non-Whites'：Critical Race Theory and Discipline Reform in Denver"，Cambridge，MA：Harvard Graduate School of Education，2010。关于"零容忍"政策的设计、实施、效果，参见 Ralph C. Martin，II，"ABA Juvenile Justice Policies：Zero Tolerance Policy Report"，American Bar Association，2001；retrieved October 29，2011，from www.abanet.org/crimjust/juvjus/zerotolreport.html；Russell J. Skiba，"Zero Tolerance，Zero Evidence：An Analysis of School Disciplinary Practice"，Indiana Education Policy Center Publications，Safe and Responsive Schools Project，2000，retrieved October 20，2010，from www.indiana.edu/~safeschl/publication.html；Russell J.Skiba et al.，"The Color of Discipline：Sources of Racial and Gender Disproportionality in School Punishment"，Indiana Education Policy Center Publications，Safe and Responsive Schools Project，June，2000，retrieved October 20，2010，from www.indiana.edu/~safeschl/publication.html；Advancement Project and The Civil Rights Project at Harvard University，"Opportunities Suspended：The Devastating Consequences of Zero Tolerance and School Discipline Policies"，Civil Rights Project，Washington，D.C.，and Harvard University，2000，retrieved June 13，2011，from www.eric.ed.gov/PDFS/ED454314.pdf；Advancement Project，*Test，Punish，and Push Out：How 'Zero Tolerance' and High-Stakes Tests Funnel Youth into the School-to-Prison Pipeline*，Washington，D.C. and Los Angeles：Advancement Project，2010。

② Daniel A. McFarland and Reuben J. Thomas，"Bowling Young：How Youth Voluntary Associations Influence Adult Political Participation"，*American Sociological Review*，2006，71（June）：pp.401-425；Joseph E. Kahne and Susan E. Sporte，"Developing Citizens：The Impact of Civic Learning Opportunities on Students'Commitment to Civic Participation"，*American Educational Research Journal*，2008，45（3）：pp.738-766；Jonathan F. Zaff et

生提供的课外活动比高收入的郊区学校要少，而提供给学生的那些课外活动通常都是组织结构性很强，并且由成年人来掌握的，这些活动也会更侧重学业上的补充，而不是实践性的探索。学生也应该有机会和同伴合作，共同促进活动的进展，并且共同致力于同一目标的实现。学生们主持会议、组成团队、组织活动，能够提高公众演讲和集体组织的能力。他们也会学会如何一起工作、一起协商，乃至突破差异建立友谊。这些"21世纪的技能"对于学生的终身发展既是必要的，又是赋权的。[1]

通过参与，学生们也可以了解他们生活和学习环境以外的世界。他们也会有机会"见识到一所富裕的学校是什么样的"，就像沙奎塔在我们的"测试碗"团队访问萨顿的时候见到的；或者走进近在咫尺或远在天边的校董家中，就像克瑞斯特在校服制度项目当中所做的那样。最后，那些有过管理经历的学生确实会得到管理实践的机会。学生们可能会投票选出学校或学区的管理人员，或者加入有权进言的青年委员会。这些想法不是异想天开，我们可以在全国甚至是全世界的学校中见到。但是我重申，这还是与当今的许多学校形成鲜明的对比——特别是那些服务于历史上被剥夺了权利的人群的、绝大多数的城市学校。[2]

---

al., "Predicting Positive Citizenship from Adolescence to Young Adulthood: The Effects of a Civic Context", *Applied Developmental Science*, 2008, 12 (1): pp.38-53; Reuben J.Thomas and Daniel A. McFarland, "Joining Young, Voting Young: The Effects of Youth Voluntary Associations on Early Adult Voting", CIRCLE Working Paper no.73, Medford MA: Center for Information and Research on Civic Learning and Engagement, 2010, retrieved June 13, 2011, from www.civicyouth.org/featured-extracurricular-activities-may-increase-likelihood-of-voting/.

[1] Judith Torney-Purta and Britt S. Wilkenfeld, "Paths to 21st Century Competencies through Civic Education Classrooms: An Analysis of Survey Results from Ninth-Graders", Campaign for the Civic Mission of Schools and American Bar Association Division for Public Education, Washington D.C., 2009, retrieved June 14, 2011, from www. civicyouth.org/? p=360.

[2] Mary John, "The Children's Parliament in Rajasthan: A Model for Learning about Democracy", in *Citizenship and Democracy in Schools: Diversity, Identity, Equality,*

这些实践活动和课堂讨论、学生食堂相关的政策，甚至监视学生是否携带武器一样，都是很难实施的。戴安娜，那个怀孕的 14 周岁女孩，最终在瓦尔登学生会的选举中成功当选。我们决定尊重学生们的选举结果，让她担任八年级学生会主席。不出所料，她做得很好。但是坦白讲，我们永远都不会知道，我们的这个决定是否起到了这样的作用：让她的同学觉得怀孕是正常的事情，甚至是值得骄傲的事情。让聪慧、美丽、受欢迎而且因为怀孕而身体浮肿的戴安娜代表我们学校的形象，这对六年级的学生意味这什么？学生们的想法和领导能力是充满挑战性的。然而，沉默并不能解决问题。

ed., Audry Osler, pp.169-175, Stoke-on-Trent, UK：Trentham, 2000；Remi Manoela Owadokun and Pearlie Aviles, "Somerville Youth Council", *New Directions for Youth Development*, 2005, 106 (Summer)：pp.85-90；Governor's Statewide Youth Council, "The Governor's Statewide Youth Council Midterm Report", Boston, MA：Governor's Office, State of Massachusetts, 2009；Tapuwa Mutseyekwa, "Zimbabwe Children's Parliament Speaks Out on Rights Issues", UNICEF, November 6, 2009, retrieved.June 30, 2010, from www.unicef.org/infobycountry/zimbabwe_51659.html.

第六章　公民行动案例

　　　2000 年 1 月，我正为上美国历史课的八年级学生策划一次实地考察，让他们担任哈佛法学院（Harvard Law School）二、三年级学生组织的模拟法庭中的陪审员。尽管麦考迈克中学和哈佛在同一条地铁线上，但大多数学生连一个哈佛的学生都不认识。我告诉他们，如果他们努力学习，不断进步，就能达到他们力所能及的水平并得到应有的支持，有一天也会拿到全额奖学金考入一所具有竞争力的大学。他们不相信我，所以，我准备组织这次实地考察来证明这一点。另外，许多学生说他们想要当律师；对于八年级的学生来说，喜欢辩论是他们的典型特征。他们会很喜欢参与一场感觉很专业的模拟法庭审判。

　　大约有 30 名学生参加了这次考察。尽管没有找到一名可以陪同的家长，我还是说服了我的朋友马赛拉加入，因为她正考虑要当一名老师，这对她来说是很好的经历（马赛拉后来决定攻读图书馆科学硕士学位，她感觉这是个让人静心的专业，我希望这不是因为她这几次陪伴而促使的）。法庭开庭当天的午饭后，我们把所有学生集合在教室，重申基本规则：我

　们希望学生展现礼貌，听从大人指挥，做事成熟稳重，与团队保持一致，到达之后吐出口香糖，摘掉头饰，舞动帽子，忍住别扔雪球，很好地代表学校的形象等一些细节。我还讲了很多表现不好会产生的严重后果，马赛拉尽力表现出严肃的样子。

　　在定好规则、最后一次检查入门证之后，我们向 T（波士顿地铁）出发。正常情况下从学校走到那里需要 7 到 10 分钟，但是由于八年级学生

习惯散漫地闲逛，随随便便就会走上15分钟。"太远了，莱文森博士！"刚离开校门大约一个街区，他们就开始抱怨。然而，我们一到达地铁站，他们的兴奋劲儿就代替了抱怨，边聊天边成群结队地买脆饼干和软饮料。我和马赛拉在站台上闲逛，等着地铁，还一边紧张地数着学生的人数，思考着上车的时候如何降低他们说话的音量。对于许多这么大的年轻人来说，坐地铁去市区不是什么大事，但对于少数人来说，实际上这是他们第一次没有父母或其他亲戚陪同乘坐地铁。他们真的会很兴奋。

我们一到达南站（South Station），我再次清点人数，重申我对他们的期望和要求，然后我们就调转方向，穿过大型的建筑项目——"大挖掘"（Big Dig）工程①。因为工程师试图在市区的地下修建主要公路、在水下修建隧道，同时却不影响贯穿城市的地铁、火车和其他公共设施，它贯穿了城市的大部分地区。尽管"大挖掘"工程至今进行了近十年，已经成为波士顿的标志特征之一，但相当一部分学生以前从没见到过。我们停下来，透过工程围墙上的缝隙向里看，感叹着我们脚下几乎200英尺深的地方正在建造隧道。

在我和马赛拉急切的催促下，我们终于继续前行了。当到达通向法院的"堡站通道大桥"（the Fort Point Channel bridge）时，1月份冰冷的寒风从水面吹来，刮到我们脸上。不出所料，一些学生开始抱怨："太冷了，莱文森博士！" 212

"你没有告诉我们要走这么远的！真是骗人！"

"为什么我们不能在5月份考察？"

我和马赛拉不理睬他们的抱怨，继续走着，催促他们赶快走。"我们走得越快，就能越早进到温暖的室内了！快点，我们要迟到了！"

突然，我听见队伍的后面发出一声尖叫，很像是在求救。我走回去，一群女孩子围着她们的两个好朋友，我走上前问："怎么了？"

---

① "大挖掘"工程：波士顿的大型项目，将93号州际公路改建成3.5英里的隧道。——译者注

"我不能过桥，莱文森博士！"塔梅卡回答说。"我掉下去怎么办？我不会游泳！"

安娜回应了她的担心。"是的，你没告诉我们要过桥！我怕水。如果我们走在上面的时候桥塌了怎么办？"

"等一下，你居住在波士顿。这里到处都是水。要到达剑桥、东区（Eastie）、查尔斯镇（Charlestown）、城堡岛（Castle Island）和滨海区（Waterfront）都要过桥的。你们的意思是，你们害怕过桥？"塔梅卡和安娜不解地看着我。确实，波士顿很多地方被水分隔，但是这并不意味着他们去过这些地方，他们来自多尔切斯特。为什么我会认为他们去过像海滨区这样的旅游景点或查尔斯镇这样的区域呢？那里并不欢迎非白人。总之，即使他们乘坐地铁游览了波士顿，他们也一定没有从波士顿的一头走到另一头。

我和马赛拉意识到无法以讲道理来让她们克服恐惧，就各自负责一个女孩，把一只胳膊垂下来搂住她们的肩膀，另外一只手握住她们的手给她们更多的安慰，轻轻地鼓励着她们的每一步。慢慢地，我们开始过桥了。塔梅卡和安娜努力迫使自己继续走，盯着前面看或看自己的脚下，只要不看水就行，直到我们到了桥的另外一端。当我们又到达坚固的地面的时候，我对她们说："恭喜你们。"

"谢谢！"安娜不用屏住呼吸以抑制紧张了，她又能说话了。"真不敢相信我竟然做到了！"她和塔梅卡都非常骄傲自己走过了一座桥；我没有勇气问她们，法庭活动结束后回家过桥的时候她们有什么打算。

几分钟后，我们到达联邦法院。这是一座宏伟壮丽的建筑，里外镶嵌着大理石和玻璃。远远眺望，一端可以看见波士顿港口，另一端可以看见波士顿市中心，景色令人难忘。我，马赛拉，还有大多数学生顿时变得对此肃然起敬。我们排队通过金属检测器的时候，我悄悄地指着垃圾箱，提醒学生们可以把口香糖吐在里面，用手势提醒他们摘下帽子。

通过安检后，我们在大厅集合，加入到来当陪审员的其他学校的学生中。我的学生在整个宏伟的法院与其他初高中学生相比显得很突出，他们的后兜里塞着帽子，口音明显不是来自贵族化的波士顿郊区，比如韦尔斯利和米尔顿。据我判断，我们是唯一一个拥有多种族学生的队伍。我们的队伍里包括来自多米尼加、越南、波多黎各、佛得角和牙买加的学生，当然还有本土出生的白人、非洲裔美国人和拉丁裔学生，这也反映了麦考迈克学校的整体情况。除此之外，我们在穿着方面和其他学校的学生也形成了鲜明的对比。他们的学生大多穿着很得体：男孩穿着外套，系着领带甚至穿了西服；女孩穿着短裙、长裙、长筒袜和高跟鞋。相比之下，我的学生像是一群乌合之众，大多数都是运动装，宽松的蓝色牛仔裤，套头衫，运动鞋和大而肥的夹克。我不知道我的学生是否感觉自己不得体，但是我明显感觉到别人对我们的轻蔑，我看着周围来自其他学校的学生和教师，心想，"你们可能看起来比我们得体，但是看到我们的表现时你们就不这样想了！"

214

我们转了一会儿后，一名来自哈佛的组织者接待了我们，他让我给学生分组。分组的时候，我尽量确保每组中有一名善于表达的，一名善于领导的，一名有想法、有创造力的和一名协助者。我尽最大努力不把好朋友或死敌分到同一组中。分完后，各组分别由一名哈佛学生带领去了不同的审判室。

我跟着安娜那一组走进了他们的审判室，当他们正式被选任陪审员的时候，我在一边看着，他们觉得这样太好了；然后他们在陪审席上就座。"嘿，这太酷了，还能转呢！"胡安－卡洛斯坐下的时候说道。我在观众区坐下，就在法学院的学生后面，他们即将为案子辩论。我看得出来，当看见陪审团时，两名原告律师和两名被告律师都有点紧张。我的学生正坐在那里开玩笑等着审判开始，而法学院的学生拿出开庭陈述和结案陈辞不停地修改，简化语言。审判结束后他们对我和我的学生承认，他们当时最担心我的学生是否会关注这个案子，是否会理解其中的细节。

然而，和法学院学生持续的不安相比，庭审开始后，我的学生就充满激情地投入到自己的角色中，对自己有机会影响审判的结果感到骄傲和激动。当法官问他们名字的时候，他们很郑重地介绍自己；当这些实习律师做开庭陈述的时候，他们坐在那里聚精会神地听。在审判进行的时候，我也走到其他审判室，尽量记录不同案子的信息以便能够在事后和学生讨论。看到每一组都在审判过程中主动申请记笔记用的铅笔和纸，我感到很满意。在审判过程中，他们似乎一直在认真听，尽管这些案子有两个多小时的辩论。双方除了两名律师，还有三位证人，进行盘问的律师很机智。对于八年级学生来说，要他们集中精神这么久已经很难得了，但是所有小组都做到了，而且毫无怨言。

一个法官邀请我做首席陪审员，我拒绝了，并指出我没有入选陪审员名单，另外我的学生能够独立做好这份工作。然而，我情不自禁地偷听了三个组的审议，他们给我留下了非常深刻的印象。在这三个案件中，他们审议时很吵，每个学生都参与讨论。每一组用了至少20分钟（在一个案件中，用了40分钟）来复审证据，达成一致，确定每一个组员都在场，然后告诉法官他们的结论。

他们向法官递送了他们的裁决之后，审判结束了，法官要求他们给法学院的学生反馈。当我的学生开始解释他们裁决的理由，分析证据，评价每个律师的优缺点时，哈佛法学院的学生和老师起初显然很惊讶；随后惊叹他们深刻复杂的分析。这些法学专业的学生承认之前有些担心我的学生不知道法庭上进行着什么，担心我的学生是否会全神贯注。最后，他们承认他们的担心完全没必要，并且感谢学生们的一些有价值的建议。法官也表扬了他们的睿智和洞察力。我和学生们很高兴——当然，除了那些试图表现得很酷的学生，他们只是坐在后面，摆出一副"我早就告诉你会是这样了"的表情。我们在楼下的大厅和马赛拉带队的学生会合后，所有学生都找到了自己的好朋友，开始滔滔不绝地谈论起来，比较他们的庭审，炫耀法官和法律专业学生对他们的评价，声称自己也想做律师，还闲谈法学院学生中谁最漂亮。

当我们坐到麦当劳时，汉克一下子吃了三个巨无霸，还有薯条和苹果派，这让我们很惊讶；然后我们的谈话大体转移到了其他事情上，但很显然，我们都沉浸在这次令人激动和被赋予权力的体验中。回到学校后，在余下的学年中他们把这次模拟法庭的体验当成试金石，坚持要求组织一次我们自己的模拟法庭。因此，我们在3月份的时候把安德鲁·杰克逊搬上了法庭，学生们决定他是否应该被纳入总统名人堂。模拟法庭非常成功，在接下来的几年中我都会采用这种方法，这也是响应我所教的每年参加实地考察的学生的要求。最终，尽管（或者可能部分是因为）最开始有些混乱和不安，模拟法庭一方面成为所有参与其中的八年级学生关于公民参与和多文化理解的有效方式；另一方面，它也令哈佛法学院的学生受益匪浅。

有指导的体验式公民教育——无论是参加模拟法庭，参与社区组织，参加模拟联合国活动，还是在非营利性组织实习——都有可能促成大范围的、良好的公民教育效果，这是学校和教师通过其他途径很难达到的。在这个具体的案例中，最重要的公民教育效果是学生行使了陪审团的权力并履行了义务。在我告诉他们有机会参加模拟法庭之前，我们简要地学习了宪法保证同侪陪审团（a jury of one's peers）① 参与审判。我们讨论了为什么这项政治权力如此重要，以至于它们在宪法中有着神圣的地位，以及需要响应号召、履行参加陪审团的义务是不言而喻的。我的学生几乎没有被这些讨论所吸引；我可以肯定，我们在课堂上对这些内容的回顾几乎不能说服新一代（未来的）美国公民将加入陪审团作为一项重要的义务。相反，参加了此次模拟法庭的学生则很喜欢这一过程，并且确定以后如果有机会他们一定会再次参加。毕竟，他们发现自己有权力——他们决定了别人的命运！毕竟他们才14岁，他们怎么会不喜欢这项权力呢？这次体验也在其他方面赋权予学生。例如，诺尔，她报名参加是因为非常想得到100分的加分，我之前承诺每个参加者都会得到100分加分作为奖励。她的成绩不好，尽管她认为整个过程可能会很无聊，尤其是给她分配的是民事案件而不是刑事案件，她知道自己会和朋友一起坐地铁，在审判结束后

217

---

① "同侪陪审团"，指为了保证审判公平，包括不同种族、国籍、性别成员的陪审团。——译者注

一起去麦当劳，在这个过程中还能得到额外的学分。既然这样，为什么不去呢？然而，在庭审过程中，诺尔坚定地站在原告的立场上，并说服了其他陪审员，最终得到了与原来不同的裁决，同学们惊异于诺尔的表现，她自己也觉得不可思议。在这次体验中，诺尔加强了自我效能感；在我和她认识后的 5 个月中，她第一次开始相信自己有能力想出好点子，并且能有效地和他人交流。5 年间，许多参加了这种实地考察活动的学生都有相似的赋权体验，他们或者发现自己在庭审中能够理解复杂的辩论，或是能够在审判过程中使别人信服，能够告诉法学专业的学生（还是哈佛法学院的学生）如何更好地展示案件——或是发现在桥上走一点儿也不可怕。

218

模拟法庭也让我的学生接触到一些积极的榜样；每年都有一些学生事后和我谈论当他们看见女性、黑人，偶尔还有拉丁裔法官以及哈佛法学院的学生时，他们是多么的兴奋和惊讶。另外，他们也学到了知识——民事案件和刑事案件的区别，怎样进行反诘，波士顿联邦法院和区法院的位置，"大挖掘"工程是怎样改变波士顿地上和地下的景观的。这些知识很重要，但是这些并不在规定课程的范围内，我在课堂上没有时间讲授，而且在课堂场景下很难让学生很好地理解。最后，参与公民体验活动能够帮助学生实地应用在学校学习的知识和技巧；无论他们是否意识到，在陪审的过程中，我的学生不得不在律师和证人的话语中理解相关知识，权衡证据，利用以前学过的知识来判断双方辩论的合理性，以逻辑合理的论证支持自己的判断并考虑相反的观点，听取他人的意见，在公共场合中与人有效地交流，相互尊重。这些是很难学习和应用的技能，但是因为这种体验对他们很有意义，每年几乎所有学生都努力参与。①

---

① 由于这些原因，有指导性的体验式公民教育看起来很大程度上会帮助学生掌握那些公民和商业领袖所追寻的"21 世纪所需要的技能"，参见 Judith Torney-Purta and Britt S. Wilkenfeld, "Paths to 21st Century Competencies through Civic Education Classrooms: An Analysis of Survey Results from Ninth-Graders", Campaign for the Civic Mission of Schools and American Bar Association Division for Public Education, Washington D.C., 2009, retrieved June 14, 2011, from www.civicyouth.org/? p=360。

除了我的学生有所收获，很多成年人也从中受益。哈佛法学院的学生能够在和真实法庭中构成相似的陪审团面前辩论案件，收到来自同组成员真诚的、批判性的反馈意见——八年级学生的专长。这提醒他们和法官不要根据种族、年龄、穿衣风格或者口音这些表面因素对弱势群体作出预判。作为一名教育工作者，我的想法也得到了认同。当然，我对学生的能力非常有信心，否则我也不会计划这样的考察。但是，我的学生也超出了我的期望，让我作为教师不得不成长。他们的成功也挑战了我不成熟的设想，在大理石装饰成的法院这样的公民场所，谁才是这里的主宰。我已经意识到我的学生有潜力成为活跃的、行使权力的公民。但是，潜意识里，我也一定带入了一种关于谁有资格参与的"阶级—种族意识准则"（class-and race-conscious norms）："你们看起来比我们更得体……"因此这次体验使我的想法更加接近真正平等的民主参与。

这样我们可以看出模拟法庭如何培养透明、可信和可传递的体验，使参与者通过这些体验能够意识到年轻人作为集体行动者的力量和积极有效参与公民活动的能力。其他许多有指导的体验式公民学习机会也能够获得相似的"最大"的教育效果。例如，学生可以服务于学校的领导团队、理事会和多元化委员会（diversity committee），可以以班级为单位对同龄人进行"构成调查"，然后为改善学校的某一方面形成策略。他们可以对当前的事件进行辩论，然后给选举出的代表或政府官员写信表达他们的观点。他们可以在学校停车场进行选民登记活动或者创建一个探究网站（WebQuest），关注与他们相关的政策信息。更高级的项目是学生可以志愿参加非营利性社会服务组织或倡议组织（advocacy organization），并且展示有效（无效）组织是如何构成的。学生可以调查一项公共政策并向当地官员做汇报，或参加城市委员会会议提出他们的观点。进一步讲，他们可以选出班级管理员，和教师合作，筹划实地考察以及其他活动；或者，他们可以全班审议并投票决定某些事情，包括主要学习项目的截止日期，课堂小说的阅读顺序，小的违纪行为的后果。学生可以和世界各地的青年一起，参加挑战全球公共政策的网上模拟；也可以参加没有科技含量的在教室中进行的模拟实践活动。①

　　这些例子都力图再次重复了上一章中我列举出的公民体验连续体的特点。它们也都有意依赖集体的、以政策为导向的行动，通通不是一些零碎的方式，如为无家可归人员的避难所捐罐子或利用一上午的时间看望敬老院老人。尽管以上这些活动是高尚的、有价值的，但它们没有培养学生对重要的系统性问题进行关注，也不能帮助学生意识到社区的力量以及联合起来推动有效的变革。

---

① 　一些公民教育实践者、公民教育组织以及研究文献中提供了这些方法的大量例证、分析和评价，参见 Lois Weis and Michelle Fine, *Construction Sites: Excavating Race, Class, and Gender among Urban Youth*, New York: Teachers College Press, 2000; Linda Darling-Hammond et al., eds., *Learning to Teach for Social Justice*, Multicultural Education Series, New York: Teachers College Press, 2002; Joel Westheimer and Joseph Kahne, "Educating for Democracy" in *Democracy's Moment: Reforming the American Political System for the 21st Century*, ed., Ronald Hayduck and Kevin Mattson, pp.91-107, Boulder: Rowman and Littlefield, 2002; Joseph Kahne and Joel Westheimer, "Teaching Democracy: What Schools Need to Do", *Phi Delta Kappan*, 2003, 85 (1): pp.34-40, 57-66; J. Celeste Lay and Kathleen J. Smarick, "Simulating a Senate Office: The Impact on Student Knowledge and Attitudes", *Journal of Political Science Education*, 2006, 2 (2): pp.131-146; Michael W. Apple and James A. Beane, eds., *Democratic Schools: Lessons in Powerful Education*, Portsmouth, NH: Heinemann, 2007; Brian D. Schultz, *Spectacular Things Happen along the Way: Lessons from an Urban Classroom*, New York: Teachers College Press, 2008; Julio Cammarota and Michelle Fine, *Revolutionizing Education: Youth Participatory Action Research in Motion*, New York: Routledge, 2008; Melvin Delgado and Lee Staples, *Youth-Led Community Organizing: Theory and Action*, Oxford: Oxford University Press, 2008; Diana E. Hess, *Controversy in the Classroom: The Democratic Power of Discussion*, New York: Routledge, 2009。"学校公民任务运动"(The Campaign for the Civic Mission of Schools) 提供了一百多个经过审查的课程、项目和组织的信息及链接，参见 Campaign for the Civic Mission of Schools, "Educational Resources—Civic Mission of Schools", retrieved April 14, 2010, from civicmissionofschools.org/cmos/site/resources/edresources。

服务学习不是有指导的体验式公民教育

我所倡导的有指导的体验式公民教育与看似相近的服务学习本质上大不相同。服务学习是"一种教学和学习策略，这种策略将富有意义的社区服务和教导与反思结合起来，从而丰富学习体验，教授公民责任，加强社区团结"。① 服务学习与社区服务不同，它与课程紧密联系，同时引导学生不断进行学习、行动和反思，循环往复，而不是仅关注服务行动本身。地方、州和联邦政府都对服务学习给予大力支持和财政资助。② 在马里兰州和芝加哥的公立学校，高中生需要进行 40 小时的服务学习才能毕业；其他九个州也正在考虑将服务学习纳入毕业制度中。近年来，服务学习的参与有些下滑，极有可能是由于国家和联邦教育政策施加的应试压力造成的，如《不让一个孩子掉队法案》(*No Child Left Behind*)③。然而，在为高收入阶层和白人学生服务的公立学校，服务学习还是普遍存在的。这类公立学校相比低收入地区的学校，提供服务学习项目的可能性几乎要高三分之一。此外，鉴于在美国体验式公民教育的形式有限，服务学习可能

221

---

① Learn and Serve America's National Service-Learning Clearinghouse, "What is Service-Learning?" retrieved May 22, 2010, from www.servicelearning, org/what_is_service-learning/service-learning_is.

② Learn and Serve America's National Service-Learning Clearinghouse, "Policy: K-12 Service Learning", 2008, retrieved May 22, 2010, from www.servicelearning.org/instant_info/fact_sheets/k-12_facts/policy/; Corporation for National and Community Service, "President Obama Signs Landmark National Service Legislation", 2009, retrieved May 22, 2010, from www.nationalservice.gov/about/newsroorru/releases_detail.asp? tbl_pr_id = 1301. 然而，2011 年夏季联邦预算协商时，服务学习最终被废止了。

③ 《不让一个孩子掉队法案》，又称《有教无类法案》，简称 NCLB，是 2002 年 1 月 8 日由美国总统乔治·W. 布什签署的一项美国联邦法律，对教师质量、学生考试、公立学校择校、年度进步评估、教育预算等方面作出系统规定。目前该法案的措施的效力仍引发激烈讨论。——译者注

仍然是所有学生，包括低收入的有色人种学生有机会接受此类教育的最普遍方式。①

为什么服务学习在很多方面都比其他的有指导的体验式公民教育更受欢迎？有以下几方面原因：大多数服务学习都是不问政治的，显然也没有任何党派立场。以服务为导向的公民行动的动机通常包括向他人表达关爱，提升参与者作为某类人或关爱他人时的自我认同感，以及传达一种普遍的道德关切，而不是一种强劲的政治敏感或政治承诺。尽管在收容所提供帮助、为小孩补习和参加"第二丰收组织"（Second Harvest）②的志愿活动等类似的服务项目，也可能出于人们感到事情有失公允或是对不平等现象的反抗，但是公平的概念还太模糊，它通常与任何政策议题或系统的改革方法都不相关，也不偏袒某一党派。这一方法是有计划实施的。由于服务学习不参与或涉及政治矛盾，使得整个政界都能欣然接受并积极发展服务学习。③

同样，服务通常不是为了解决体制或结构问题，学生更容易获得即刻或短暂的成功体验。服务项目很少鼓励学生采取政治行动"改变体制"，取而代之的是鼓励学生直接向某一个人或组织提供帮助。因此，参与者可

---

① Chicago Public Schools, "Service Learning: Strategy Description", 2007, retrieved May 22, 2010, from www.cpstoolkit.com/StrategyPage.aspx? id=58#FAQ1; Learn and Serve America's National Service-Learning Clearinghouse, "Policy: K-12 Service Learning", 2008, retrieved May 22, 2010, from www.servicelearning.org/instant_info/fact_sheets/k-12_facts/policy/; Corporation for National and Community Service, "Community Service and Service-Learning in America's Schools", 2008, retrieved May 22, 2010, from nationalservice.gov/pdf/08_1112_lsa_prevalence_factsheet.pdf.

② "第二丰收组织"：1971 年成立的旨在消除贫困的食物银行联盟组织。——译者注

③ Tobi Walker, "The Service/Politics Split: Rethinking Service to Teach Political Engagement", *PS: Political Science and Politics*, 2000, 33 (3); Melissa Bass, "Civic Education through National Service: Lessons from American History", CIRCLE Working Paper 12, College Park, MD: Center for Information and Research on Civic Learning and Engagement, 2004, retrieved September 25, 2010, from www.civicyouth.org/PopUps/WorkingPapers/WP 12 Bass. pdf.

能感到他们帮助了别人，而不大可能因试图解决更重大的、系统性或组织性的问题而遭遇挫折。[1] 在这一模式下，学生们自愿进行服务，反思成绩，对取得的成就保持积极心态，继续前进。这一点很重要，如果体会不到成功，学生们很容易认定参与政治和公民活动令人失望，也浪费精力。[2]

222

正是这些特征使服务学习得到两党的普遍支持。同时，也正是这些特征导致服务学习无法成为解决公民赋权差距问题的有效工具。如上文所述，大多数以服务为目的的体验式教育都受到公民身份这一概念的驱动并进而传授这一概念。它是自愿进行的，以个人而非集体行动为基础，不受政府的干涉。在最佳的情况下（尽管也不是最好），这种对公民身份的理解将政治排除在外[3]，也促使了公民参与的非政治性。为避免与党派有任何瓜葛，班级和学区经常指导学生开展与党派政治无关的服务活动。不管是否有意为之，这一方法都巧妙地引导学生回避政治问题及这些政治问题

---

[1] Mary A.Hepburn et al., "Service Learning in College Political Science: Queries and Commentary", *PS: Political Science and Politics*, 2000, 33 (3); Tobi Walker, "Service as a Pathway to Political Participation: What Research Tells US", *Applied Developmental Science*, 2002, 6 (4): pp.183-188; Mark Hugo Lopez et al., *The 2006 Civic and Political Health of the Nation: A Detailed Look at How Youth Participate in Politics and Communities*, College Park, MD: Center for Information and Research on Civic Learning and Engagement, 2006, retrieved January 17, 2012, from www.civicyouth.org/popups/2006_CPHS_Report_update.pdf. 这不意味着服务学习完全不鼓励激进主义或长期变革。例如，"地球卫队"，它虽然是服务学习项目，却具有明显的政策导向性。

[2] Dorothy Stoneman, "The Role of Youth Programming in the Development of Civic Engagement", *Applied Developmental Science*, 2002, 6 (4): pp.221-226; Joseph Kahne and Joel Westheimer, "Teaching Democracy: What Schools Need to Do", *Phi Delta Kappan*, 2003, 85 (1): pp.34-40, 57-66; Joseph Kahne and Joel Westheimer, "The Limits of Efficacy: Educating Citizens for a Democratic Society", *PS: Political Science and Politics*, 2006, 39 (2): 289-296; Michael Winerip, "Standardized Tests Face a Crisis Over Standards", *New York Times*, March 22, 2006, retrieved February 9, 2010, from www.nytimes.com/2006/03/22/education/22education.html? _r=3 &pagewanted = 1.

[3] Joel Westheimer and Joseph Kahne, "Educating the 'Good' Citizen: Political Choices and Pedagogical Goals", *PSOnline: Political Science and Politics*, 2004, 37 (2).

引发的相关争论，同时，这一方法强化了学生对争议事件的厌倦甚至恐惧。① 对服务学习研究进行综合分析得出的结论证实了以上担忧；没有任何设计缜密的研究表明，服务学习与政治参与之间呈现显著或长期的相关性。② 回避争端不利于有效地进行公民教育，原因在于许多最为重大的政治困境的核心都是关于争论、政治，甚至是两极分化。教导学生避免争端，寻求不复杂、无关政治又远离挫折的方法来有所成就，恐怕他们会形成一种微弱的甚至是相去甚远的公民参与构想。③

　　在最差的情况下，这种对公民身份的理解强化了学生对政府参与的反对，并对通过政治行动作出改变产生无力感。年轻人对"他们能够预见到结果的个人行为有信心"；对集体行为毫无信心，尤其是那些通过公共机构发起的行动，公共机构如何运作对他们来说遥不可及，缺乏透明度

223

---

① 　John R.Hibbing and Elizabeth Theiss-Morse，*Stealth Democracy：Americans' Beliefs about How Government Should Work*，New York：Cambridge University Press，2002，pp.134-137；Carnegie Corporation of New York and CIRCLE，"The Civic Mission of Schools"，New York：Carnegie Corporation of New York and Center for Information and Research on Civic Learning and Engagement，2003，retrieved November 12，2011，from www.civicmissionofscho ols.org/site/campaign/documents/CivicMissionofSchools.pdf.

② 　十二年级学生志愿或被要求参加基于学校的社区服务与八年后他们参与成人投票情况之间呈显著的正相关，参见 Tobi Walker，"Service as a Pathway to Political Participation：What Research Tells US"，*Applied Developmental Science*，2002，6（4）：p.186；Jonathan F. Zaff and Erik Michelsen，"Encouraging Civic Engagement：How Teens Are（or Are Not）Becoming Responsible Citizens"，*Child Trends Research Brief*，October，2002，retrieved November 3，2003，from www.childtrends.com；Daniel Hart et al.，"High School Community Service as a Predictor of Adult Voting and Volunteering"，*American Educational Research Journal*，2007，44（1）：pp.197-219，但是由于无法控制多种变量（例如性别，女孩比男孩更乐于参加志愿服务），这些结果最多也只是建议性的。

③ 　值得注意的是，避免争议问题不仅局限于美国公民教育。一项对 28 个国家 14 岁学生公民态度的调查发现，"蕴含观点冲突的活动（政治党派身份和政治讨论）平均比率不高"，这一结果大概和许多学校避免"讨论党派冲突"有关（Judith Torney-Purta et al.，*Citizenship and Education in 28 Countries：Civic Knowledge and Engagement at Age Fourteen*，Amsterdam：International Association for the Evaluation of Educational Achievement，2001）。

且事实上无法掌控。① 年轻人对此直言不讳：青年志愿者直截了当地指出，他们所做的"帮助他人"的工作，与那些为解决社会和政治问题而做的工作是不相关的。他们对后者持否定态度，不认为他们所做的服务应当与政府所要解决的问题相关联，也不认为他们需要联系政府官员，为满足政府的需求而进行服务。②

这种从个人出发的方法，尤其可能剥夺低收入、处于公民赋权差距"底端"的有色人种移民青年的权力。他们无偿做的一些工作，如清扫公园时将树叶耙拢装袋，清除校墙上的涂鸦，叠纸盒，在厨房上菜，正是他们或者他们父母正常情况下可以拿到薪水的低技能服务工作。这种情况下，很多年轻人会感到遭受了剥削而不是在为社会提供有价值的服务。当自己成为慈善服务的对象时，年轻人和他们的父母可能会感到服务学习疏远了他们。另一方面，在服务学习中，富人和白人学生被赋予权力，优于

---

① William A. Galston, "Political Knowledge, Political Engagement, and Civic Education", *Annual Reviews Political Science*, 2001, 4: p.220；亦可参见 Molly W. Andolina et al., "Searching for the Meaning of Youth Civic Engagement: Notes from the Field", *Applied Developmental Science*, 2002, 6 (4): pp.189-195；William A. Galston, "Civic Education and Political Participation", *Phi Delta Kappan*, 2003, 85 (1): pp.29-33。

② Tobi Walker, "The Service/Politics Split: Rethinking Service to Teach Political Engagement", *PS: Political Science and Politics*, 2000, 33 (3) ; Tobi Walker, "Service as a Pathway to Political Participation: What Research Tells US", *Applied Developmental Science*, 2002, 6 (4) : pp.183-188；Scott Keeter et al., "The Civic and Political Health of the Nation: A Generational Portrait", College Park, MD: Center for Information and Research on Civic Learning and Engagement, 2002, retrieved November 12, 2011, from www.civicyouth.org/research/products/ Civic_Political_Health, pdf；Joseph Kahne and Joel Westheimer, "Teaching Democracy: What Schools Need to Do", *Phi Delta Kappan*, 2003, 85 (1): pp.34-40, 57-66；Cliff Zukin et al., *A New Engagement? Political Participation, Civic Life, and the Changing American Citizen*, Oxford: Oxford University Press, 2006；Mark Hugo Lopez et al., *The 2006 Civic and Political Health of the Nation: A Detailed Look at How Youth Participate in Politics and Communities*, College Park, MD: Center for Information and Research on Civic Learning and Engagement, 2006, retrieved January 17, 2012, from www.civicyouth.org/popups/2006_CPHS_Report_update. pdf.

历史上被边缘化的学生群体，或者将他们定位成单方面向边缘化群体提供服务的拯救者，这同样也可能加剧公民赋权差距。①

此外，尽管出于关爱互助道德观念的服务学习表面上是无党派的，但这一方法仅仅是参与和改良性质的，而非激进的、力图寻求改变的，从而具有内在的、天生的保守性。将责任置于个体公民身上，免除社会、经济和公民组织和机构——政府、公司、立法机关、经济法规等——的责任，服务学习隐含地形成了一种政治伦理，赞成维持现状，减弱主张社会变革的激进主义。这种批判由来已久，但在考虑如何运用体验教育帮助缩小公民赋权差距的过程中，我们必须认真对待这个问题。

成功的服务学习例证了以上列举出的有指导的体验式公民教育的许多好的做法，尤其是它提供了真实的体验，这些真实的体验以年轻人的能力为基础，通过调查、行动和反思，以有形、可见的方式改善社会。同时它也可能以一种不断发展的、适当的方式提升道德和伦理美德。但是，我们不应混淆目前大多数环境下实行的服务学习和我之前倡导的赋予的、有指导的公民权力的体验式公民教育。个体的服务行为无法取代全面的、集体的、以政策为导向的行动，因为它们传授可以转换和转化的原则，以实现长远的政治变革。

公民行动作为金标准

相反，学校应该培育公民行动，将其作为有指导的体验式公民

---

① Marilynne Boyle-Baise et al.，"Learning Service or Service Learning：Enabling the Civic"，*International Journal of Teaching and Learning in Higher Education*，2006，18（1）：pp.17-26；Randy Stoecker and Elizabeth A. Tryon，"The Unheard Voices：Community Organizations and Service Learning"，in *The Unheard Voices：Community Organizations and Service Learning*，ed. Randy Stoecker and Elizabeth A. Tryon，1-18，Philadelphia：Temple University Press，2009.

教育的标准。正如国家公民行动合作组织（National Action Civics Collaborative）给公民行动所下的定义：设计公民行动教育的目的是为了促使"公民能够积极有效地参与到社区和更广范围的社会政治活动"。[1] 通过这种模式，学生真正去做公民应做的事情，像公民一样行事。在调查、行动和反思的过程中，他们解决自己关心的问题，同时了解到如何有效参与公民行动尤其是政治行动的原则。一些组织（虽然规模小但很具有激励性）和教育者提倡在学校内外采取这种方法，包括主要为低收入有色人种服务的城市学校。这些示范性的组织包括"公共成就"（Public Achievement）、"地球卫队"、"海德广场特别行动队"、位于天普大学（Temple University）的"费城大学社区合作组织"（University Community Collaborative of Philadelphia at Temple University）和"麦克华挑战"（the Mikva Challenge）。[2] 在每个项目中，他们都指导青年人针对自己关心的问题采取广泛而具有赋权作用的措施，帮助他们掌握公民行动的知识、技能和信念，并形成习惯，将其用到今后的政治参与中。这些组织关注的焦点和使用的方法略有不同：例如，"地球卫队"关注环境公平问题，活动遍及全美和海外的社区；而"海德广场特别行动队"只在波士顿活动，将教授权力分析作为日常课程的一部分。尽管如此，这些组织也有一些相似性，都提供"最有效的实践活动"。

225

---

[1] National Action Civics Collaborative, "Action Civics: A Declaration for Rejuvenating Our Democratic Traditions", National Action Civics Collaborative, 2010, retrieved June 10, 2011, from www.centerforactioncivics.org.

[2] 关于"公共成就"和"地球卫队"产生有效的公民教育效果的证据，参见 RMC Research Corporation, "Public Achievement 2005—2006 Evaluation Brief", 2007, retrieved May 27, 2010, from www.augsburg.edu/democracy/documents/2005-06EvaluationBri.pdf; Alan Melchior, "Earth Force Evaluation Data Tables: CAPS Data 2008—2009", Center for Youth and Communities, Heller School for Social Policy and Management, Brandeis University, 2010, retrieved May 27, 2010, from www.earthforce.org/files/2447_file_2008_2009_CAPS_Results.vl.pdf. 关于其他组织的研究正在进行中。

  所有这些组织实际上都采用六阶段的公民行动。例如，"麦克华挑战"的"采取行动"（Issues to Action）项目教导学生："对社区进行调研；选择问题；对问题进行调查并设定目标；进行权力分析；制订策略；采取行动以影响政策制定。"[①] 这些步骤很明显能够鼓励学生全身心投入到某个他们关心的公民问题上，支持他们学习采取有效行动所应具备的知识和技能，期待学生采取行动，并促使学生对自己的经历进行反思，巩固他们学到的知识，赋予他们权力以期未来采取有效行动。这种途径让他们在行动中学会行使公民权力而不是向他们传授关于公民身份的知识。

  这些组织，以及其他类似的组织都有意偏向政治或政策，他们不鼓励短期的改良途径，如一次公园清扫或其他形式的短期志愿服务，他们支持长期有组织的改革活动，包括参与公共政策的制定、建立联盟、提升公共意识、参与政治和其他推动变革的活动。例如，来自"海德广场特别行动队"的年轻组织者成功地在声名狼藉的不安全住宅区附近建立了青年中心，在波士顿公立高中试行公民课程，为改善波士顿交通警察和青年人的关系制订计划。[②] 此外，正如这些例子所示，这些组织和他们进行的公民参与活动是以学生的能力为基础的。他们将学生视为局内人，认为学生掌握知识，拥有智慧，并有能力作出积极贡献，促成有效的改变。这种方式与人们对年轻人的传统印象形成了鲜明对比，尤其是对于低收入的非白人年轻人。在人们的传统印象里，他们荒废学业、行为懒散，甚至有犯罪行

226

---

① Mikva Challenge, "Issues to Action：The Six Steps", 2010, retrieved November 13, 2011, from www.mikvachallenge.org/site/files/719/58688/237214/328068/SixSteps_lssuesToAction_%282%29.pdf；亦可参见 Earth Force, "Earth Force：Programs：The Earth Force Framework", retrieved March 30, 2010, from www.earthforce.org/section/programs/caps；Public Achievement（2010）. "Public Achievement—Practice—Teacher Guide", retrieved March 30, 2010, from www.augsburg.edu/cdc/publicachievement/TeacherGuide/SixStageslntro.html。

② Yawu Miller, "Hyde Square Task Force Study：'No Mutual Respect' between MBTA Police and Youths；Vow to Offer Solution", Bay State Banner 45, 40, retrieved May 25, 2010, from www.baystatebanner.com/local11-2010-05-13.

为，是一群有损社区形象的人。

最后，采取公民行动教育的优秀组织和教育者帮助学生批判地理解自己的经历——包括日常生活的经历和参与有指导的公民活动的经历。[1] 他们鼓励学生在反省个人经历和采取行动时，要了解和表现出社会的正义取向。他们教授媒体素养、权力分析、女性主义观点和批判的立场来帮助青年人重新思考关于他们的生活和他们想要作出的改变，什么是"正常的"，或者是可接受的。受这种教育方式启发的教育者不愿意让学生们未经证实的想法（如，我的黑人和非黑人学生常在课堂上说的，黑人是贫穷的，因为他们懒惰），限制和禁锢了他们对所面临的问题以及解决办法的分析。[2] 因此，通过改变年轻人对自己所生活的世界的理解，这些项目具有赋权性，不仅针对他们关心的某个问题，而且促使他们对更广泛的社会政治问题进行重新思考。这也是拒绝短期改良，支持更具创造力的改革的又一途径。

这些富有批判性的方式，将权力分析和社会正义相结合，在一些受 227 社区组织方式启发和影响的项目和教育者中很常见，如"麦克华挑战"和"海德广场特别行动队"。由大学里的研究人员和学生领导的"青年参与行 227 动研究"（youth participatory action research，YPAR），也对此方式有推动和影响作用。在"青年参与行动研究"中，学生"研究影响他们生活的社会问题，然后确定解决问题的行动策略"，但是他们通常运用批判性理论

---

[1] Michelle Fine and Lois Weis, eds., *Construction Sites：Excavating Race，Class，and Gender among Urban Youth*，New York：Teachers College Press，2000；Shawn A.Ginwright and Taj James，"From Assets to Agents of Change：Social Justice，Organizing，and Youth Development"，*New Directions for Youth Development*，2002，96：pp.27-46；Julio Cammarota and Michelle Fine，*Revolutionizing Education：Youth Participatory Action Research in Motion*，New York：Routledge，2008；Ben Kirshner，"Guided Participation in Three Youth Activism Organizations：Facilitation，Apprenticeship，and Joint Work"，*Journal of the Learning Sciences*，2008，17（1）：pp.60-101.

[2] Ben Kirshner，"Apprenticeship Learning in Youth Activism"，in *Beyond Resistance！Youth Activism and Community Change*，ed. Shawn A. Ginwright et al.，pp.37-57，New York：Routledge，2006.

和分析的技巧来解决此问题。学生研究当前和历史上的权力动态和镇压体系，他们基于自己的研究，以新形成的批判性视角来考察自身的实际情况，然后制订集体行动计划以推动社会变革。[1] 如上述提到的"青年参与行动研究"的研究者和活动家米歇尔·法恩（Michelle Fine）所说："'青年参与行动研究'不仅仅是收集故事和声音，也和具体情况以及历史情况相结合，因此年轻人就产生质疑：我们为何会像现在这样，另外一种情况会怎样？"这样做，学生就可能不仅认识到当前的情况，还有知识本身对重构的影响。从这一角度讲，"青年参与行动研究"不仅是促进公民赋权的直接方式，而且是思考知识和世界的另一种方式，这个世界本身具有改革能力，这种能力不是取决于"青年参与行动研究"技巧的应用。

"青年参与行动研究"也致力于加强学生能力，而不是仅仅矫正他们理解上的缺点。例如，它"非常重视对本地情况的批判性了解"——社区年轻人最应了解的知识。[2] 杰弗里·邓肯安德雷德（Jeffery Duncan-Andrade）解释了"青年参与行动研究"如何把培养年轻人的社会批判能力和他们掌握的知识相结合。

城市青年在谈论社会公平时体现了他们独特且重要的洞察力。他们以自己的方式亲身体验了贫穷时的物质条件，这是成年人不能理解的。遗憾的是，学校和社会不能创造条件使他们谈论对城市中心的情况和问题的理解。缺少这些讨论不仅意味着城市青年的边缘化，也使他们对解决这些问题的想法受到忽视。[3]

228

---

[1] Julio Cammarota and Michelle Fine, *Revolutionizing Education：Youth Participatory Action Research in Motion*, New York：Routledge, 2008, p.2.

[2] YPAR Think Tank, "YPAR in the Classroom：Rutgers Urban Teaching Fellows Followed by Michelle Fine", Adobe Flash video, March 20, 2010, retrieved April 2, 2010, from www.ustream.tv/recorded/5585858.

[3] Jeffrey Duncan-Andrade, "Urban Youth, Media Literacy, and Increased Critical Civic Participation", in *Beyond Resistance！Youth Activism and Community Change*, ed. Shawn Ginwright et al., New York：Routledge, 2006, p.167.

正如他评论的，尽管"青年参与行动研究"仍然很少，它通常是在有色人种学生居住的城市中实行，旨在帮助年轻人与不公平做斗争。它是实施有指导的体验式公民教育的少数途径之一。另外，它通常在低收入、非白人学生的学校里实行，而不是白人和富裕学生占主体的学校。[①]

这些途径的支持者思考它们是否能在学校里实行，做好这项工作是否需要外部组织机构和压力。成年人需要培养新的技能和处事方式才能为年轻人赋权。"当成年人有助于社会发展、受人尊敬、思想解放，而不是控制、限制和墨守成规时，他们才能形成强大的推动力。这种积极的角色需要专注、实践和不断训练才能形成，这和典型的成人角色是相反的。"[②]它也是十分耗时的。学校促进公民参与行动的能力是有限的，由于时间的限制（45分钟至60分钟一节课，在校时间也很短），教师关注于规定的课程范围，优先考虑考试科目和应试技巧。

此外，学校被认为不太可能实行这种教育，因为学生发起的公民行动项目通常集中在试图改革的学校。例如，费城学生会（Philadelphia Student Union）的使命陈述：

> 我们有权利决定学校权力的分配。

① Ben Kirshner et al., "Critical Civic Engagement among Urban Youth", *Penn GSE Perspectives on Urban Education*, 2003, 2 (1): pp.1-20; Michelle Fine, "Postcards from Metro America: Reflections on Youth Participatory Action Research for Urban Justice", *Urban Review*, 2009, 41: pp.1-6.

② Dorothy Stoneman, "The Role of Youth Programming in the Development of Civic Engagement", *Applied Developmental Science*, 2002, 6 (4): p.223; Ben Kirshner, "Apprenticeship Learning in Youth Activism", in *Beyond Resistance! Youth Activism and Community Change*, ed. Shawn A. Ginwright et al., pp.37-57, New York: Routledge, 2006; Jennifer L.O'Donoghue and Ben Kirshner, "Engaging Urban Youth in Civic Practice: Community-Based Youth Organizations as Alternative Sites for Democratic Education", in *Educating Democratic Citizens in Troubled Times: Qualitative Studies of Current Efforts*, ed. Janet S. Bixby and Judith L. Pace, pp.227-251, Albany: State University of New York Press, 2008.

社区有权控制学校。

229

我们有权利向喜欢我们的人，同我们一样的人和我们相信的人学习。

我们相信学校必须以实践学习和体验真正的生活为基础。

每个人都有获得平等机会（或受教育机会）的权利，对周围的世界产生疑问并改变世界。

学生有权利接受自由的教育而不是被教化。

我们认为把学生从学校推向监狱是不可取的，必须结束这种状况。

我们已经失去了优质的教育，我们必须重新获得它。[1]

大多数学校很难独立推行上述使命陈述中所需要的研究、集体行动主义和反思活动，上述声明是由费城公立学校年轻学生组织发起的。学校机构本质具有自我保护性，尤其目前低收入城市公立学校频繁地、急切地想要控制学生人数，他们不太可能向有潜力的公民行动及一些批评敞开大门。

这就是一些外部力量，如青年社区、大学教授和学生联盟以及其他非营利组织帮助年轻人实施公民行动的主要原因。但是，他们并不能证实学校不能成为这一蓝图的组成部分。例如，布莱恩·舒尔茨（Brain Schultz），位于芝加哥卡布里尼－格林住宅区（Cabrini Green housing project）附近的一所公立学校的五年级教师，他生动地描述了如何尝试用公民行动方式重建他们破碎的、千疮百孔的楼房。在首都华盛顿西泽·查维斯公立特许学校（Cesar Chavez Public Charter Schools for Public Policy），跨学科的大一新生和二年级学生完成了"高端项目"（capstone project）——三周关于公共政策的实习，一整年都致力于"通过影响社区公共政策的制

---

[1] Philadelphia Student Union，"Vision Statement（Draft）"，retrieved April 16，2010，from home.phillystudentunion.org/AboutUs/Vision-Statement-Draft.html.

定促使一切更美好"的项目。第一修正案学校（First Amendment Schools）和民主预备特许学校网络（the Democracy Prep charter network）以及支持"青年参与行动研究"的学校也证实了，以学校为基础的公民行动教育的潜力。①

  也有一些学区范围内有发展前途的倡议组织存在，包括城市学区中为低收入非白人青年服务的组织。例如，2010—2011 年，芝加哥 40 所高中的 1500 多名学生和"麦克华挑战"一起完成了"采取行动"项目。在这些项目中，学生提倡改变现有政策，"确定社区中存在的问题，通过调查分析、得出解决问题的行动方案来了解当地政府和政治程序"。另外，他们还参加了"青年行动主义会议"（youth activism conference）学习基本的辩护技巧，并在"麦克华挑战"的年度公民展上展示了他们的最终行动项目。更全面的是，2010—2011 年，40 所芝加哥公立高中教授"行动中的民主"（Democracy in Action）课程，同时与"麦克华挑战"合作，旨在帮助学生学习"成为'超级'公民的技巧、知识和品性，其核心思想是使学生把社区当成自己的财产，指出对他们及社区而言重要的问题，调查问题，分析权力，最终得出行动方案，采取行动"。②

230

---

① 关于"卡布里尼–格林住宅区"，参见 Brian D. Schultz, *Spectacular Things Happen along the Way*：*Lessons from an Urban Classroom*，New York：Teachers College Press，2008。关于西泽·查维斯公立特许学校的描述及分析，可参见 Pamela Jane Gordon，*Developing Citizenship*：*Examining the Experiences of Youth from a Civic Focused School*，Ed.D. diss.，Graduate School of Education，Harvard University，2011。关于其他活动方案的描述，可参见 Janet S. Bixby and Judith L. Pace，eds.，*Educating Democratic Citizens in Troubled Times*：*Qualitative Studies of Current Efforts*，Albany：State University of New York Press，2008；以及学校和方案的相关网站。

② Mikva Challenge，"Classroom Activism"，retrieved November 13，2011，from www.mikvachallenge.org/activism. 关于其他学区的工作，参见 Hugh McIntosh et al.，"A Five Year Evaluation of a Comprehensive High School Civic Engagement Initiative"，CIRCLE Working Paper No. 70. Medford，MA：Center for Information and Research on Civic Learning and Engagement，2010，retrieved September 20，2011，from www.civicyouth.org/PopUps/WorkingPapers/WP_70_McIntosh_Berman_Youniss.pdf。

波士顿八年级学生进行的公民项目

波士顿公立学校系统也为公民行动教育提供空间，"行动中的公民科"（Civics in Action）是学区内八年级学生的必修课，还有一些试点高中也开设公民课。[①] 我在麦考迈克的最后两年中教授"行动中的公民科"，这门课的重点是我们所称的学生的"公民项目"。首先，学生采访家庭成员和社区中的其他成年人，参阅报纸和其他消息来源，一起想出他们认为需要处理的一系列公共问题。然后，个人或小组选择一个他们认为重要的问题。代表性的问题包括：青少年自杀；社区中的枪支暴力（学生长期选择这个问题：每学期 80 名学生中至少有 8—10 名选择这个问题）；城市学校和郊区学校之间的不平等；低质的学校午餐（另一个学生长期选择的问题）；波士顿房屋局（Boston housing Authority）对社区中两处住宅的劣质维修；青年人缺乏校外和课后的学习机会；帮派暴力；令人厌恶的学校卫生间环境（另一个高频问题，不仅我的学生，世界各地的学生都选择这一问题）；[②] 酒驾；学校乐队缺乏新的乐器；波士顿港的污染；加纳孤儿院的条件。对于在社会经济上具有优势的社区中成长和求学的青少年来说，寻找问题有时是困难的。[③] 对我的学生来说，这绝不是什么问题。他们给项目取名为"枪还是公园：哪个对多尔切斯特更有利？"他们经常表现出一种黑色幽默，借此展示他们正在处理的问题的性质。如果说我的学生有困

231

---

① Andrew Rothman, "Schools and Justice in Boston: A Historical Case Study", Cambridge, MA: Harvard Graduate School of Education and Boston: Another Course to College, 2010.

② 青年参与行动研究智库（YPAR Think Tank）展示了美国城市青年人中盛行的问题。通过阅读世界各地公民教育者的著作并与之进行合作研究，我也了解到在墨西哥、哥伦比亚、印度、英国、澳大利亚等其他国家，年轻人也在努力改善学校卫生间的状况。

③ Beth C. Rubin, "'There's Still Not Justice': Youth Civic Identity Development amid Distinct School and Community Contexts", *Teachers College Record*, 2007, 109 (2): pp.449-481.

难，那困难一定是只能选择一个问题，然后将它缩小到便于处理的范围。

选择一个问题之后，学生们进行研究，记录并判断问题的范围、成因及影响。这项研究通过亲自采访或电话采访收集原始数据，将其与网络调查、图书馆调查相结合。我还要求学生确定现有和潜在的支持者。这样，他们发现——通常是出乎意料——他们不是唯一关心该问题的人。他们也发现其他人为处理此问题正在做的事，并分析他们的方法，讨论为什么这一问题还没得到解决，这样就能够确定潜在的合作者和公民行动的目标。我们没有完全按照"青年参与行动研究"和社区组织支持者提出的模式进行，因为我们没有参与正式的权力分析或考虑其他形式的、重要的社会文化素养（social literacy）。这种空白主要因为我总是按部就班地处理事情；许多老师指导我的学生进行公民赋权体验，我感觉在工作中孤立无援，没有意识到其他人在这些方面所做的努力。

之后学生进行调查并评估出可能的解决方式，并将它们写入建议信中。在建议信中，小组中的每一名成员必须确定不同的目标，在语文课上写出来。收件人包括当选的官员或指定官员、父母、非营利组织的负责人、教师、媒体、公司等。为了得到额外的学分，学生可以参与其他的公民行动，如志愿服务、游说、募款、组织、传送请愿书等（重申一下，因为这是一门有组织的课程，其中一些方法不像我目前提倡的那样倾向于改变公共政策或采取其他形式的集体行动）。然而，建议信是唯一必需的，因为安排八年级学生在没有教师或父母监管的情况下与某个组织一道进行志愿服务，或长途跋涉去某个地方是不太可能的。通过邀请校外评审，在他们面前作项目陈述，以判定学生是否圆满完成了他们的公民项目。① 最

① 现在想一下，用像 YouTube、Wikis、Ning sites、Facebook 这些技术，可以使我的工作让公众了解，这是很有趣的。我们学校计算机数量少，还有无处不在的、令人讨厌的网络过滤器，像其他某些学校一样，然而我会继续我的工作。关于学校电脑的限制性，参见 Justin Reich，"In Schools, a Firewall That Works Too Well"，*Washington Post*，July 10，2009，retrieved April 27，2010，from www.washingtonpost.com/wp-dyn/content/article/2009/07/10/AR2009071003459.html。

后，我们在课堂上听取报告，要求学生写一篇反思论文作为期末考试的一部分。

学生选择他们亲身经历的问题，在项目陈述中展示来自自己或朋友家人的佐证，形成一定水平上的专门知识，使他们能够为别人（包括校外的成年人）讲解这些问题以及相应的解决办法。通过这些，学生坚持并利用自己的知识和能力，而不是关注自身的无知或缺点。因此，这一项目并不是探讨他们不了解的事情，反而是建立在他们所了解的事情的基础上，并把自己定位成有潜力的专家，能够按照自己的日程和计划行事，这与他们在学校中的大多数体验恰恰相反。①

此外，由于学生进行公开的项目陈述，学校和周边社区的成年人开始意识到并尊重年轻人的专业知识。一个由四名男生组成的小组作了一场为城市孩子建立运动队举办"防止暴力联赛"（Violence Prevention League）的必要性的报告，他们也得到了暑期打工的机会去发展此项目。其他的学生项目多种多样，如市创（City Year）② 安排的一天修缮体育馆更衣室的志愿服务，波士顿反帮派联合会会长给学校七年级和八年级学生作报告，学生在自助餐厅和来自超过 20 所地区学校的代表共同组织高中和大学展览会，向当地的学校和图书馆发放学生制作的关于国内暴力事件的小册子，以及其他具体的行动。回想起来，我希望其中一些活动更致力于长期的改变而不只是一次偶然性事件。无论如何，这些仍然是生长在波士顿经济贫困社区的 13—15 岁有色人种学生作出的真实贡献。模拟法庭和其他有指导的体验式公民教育的例子表明，这些年轻人的贡献说明了，如果有机会他们可以做什么，在可以满足每个人利益需要的同时，消除公民

---

① Strobel, Karen, et al., "Qualities That Attract Urban Youth to After-School Settings and Promote Continued Participation", *Teachers College Record*, 2008, 110 (8): pp.1677-1705.

② "市创"成立于 1988 年，是以教育为重点的非营利性组织，总部设在美国马萨诸塞州波士顿。它与公立学校合作为学生提供有针对性的干预措施，通过课堂帮助、一对一辅导、小组辅导和课外活动，关注学生的出勤、行为和课堂表现。——译者注

赋权差距。

　　除了依靠学生关于本地区的知识和专业知识，公民项目促使甚至强迫学生学习更广泛的新知识和技能。其中一些技能对所有学生来说都是有用的，包括怎样进行网上和离线调查，引用资料，写建议信，创建表格或图表，进行采访，作正式的报告时看观众而不是看屏幕。其他技巧和大多数知识的习得在小组和学生之间是不同的。一部分学生了解到谁管理波士顿房屋局，得知当局是公立机构而不是私人公司，因此至少在理论上这个机构对他们来说应该是公民权的"拥有者"。在波士顿港清扫项目中，一组女孩学会了看指南针和航海地图。其他组学会了怎样在电子表格中记录调查数据以及对结果进行基本的统计。许多学生认识了城市议员，并知道如何与他们取得联系。通过聆听其他人的公开汇报，所有学生都学到了关于彼此领域的一些知识。

　　有一个学期，所有八年级学生都了解到为什么给部门员工写信要比给市长写信好。不仅因为部门员工回复快，更有帮助，而且因为市长托马斯·曼尼诺（Thomas Menino）来听学生最后的项目展示（我迅速意识到，是他的要求，而不是我们的！），他很气愤，脸色阴沉，最终，他和我还有我们校长在教室外面争论得很激烈，严厉批评我和我的学生是"说谎者"，因为我们说已经给他写了信，表达了建议和寻求帮助的要求，但是没有得到回复。一两周之后，他的代表发来邮件承认他们确实收到了我的学生写的信；事实上，市长确实没有回复。但是我们高兴得太早了，她批评我们一下子让二十多封信"涌"进了市长的办公室，指责我们就像对市长的邮箱进行游击战，而没有把信件发给相关官员。我和学生非常失望，市长没有履行责任，没有为他们合乎情理的担忧作出回复。但与此同时，由于这次体验，我的学生也意识到他们的笔和声音的力量，为此洋洋自得。他们很高兴惹怒了市长，认为这说明市长在意他们所说的问题，至少市长担心如果忽视他们的诉求将意味着什么。这本身是有用的公民知识，使当选的公职人员感到困窘也体现了一定程度的权力。他们也学到了重要的一课，确认对他们要解决的问题负有直接责任的官员，而不是简单地给

234

235

官衔最大的人写信。

对于即将开展的有指导的体验式公民教育，尤其是开展公民行动教育模式的城市学区，这次互动起到了警示和鼓励作用。一方面，市长托马斯·曼尼诺的严厉反对让我担心我们的公民项目可能不会被提倡，甚至将来会遭到校长和学区副主管的禁止。如果我不具有终身教职，或者没有一位支持此项工作的校长，我可能也会担心失业。但一切还算顺利。我的学生因为指责市长而感到兴奋，校长做我的后盾，我给负责学区"公民行动"项目的学区副主管西德·史密斯（Sid Smith）写了几封辩解的邮件，他对这些信置之不理。正如我在上面提到的，我的四名学生最后得到了暑期打工的机会来进行他们的公民项目计划。很明显，在这个具体的案件里，向恐惧低头是错误的方式。同样，我认为，在思考学校怎样帮助缩小公民赋权差距时，向恐惧屈服和不信任也同样是错误的。尽管学校推行有指导的体验式公民教育确实困难重重，尤其是不在公民行为教育行列中的学校，但是我们要把这些困难看作是需要克服的挑战而不是前进路上不可逾越的障碍。

有指导的体验式公民教育的力量

有指导的体验式公民教育，尤其是公民行动，推动学生学习公民赋权知识、技能、态度和行为，因为要完成有意义的、高标准的项目需要这些能力。知识、技能和行为要求是隐含在任务中的，而不是貌似随意的课程指导、标准化的考试甚至教师的一时兴起而强加给学生的。在这方面，有指导的体验式公民教育具有其他形式的"真实的"教育的优点，使学生比在人为的、学校环境中更能不断展现更好的学习效果、动机、收获以及知识转化。它也具有真实的教育才具有的特性：当青年人（或成年人）掌握了完成真实世界中他们个人所关心的任务所需的知识、技能和训练时，他们要比仅仅为了应付考试的死记硬背更能学以致用。①

有指导的体验式公民教育也创造了一种良性循环及反馈机制，如下图所示，有效学习和实践能激发进一步的学习和参与。正如一名公民行动项目的青年参与者所说，"在这个经历之前从来没有体验过做这样的决定……然而，在学校里，可以通过小组合作完成一个项目，并使出浑身解数，争取做到最好，作出惠及他人的决定，并使其不断深入，扩大影响。"② 与之类似，玛利亚，18岁，一名来自"海德广场特别行动队"的社区领导者，她在采访中对我说，"当我18岁的时候，甚至根本没有想过投票，我是说，这种组织，真正听到青年人的呼声，帮助他们，给他们自尊和责任，我认为这改变了人们的思维方式，人们的思想更加解放了。通过它，人们开始学习很多东西。比如我，开始了解政治学了。并不是所有事情都像人们说的那样腐败。我是说，你不得不停止时不时的抱怨，开始有所作为。"玛利亚很清楚地说明了她参与的任务之间的相互强化关系，例如表达心声和践行责任，关于政治的态度（"不是所有的都腐败"），以及

237

---

① Jeffrey Duncan-Andrade, "An Examination of the Sociopolitical History of Chicanos and Its Relationship to School Performance", *Urban Education*, 2005, 40 (6)：pp.576-605；Jeffrey Duncan-Andrade, "Urban Youth, Media Literacy, and Increased Critical Civic Participation", in *Beyond Resistance*！ *Youth Activism and Community Change*, ed. Shawn Ginwright et al., pp.149-169, New York：Routledge, 2006；Alfred W.Tatum, "Adolescents and Texts：Overserved or Underserved? A Focus on Adolescents and Texts", *English Journal*, 2008, 98 (2)：pp.82-85；Janine L.Certo et al., "An Argument for Authenticity：Adolescents'Perspectives on Standards-Based Reform", *High School Journal*, 2008, 91 (4)：pp.26-39；Stephen H. Murphy, "Real Authentic Learning", *Principal Leadership (High School Ed.)*, 2009, 9 (6)：pp.6-8；Beth Haverkamp Powers, "From National History Day to Peacejam：Research Leads to Authentic Learning", *English Journal*, 2009, 98 (5)：pp.48-53.

② Jennifer L.O'Donoghue and Ben Kirshner, "Engaging Urban Youth in Civic Practice：Community-Based Youth Organizations as Alternative Sites for Democratic Education", in *Educating Democratic Citizens in Troubled Times*：*Qualitative Studies of Current Efforts*, ed. Janet S. Bixby and Judith L. Pace, Albany：State University of New York Press, 2008, p.238.

渴望学习更多关于这一体系的知识。

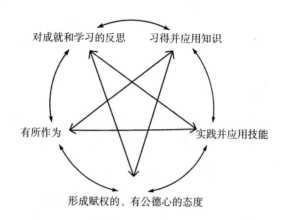

有指导的体验式公民教育的动态、良性循环

我这些八年级学生在形式上按照图中外圈的、钟表式的循环来完成他们的公民项目。学生掌握并利用知识来选择和进一步了解他们所关心的问题。这样做，以及为了向其他人介绍案例，他们要实践和应用各种已有的和新的技能。随着他们对问题了如指掌并懂得如何分配权力去解决问题，他们的赋权态度以及公共精神也随之培养起来。在社区中见识到的挑战没有将他们击垮，反而形成了有效和积极参与的公民身份，促使他们真的作出改变。他们庆祝所取得的成就，反思仍面对的困难，这使他们对自己和一些具体问题、对公民行动和大体的政治进程有了新的理解，这反过来又为下一个行动周期做了准备。

但是，反向箭头和连接这一过程各个阶段的箭头说明了这一过程的循环性和动态性。例如，随着学生提高他们的研究技能，他们能够积累新知识。一些新知识直接影响学生作出改变的能力。例如，他们城市的议员是谁？是负责什么的？有指导的体验式公民教育没有按照从概念到完成的平整路径，因此它的影响不仅仅局限于针对一种能力的提高。其他相似项目的研究阐明了这些影响和结果的多样化，包括个人效能和政治效能，交流、合作和决策技巧；政治知识和政治偏好；参与公民政治生活的期望；

238

以及公民责任感的显著提高。①

有指导的体验式公民教育能产生这些效果是合乎情理的。个体公民　239
参与有三种基本因果组成要素：能力／资源，动机／参与，机会／招募。②
有指导的体验式公民教育强调了这三种因果关系。例如，在增强学生对公
民知识和公民技能的学习方面，有指导的体验式公民教育增加了青年人有
效参与公民政治生活的认知资源和能力。有指导的体验式公民教育为学生
提供直接的公民参与机会，也帮助招募同龄人和成年人加入到公民网络
中，他们相互了解，相互鼓励，跨越种族、阶级、移民身份、教育水平和
其他传统社会隔离因素的限制。③

---

① Miranda Yates and James Youniss, *Roots of Civic Identity*：*International Perspectives on Community Service and Activism in Youth*，New York：Cambridge University Press，1999；Joel Westheimer and Joseph Kahne，"What Kind of Citizen? The Politics of Educating for Democracy"，*American Educational Research Journal*，2004，41（2）：pp.237-269；Bob Ives and Kathryn Obenchain，"Experiential Education in the Classroom and Academic Outcomes：For Those Who Want It All"，*Journal of Experiential Education*，2006，29（1）：pp.61-77；Lauren Feldman et al.，"Identifying Best Practices in Civic Education：Lessons from the Student Voices Program"，*American Journal of Education*，2007，114（1）：pp.75-100；Jennifer L.O'Donoghue and Ben Kirshner，"Engaging Urban Youth in Civic Practice：Community-Based Youth Organizations as Alternative Sites for Democratic Education"，in *Educating Democratic Citizens in Troubled Times*：*Qualitative Studies of Current Efforts*，ed. Janet S. Bixby and Judith L. Pace，pp.227-251，Albany：State University of New York Press，2008；Amy Syvertsen et al.，"Using Elections as Teachable Moments：A Randomized Evaluation of the Student Voices Civic Education Program"，*American Journal of Education*，2009，116（1）：pp.33-67.

② 每组的第一个术语，参见 Michael Delli Carpini and Scott Keeter, *What Americans Know about Politics and Why It Matters*，New Haven：Yale University Press，1996；第二个术语参见 Sidney Verba et al., *Voice and Equality*：*Civic Voluntarism in American Politics*，Cambridge，MA：Harvard University Press，1995. 尽管两个术语之间有细微差别，这里我还是把它们当作可以互换的。亦可参见 Richard G.Niemi and Jane Junn, *Civic Education*：*What Makes Students Learn*，New Haven：Yale University Press，1998。

③ David A.Snow, "Social Networks and Social Movements：A Microstructural Approach to Differential Recruitment"，*American Sociological Review*，1980，45（October）：pp.787-

此外，有指导的体验式公民教育是非常有前景和有效的，因为它增强了人的动机，这经常被政治社会化和实践动员所忽略。通过给学生提供参加他们觉得有意义和感兴趣的体验和公民项目的机会，有指导的体验式公民教育推动学生进行公民参与，增加今后可利用的资源和机会。例如，吉安，一名加入"海德广场特别行动队"的拉丁裔学生，2004 年我采访了他，他骄傲地解释道："有时候在这儿工作使我感到拥有一把能打开门的钥匙。这给你一线希望。"我采访的其他青年公民行动的领袖也作出类似的评论。至少最开始，让这些青年人兴奋的不是公民参与本身；而是他们很重要的目标实现了，公民参与只是方式。然而，通过公民行动实现目标，这些青年人一直会进行公民参与，并且有动力一直参与下去。①

此外，通过给予青年人真正改变世界的体验，包括得到同龄人和成年人的倾听，有指导的体验式公民教育进一步强化了青年人的责任感和动力。思考一下下面这个社区青年组织成员所表达的热情："我感觉，'哦，他们正听我说话吗？……我甚至不想住嘴。'你知道吗？这就是我，我感觉，'终于别人听我讲话了。我也不妨说我想说的所有话，不会隐藏。'"②

240

801；Doug McAdam, *Freedom: Summer*, New York: Oxford University Press, 1988；Daniel Hart et al., "High School Community Service as a Predictor of Adult Voting and Volunteering", *American Educational Research Journal*, 2007, 44 (1): pp.197-219；Bill Bishop and Robert G. Cushing, *The Big Sort: Why the Clustering of Like-Minded America Is Tearing Us Apart*, New York: Houghton Mifflin Harcourt, 2008；Doug McAdam and Ronnelle Paulsen, "Specifying the Relationship between Social Ties and Activism" in *Readings on Social Movements: Origins, Dynamics, and Outcomes, Second Edition*, ed. Doug McAdam and David A. Snow, pp.277-293, New York: Oxford University Press, 2010.

① Daniel Hart et al., "High School Community Service as a Predictor of Adult Voting and Volunteering", *American Educational Research Journal*, 2007, 44 (1): pp.197-219.

② Jennifer L.O'Donoghue and Ben Kirshner, "Engaging Urban Youth in Civic Practice: Community-Based Youth Organizations as Alternative Sites for Democratic Education", in *Educating Democratic Citizens in Troubled Times: Qualitative Studies of Current Efforts*,

尽管吉安把自己描述成"安静的"，是一个"倾听者"而不是一个健谈者，作为社区委员会两名青年代表之一，他对自己角色的重要性也感到兴奋不已。

> 拥有权力，能够就社区的事情表决，能够发出自己的声音，这真是种很好的体验。你能有所影响，你想……如果有人想建造点什么，你觉得地方不合适或建筑物本身不合适，你就有权力说明，"不，我不想在那儿建造这个"。你坐在那个位置上别人就会听你取你的意见和缘由。你不得不提出好的观点。因而，拥有权力就好像享有一种荣誉。

这种情形下产生的"荣誉"至少比践行权力本身更能调动人的积极性，由于社区委员会面临的大多数问题都是平淡无奇的，吉安很少利用这种权力。

> 我：由于大多数的会议都很无聊，你大多数情况下也同意委员会成员的意见，那为什么还要继续呢？为什么你还在那里呢？继续成为其中一员的意义何在？
>
> 吉安：因为……这太难了。你必须要知道这些事情。并不是所有的事情都很好玩。像我现在知道——并不是你做的所有事情都很有趣。你并不是总想做所有的事情。但是为了让你明白和理解，让你更能意识到社区中正在发生的事情，即使烦闷无趣，你也必须坚持下去。为了了解你讨论的事情，你不得不了解这些知识。你不想去某个地方，然后对自己讨论的事情一无所知，让自己听起来很愚蠢。

241

ed. Janet S. Bixby and Judith L. Pace，Albany：State University of New York Press，2008，p.244；亦可参见 Miranda Yates and James Youniss，"Community Service and Political Identity Development Adolescence"，*Journal of Social Issues*，2002，54（3）：pp.495-512。

所以……我认为做任何事情人们都不得不有所付出。①

在他的回答中，吉安清楚表明目前他仍保持很高的积极性，这是由于他有一种责任感，认识到自己的公民身份——"你不想去某个地方，然后对自己讨论的事情一无所知"——而不是这个职位本身带来的特殊利益。这一体验是有赋权功能的，未来也可能使参与者继续保持动力，而不是特殊的个人兴趣。

以上发现与其他政治社会化方面的研究结论是一致的。例如，哈瑞·汉（Hahrie Han）在她的政治途径研究中也关注积极进行公民参与的个人，从这些人的人口特征上看，他们是不太可能参与进来的，她发现"人的责任感通常是在参与中形成的"，而不是相反。② 同样，对参与课外活动和社区组织，如"四健会"(4H)③ 和"童子军"(Souts)④ 所产生的长期效果的一个全面调查发现，参与这样的公民体验活动"帮助青年在行为养成阶段的合适时机将自己的身份和公民参与融为一体。公民参与推动了公民品格和身份构建的统一，反过来会使公民参与持续到成人时期"。⑤

---

① 奉献是民主的核心，参见 Danielle S. Allen，*Talking to Strangers：Anxieties of Citizenship since* Brown v. Board of Education，Princeton：Princeton University Press，2004。

② Hahrie Han，*Moved to Action：Motivation，Participation，and Inequality in American Politics*，Stanford，CA：Stanford University Press，2009，p.102.

③ "四健会"是美国农业部的农业合作推广体系所管理的一个非营利青年组织，创立于1902 年。它的使命是"让年轻人在青春时期尽可能地发展潜力"，"四健"分别对应英文的 4 个 H 字母，代表健全头脑（Head）、健全心胸（Hearth）、健全双手（Hands）、健全身体（Health）。四健会的目标是通过大量实践学习项目来发展年轻人的品德、领导能力等生存技能。——译者注

④ "童子军"是美国童子军运动中心成立的一个民间组织，在其他一些国家也有它的组织。其目的在于向青少年提供生理、心理和精神上的支持，培养出健全的公民，最终这些青少年可以为社会作出贡献。目前全世界有 2.5 亿名"童子军"。——译者注

⑤ Miranda Yates and James Youniss，*Roots of Civic Identity：International Perspectives on Community Service and Activism in Youth*，New York：Cambridge University Press，1999；Miranda Yates and James Youniss，"Community Service and Political Identity Development Adolescence"，*Journal of Social Issues*，2002，54（3）：pp.495-512.

正如有指导的体验式公民教育中的体验部分更广泛地运用"真实的"教育实践，公民行动项目对年轻人来说是一种积极的资源——通常是未使用的知识和未开发的优势而不是缺点的集合，这种资源更广泛地挖掘与文化相适应和一致的教育的优势。与文化相关的教学是"一种教学法，它能够通过运用文化参照（cultural referents）传授知识和技能并培养态度，在智力上、社交上、情感上和政治上对学生赋权。这些文化参照不仅仅是连接和解释主流文化的工具；它们本身就是课程的一部分"。① 当青年人自己的文化知识、习惯和实践被确认为有价值，他们就会更加认定自己是政体中有价值的成员；他们也相信自己能够克服校内外遇到的困难和挑战。例如，吉尼瓦，一名来自亚特兰大的学生，我在采访她的时候，她说道："当你知道某个人来自南部，或者有类似的家庭背景时，你们能够建立起联系，因为你们相似，你经历过我正在经历的事情，会警示某天会发生的事情。就好像隧道末尾的光亮，这就是那个人说的，因为你和他们有关系，因为你也身处其中。"吉尼瓦指出文化的教育内容和方法的重要性在于，它们能够帮助学生在所学中认清自己，而最终让他们认识到自己有能力掌握未来。教授文化方面知识的教师，"构建严谨的、与学生现实生活

242

① Gloria Ladson-Billings, *The Dreamkeepers: Successful Teachers of African American Children*, San Francisco: Jossey-Bass, 1994, p.18; 亦可参见 Theresa Perry et al., *Young, Gifted, and Black: Promoting High Achievement among African-American Students*, Boston: Beacon Press, 2003; James A. Banks, "Teaching for Social Justice, Diversity, and Citizenship in a Global World", *Educational Forum*, 2004, 68 (4): p.296; James A.Banks et al., "Education and Diversity", *Social Education*, 2005, 69 (1): pp.36-40; Sonia Nieto, "Public Education in the Twentieth Century and Beyond: High Hopes, Broken Promises, and an Uncertain Future", *Harvard Educational Review*, 2005, 75 (1): pp.43-64; Christine E. Sleeter, *Un-Standardizing Curriculum: Multicultural Teaching in the Standards-Based Classroom*, New York: Teachers College Press, 2005; Jeffrey Duncan-Andrade and Ernest Morrell, *The Art of Critical Pedagogy: Possibilities for Moving from Theory to Practice in Urban Schools*, New York: Peter Lang, 2008; Lani Hall et al., "Essential Elements of the 4-H Experience: Generosity", *Arizona Cooperative Extension*: 1-3, 2009, retrieved May 23, 2010, from cals.arizona.edu/pubs/family/az1495d.pdf。

密切相关的课程以便学生能够批判地自我思考"。① 公民行动教育方式直接反映并应用了这些实践。

有些人可能对以上调查结果，尤其是来自一些校外的青年社区参与机构的调查结果持有异议，怀疑存在自我选择的偏好。参与到社区组织和类似团体的青年人更可能是因为受到了鼓舞。把公民行动和其他形式的有指导的体验式公民教育强加在还没有找到类似体验的青年人身上，不会产生同样的效果。

然而，有理由相信它们会起到一定作用——它们也算是最有效的参与方式，至少可以为一些青年人赋权，否则，这些人还会一直处于公民赋权差距的底层。总体上，有指导的体验式公民教育和具体的公民行动教育都无法鼓励所有青年人长期进行公民参与，不能赋予所有青年人权力。没有一种教育干预对所有学生都有效，公民参与也不例外。但是有证据表明，这些干预确实为青年人铺就了一条自己发现不了的公民参与之路，一旦他们走在路上，他们就会继续走下去，这对缩小公民赋权差距很有意义。

我采访过 26 名成人和青年领袖，他们来自波士顿、奥斯汀、亚特兰大、迪尔伯恩的被隔离的、贫穷的非白人或阿拉伯社区。所有这些人都是在城镇低收入地区的贫困环境中长大的（或正成长在这些地区），他们都是来自历史上被边缘化的少数种族团体。实际上他们最初的公民参与都归功于父母、亲戚、教师，青年组织或类似组织的有指导的公民参与经历。只有一名青年领袖将其归功于其他原因；他把自己的公民兴趣归功于他在德克萨斯州边界城镇布朗斯维尔（Brownsville）成长过程中，所观看的关于马丁·路德·金、西泽·查维斯和圣雄甘地（Mahatma Gandhi）的电视节目。不得不承认的是，许多人也通过他人联系或青年团体参与公民

---

① Jeffrey Duncan-Andrade, "Gangstas, Wankstas, and Ridas: Defining, Developing, and Supporting Effective Teachers in Urban Schools", *International Journal of Qualitative Studies in Education*, 2007, 20 (6): p.627.

政治活动，但是不能够自己寻求额外的机会。这些数据不能证明由个体推荐而参与的公民赋权经历是公民参与和公民赋权的充分条件。但是他们确实表明这样的机会是必要的，"简单而直接的公民参与邀请可以产生重要作用"。①

此外，许多我采访的青年和成人公民领袖具体地描述了他们最初的公民参与是多么的偶然而没有目的性——甚至自己是完全排斥的。例如，吉安描述了他是如何加入"海德广场特别行动队"的："嗯，在家我真的没什么事情做……所有我能做的事情就是上学，回家，然后整个周末待在家里，或者和父母出去。真的很无聊。我想找份工作……这是我得到的第一个机会，所以我抓住了。我的爸爸告诉我要抓住机会，所以我参加了。"另一个"海德广场特别行动队"的组织者加利西亚解释说，她曾经参加舞蹈团面试，但是填了一份别人给她的工作申请表，最后成为一名青年组织者。一名来自"麦克华挑战"的学生领袖也有类似经历，他承认，"我参加是因为其他所有课外活动已经招满人了，所以我认为，'嘿，为什么不参加这个呢？'"洛德斯，一名奥斯汀交界区（Austin Interfaith）的成人公民领袖，参与了她儿子学校的改革，尽管只有她自己参与。"当组织者来找我谈话的时候，你知道，我说怎么办都行，我就是来这儿帮忙的。所以，我真的不是很感兴趣，但是我要表现得有礼貌，因为校长让他们来和我谈这件事。我真的认为，只要一年，以后就不再参加了，一切如常。所以，对我来说，我没有兴趣。"尽管坚持参加青年组织和其他形式的公民参与的人与那些不参加的人可能在很多方面有所不同，但最初的兴趣似乎是可以培养而不是与生俱来的：换句话说，如果引领甚至强迫青年人参加有指导的体验式公民活动，从长远角度看，他们可能会更积极地参与公民

① Scott Keeter et al., "The Civic and Political Health of the Nation: A Generational Portrait", College Park, MD: Center for Information and Research on Civic Learning and Engagement, 2002, p.35, retrieved November 12, 2011, from www.civicyouth.org/research/products/ Civic_Political_Health, pdf.

行动。自我选择不是产生有效公民经历的必要条件。①

使之成真

　　有指导的体验式公民教育途径，包括公民行动，都可以在公立学校实行，对缩小公民赋权差距有显著效果。但是真正实施起来却颇具挑战性。例如，我在本章开头描述的模拟法庭，它是最简单的有指导的体验式245 公民教育的形式之一，在这个活动中教师可以参与到学生中：几乎完全由他人组织（我讲述的这个案例是哈佛大学法学院临床法律项目）；大多在课后进行，只需一天时间；不需要提前准备；确保学生的成功参与。即使在这样非常有利的条件下，还是要花费大量的精力来筹划和实行。为了这次实地考察，我要得到行政许可，然后喋喋不休地告诉学生带着他们的证件；劝服家长让孩子在外面待到晚上 7 点，然后让他们自己乘地铁回家，因为我们付不起 500 美元租校车；除教学、示范和监管学生在公共场合（如联邦法院）的言行举止之外，还需要再找一个助教，以及找时间安排当天最后一节课的内容。尽管如此，我仍组织了四分之一的学生参加这项活动。由于大多数的体验式公民教育项目都不是教师可以不劳而获、信手拈来的——教师必须自己建立合作关系，筹集资金，安排学生参加项目，自己组织项目运行——他们甚至需要花费更多的时间、精力、资源和努力来更好地完成活动。此外，有意义的体验式公民教育很少适合 45 分钟或一个半小时的时间，但这可能是公立初中和高中可应用的最长课时了。因此，成功地实行不仅要求部分参与的教师在工作时间上进行调整，也需要所有其他教这些学生的老师和管理者以及父母的共同努力。

　　有指导的体验式公民教育也占用了必修的、标准化课程的时间。这

---

① 相关依据参见 Constance A.Flanagan et al., "School and Community Climates and Civic Commitments：Patterns for Ethnic Minority and Majority Students", *Journal of Educational Psychology*，2007，99（2）：pp.421-431。

在某种程度上是因为这种体验是相当耗时的——出发到某地，学习掌握某件事，了解任务的步骤和预期，与人交流，相互合作——尤其与简单阅读和填写他人经历的表格相比，后者只需要花费前者所需的一小部分时间，尽管我认为它也只提供了一小部分的学习和参与。课程的权衡也是不可避免的，尽管有指导的体验式公民教育的全部课程大体上是标准化趋向的——例如，教授关于如何履行陪审团的义务，或如何开展一项运动——通常许多具体的课程是地方性的，因为体验是植根于社区的：在城市委员会选举中谁和谁唱反调，波士顿联邦法院在哪里，或者和哪个利益群体商讨才能把一块空地变成公园。有一些全国性的体验式公民教育项目，例如，"孩子们，为美国投票"（Kids Voting USA），"地球卫队"，公民教育中心（Center for Civic Education）的《我们人民：公民养成方案》（*We the People：Project Citizen*）。[1] 但即使是全国性的，它们也将学生与当地候选人和种族联系起来，例如"孩子们，为美国投票"中的案例。也有一些把学生和当地发生的事件联系起来，"地球卫队"和《我们人民：公民养成方案》中有这样的案例。对于面临已经超负荷的州教学标准和选拔考试的教师来说，几乎不可能既考虑普通课程涵盖的内容，又兼顾学习一些地域性知识。[2] 这可以解释为什么1998年"全国教育进步评估"（NAEP）中的"公民学评估"报告显示，只有不到三分之一的学生参加过模拟法庭、角色扮演，或在社会科课堂上表演过话剧——更别说体验校外的任何活动了。[3] 我坚信，这种权衡是表面上的而非真实存在的，因为课标规定的"范围"不等同于学习，丰富而真实的课堂学习体验是紧迫的，也是需要更加深入的。例如，我见证了学生为审判安德鲁·杰克逊而积极学习相关

246

[1] Center for Civic Education and National Conference of State Legislatures，*We the People... Project Citizen*，Calabasas，CA：Center for Civic Education，1996.

[2] Paul Gagnon，*Educating Democracy：State Standards to Ensure a Civic Core*，Washington，D.C.：Albert Shanker Institute，2003.

[3] Anthony D. Lutkus et al.，"NAEP 1998 Civics Report Card for the Nation"，Washington，D.C.：U.S. Department of Education，Office of Educational Research and Improvement，and National Center for Education Statistics，1999，p.91.

内容。我确信，比起其他形式的学习，通过倾听证人的证词，14 岁的学生对分赃制①和无效危机②会有更深刻的印象。这样，也就难免以牺牲标准化的指导方式为代价。

247　　公民行动的组织机构甚至花费更多的时间和精力——包括利用许多标准化课程之外的时间。它们需要历经几周或数月，通常要求与校外组织建立合作，鼓励青年人进行变革，冒着激怒校内外掌权的成年人的风险。它们真正遵循学生的兴趣，从这点上说，要求教师能够在百忙之中灵活地掌握丰富多彩的话题和事件，同时也要建立课程之间的联系。学生也需要大量支持以及便利，以完成公民行动项目。一位教师给一个班级中的 25 名或 30 名学生提供这种支持都很困难，更别说她教的学生有 100 多名了。

　　假如我是教室里唯一的成年人，如果我的班级是唯一支持学生公民活动的场所，那么难以想象我如何成功地辅助学生公民教育项目。至少我每个学期都会获得实习生的帮助，每周有几天也会得到"市创"几名成员的帮助。有一个学期我还找我的母亲来帮忙；还有一个学期，我找麦考迈克毕业的一名学生来帮忙几周，那时他正在波士顿大学（Boston University）读书。我也得到周围同事的大力支持。学生在语文老师的指导下草拟建议信，从一位从事特殊教育的老师那儿借来键盘打印，在计算机实验室老师的帮助下修改他们的陈述报告，"哄骗"所有老师允许他们随时可以使用老师的电脑来进行研究或把报告打成定稿。教师、管理者、保管员、食堂工作人员、秘书以及学校的护士也都很愿意接受学生关于不同话题的采访，允许学生发放调查问卷，匆匆进出他们的办公区域。尽管本学区严禁学生
248　使用手机，但他们看到我的学生使用手机安排会议或进行采访时，也装作视而不见。如果在学校只有我支持他们，我的学生不可能完成这些事情。③

---

① "分赃制"，指一人被选为总统，其亲人也会得到相应的职位。——译者注

② "无效危机"，指当联邦法律出现违背宪法的情况时可以宣布联邦宪法无效。——译者注

③ 坎纳（Kanner）证实了支持性的校园环境对有效公民教育的重要性，参见 Elisabeth Kanner, *Doing Democracy：A Study of Nine Effective Civic Educators*，Ed.D. diss., Graduate School of Education，Harvard University，2005。

因此，为了更好地进行体验式公民教育，校内外的支持是必不可少的。教师在确定课程和项目方面需要帮助，在学习如何有效实施方面也需要指导。例如，如果我知道已经有哪些项目存在，而不需要冥思苦想，那我会节省许多时间！我的公民项目课程会更好！教师需要时间计划，需要时间教学，他们需要同事和管理者的支持——包括得到校长的支持，用更深入的学习代替一些课程大纲规定的内容。他们需要资金支付校车费、实习费、场地参观费、项目结束时展览和庆祝所需的食物费用，以及其他必要的支出。教室中也需要有人帮助教师，30 名学生不能每次仅仅依赖教室中的教师——这个唯一的成年人，来指导他们经历一个复杂而具有挑战性的过程。

教师也需要校外组织机构的帮助，以发展和支持有意义的、高质量的有指导的体验式公民教育。他们需要非营利机构和政治组织为青年人提供实习、做志愿者或其他的体验机会。他们需要大学的支持并与之合作。教师也需要父母和公众的支持，认为他们的工作有意义，并意识到有指导的体验式公民教育和公民行动的重要性，不把其看成是不适合公立学校学生处理的"有争议的"活动或党派活动，从而产生怀疑或担忧。

我们怎样才能确保学校得到这些支持呢？坦言之，需要大量投入——如教师培训、灵活的计划、教室内多名成年人的参与，在当今教育改革的蓝图中这些是不受欢迎的。相反，教育结果才是重要的：标准化的考试分数、毕业率——或在我们的案例中，学生在公民赋权评价中的表现。此外，学校目前的教学成果与解决公民赋权差距并无关系，他们几乎没有积极的动机——反而有许多消极的动机——来追求和进行我在本章或全书中提倡的资源和活动。因此，在下一章中，我将探讨标准、评估和问责制是否以及如何促进学校和教育者推行民主平等和赋权的教育实践。

249

第七章　民主、问责制、教育

　　1999 年夏天，我正在为麦考迈克中学八年级的学生准备美国历史课，当我看到波士顿公立学校的"城市历史和社会科学标准"（Citywide History and Social Science Standards）时，感到十分震惊。八年级美国历史课程（1851—1890）共有 30 个主题，每个主题又分成了 1 至 5 个"广义概念、议题或理念"，5 至 8 个"详细目标"，外加"关键问题"以及"表现任务"。一学年共有 36 周，我迅速计算了一下，每个主题我只有 1 周的讲解时间。这对于第 18 个主题来说是合适的："战争片段；战场，农场，工厂，家园和医院"。我们可以浏览一些由马修·布雷迪（Mathew Brady）拍摄的内战时期的照片，阅读一些战士或是家属写的信件和日记。但是，这对于第 11 个主题来说是完全不可能的："杰克逊的民主思想和内战前的改革家：流行政治，废奴主义，妇女权益和教育"。这在一周甚至两周之内完成是根本不可能的。而这一主题的详细目标包括：分赃制，改革主义者和废奴主义者的目标，国家的权利理论以及威廉·罗伊·葛里森（William Lloyd Garrison）、哈利特·比彻·斯托（Harriet Beecher Stowe）、弗雷德里克·道格拉斯、哈丽特·塔布曼（Harriet Tubman）、霍瑞思·曼（Horace Mann）、艾玛·威拉德（Emma Willand）、多罗西娅·迪克斯（Dorothea Dix）所取得的成就，此外还有一些其他目标。

　　在我阅读了一些相关的主题之后，发现有好多话题的教学量和这个不相上下。如第 17 个："亚伯拉罕·林肯：信仰，选举；分裂和战争"。而第 23 个则是："战后重建：目标，阻碍，阶段"。我打算做一些合理的整

251

242

合。霍瑞思·曼，艾玛·威拉德以及多萝西娅·迪克斯都被我排除在外了，并将第 12 个主题全部删除："美国特色宗教、艺术以及文学的出现"。我还决定，在这学期的期末，如果能讲到 1877 年战后重建就很好了，而课程的末尾是要讲到 1890 年的。当我备完课后，距离开学还有一段时间，我在备课笔记上写下了 25 个主题，每一个用 3 天到 12 天结束。虽然删除了一些内容令我感到有些遗憾，但是我对于自己的计划还是感到很满意的。在这点上，我们校长对于让学生准备标准化考试——《马萨诸塞州历史和社会科综合评价体系》（the History and Social Science Massachusetts Comprehensive Assessment System，MCAS）的轻蔑态度帮助了我。这一综合评价体系为我们了解学生的长处和不足提供了十分有价值的数据，它让我明白，我们不用全盘接受别人的意见。只教给学生他们需要学习的，而对于标准化考试，学生自己就能搞定。

因此，我和学生在美国共和党的起源这一章讨论了很久。我们就新国家的个人自由和政府管制之间的平衡展开了激烈的讨论。我们对比了"十三州联邦宪法"和宪法，同时也分析了其他国家的权力分布。在一项名为"早期总统的报告卡片"的活动上，我的学生发起了头脑风暴，想出了评价一位总统的多项标准，比如经济政策或道德领导力，之后他们以小组为单位，每组选一位总统并评价他们的功过。我们大概花了一个月的时间，透过詹姆斯·门罗（James Monroe）来研究"十三州联邦宪法"。

在这之后，我们加快了课程进度。结果证明，忽略标准化考试这件事，言易行难。在 1999—2000 学年，按规定，我带的八年级学生要历经课程之外的 23 个考试日：春季学期和秋季学期各有一天依照学术阅读目录（Scholastic Reading Inventory）进行考查；有 3 天是斯坦福阅读和数学九级测试（Stanford 9 test in reading and math）；有 9 天是全州联考（马萨诸塞州评价体系），包括英语、数学、科学和社会科；有 4 天是学区考试"标准"，考试内容为所有的四个学科领域；还有 1 月的两天和 6 月的一天是学校专门设置的"写作报告"，关于英语、科学和社会科方面；还有 2 天是学区数学联考。180 天中的 23 天，这意味着学生们在校时间的 14%

252

都要花费在标准化考试上——这还不包括老师们设置的随堂考试——小测验、单元测试，或是期末考试。因此，对我们学校学生每学年考试时间更加准确的估算应该为在校时间的 20%。没错，在我的课堂上，我的教学内容不针对任何标准化考试——因为考试太多了，要我怎样就一项考试内容开展我的教学呢？——但是考试占据了我们太多的时间，特别是在每学期的最后 6 周，如果能少一两个毫无意义的考试对学生来说就很值得庆幸了。

在接下来的几年里，幸运的是，我的学生所接受的考试数量有所减少。正因为这样，学校领导对于"马萨诸塞州综合评价体系"的重视程度增加了。我们的学生需要有更好的表现。因此在 2001—2002 学年，我将我认为在考试中不会涉及的内容统统删去，不管这些内容多么吸引人，有多重要。我只用了一周时间讲解我们国家的前三任总统，因为在分析以前考试内容的过程中，我发现不会问到管理一个新国家面临的挑战，南北战争（the Half-War）、除了路易斯安那购地事件（the Louisiana Purchase）之外的一切与托马斯·杰斐逊有关的问题。我也留出了 4 月春假结束至 MCAS 考试开始前的三周用来复习：一周复习美国历史——史前到《第十五修正案》（the Fifteenth Amendment），其他两周复习苏美尔（Sumer）、美索不达米亚（Mesopotamia）、埃及、印度、中国、希腊和罗马古文明，以及新石器时代和旧石器时代，犹太主义、基督教、佛教和道教。古印度只和 19 世纪的美国历史略微相关（毫不夸张地说！），但是，这样的内容却出现在 MCAS 的考纲当中，自六年级起，学生就不再学习这些了，他们只会每三到四周接触一两次古代文明。

我丈夫，哈佛大学公共卫生学院的教授，当他听我提到考试前两周复习中国古代文明而不是《内战宪法修正案》（Civil War Amendament）时，十分愤慨："这实在是太荒谬了！我们的研究生综合测试里都没有这样的考试内容！"当然他是对的，虽然 MCAS 对我的教学产生十分恶劣的影响，但是我仍然感觉我有责任尽最大努力帮助学生准备 MCAS 考试。

几年之后，我在继续有关公民赋权差距问题研究的同时，也计划重新回去教八年级的学生。在阔别了两年之后，我十分渴望重回讲台教学。在得知我重新返回后不再教美国历史，而是改教八年级"行动中的公民科"的课程之后，我异常兴奋。主要原因是，我可以将我解决公民赋权差距的研究和我的教学工作结合起来。另外，这次我可以有选择的自由，而不是直接被安排讲课的内容。我下定决心要发现更多有关公民行动的问题，并尽自己所能来解决这些问题。

"行动中的公民科"是希德·史密斯的杰作，他是波士顿公立学校课程与学生指导中心主任。希德告诉我，他一直对公民教育很感兴趣，尤其是针对青少年的教育。他们十分爱好讨论、争辩，尤其针对公平、公正和权力问题更是如此。他致力于在校内推行此类课程，灵活运用新发行的2004年州历史和社会科考试标准。值得一提的是，这一标准并没有明确说明八年级学生必须要学什么。他建议加入一门新课程的举动引来争议，马萨诸塞州已经决定停止关于历史和社会科的测试。由于《不让一个孩子掉队法案》（2001年通过的联邦教育法）的颁布，学校和学区目前只对学生的阅读和数学水平负责，它们每年都必须检验学生的阅读和数学水平，从三年级到八年级都必须如此。因此，历史这门课是不值得一考的。实事求是地讲，随着2004年州历史标准的修订，改变原有考试科目，开发一套新的考试模式，这一点是十分有争议的。

如果学生和老师不受MCAS考试规定的内容和技能的约束，就会让我们有真正的自由来发起一场课程与教学方法的改革。同时，没有了历史和社会科的考试，也让人喜忧参半。因为阅读和数学是两门主科，波士顿公立学校决定减少社会科和科学的课时，将一整年的课时压缩到半个学年，剩下的时间留给语文和数学课。

虽然如此，在2004年春季学期设计课程大纲时，我对于整个学区完成公民教育课程，特别是对于我所能完成的教学任务还是感到很乐观的。没有了州课程标准的指引，一切都似乎顺其自然，一切又都可以排除在外。因为之前的调查研究给了我灵感，我撰写了一个计划交给希德和他的同事。对于课程的设计我异常用心，并且特别希望所创建的课程能够推动

254

有效的公民教育，而非限制或扼杀。因此，我提议四种课程组织方式。第一种着眼于三个关键问题："什么是有所作为？为什么人们（包括我）想要有所作为？我怎样才能有所作为？"第二种也围绕学区所称的"关键问题"来组织课程，但是略有不同："人与人之间、群组之间、社区之间或是国家之间存在冲突的根本原因是什么？在一种民主的氛围中，这些冲突在个人、群组、社区或国家之间一直是怎样解决的？怎样才能被解决？"我的第三个建议是以更广阔的视角，从个人（个人权利与责任，品格教育，争端解决）看待社区（服务学习，社区倡议，学生政府），看待政体（政体内成员关系，权利以及责任，选举，陪审团经历，公共服务）。我最终的建议是，围绕民主公民价值，如公正、公平、自由、法律、机遇、民主、宽容、安定和透明度等开展调查，并将课程内容结构化。

令我失望但并不出乎意料的是，"行动中的公民科"这门课最终没有采纳我的任何一种方案。希德，另一位学区行政人员以及一些八年级教师和我一起进行了讨论，最终并没有达成一致。在设计课程的时候，我们究竟有多大的自由才合适？而班级之间、学校之间，到底要保持多大的一致性？我们需要预先决定多少内容，有多少空间可以将当前事件与学生兴趣相结合？如果我们信奉"少即是多"这一哲学（这也是我强烈推崇的），如果转变为"少即是少"那将会怎样——或者至少，如果学区管理仅仅是"少"，那将导致多么可怕的结果？在春季学期末，我们的课程设计更注重内容，而非"大概念"，这和我之前预想的有些差别，但是它仍然比之前我所教过的繁重的美国历史教学大纲要好。同时我们也和一个非营利组织"面对历史和我们自己"（Facing History and Ourselves）建立起了长久的合作关系，包括要求学生进行一些公民实践活动。所以我大体上是满意的。希德看起来也很兴奋，说这可能成为"史上最棒的课程"。

有趣的是，在我返回教学岗位的那个秋季学期，这个课程又有所发展，这次也多亏了希德对其进行的完善，融入了更多的关键问题和关键概念、更多的重点词汇，总体上内容更加丰富了。现在试行的课程有广泛的目标、普适的标准以及建议性的课程蓝图。但秋季学期我并没怎么重视它；那时正值 2004 年总统大选，我没有完全依照学区的要求将很多相关内容都纳入到课程中，另外我还想成立一个更有前景的"公民项目"（正如我在之前的章节中描述的）。我尝试跟上"面向历史和我们自己"项目的节奏，我们定期会面就项目进展进行讨论，但是大部分时间我还是做自己的事情。

当 2005 年 1 月送别我的第一批学生，并且迎接另外三组学生加入"行动中的公民科"课程时，我发现波士顿公立学校已经决定对所有八年级学生的公民课设立标准化、全区范围的期中和期末考试。突然间，我开始担忧课程的覆盖范围。我很忧虑，因为我使用的课程计划与希德提供的有所不同。即使他明确鼓励我们照自己的想法去做，我也很担心学生在期中考试之前没有学完他们应该掌握的内容。如果我的学生在考试中表现不佳，那么我一定会被迫使用学区颁布的教学大纲，而那份教学大纲我十分不喜欢。

在接下来的两个学期，我更加忧虑了。我所准备的为帮助我的学生完成公民项目的材料在学区内被广为采纳，甚至被"市创"（与波士顿公立学校合作开发公民课程的一个非营利组织）在全国范围内传播推行。我也在州和全国的一些会议上展示过这些材料。但是我的学生在期中和期末考试中表现平平，因为我对于那些规定的内容只是一扫而过——在 2005 年秋季，我们花了一些时间探讨卡特里娜飓风；而在 2006 年春季，学生想要调查附近街区青少年犯罪的情况。我认为自己做得还不错，但是我一直都担心，鉴于我的教学成果，学校的校长或者更糟糕——整个学区将会"封杀"我那套"与众不同"的公民课程。 257

在本书中，我曾经提到理想中的公民赋权和公民教育，即：强调平等主义、集体主义、参与、融合、折中、寻求改变而不是保持现状，与生活体验相呼应而不是不切实际的理论，以知识为依据，以技能来武装，以习惯进行坚持，以有效、负责任和批判性的态度作为动力。在讨论这一点的过程中，我告诉那些老师他们在课上应该怎样做，告诉那些行政人员他们该如何修正学校实行的政策，告诉出版商他们该如何修订教科书，以及告诉父母和学生他们该从学校中得到什么。虽然如此，但就像之前的一些趣闻逸事所展现的，告诉人们如何去做并不代表他们就会按照你说的去做。我曾经被告知作为一名教师该做些什么：哪些教学内容需要讲解，哪些教学目标需要完成，要对学生提哪些要求。我并没有遵照。在"行动中的公民科"中，事实上，我从头到尾都在按照自己的想法行事，即使我身为课程大纲编写组的一员！鉴于此，我还有什么理由去期待我的想法会有更大的推动力？更具体来说，根据怎样的理论，我可以将纸上谈兵的一切付诸实践？

为了解决这一疑问——"我们专家有太多好的点子！为什么人们不听我们的建议，不把我们的好点子付诸实践？"——在美国，许多支持公民教育改革的人都把标准化的评估和问责制作为促使改革的唯一途径。这种选拔性考试对于美国教育实践的影响是很明显的。就因为这样的考试，波士顿公立学校分配给社会科课程的时间一夜之间就减少了一半；就因为这样的考试，我砍掉了美国历史课的大量内容，为了把时间留给最常考的人物、事件和概念；就因为这样的考试，以及随之而来的相应的奖惩措施，所有阶段的教育工作者和政策制定者都完全重新分配了时间、财力以及教学资源，以专注于那些需要掌握的技能和内容：特别是阅读和数学，某种程度上还有科学和工程学以及理工科。许多公民教育的支持者认为，如果我们想要确保所有学生接受高质量的公民教育，必须推动确立标准化的公民学评估和高风险问责制。

我不同意这一点，因为我认为这助长了不良的教学之风。鲜有证据表明，选拔性考试在某一领域改善了教学实践。而事实上，所有证据表明，标准化评估和高风险问责制使教育实践沦落到非计划中但却可预见的境地。标准化的评估和问责制特别不适用于推动高质量公民教育实践的发展。选拔性公民教育测试排斥任何地方优秀的公民教育实践，特别是在最贫困、只招收历史上被边缘化人们的子女的学校里尤其明显，这可能会扩大，而不是缩小公民赋权差距。因此，这样的考试并不适合推动民主的公民教育的发展。

258

标准、评估和问责制在保持公共教育的民主性中占有重要地位。这是因为"民主教育"有两层相互联系又有区别的内涵。第一层含义：民主教育指的是为了（for）民主、为了公民赋权而实行的教育，这是本书一直探讨的问题：学校怎样能够帮助学生成为被赋权的、民主的公民。年轻人是民主教育的核心对象，对他们进行公民赋权也是公民教育的首要目标。就民主教育而言，我认为，标准化的评估和高风险的问责制在实践中乏善可陈。因为后者倾向于关注短期的、易检验的结果，不适用于民主教育的长期目标，即：将美国转变成一个更公平的社会，让今日没有被赋权的年轻人成为明日具有批判性、参与性、被赋权的成年公民。

但是，在民主内的（within democracy）教育中，换句话说，在一个具有民主正当性的教育系统中，评估和问责制具有重要的合法性。我所说的民主教育的第二层含义是针对成年人而非年轻人，而且在某种程度上，公立学校必须遵从协商民主和公民控制（citizen control），以使自己合法化、正当化。[①] 所有领域内高质量的标准、评估以及问责制都会让公众受益，特别是在民主环境下推行的教育，能使成人得到公正的赋权。通过确立诸如平等、透明、协商民主和多样性等民主精神，评估和问责制都潜在地表达和促进了非专家型的公众正当、民主地影响与监督公立学校教育的兴趣。

那么，是否有可能创立公共政策，通过这些政策，使得对年轻人进行有效公民教育（即为了民主而实行的教育）而需要的专业知识能够在尊

---

① 在《民主教育》一书中，艾米·古特曼（Amy Gutmann）根据民主教育这两个概念设定了目标，没有考虑到它们之间可能相互矛盾。她阐述了我所认为的为了民主而教育（for democracy）的目标是："所有公民接受教育，以便于他们能够有机会自觉地参与社会结构的塑造。"（Amy Gutmann, *Democratic Education*, Princeton：Princeton University Press，1987，p.46）在这种对民主教育的构想中，她认为青年人应该学习必要的赋权的知识和技能。然而，更早时候，她强调，"民主教育的一种理论，强调所谓的'自觉地社会再生产'——公民应该被赋权去影响教育，进而反过来塑造未来公民的政治观、态度和行为方式"（Amy Gutmann, *Democratic Education*, Princeton：Princeton University Press，1987，p.14）。在这种对民主教育的构想中，她认为成年人应该在受教育的过程中行使民主权力。这是民主内的教育，而非为了民主的教育。

重成年人对于教育的民主控制（即民主内的教育）的情况下仍然适用。当
它们相互冲突的时候会怎样？在何种程度上，标准、评估和问责措施能够
解决这些矛盾、加剧这些矛盾或者毫无影响？教师如何对这样的情况进行
干预？我将会在本章余下部分论述这些问题。

标准、评估和问责制作为公共产品

高质量的标准是一种公共利益：换句话说，每个人都会因它们的存在
而从中获益，并且个人在获益的同时不会损害其他人的利益。[①] 标准几乎
存在于生活中的方方面面——从桥梁建筑和电子通信程序，到食品安全、
住宅设计、汽车设计——让每个人都平等获益。在生活中，至少在 21 世
纪的生活中，如果没有一定标准来规范公众和私人生活领域的方方面面，
那是很难想象的。驾驶符合公路、桥梁安全标准的汽车会让我们从中获
益，即使我们本身不开车，比如，我们是行人，我们的安全也有赖于开车
的人不会横冲直撞。同样，吃符合标准的食物，进入符合技术标准的在线
媒体，会让我们所有人受益。针对公共机构的高质量标准（特别是公立学
校、法院、军队），也是公共产品，从某种程度上而言，它们帮助我们确
保稀缺公共资源的恰当使用和支出。政府不应当向群众征税，也不应当在
劣质的、无效率的或者有害的公共事业上耗费过多资源。公共资源总是稀
缺的，因此它们应当被理智和有效地消费以保证公共利益。

---

① 这里应该解释一下，我说的形容词"高质量的"包含了很多内容。确定的是，标准本
身应该超越特定的水平；例如，肉类加工标准不应该低到被污染的肉也能完全符合标
准。但是标准本身也应该为公共利益服务。雇佣标准更看重裙带关系而不是能力，房
屋占地尺寸标准有意给中产阶级和贫困的房屋所有者定高价，这样的标准都是为私人
服务而不是为了公共利益。所以不是所有标准都符合公共利益；但是高质量的标准，
即合理的、为活动本身或结果设定了高门槛，自身也是以有意义的目标为导向的标
准，才是符合公共利益的。我很感谢兰达尔·卡伦（Randall Curren）和我共同阐释这
一观点。

就目前来看，高质量的标准对于所有领域都是必需的，无论是公共还是私人领域皆如此，我们有理由期待这些标准对于教育也是有价值的。公共资源在教育上的花费不能毫无节制，应当理智，不能随便而漫无计划，要具有清晰的预期和标准。更进一步讲，开发完善的教育标准某种程度上能确保高质量的教育实践，所有公民都会从中受益。教育标准和其他任何标准一样，也是一种公共利益。这并不是说，教育标准应当代表具体的诸如种类、来源、范围、措施等。对于所有这些问题一定会存在这样一种不同意见：谁来设定标准？要设定怎样的标准？标准的内容应该是什么？谁来评估这些标准带来的成果？如果不符合标准，那么后果会怎样？但是，建立某种形式的公共教育标准的重要性及必要性本身不应受到质疑。

在这种情况下，我们必须接受公共教育评估和问责措施存在的必要性。再次说明，这与教育本身无关，但是和其他公共事业一样，这些确实适用于公共教育。由于人性有弱点，如果不能确保（通过问责）并确定（通过评估）达到这些标准，那么标准的存在就毫无意义。"每一个有意义的标准都为评价提供了一种现实可能；如果无法知晓人们确实达到了某种标准，那它们的存在就毫无价值和意义。所以，每种切实存在的标准都应当经得住观察、评估及测量。"[①] 从这个角度来看，标准能够确保评估的进行；反之亦然。

对此的推论是，标准只局限于可以被评估的内容，评估的进行也局限于可以被标准化的事物。因此，实际上，评估在实践中决定了标准。一种标准如何被评价，最终可以引导人们对于标准的认知以及为达到标准而付诸的行动，而不是对于标准的抽象表述。更具建设性地讲，评估的存在能够帮助人们确定达到标准的"最佳实践"；评估的存在也能使标准从仅仅表达遥不可及的梦想成为切实可行的目标。评估也可以被用作以标准为导向的诊断性目的，比如形成性评价、确定基准，等等。所有这些标准和评估之间的关系都独立于问责措施而存在。

---

① Diane Ravitch, "50 States, 50 Standards", *Brookings Review*, 1996, 14 (3): p.9.

虽然如此，评估过程也是十分重要的。它能够确保问责措施的开发与实施，以激励人们达到标准；评估过程可能被用作工具，来约束人们或群体出于不同的原因对标准负责：在公共教育领域，这些所谓的"责任承担者"可能包括学生、教师、行政人员、学区、当选的领导或是整个公民群体。① 教师可以利用学生评估来保证他们对自己及对学生承担起责任；家庭或者学生自身可以利用评估来保证学校承担起责任；学区可以利用评估来保证教师或学生承担起责任；公民可以运用评估来保证他们选举出来的领导承担起责任；以此类推。20 世纪 90 年代，在一系列著名的州立法庭案件中，诸如"财政公平运动"（Campaign for Fiscal Equity）之类的活动就利用学生令人堪忧的测试结果使州政府为提供不平等教育（尤其在贫穷和城市地区）负责。② 在一个关于问责的有趣实例中，位于缅因州肯纳邦克（Kennebunk）的"新学校"（The New School）的学生就利用标准来确保教师承担起责任。在这所学校，学生和教师通常民主地决定每个学期要上哪些课，学生可以要求教师提供一些特殊的课程，因为他们需要学习这样的课程来达到州政府规定的标准——《缅因州学业成果》（Maine Learning Results）。③ 不管谁用这样的标准、让谁来承担什么样的

① 贝恩 2003 年提出了"责任承担者（accountability holdees）"这一术语，参见 Robert D.Behn, "Why Measure Performance? Different Purposes Require Different Measures", *Public Administration Review*, 2003, 63（5）: pp.556-576. 格劳瑞亚·拉德森比利斯将个人"成就差异"作为集体的"教育债务"，在这一描述中，她提供了一个非常有趣的实例，认为公民负有全责。更多细节，参见 Gloria Ladson-Billings, "From the Achievement Gap to the Education Debt: Understanding Achievement in U.S. Schools", *Educational Researcher*, 2006, 35（3）: pp.3-12.

② 参见 Michael A. Rebell, *Courts and Kids: Pursuing Educational Equity through the State Courts*, Chicago: University of Chicago Press, 2009.

③ Students and Faculty of the New School, Kennebunk, ME, "Panel Discussion: Alternatives in Schooling", Seminar Presentation, Harvard Graduate School of Education, April 28, 2010; The New School, "The New School—Curriculum", retrieved July 22, 2010, from www.tnsk.org/TNS/curriculum.htm.

责任，普遍来说，问责是十分必要的，它让标准和评估对于教学活动有了引导意义，而不是分散教与学的精力。这个动态过程在我的教学实践中十分明显。 263

因此，标准、评估和问责措施从本质上讲是相互依赖、纵横交错的。如果教育标准被认为是有价值的，那么教育内评估和问责也应当被同等重视。值得注意的是，这种一般性的陈述是"独立的"，要取决于标准、评估及问责的类别，由谁设定以及为何设定。标准可能代表了学习机会、学习成果，或者过程标准。评估可能是形成性的、终结性的、标准的、基于档案的、"真实的"、常模参照的、标准参照的、量化的或质性的。问责可能是低风险或高风险的、个人的或集体的、财政上的或者名誉上和专业上的、消极的或者积极的。这些标准、评估和问责（SAA）机制可能会形成和应用在不同层面：学校、学区、州或者整个国家。在实践中这些不同之处是十分重要的，但它们都建立在明确标准、评估和问责的必要联系的基础上。

SAA 机制的民主特性

除了总体上为公共利益服务，标准、评估和问责机制也能反映和促进民主价值观的发展和民主利益的产生。SAA 也会在至少六个方面影响民主价值观。首先并且最重要的是，它们反映了平等的民主原则。通过确定一般性的期望、目标、机遇、资源或是成果，一般的标准反映出一个原则，即所有年轻人都应该接受同等质量的教育。这是一个真正重要的问题，即使是在民主范围之内也是如此。虽然美国在主张全民教育的价值方面是世界先驱，并且创立了"公立学校"来反映民主理念，学生在这类学 264
校中的所学却千差万别。同样，举例来说，不同地段、不同学区、不同州以及针对不同人群（如种族或民族、阶级、移民身份、母语、特殊需求）的学校，在教学资源、教学目标和教学课程方面都有很大不同——这是很自然的，许多人都会这样认为。① 所以，所有孩子应该接受平等的教育，至少要有充足的资源来掌握一系列的知识和技能，这一论断体现了平等这一民主观念。这同样也适用于评估是否每个孩子实际上都能掌握普通的课程，都能监督教育者、政策制定者或者其他要为他们未来的成功负责任的人。这些价值的民主意义很需要被强调，即使这些政策的实际结果没有像预期那样促进教育平等。

第二，SAAs 强调效率。这既不单是一种民主价值观，也不是最重要的民主价值观，但是它对民主的实施仍很重要。② 如果稀缺的资源不能够得到高效利用，特别是如果由于资源的利用效率低下，公众的意愿没有被完全实现，那就会妨碍民主。清晰的标准、能恰当地测量这些标准带来的成绩能确保教育工作者和政策制定者取得更多成就的评估方式，以及奖罚分明的问责措施都会成为提升效率的重要工具。

第三，SAAs 促进透明这一民主价值。标准使得教育目标和实践能够对所有公民透明化，而不是对于学生应该学什么、为什么学、如何学模糊不清，或者将教育期望限定于掌握成为"专家"应具备的知识。现今，对于任何一个可以使用网络的人来说，去了解自己州内各个年级学生渴望理解的内容、有能力完成的事情，并且将这些期望与其他州的学生或者世界上其他地方的学生比较，是很容易的事。这不仅仅是因为互联网

---

① Julie Reuben, "Patriotic Purposes: Public Schools and the Education of Citizens", in *The Public Schools*, *ed. Susan Fuhrman and Marvin Lazerson*, pp.1-24, Oxford: Oxford University Press, 2005；参见 Arthur G.Powell, et al., *The Shopping Mall High School: Winners and Losers in the Educational Marketplace*, New York: Houghton Mifflin, 1985；David Tyack and Larry Cuban, *Tinkering Toward Utopia: A Century of Public School Reform*, Cambridge, MA: Harvard University Press, 1995；David Tyack, "School for Citizens: The Politics of Civic Education from 1790 to 1990" in *E Pluribus Unum? Contemporary and Historical Perspectives on Immigrant Political Incorporation*, ed. Gary Gerstle and John Mollenkopf, pp.331-370, New York: Russell Sage Foundation, 2001；Jeannie Oakes, *Keeping Track: How Schools Structure Inequality*, 2nd ed., New Haven: Yale University Press, 2005。

② Janice Gross Stein, *The Cult of Efficiency*, Toronto: House of Anansi Press, 2001.

的力量，也是因为共同标准赋予的透明度。因此，所有公民都能参与支持、挑战或者是修正这些标准。更进一步讲，普遍性的评估让公民能够清楚地认识到他们那儿的学校和他们的孩子是否符合这些标准。公民能够利用普遍的、客观的评估来判定他们的学校是否追求教育平等这一目标、为学生提供平等的机遇、取得平等的教育效果，而不是只对学生进行空洞的评价——"他们做得很好"，或者满足于考试成绩的高分，或者布告栏上的花哨东西，因为这些都不是学习情况的真实反映。这种层次的透明度是强有力的，因为有了这些标准和评估在手，在一种民主的氛围里，家长和其他公民可以监督其他人是否履行了责任——包括州政府，以防止其行政无力。

第四，标准和评估的公共建构推动了民主对话和民主协商。当 SAA 机制通过公开程序发展起来，组织者们发起了大量的公共投入和公众对话，这样就培养了民主关系，确立了民主价值。这样的过程甚至会促进对目前教育标准和评估之上或者之外需要优先解决的公共问题建立共识。人们可能以一种多元化、辩证的视角，回归到最初关于教育标准的讨论：我们应当采用何种教育标准？但是正如他们所讨论的——学生们应该学什么，以及将这些讨论和更大的问题联系在一起，即我们应该建立一个怎样的社会与学生学什么的问题不可避免地联系在一起之后，公民就会参与到公共对话当中，至少他们会对公共优先事项达成最基本的共识。在最佳的情况下，关于标准、评估以及问责措施的公共对话可能会使不同的公民凝聚在一起，支持一个共同的公民视角或者民主文化。

这并不是说，标准的采用总是能例证最佳的协商民主。德克萨斯州教育董事会 2010 年修订了《德克萨斯州历史和社会科课程标准》（在第四章讨论过），曾招致骂声连连，说其是对教育和民主的歪曲。类似的强烈抗议还出现在琳恩·切尼（Lynn Cheney）和拉什·林博（Rush Limbaugh）20 世纪 90 年代烧毁国家历史标准事件的前后。在这个事件里，切尼和林博针对民主架构下的标准的所有指责和攻击，最终导致了前所未有的参议院以 99：1 的投票来谴责这样的标准——在标准发行之前，在

266

参议院议员读过内容之前。① 以上两个事件都十分令人沮丧，原因之一是这两个事件中所提到的标准是全纳性的、以达成共识为取向的产物，这促使了有思想的、批判性的、均衡的课程标准的产生。但在最后时刻，精华部分被当选的代表剔除了，鉴于此，《不让一个孩子掉队法案》和几乎被所有州采用的针对英语和数学的《共同核心国家标准》（Common Core State Standards），对历史和社会科缄默不言也就不足为奇了。就因为德克萨斯州教育董事会的举动，将美国的建立者崇尚基督教国家、麦卡锡主义（Mc Carthyism）② 教授给德克萨斯州学校的学生们是合理的。但是在这两种情况下，最初的州和国家历史标准通过全纳性民主协商得到了发展，并且将标准置于一个更广阔的视野下进行讨论，而不是由一小部分专家和教师关起门来自己研究。

第五，民主框架下构建的 SAAs 能够作为一种工具，确保强健的民主治理。民主价值观的正当性在于它能够汇集不同个体的广阔的、千差万别的知识和视角；产生影响的知识和技能的范围很广，那么好的想法一定归功于集体的力量而不是小部分领导者的密谋，不管这些领导多聪明，受过多么良好的教育。③ 与之相关的是，他们能确保（并且指导）教师将他们的实践建立在集体的智慧或者才智之上，而不是靠个人的才能和特有的知识来决定这一切，这就是民主价值观；我在自己的"行动中的公民科"课程中有可能违背了这一点。有时我会让我的学生服从于我本人对于有价

---

① Gary B.Nash et al., *History on Trial：Culture Wars and the Teaching of the Past*, New York：Vintage，2000.

② "麦卡锡主义"是1950—1954年间肇因于美国参议员麦卡锡的美国国内反共、反民主的典型代表，它恶意诽谤、肆意迫害共产党和民主进步人士甚至有不同意见的人。从1950年初麦卡锡主义开始泛滥，到1954年底彻底破产的前后五年里，它的影响波及美国政治、外交和社会生活的方方面面。麦卡锡主义作为一个专有名词，也成为政治迫害的同义词。——译者注

③ James Surowiecki, *The Wisdom of Crowds*, New York：Random House，2005；Josiah Ober, *Democracy and Knowledge：Innovation and Learning in Classical Athens*, Princeton：Princeton University Press，2010.

值、需要掌握的知识内容的判断，而不是依照共识。但是如果 SAA 机制运行得好，它们会确保在公立教育过程中能够体现民主意愿。独裁的教育工作者会践行其本人对于教学内容和方式的判断，而这样的独裁最终会被集体性民主所取代。

第六，也是最后一点，通过确立一些基本的教学目标和特色，以及预期目标的一些普遍性衡量标准，SAAs 会促成多元化的形成。这反映了自由和多样性这一重要的民主价值。如果所有学校都能履行自己的职责，取得一定的教学成果，那么它们就可以自己决定取得这些成果要采取哪种方式。因为它们的学生能够达标，"宏伟蓝图学校"（Big Picture Schools）能够将课上时间减到最低，不顾一些细枝末节的学业要求，让学生能够亲身实践，去摄影棚、汽车修理厂、生物技术公司进行实习。因为它们的学生能够达标，"知识就是力量项目"学校能够延长上学日，申请周六上学，在全校范围内强调并规定如何进行眼神接触，如何训练阅读和写作技能。应用蒙特梭利教育法①的学校（Montessori schools），实验校，军事学院，杜威学习社区，必备知识学校（Essential Knowledge Schools），农学院，完全依赖科技进行辅助学习的虚拟学校（Virtual schools）……所有这些教育机构如果能够形成一个体系，有共同的教学标准、评估和问责制来确保所有学生都能接受教育，那么它们一定会更加繁荣兴盛，比没有这些机制、运用官僚的人浮于事的方式来控制教育者工作的学校好得多。

268

---

① "蒙特梭利教育法"以意大利的女性教育家玛丽亚·蒙特梭利（Maria Montessori，1870—1952）的名字命名。1912 年，《运用于儿童之家的科学教育方法》一书在美国出版，很快被译成 20 多种文字在世界各地流传；100 多个国家引进了蒙特梭利的方法，1913—1915 年，蒙特梭利学校已遍布世界各大洲。到 20 世纪 40 年代，仅美国就有2000 多所，在世界范围内引起了一场幼儿教育的革命。——译者注

SAAs 未能满足民主公共利益

对于标准、评估和问责体系所促进的公共利益，潜在性的危害也是存在的。SAAs 有时基于集体的偏见和无知而不是集体智慧；它们投入了大量的公共资源，而将专业知识的利用大打折扣。他们也可能会利用排外性而不是多元化来保持观点的一致性，为了能够达成共识，他们排外而不是融入不同的观点。他们也可能将问责和不信任混为一谈，通过政治手段来提出标准，而不是号召公众参与。他们可能采取极端的方式来解决所谓的"文化战争"，而不是发起民主对话，并提出一些妨碍年轻人民主思维发展的标准和评估方式，超负荷的标准和期望使年轻人望而却步。评估和问责制可能会导致崇尚自由主义的学校采取"魔鬼式训练"，正如位于费城的弗莱雷特许学校（Freire Charter School），因自己网站上的一张图片而出名，成行排列的学生课桌上"炫耀"着他们所谓的"多而专"的必修课，使得学生在头一两年的学习中没有喘息之机，学校甚至要求学生统一着装。[1] 很难想象，《被压迫者教育学》（*Pedogogy of the Oppressed*）的作者保罗·弗莱雷（Paolo Freire）看到这所与自己同名的学校时心中会作何感想！

在过去几十年里，随着 SAA 机制的发展和应用，许多缺点也随之显现。通过观察 SAA 机制在哪些地方背道而驰，或是削弱了其民主潜质，我们可以深入探索 SAA 机制在特征和所扮演的角色上的民主正当性。例如，我们可以考虑一下，评估和问责措施怎样才能不仅确立富有意义的标准，同时又可以限定这样的标准。当我们将 SAA 设想成对离散的知识和技能的陈述和测量——我们想要学生"知道并且能够去做"——美国当前

---

[1] Freire Charter School，"Freire Charter School Home"，retrieved March 3，2010，from www.freirecharterschool.org/index.htm.

的情况正是如此，那么我们就不能设定教育目标，希望我们的学生成为什么样的人，他们面临的整体挑战是什么。客观的评估可以确保问责机制的公平和透明，但它常常不够灵活，不能根据实际情况来测量公民所关心的那些标准。[1] 它们也经常会妨碍高质量的教育。问责措施可能会推动教育工作者和学生遵守标准、达到标准，但是也可能会导致教育工作者和学生动力不足，偏离实际工作和学习的价值。

产生这些弊端的主要原因是 SAA 机制必定会比较粗糙，缺乏精细性。它们必定不能详细分类、评估，不能让学生和教师很好地掌握每一个被认为是有价值的、细小的知识点和技能。[2] 若标准变得十分具体和细化，它们很快就会让所有老师和学生吃不消。这些弊端在我这些年在波士顿公立学校教授美国历史的过程中都体现出来了。更进一步讲，问责制考量学生多重维度的表现，本身也不堪重负。这也是《不让一个孩子掉队法案》的严重问题。它通过对 22 个小组的评估，测量了学校的"年度进步"（Adequate Yearly Progress，AYP）[3]。如果有一组不能完成这个计划，就会导致学校的整体失败——这种方式已经让三分之一以上的美国学校遭受困

---

[1] Linda Darling-Hammond, "From 'Separate But Equal' to 'No Child Left Behind'：The Collision of New Standards and Old Inequalities", in *Many Children Left Behind：How the No Child Left Behind Act Is Damaging Our Children and Our Schools*, ed. Deborah Meier and George Wood, pp.3-32, Boston：Beacon Press，2004.

[2] Doug Archbald and Fred Newmann, *Beyond Standardized Testing：Assessing Authentic Achievement in the Secondary School*, Reston，VA：National Association of Secondary School Principals，1988；Selma Wasserman，"Quantum Theory，the Uncertainty Principle，and the Alchemy of Standardized Testing"，*Phi Delta Kappan*，2001，83（1）：pp.28-40；Daniel Koretz，*Measuring Up：What Educational Testing Really Tells US*，Cambridge，MA：Harvard University Press，2008.

[3] "年度进步"，作为一项测量指标，是美国联邦政府《不让一个孩子掉队法案》中教育部设定的针对公立学校和学区实行的对学生学业成绩进行的标准化测试衡量，要求各州列出未能达到此指标的学区和学校，督促其及时进行改进、纠错和重组。——译者注

扰，在某些州甚至接近半数的学校都受到影响。[①] 这有点像《第二十二条军规》；学生和学校所要履行的责任越多，规定越严格，就越容易一个都履行不了，越不容易取得成功或者专注于一些有更高价值的改进。标准、评估以及问责措施其实陷入了"金发姑娘"困境（Goldilocks dilemma）：不能太多，因为学生或学校都无暇顾及；也不能太少，因为这样就会使课程缩水，不能为学习提供足够的信息。它们的数量应该是"刚刚好"。即使这样，它们仍然只是针对成功的标准和粗略预期，从而成为教育评估、进步和改革最基础的工具。当学生和教育工作者需要对他们在标准化测试中的表现负责时，这些直接的期望就会让人更加厌烦。采用标准化考试是因为它们相对容易实现及进行评价，这样就会制造倾向于注重测量表面的知识和容易测量的技能，而不是深层的知识、复杂的技能、态度、习惯和行为。[②] 这种"金发姑娘"困境导致《基础教育和中等教育法案》（*The*

①　Linda Darling-Hammond, "From 'Separate But Equal' to 'No Child Left Behind': The Collision of New Standards and Old Inequalities" in *Many Children Left Behind: How the No Child Left Behind Act Is Damaging Our Children and Our Schools*, ed. Deborah Meier and George Wood, pp.3-32, Boston: Beacon Press, 2004; Edward W.Wiley et al., "The Impact of the Adequate Yearly Progress Requirement of the Federal 'No Child Left Behind' Act on Schools in the Great Lakes Region", Great Lakes Center, September, 2005, ii, retrieved February 7, 2010, from greatlakescenter.org/docs/early_research/g_l_new_doc/EPSL-0505-109-EPRU.Great_lakes.pdf; Erin Dillon, "Moving Targets: What It Now Means to Make 'Adequate Yearly Progress' under NCLB", *Explainer*, September, 2009, retrieved February 10, 2010, from www.educationsector.org/usr_doc/EXP_AYP_UPDATE.pdf.

②　Peter Sacks, *Standardized Minds: The High Price of America's Testing Culture and What We Can Do to Change It*, Cambridge: Da Capo, 2000; Joan Herman, "The Effects of Testing on Instruction", in *Redesigning Accountability Systems for Education, ed. Susan Furhman and Richard Elmore*, pp.141-166, New York: Teachers College Press, 2003; Linda Darling-Hammond, "From 'Separate But Equal' to 'No Child Left Behind': The Collision of New Standards and Old Inequalities", in *Many Children Left Behind: How the No Child Left Behind Act Is Damaging Our Children and Our Schools*, ed. Deborah Meier and George Wood, pp.3-32, Boston: Beacon Press, 2004; Thomas Toch, "Margins of Error: The Education Testing Industry in the No Child Left Behind Era", Education

Elementary and Secondary Education Act）推迟 6 年颁布，这部法案可能会取代《不让一个孩子掉队法案》。每个人都能意识到什么无效，但就什么能奏效达成共识却更加困难。

因为标准化的评估最终是进行测量，问责制最终是回馈奖励有教育价值的信息——是否应该减少发展评估体系的经费投入，减少学生参与考试花费的时间，保证一段时间内重复测量同样的知识和技能，以进行纵向比较，或其他理由，诸如以各种各样的方式进一步破坏教育实践。最根本的是，它们使教师在教育上的努力集中于很狭隘的知识范畴，以及测试本身的框架和特征，而不是朝向教育的整个领域，或者是学生的学习过程。① 正如罗伯特·贝恩（Robert Behn）所说："可能，'得到测量才能得到执行'这句话是对于执行情况进行测量的金科玉律。如果你去测量某事物，人们就会去做。遗憾的是，人们经常测量的事物通常都不是他们被要求做的。而且这些测量直接或间接地驱使人们去做这些被测量的事，而不是他们真正想要去做的事。"②

举例来说，当我教美国历史的时候，我也关注了《马萨诸塞州综合评价体系》（MCAS），但我并没有因此教学生更多的内容，也没有教得更好；我只是教了不同的历史——我把有关南北战争和艾玛·威拉德的内容删去，加入了路易斯安那州购地和美索不达米亚文明。我和同事也花

271

Sector，Washington D.C.，2006，retrieved July 20，2008，from www.educationsector. org/usr_doc/Margins_of_Error.pdf；Michael Winerip，"Standardized Tests Face a Crisis Over Standards"，*New York Times*，March 22，2006，retrieved February 9，2010，from www.nytimes.com/2006/03/22/education/22education.html？_r=3 &pagewanted = 1；Daniel Koretz，*Measuring Up：What Educational Testing Really Tells US*，Cambridge，MA： Harvard University Press，2008；Kerri Ulluci and Joi Spencer，"Unraveling the Myths of Accountability：A Case Study of the California High School Exit Exam"，*Urban Review*，2009，41：pp.161-173.

① Daniel Koretz，*Measuring Up：What Educational Testing Really Tells US*，Cambridge， MA：Harvard University Press，2008.

② Robert D. Behn，"Why Measure Performance？Different Purposes Require Different Measures"，*Public Administration Review*，2003，63（5）：p.569.

费了大量时间帮助孩子们按照 MCAS 中问题的形式准备考试。我们利用 MCAS 不同的评分标准来为学生们的写作评分。我们在英语、数学、社会科方面也给出一些可以参照的写作建议，每年三次，参考 MCAS 开放式问答题的模式，以 MCAS 的评分标准给出相应的分值。这样的策略通常是事倍功半。有一年，我在礼堂组织了一次八年级的 MCAS "测试碗"，测验中的问题都是精心挑选出来的。排名最靠前的两组坐在礼堂的讲台上用抢答器回答问题，如刘易斯和克拉克的西进探险中遇到的阻碍、孔子、《解放黑人奴隶宣言》(*the Emancipation Proclamation*)、考古学的原则，英国殖民地的经济基础，罗塞塔石碑（Rosetta Stone），以及诸如此类的问题。看到学生能回答如此多的问题，学到了如此多的知识，我感到十分兴奋。直到后来我才发现，扩音器中途停止了十分钟，在礼堂后排的学生根本什么都没有听到。

"但是他们很专注"，我断定，"他们一定能跟上！"

"梅拉，他们溜号大约一小时，没有参与到课堂中努力学习"，我的一名同事指出。"不过他们不会通过插嘴或是表现得像个傻瓜一样来破坏课堂"，他安慰我说，"他们看到别的同学在学业上得到奖励，这对他们来说也不错，即使他们自己本身什么也没有学到。"

272　　在所有这些方式中，SAA 机制最终导致了服从而非促进教育进步。理查德·艾尔蒙（Richard Elmore）认为，这并不稀奇，因为 SAA 在设计之初就没有考虑教育进步。

　　虽然州和联邦的问责体系试图以促进教育进步为导向，但在实践中却是经常妥协和服从。为了使问责体系以进步为目的，需要有一种根本的、潜在的有关学校教育如何更加有效的理论支撑。围绕稳步改进的期望，构建标准和测试的动机结构不能作为一种理论。一种进步的理论实际上应该能够解释人们和学校如何学习他们应该了解的知识，以达到问责体系设定的预期要求。以这一标准衡量，现存的州和联邦的问责体系并没有一个是以进步为导向的。①

　　来自加拿大和英国的证据可以证明这一点。SAAs 本身并没有教会教育工作者如何改造他们的教学实践；最多只能通过专业化发展、专业学习网络、合作观察和最佳实践分析以及其他倡议活动，来激励教育工作者寻求这样的进步和学习提升。② 目的和成果之间的不匹配也一定程度上导致 SAA 体系频繁地被误用，包括作出一些评估不能解决的决定，得出无数据支撑的结论；或者以单次的、不完美的测试结果为基础来进行奖惩，完全忽视测试本身内在的局限性。③

　　更进一步讲，SAAs 有潜力去发掘的许多民主利益都因为 SAAs 的影响力有限而减少。例如，虽然 SAAs 促使教育形式多样化，它们同时也妨碍了同等重要的其他维度的民主多样性的发展。在上一部分的结尾，我给出了许多例子，关于在共同的学习目标下，SAAs 是如何促成教学方法和结构的多样化。但是在某种程度上，这些学习目标本身就被固定下来，它们已经被编纂成标准，学生们都需要达到——在这个维度上，它们必定限

273

① Richard F.Elmore, "Agency, Reciprocity, and Accountability in Democratic Education", in *The Public Schools*, *ed. Susan Fuhrman and Marvin Lazerson*, pp.277-301, New York: Oxford University Press, 2005, p.294.

② Jennifer O'Day, "Complexity, Accountability, and School Improvement" in *Redesigning Accountability Systems for Education*, *ed. Susan Fuhrman and Richard Elmore*, pp.15-46, New York: Teachers College Press, 2002; Michael Fullan, *The New Meaning of Educational Change*, 4th ed., New York: Teachers College Press, 2007; Ben Levin, *How to Change 5000 Schools: A Practical and Positive Approach for Leading Change at Every Level*, Cambridge, MA: Harvard Education Press, 2008.

③ Robert R.Linn, "Assessments and Accountability", *Educational Researcher*, 2000, 29 (2): pp.4-16; Randall R.Curren, "Educational Measurement and Knowledge of Other Minds", *Theory and Research in Education*, 2004, 2 (3): pp.235- 253; Susan Fuhrman and Richard Elmore, eds., *Redesigning Accountability Systems for Education*, New York: Teachers College Press, 2004; Daniel Koretz, *Measuring Up: What Educational Testing Really Tells US*, Cambridge, MA: Harvard University Press, 2008.

制多样性的产生。在一定程度上，这些目标决定了学生在校的所有学习行为，而不是仅仅一部分，因此，SAA 机制的存在，忽略了教育需要的真实范围，以及当前民主国家中不同社区和年轻人的需求。每个学生都有不同的兴趣——对创意写作、化学、嘻哈音乐、环境正义、乳业制造、汽车业、在线游戏、数学、瓦纳霍人（Navaho，居住在北美西部的印第安人）——SAAs 可能会阻碍他们知识和技能方面的进步，因为 SAA 机制内容广泛，耗费时间，僵化刻板。除此之外，一些学生和群体很擅长州政府标准或评估中没有认可或者没有包含的某一领域知识——比如双语、二元文化、道德互惠或者是对于自然环境的深度理解，在这些方面取得的成绩就不会被认可，这些方面的优势也不会被鼓励更进一步地巩固和发展；相反，只有与规定课程标准有关的"失误"才能被重视及进行相应的补救。这些 SAA 系统内的漏洞，在多元民主社会中不能培育合法和理想的多元化形式，这会对个人及其民主政体产生危害。

在一定程度上，标准可以将教育内容限定为基本常识，因此，它会削弱能够加强民主协商和实践行动的更广泛领域的知识和技能。克里斯汀·斯里特尔（Christine Sleeter）认为，"允许多样化和专业性发展能够作为一种智慧资源，在多样性的世界中建设性地进行参与。对我们来说，在基本技能之外，所有人都学习，这不是一件好事。帮助下一代获得多种群体的智慧资源，包括那些历史上曾经沉默的群体，能够促进创造性对话和工作的顺利进行，这样我们可能会更好地解决一些比较棘手的问题。"① 值得注意的是，对标准的批判并不是因为标准反映了特权阶层的观点（比如那些信奉基督教的白种人），或者是排除了历史上被边缘化的观点。在这样的情况下，普适性的标准只要容纳多种不同的观点，那么它们就会更好地被接受。相反，批评性的分析是，当所有学生只学习一套标准内的观点和技能，不管这些观点和技能的实际意义和包容性怎样，那么民主本身

---

① Christine E.Sleeter, *Un-Standardizing Curriculum*：*Multicultural Teaching in the Standards-Based Classroom*，New York：Teachers College Press，2005，p.7.

就被削弱了。同样，当标准、评估和问责制都从单独的教育工作者、父母和集体转移至更高级别的团体——学区、州或者国家时，它们就会减少地方的民主控制。通过增加本地的"赋权参与"①，地方性的"责任自治"能够减少这种危险。但是，这种当地和远距离操控者之间的关系从本质上来说十分脆弱，它取决于多种因素，如目标（标准）、测量（评估），以及问责结果等这些在本地建立的、在政府官员和社区成员协作下产生的事物。

更进一步讲，许多人都惧怕更多政府力量的聚合及控制，尤其是在对年轻人的教育方面。因为标准、评估和问责措施之间的关系变得比以往更加紧密——这种现象在教育体制中被津津乐道，因为这样的融合代表了理念和组织的连贯性更强——它们也不可避免地更限定于和推崇"官方知识"。这样的知识可能会具有党派性，成为某一当权势力的保护伞，这可能会剥夺那些持少数观点或者部分狭隘观点的民众的权力。这种担忧导致许多人开始主张州政府不应该限定标准，并因此限制下一代公民学习知识和技能的范围。他们认为，州政府对于教育的掌控颠倒了州政府和公民之间合理的民主关系，在这种关系中，公民可以表达意见和行使权力来影响政府的决定，而不是相反。正如我在其他地方详细论述过的一样，从一个孩子的角度来看，被一个民主政府控制的学校教育所受到的限制要比被她父母控制的教育受到的限制少。从个人权利的角度，我对这种说法半信半疑。② 但是我真的认为这一观点从经验主义的角度来看，也有诸多价值。知识在未来不可避免会受到较少的限制，更少受制于政府的审查或控制，更能代表一些极端的观点，而不仅仅是内在的、保守的"中立"。如果教育多样化能够实现，而不是受制于政府专制的标准、评估和问责措施，那么知识就会更广泛地被人们接受。

在民主环境下，SAAs 对教育的最后一个潜在威胁源自它们被当成直

---

① Archon Fung, *Empowered Participation: Reinventing Urban Democracy*, Princeton: Princeton University Press, 2004.

② Meira Levinson, *The Demands of Liberal Education*, Oxford: Oxford University Press, 1999.

接和间接的分类机制。它们将知识和技能、学生、教师、学校、行政人员分类——每件事、每个人最终都被委以相关的价值：值不值得被纳入范围之内、高成就 vs. 低成就、有效 vs. 失败、绩效或分数是否提升。[①] 无论这种分类是否在以政策为导向的基础上具有了正当性，它都与民主价值相冲突。民主包括公民平等——平等表达政治诉求、法律面前人人平等。从一定程度上来讲，标准、评估和问责制将年轻人分类——年轻公民——在他们还是七八岁孩子的时候，以后年年如此，它们会在现行教育中对民主产生何种影响，这是值得叩问的。

SAA 对民主教育的威胁

SAA 机制也威胁高质量的公民教育，即，为了民主的教育。这些威胁源自 SAA 机制自身和公民赋权教学法之间的两个矛盾。第一，标准化的目标、内容和评估是一致的、静态的，而赋权的公民教育是基于特定的情境、动态的。第二，将校外人员——比如学区、州政府行政人员、全国专家组或者是当地公民——制订的标准、评估和问责制强加在老师和学生身上，根本上会妨碍良好的公民教育。因为这移除了教师（为民主公民实践赋权作出榜样）和学生（需要实践）对教育的控制，我在这部分将论述这两个挑战。

让我们先快速回顾一下公民教育中的"最佳实践"。我认为，在民主社会中，优质的公民教育应该做到：

> 持续成为小学和中学（或更高年级）的正式课程，像数学、阅读和其他核心课程一样；

---

① Peter Sacks, *Standardized Minds: The High Price of America's Testing Culture and What We Can Do to Change It*, Cambridge: Da Capo, 2000.

认识到，凭借学生的个人能力或他人的能力，学生的个人身份可以与他们的公民、政治身份以及公民政治权力相互影响；

确保学生构建历史上正确的、对个人有意义的以及能赋权的公民叙事，了解个人意义和价值，并且了解公民赋权事例；

帮助学生认识到"普通人"也可以作出创举，通过让他们接触当地的榜样，而不是那些让人产生距离感的超级英雄，并且教授他们集体行动的相关技能；

能够对本地问题、环境和条件迅速作出回应；

促进学生在公民知识、技能、态度、身份、习惯和行为方面的均衡发展；

通过以下方式丰富校园生活：教师的民主教学，亲公民教育（procivic）的学校文化，给学生提供有意义的机会来实践其公民和政治意愿，为学生提供即时、平等参与课内外活动的机会以促进政治参与及领导力；

将争议性问题和现实事件融入课程；

经常为学生提供内容丰富的、有指导的公民参与，让学生在指导中体验公民学，而不仅仅是了解公民学相关知识；

采取批判性视角；并不仅仅是支持或者机械地重复现状。

这些特征提醒我们："优质公民教育"不仅仅意味着传统意义上的"公民指导"，即：政府的结构；法案是怎样产生的，或者为什么法案最终没有成为法律；个人权利和责任；以及法庭上几个关键案例。此类传统的公民指导可能是必要的，但是它并不足以真正使年轻人有效参与到有意义的、民主的公民政治生活中。只有用更宏大的、复杂的、有牢固基础的、动态的方式进行公民教育，后一种目标才能够实现，这样的公民教育应包含的特征我在前文已经提及。和 SAA 有关的问题就是，这样的公民赋权教育是取决于情境的，并且是动态的——这两个特征被标准化的、性质相对固定的公立教育的标准和评估逐渐破坏。

如果年轻人能够有效参与到民主的公民政治生活中，那么他们至少需要掌握一些有关本地的知识和技能。即使是在一个州或者是地区之内，当地公民政治机构的结构和权力动态也有很大差异。市镇的管理者有可能是很强势的市长，也有可能是弱势的市长和市政局共同协作管理，也可能是执行市长或是其他机构。学校、公共住房机构、公园局可能归市长掌控、由市镇或州进行管理，或作为独立的机构拥有选举产生的董事会。一座城市可能会有强有力的公民商业社区或兴盛的民间团体，或者根本没有。学生可能居住在农场，也可能会到 25 英里之外的地方综合性高中求学；或者，他们可能居住在农村地区或是在农村地区接受教育，也可能是郊区、死气沉沉的工业化城市或生机盎然的大都市。这些差异很关键，在教给学生如何有效地实践公民政治权力时需要将这些不同考虑进去。不管是否提倡为学生提供多一点的暑假实习机会或者是在新的公园里设计一处旱冰场，他们都需要知道和谁一起工作、怎样工作；这些因情况不同而异。

并不仅仅是公民和政治结构的特殊性对公民教育至关重要，之前列出的许多其他的良好的公民教育实践也需要灵活性和多样性，根据环境的变化而变化。一所学校如何建立和保持"亲公民教育"的文化，一定会因教育及公民环境的不同有很大差异。一所小型学校的学生群体可能相对同质，并且生源稳定，与那些学生流动性强、人数多的学校相比，会不可避免地建立起不同的学校文化。周边常有枪击或暴力事件发生，并且经常发生种族冲突的学校，会致力于创建一种强调安全、相互尊重、跨越差异追求共同目标的学校公民文化。相反，一所坐落在稳定的、与世隔绝环境中的学校则要努力建立一种能够激发异见和争论的学校文化，让学生冲破循规蹈矩式的自我满足。同样，教育者对集体环境乃至学生个体差异应具有敏感性，以帮助学生构建与他们自身经历相一致的公民赋权叙事和校外文化叙事。

最后，年轻人成为赋权民主行动者所需要的公民技能和态度是根据个体和社区环境的变化而变化的。少数族裔的学生和群体可能需要将黑人方言转换为标准的美式英语，将宗教语言转换为世俗语言，或者从只有少数种族熟悉的文化背景转换为可以与主体种族产生共鸣的文化环境。在基于主体种族规则的民主社会中，这种转换的能力是有效获取并践行权力的关键，但是这并不简简单单是标准化的目标和实践。① 另一方面，主体和所谓优等种族的成员需要了解社会不公正的持续存在，他们可能也需要了解这些不公正一定程度上是系统存在的，而不是个体对他人的劣待。这是优质民主教育重要的组成部分——但是可能在一直经历着不公正的团体中就是不必要的。就像在已使用"权力话语"的团体内教授语言转换也是不必要的。②

高质量的公民教育是动态的，同时也随环境的变化而变化。有指导的体验式公民教育——进行公民行动，不仅仅是学习公民知识——一定是适应的过程。学生经历了什么，他们如何经历，需要哪些帮助才能理解自己的经历：所有这些都反映了教育和学习过程不可预测的、动态性的特点。优质公民教育是动态的，教育的内容反映现实事件与当地问题。在本章开头的第二个事例中，我没有完全按照希德提出的八年级"行动中的公民学"的课程标准进行教学的其中一个理由就是，重大的事件在这期间时有发生，这些会成为我教学的一部分。的确，法律体系是重要的教学内容——但是卡特里娜飓风对于海湾的摧毁性袭击的原因和影响也是需要讲授的。从教学法的角度来说，我相信，将卡特里娜飓风的案例作为教学内容是有好处的。我们可以利用一些学生真正关心的问题来探讨联邦制、法 280

---

① 第二章中详细论述了这些观点。

② Lisa Delpit, *Other People's Children*, New York: New Press, 1995; Cross, E.William, Jr., et al., "African-American Identity Development across the Life Span: Educational Implications", in *Racial and Ethnic Identity in School Practices: Aspects of Human Development*, ed. Rosa Hernandez Sheets and Etta R. Hollins, pp.29-47, Mahwah, NJ: Lawrence Erlbaum Associates, 1999; Lisa Delpit and Joanne Kilgour Dowdy, eds., *The Skin That We Speak: Thoughts on Language and Culture in the Classroom*, New York: New Press, 2002; Prudence Carter, *Keepin' It Real: School Success Beyond Black and White*, New York: Oxford University Press, 2005.

律的规则、权力分化、个人责任 vs. 集体责任、地理、人口特征分析、媒体素养以及对公众语言的分析：卡特里娜飓风中的"逃难者"vs."幸存者"。同样作为公民问题，我们也能引领学生们进行有效的、建设性的公民行动。但是我们并没有讲解法律体系、议会制度及学区课程规划中含有的一些其他事项——如果卡特里娜飓风事件不发生，那么谈这些就没有什么意义。第二年，就如我提到的那样，我们花时间分析了学校周边青少年犯罪飞速增长的现象。

关于重要公民问题的公共对话也处于不断变化之中——不仅是因为现实事件发生的不可预测性，也因为民主推动了有关公共事件争论的发生。戴安娜·海斯有效地归纳了这种公众对话的一个动态性特点，即：公共争议性问题从不被公开讨论，以支持某一方而告终，转化成人们嘴上可以公开讨论的问题，最后可能以相反的一方胜利而告终。如在第二次世界大战期间，有关日裔美国人被美国政府囚禁在集中营的道德性与合法性问题的讨论：在海斯教师生涯的初期，这个话题基本不被公开讨论。看起来，集中营在战争时期是合理性的存在。在接下来的30年间，这样的观点开始饱受攻击，集中营存在的合理性成为争议的焦点。如今这方面的争论不再持续，仅仅是因为集中营已经被普遍认为是美国历史上的一个耻辱印记。当今美国人们口头上的争议性问题，包括移民的公民及社会权利、同性婚姻以及死刑。正如我在第五章中讨论的，中学的优质公民教育在某种意义上应当包含类似这样的争议性问题。①

281　　在所有这样的实例中，优质公民教育显然是与情境相关的，是具体的，也是动态的——与标准化的、普遍的、静态的标准及评估体系恰恰相反。一定程度上，标准明确规定了学生需要学习和掌握的知识与技能，以及哪些问题需要涵盖，并且运用基于心理测量的标准化评估方式来考核学生对标准的掌握情况，这些在理论和实践上都与优质公民教育的动态性以

---

① Diana E.Hess, *Controversy in the Classroom：The Democratic Power of Discussion*，New York：Routledge，2009，chapter 7.

及与情境的适应性相违背。

学校和学区实行的标准和评估系统与优质公民教育相悖的另一方面，就是，不去关注那些需要示范公民行动的人——教师，和那些需要实践公民行动的人——学生。当教师在一个不让他们有机会践行专业评判、发表民主意见或者参与民主活动的体系中工作，他们就不能塑造"民主生活的艺术"（arts of democratic life）。[1] 更严重的是，如果他们完全没有赋权感，他们也不能为赋权树立榜样。同样，学生如果没有机会表达、没有权力决定他们学什么、为什么学、怎么学或者什么时候学，他们也就不能实践民主，或体验赋权。在这点上，强加给老师和学生的 SAA 措施，不管如何被深思熟虑，从本质上讲都会妨碍优质公民教育的实施。

为了民主而限制 SAA

2002 年，我教美国历史时，尝试坚持州和学区经过民主程序制定的历史学科标准和评估。但在这样做的同时，我略去了我认为在考试中不会出现的内容。我放弃了社会和劳动史，以及并不是传统的、温和的必胜主义政治叙事中的核心人物的女性和非白人的历史。我也因为追求课程涵盖范围而忽略了探究学习法和建构主义教学法——甚至在考试前几周，将复习范围从美国历史转向古印度历史和中国历史。因此，我坚持遵循 SAA 机制，导致我在教学过程中，既没有达到课程标准的预期（课程标准比我的实际教学覆盖更多内容），也没有体现优质公民教育的内容及实践。

相反，2004 年，我在教学中没有受州一级的民主共识或问责机制的制约，却让我实现了有效公民教育的愿望；但这只有半年的时间，因为我们花费了大量时间在繁重的数学考试及阅读指导上。获得这样的教育机会

282

---

[1] Deborah Meier, "So What Does It Take to Build a School for Democracy?" *Phi Delta Kappan*, 2003, 85 (1): p.16. 我在第五章中详细阐述了这点。

的另一原因是我们碰巧遇到了一位对于公民教育十分热衷的课程主任，而我也没有因为学生在学区组织的考试中成绩不佳而陷入麻烦。更进一步讲，即使我在那四个学期都是一名好的公民课教师，那也不意味着我的"胡闹"本身是合理的、具有民主合法性的。我在那两年教的340多名学生依法定义务上学，为了升入高中需要通过我这门课程。我是一名公立学校教师，是整个教育体制中微不足道的一环，单方面地决定我的学生应该学什么、怎样学才可以成为好公民。我庆幸没有受到州一级的监管，也没有因为可能在学区评估系统中表现糟糕而受到困扰，换言之，没有因为没教给学生波士顿公立学校期中、期末考试要求的项目而受到惩罚或被解雇。这证明现行的低风险问责制相对来说不具有民主合法性，不是积极、正面的创新和革新。

或者，我在一定程度上和学生建构了公民课程，而不是仅仅遵循像希德·史密斯这样的精英人士的要求。就这一点而言，我对于教学方法的选择可能代表了民主合法性，但学校行政管理人员认为我的决定是单方面的、欠周全的（或者说如果他们意识到我做的事就会这样认为），因为我完全没有和他们商讨课程和教学方法。但是，他们毫无疑问会和学生以及实习教师们合作，也会在一定程度上和当地的社区组织合作。我带的一名实习生柯尔斯滕说服我，在2005年的秋季学期认真安排时间学习卡特里娜飓风事件——我的学生对此很感兴趣。我们还遵循学生的兴趣和关注点，对他们周边邻里的年轻人的暴力行为做了历史、成因、后果方面的调研。"公民项目"促进了我的学生和市政机构、地方非营利组织、波士顿警察局以及其他组织之间的合作。在这些方面，选择忽略学区范围内的标准和评估，我们不仅在程序上颠覆了公民赋权差距，因为我的学生比学区行政人员实现了更大的影响力；也在实质上缩小了公民赋权差距，因为我的学生使自己获得了成为赋权公民的知识和技能。

这里存在一个根本性的矛盾，即SAA在学校范围内作为成年人民主主体性（democratic agency）的表达，和SAA作为工具推动年轻人民主主体性发展之间的矛盾——换句话说，就是在民主内的教育（education within democracy）和为了民主（education for democracy）的教育之间的矛盾。有充分的理由让成年人民主地参与到设定公众教育标准、评估和问责措施的过程中。这样做，成年人通过能够反映民主原则的方式参与制定和推动了民主价值观的发展。正如特里·莫伊（Terry Moe）极具争议性地表述的："公立学校是民主政府的代理机构，由民主权威部门创立并受其控制。它们不能自由地去做自己想要做的事。任何事情，从目标到组织结构，再到运作方式都是由上级部门决定的，同时也会受到政治程序的影响，如谁将成为高层，以及他们如何来实践他们的公共权威。"[①] 这是对学校作为民主管理场所的有力证明。但与此同时，莫伊的论断反映了学校作为民主管理的场所和工具如何能够彻底改变学生民主主体性的发展。学生的想法在上述构想中被忽略了。学生和他们的老师无法拥有民主体制下的平等地位，而被看作是他们"民主上级"（democratic superiors）和"民主权威机构"（democratic authonties）的下属。教师和学生都会因此而变得毫无兴致和无动于衷，他们只能等待上级下达命令，而不是积极主动去做一些事情来提升他们作为民主参与者的自我价值感。SAA 对学校施加的集体性民主控制阻碍了年轻人公民意识的发展。

民主内的教育与为了民主而进行的教育之间产生的冲突，体现在教育标准、评估和问责制的建构与目标之中。民主内的教育将学校定位为成年人民主参与的场所和对象。教育标准是由进行民主参与的成年人制定的。正因为如此，它们可能会：

· 设立一系列目标，公民学习仅仅作为众多目标之一；

· 反映现状，包括当前掌权的人的兴趣和观点，因为他们处于公民赋权差距的顶层；

· 回应当前的公民关切，而不是仅仅代表更具平等和民主特征

[①] Terry M. Moe, "The Two Democratic Purposes of Public Education", in *Rediscovering the Democratic Purposes of Education*, ed. Lorraine M. McDonnell et al., Lawrence: University Press of Kansas, 2000, p.127.

的未来憧憬；

·表达公众意愿，从参与的民众中汲取集体智慧。

285 关于这些标准的评估也大体受到公民的民主控制。它们使得成年公众能够实施不间断的、即时的监督，以保证教师和学校为满足公众意愿承担起应有的责任。

相反，为了民主而进行的教育将学校定位为对学生进行民主赋权的工具。教育标准至少在一定程度上是由公民教育领域的专家创立，因为它们的目的是能够保证高质量的公民教育。因此他们可能会：

·将公民学习作为首要目标；

·努力转变社会以实现更有活力的民主，在这样的民主中，公民能完全参与其中，并成为被赋权的公民；

·目光远大，着眼于帮助今天的学生未来成长为具有民主思维、被赋权的成年公民；

·向公民教育领域的精英学习，包括研究者、教育工作者和政策制定者。

对于这些标准的评估被视为一种工具，来判断学生是否熟练掌握公民赋权需要的知识和技能。从这点来看，它们不是以监督为导向的，而是面向未来的。时间会证实学校是否能有效为它们（曾经）的学生赋权。鉴于此，为了民主的教育最终是为学生本身负责，也是为了学生未来成为理想中的积极公民负责。

完美的标准、评估和问责制体系会以某种方式确保并且成功实现各自目标，而不是向我上述提到的那些风险让步。它们会教给我们一种方式，让我们避免不良的动机和结果影响现今美国教育。它们也会直接影响、制定并且推动民主价值观和原则，这些价值观和原则是合法的民主公民教育的核心。然而，因为这种乌托邦式的理想是不可能实现的，民主体

制下的标准、评估和问责制的严正改革和实施一定会直面这些冲突。　286

　　首先，我们需要减少学校内的教育标准、评估和问责制的实施范围。在美国，这些标准几乎控制了教育实践的各个方面。其他发达国家的情况不会如此。例如，在英国，《国家课程标准》（The National Curriculum）和它相关的评估系统大约会占据学生和教师三分之二的时间。这（至少在理论上）允许了公众对学校施加一些控制，同时，也留给教师和学生空间，自由实践他们对于教和学的判断。如果在美国，50%—60% 的时间用来迎合公开创立的教学标准，这也会为学生和教师留下很大一部分时间来实践我所推崇的优质公民教育。同时，也会为价值观的多样性、社区特色，以及因为过度全面、综合的 SAA 体系而不能实行的一些教学实践留有空间。更进一步说，如果 SAA 体系的某些方面能够设计得更加远程化，而另一些更加本地化，这样可能会实现一种平衡和平等（将城镇和郊区学校的一些学生在相似维度中进行比较），也会得到来自社区的响应（特定群体的学生能够恰当行事）。①

　　当 SAAs 迫使我们作出两难抉择时，我们应该推崇为了民主而进行的教育，而不是民主内的教育。学校应该为学生的民主兴趣服务，让学生成为赋权公民，而不是尊崇成年人的民主兴趣，让成年人表达他们的价值观。同时，我们必须认识到，SAAs 并不是唯一的，也不是最有效的促进民主和改善公民教育的方法。我们不能自己设立标准并且自我评估，从而实现在公民领域的卓越。如果没有其他理由，那也是因为标准、评估和问责制之间的相互不良作用并不能被完全克服。相反，SAAs 只是能推动优质公民教育和民主实践方法中的沧海一粟。其他的方法包括：有效的教师　287招聘，将其公民教育能力倾向和技能考虑在内；将专业发展贯穿教育工作者和行政管理者职业生涯的各个阶段；增加资源（时间、金钱、规划、指导性课程）；在致力于提升公民教育水平的教师间搭建有效的、赋权的专

---

① 新的英语和数学共同核心标准可能最终会支持这些目标。它们在理论上是很有前景的，目前的问题是如何将它们应用到实际的教学、评估和问责的设计之中。

业化沟通平台；促进公民教育向公众领域延伸并传递信息，来改变有关学校教育目的以及我们最终追求的公民教育的场所和模式的公共对话。

不可否认，以上这些方法都没能完全解决学校作为公民参与场所这一问题，因此民主控制可能会胜过这些所谓的"专家"建议。这本质上是一个"先有鸡还是先有蛋"的问题。除非学校实施了高质量的公民教育，否则几乎没有成年人会知道或者提倡这种教育。但是除非他们去做了，否则学校就没有动力，也没有机会来提升公民教育。虽然如此，我希望以上所提到的建议能够有助于形成良性循环，民主内的公立学校能够被赋权，公民也可以在这样的学校里践行"权威"，以实现学校为了民主而进行教育。①

在一种真正民主体制内的教育系统当中，学校作为一种启迪性的成年人民主参与的场所，它们会：

> ·提供一系列目标，但是会以公民学习作为核心目的；
> ·反映促进民主参与而达成的社会共识；
> ·响应为追求良性公民氛围的现实渴望；依靠见多识广的集体智慧。

标准可以作为一种对民主公共利益这一公共理念集体建构的方式。同样，评估可能会被构想为一种工具，使得参与的、民主的公众监督教师和学校为促进一种赋权的公民教育负责。因此，显而易见的参与和赋权的教育实践可能会取代其他评估模式，学校、教师和学生要接受整个民主社会的监督。

如果这种良性循环能够就此开始，那么就会促进高质量公民教育实践的能力、动机和公众支持的形成，同时也会为成年公众提供在公立学校表达自己的民主观点和看法的机会。

---

① Terry M. Moe, "The Two Democratic Purposes of Public Education" in *Rediscovering the Democratic Purposes of Education*, ed. Lorraine M. McDonnell et al., Lawrence: University Press of Kansas, 2000, p.127.

尾声　奋起反驳

每个学期，我所带的八年级学生都被要求参加波士顿公立学校"行动中的公民科"的结课评估。其中一个题目是请他们选择"对学校、对社区、对国家、对世界、对自己都重要的问题"。这些会以问题的方式呈现，例如，美国今年是否应该从伊拉克全部撤军？学生需要从两个不同角度作答，每个角度至少给出三个支持的理由。最后，他们还需要写一篇文章来陈述自己的立场，用证据、细节以及一个"强有力的结论"来支撑这篇文章。学校希望他们能完成此项评估，另写一篇复杂程度和这个类似的论文，并且在一个小时之内回答25道选择题。

有一年春天，我的学生杰夸瑞作出了如下回答，我逐字将它们呈现出来：

> 波士顿是否应该多修几个公园来减少暴力事件的发生？
> 是的，应该。
> 不，不应该。
> 我认为应该修建的第一个原因是，应该维持和平；
> 第二个原因是，应该为孩子们留出空地玩耍；
> 第三个原因是，我们应该免费拥有这样的地方。
> 我认为不该修建的第一个原因是，这些公园会有袭击发生；
> 第二个原因是，人们会在公园里抽烟喝酒，并且到处乱扔垃圾；
> 第三个原因是，成群结伙的人会在此闲逛，喷漆涂鸦。

　　我开始认为应该修建，但之后又觉得不应该，因为经常会有帮派团伙在公园中火拼，而小孩子也愿意到公园去玩。有时团伙中会出现敌对状态，敌对双方开始互相叫骂并交火，可能会波及小孩子。有实例证明，一个小女孩在团伙交火时想要离开公园，却后背中枪身亡。

杰夸瑞在 2005 年 6 月 15 日参加了这次考试。那一年的上半年，从 1 月 1 日到 6 月 15 日，发生了 24 起类似的谋杀案，死者包括 6 名青少年。

我和家人从 1999 年起就居住在波士顿地区的"牙买加平原"(Jamaica Plain)，这里距离杰夸瑞所居住的多尔切斯特大约 4 英里。虽然"牙买加平原"的某些地区很不安全，我家附近的公园还是得到政府的高度关注，包括维护专属自行车道和保留波士顿山区警署（Boston Mounted Police unit）。那里的每个人都很喜欢马和那些骑警，大家都担心在下一轮的财政紧缩到来之时，这些马匹会不会被拍卖掉。当我和两个女儿谈论到公园的问题时，我们一般会讨论哪个公园的活动场地比较好，是否会有洒水车来帮助人们消暑，或者为什么我们要偷偷地带家里的狗去牙买加池塘(Jamaica Pond)游泳。坦率讲，我们这样放纵家里猎犬的行为给邻居带来了危险。我们经常在池塘、植物园、操场撞见朋友和邻居。我们当中不会有人把公园当成危险之地——也根本不会把它们当作潜在的暴力发生地，因为暴力事件一般不会发生在我们的日常生活当中。①

　　杰夸瑞也非常希望能够以积极的角度看待公园："我真的认为应该修建几个公园。"但让他感到失望的是，他认为这会给孩子们带来许多危险。不仅是因为公园不能作为公众躲避暴力的场所，而且还助长了暴力事件的发生。他担心"那些在公园玩耍的孩子们"。他不希望再看到任何一个孩

291

① 这并不是说我们完全被保护起来了。2010 年，在我们最喜欢的比萨店发生的一场帮派冲突中，三名青年人被杀。在我女儿学校附近也有几起枪杀事件。但是在其他和平和安全的地方，这些是孤立的、偶发的事件。

子在公园内遭遇枪击。虽然他的想法是乐观的，但是他最终不得不得出这样的结论："不应该修建公园"。

我们一家和杰夸瑞居住在同一座城市。我们受同一位市长和同一个市政府的领导。我们居住的地方紧邻同一座公园——这座城市中最大的公园。杰夸瑞对此充满了恐惧，我们却不是这样。当杰夸瑞路过一个露天空地时，他看见的是充满角斗的战场。而当我面对同样的地方时，或许认为这是一个游戏场地，也可能是野餐的去处。从这点来看，杰夸瑞对城市的感受与我不同。他能看到的，我看不到。我们的生活方式也不尽相同；并且，不管我怎样尝试着站在他的角度去想象，我也无法和他的思想对等。

我并不知道杰夸瑞的近况。自从 2005 年秋季学期他来探望他以前的中学老师之后，我就再也没有见过他。他在高中时备受煎熬——这并不奇怪，因为他的学术能力很差。他总是那样的阳光、迷人，但他并不知道他还会坚持待多久。他总是被留级，所以他是一个"老的新生"。杰夸瑞再过几个月就要 16 岁了，并且会被勒令退学。写下这段文字的时候我很痛心，不出意料他很难成功升入高中。

虽然如此，但是如果能将杰夸瑞这样的孩子纳入其管理范围之内，波士顿会成为一座更好的城市。如果杰夸瑞有足够的知识水平、能力并且可以和他人一道解决他在文章中指出的问题，以及他曾和我说过的那些公民挑战，那么多尔切斯特也应该是他理想的居住城市。杰夸瑞自己如果能够将他的苦闷转化为行动——特别是和那些也想让孩子在公园中自由自在地玩耍，而不用担心背后有枪袭击的人们联合起来进行公民行动，那他自己的处境就会更好一些。更进一步说，杰夸瑞若能将自己在学业上的薄弱之处转化为公民赋权参与行动，宣称自己在教育方面受到了不平等待遇，那么他也会有更好的处境。我们欠他一场真正的教育，在这样的教育之下，这个 15 岁的八年级学生应该学会写流利的文章，能够掌握大小写、拼写、语法及结构知识。我们欠他一场真正的教育，在这样的教育之下，他应该会有很强的自主能力：个人方面，能决定自己的生活；集体方面，能与他人合作，影响整个社区。

292

我们并不是没有为之努力过。几乎每名麦考迈克中学的教师都勤奋工作，想要教好每一名学生，但是好的意愿、经验不足、工作辛苦不能作为理由。杰夸瑞的童年经历使得他从公园中逃走，惧怕冷枪，期末考试的文章中写不出一句符合语法的句子，这些不应该发生在美国。然而，这就是他生活的美国。

谁能纠正这些错误？许多成年人都为此而努力。这既具有必要性，又具有合理性。但是杰夸瑞，以及克瑞斯特、詹姆斯、卡门、本尼、戴安娜、莎尼可、拉奎塔、特拉维斯、玛利亚还有他们的同龄人——我在这本书中想要尽可能地将他们的声音表述出来，并且与我自己的形成对比——他们不完全信任成年人，更不用说中产阶级的白人了。他们要做自己——这有些前后矛盾，因为这意味着学校必须同时也能够确保做到这些。

当今对教育比较流行的说法是将其看作是"我们时代的公民权利问题"。奥巴马总统和他的教育部长阿恩·邓肯都提到了这一说法。乔治·W. 布什总统和他的首任教育部长罗德·佩吉（Rod Paige）也曾提到。许多大学校长、艺人、记者、政治家、商界领袖也赞同这种说法，每个人看起来都这么认为。如果咬文嚼字一些，我希望探讨我们这一时代的公民权利斗争问题。"问题"这个词没有表达出不公正或者需要作出巨大牺牲，而公正和牺牲恰恰是当今许多公立学校所需要的。但是如果不去咬文嚼字，我对这样的共识也感到满意。教育不平等问题源于美国社会政治、经济和社会的不平等，同时也造成了政治、经济和社会的不平等。而我们将教育作为中心，展开新一轮争取公民权利的斗争无疑是符合当今时代要求的。

然而，奇怪的是，我们通常都将年轻人排除在这个过程之外。最近和之前的公民权利运动都是被压迫者发起的——他们为争取权利而斗争。他们联合起来，这些运动由那些愿意为自己争取更多权利的人发起是必要和适当的。我们以不同的方式看待教育，将成年人看作是年轻人的代言者，情况不应该如此。教育工作者应该和学生一起成为积极行动者。我们需要将学校转化成可以教导学生为争取公民权利进行斗争的场所，而不仅仅是学术场所，让学生只是被动地享有这种斗争所带来的福利。查尔斯·科布（Charles Cobb）是一位 20 岁的教师，他设计了学校中原创的"自由学校"课程，在他看来，他设计课程的目的是"确保所有学生能够在课堂上举手起立，向老师真正提问"，并且"让他们能够挑战我们这个社会的虚幻，更深切地感知社会现实，寻找更多选择，并最终追寻行动的新方向"。① 这些也是我们学校今天应该为学生去做的事情。学校——特别是招收低收入、有色人种学生的种族隔离学校，应该重新建构成为政治上赋权的机构，为学生进行争取权利的斗争提供手段和途径，既在我们所处的时代，也在未来他们的时代。

有证据表明这是可以实现的。在美国的任何角落，教育工作者和年轻人正共同致力于建立一个更加公正的国家。例如，2011 年 6 月，"青少年平等研究中心"（the United Teen Equality Center）成员证实"马萨诸塞州政府教育联合委员会"（Joint Committee on Education at the Massachusetts State House）支持一项旨在向所有公立高中提供高质量公民教育的法案。需要开设的公民课程内容包括"本地、州、联邦政府的职能和组成，社会运动的历史发展、时势、基于社区的行动以及服务学习项目"。② 成员基本上属于低收入的有色人种青少年；许多都曾经从高中辍学，还有一些是流氓团伙的成员。他们由于受到"青少年平等研究中心"政治赋权的感召，决心为争取马萨诸塞州全体青少年的平等权益而奋斗。从 2012 年 1 月起，他们一直努力进行游说，推进立法方面的工作。

在罗德岛州首府普罗维登斯（Providence），来自"希望高中"（Hope High School）的"一代公民"（Generation Citizen）组织的学生提出一项修正案，这项提案 2012 年很可能会在罗德岛立法机关通过并且生效。"互惠协定——个人所得税抵消"（Reciprocity Agreements—Setoff of Personal

---

① Charles M. Payne, "More Than a Symbol of Freedom: Education for Liberation and Democracy", *Phi Delta Kappan*, 2003, 85 (1): pp.25-26.

② Massachusetts Senate, "An Act to Design, Pilot, and Implement Civics as a High School Graduation Requirement", Massachusetts Senate Bill 00183, 2011.

Income Tax）允许罗德岛公民在他们的缴税表格中的某一栏中画"√"，将他们缴纳的部分州个人所得税划拨给罗德岛社区食物银行（the Rhode Island Community Food Bank）。92%的"希望高中"学生是非白人；超过四分之三的学生有资格享用免费或者减价午餐。学生在进行一次调查之后启动了他们的计划，调查显示许多同龄人身处饥饿之中。一位专栏作家在描述学生的计划时赞许道："这是个简单却十分有意义的计划，但令人惊讶的是，之前居然从没有人提出过。当食物银行的服务十分重要之时，人们在税收表上一个简单的"√"就可以为食物银行提供实质性帮助。"[1] 亲自经历过饥饿的年轻人有这么"简单"却又"重要"的灵感，或许不是出于偶然。只有克服公民赋权差距，它才能得以实现——不仅仅是针对年轻人，他们的社区也是一样。

年轻人也会一起努力来发展他们自己所在学校的社区，通过公开表达他们的意见来转变学校的文化。在芝加哥，沙立文高中（Sullivan High School）的"和平与领导力委员会"（Peace and Leadership Council）的学生成员通过调查研究撰写了一本白皮书，建议改进学生考勤和休学的相关政策。产生相关担忧是可以理解的，2010年，沙立文学生的平均日出勤率是81%，这意味着每天都有20%的学生旷课，这些学生中有95%来自低收入、非白人家庭，只有不到一半的学生能在五年之内顺利毕业进入大学。沙立文的行政人员为学生的洞察力和深刻见解感到欣慰，他们不仅要求"和平和领导力委员会"针对上述挑战推广这些建议，而且在学校范围内广泛听取学生们的心声。这个组织由"麦克华挑战"赞助，目前运营得十分成功。最开始的一批项目中很可能包括与一些正在休学的学生进行小组访谈，他们开始被看作是解决问题的合作者，而不仅仅是麻烦的制造者。

回到波士顿的问题上，"波士顿学生咨询委员会"（Boston Student

---

[1]　Bob Kerr, "These Students Found a Way to Make a Difference", *Providence Journal*, May 11, 2011, retrieved June 17, 2011, from www.projo.com/news/bobkerr/kerr_column_11_05-11-11_LFO0K3P_v12.311df66.html.

Advisory Council）用了三年时间使"波士顿学校联合会"（Boston School Committee）赞同学生开展的"学生对教师建议性反馈政策"（Student to Teacher Constructive Feedback Policy），或被称为"友好反馈表格"（Friendly Feedback Form）。每个高中生现在都能够使用这一工具来反映他们自己的学习情况，同时也为教师在课堂管理和教学方面提供有用的反馈。2013 年，它将成为教师评估和反馈过程的正式组成部分。"波士顿学生咨询委员会"由"波士顿公立学校系统"（Boston Public School）和"青年联合会"（Youth on Board）共同管理，目前正致力于使学生评估教师这一环节在全国范围内成为评估过程的正式组成部分。他们的口号是："我们也是课堂的一部分！请问问我们的意见！"

这些有关青年公民活动的事例对学生自己、学校社区以及他们的同伴大有裨益。这些事例表明，年轻人可以通过他们的能力来改变世界——并且提醒我们绝大多数年轻人希望世界变得更好。他们并不能完全依赖他们自己。年轻人需要成年人的支持，他们需要我们帮助他们掌握一些技能，将他们辛苦学到的知识应用到实际行动当中。他们需要我们帮助他们根据实际出发，行动起来，而不是观望。他们需要我们帮助他们探索一些奥秘，扭转眼前公众生活的官僚风气，透过他们的个人生活经历看到整个集体的情况。但与此同时，我们也应该知道自己应该在什么时候退出。我们需要认识到，什么时候轮到他们自己打电话、在会议上发言或者制作能够传播的视频。我们需要给年轻人足够的空间，让他们开始开创自己赋权参与的历史。

归根到底，我们也从中受益。如果我们想要生活在更美好的世界，有更强大的民主，让美国终有一天能够真正实现"全体人的平等"，我们需要年轻人——包括低收入、有色人种年轻人——拥有洞察力、精力和知识，我们也需要他们长大成人后拥有智慧。今天解决公民赋权差距问题会扩大积极参与的公民的数量，无论基于现在，还是未来。这种长期的公正平等的参与对达到"完美的联合"至关重要，这是我们所有人都渴望的。是时候我们一起努力前进了！

参考文献

Abu El-Haj, Thea Renda (2006). *Elusive Justice: Wrestling with Difference and Educational Equity in Everyday Practice.* New York: Routledge.

—— (2008). "I Was Born Here, but My Home, It's Not Here': Educating for Democratic Citizenship in an Era of Transnational Migration and Global Conflict." *Harvard Educational Review 77* (3): 285-316.

Addis, Adeno (1996). "Role Models and the Politics of Recognition." *University of Pennsylvania Law Review* 144 (4): 1377-1468.

Advancement Project (2010). *Test, Punish, and Push Out: How 'Zero Tolerance' and High-Stakes Tests Funnel Youth into the School-to-Prison Pipeline.* Washington, D.C. and Los Angeles: Advancement Project.

Advancement Project and The Civil Rights Project at Harvard University (2000). "Opportunities Suspended: The Devastating Consequences of Zero Tolerance and School Discipline Policies." Civil Rights Project, Washington, D.C., and Harvard University. Retrieved June 13, 2011, from www.eric.ed.gov/PDFS/ED454314.pdf.

Albert Shanker Institute (2003). "Education for Democracy." Washington, D.C.: Albert Shanker Institute.

Alex-Assensoh, Yvette (1997). "Race, Concentrated Poverty, Social Isolation, and Political Behavior." *Urban Affairs Review* 33 (2): 209-227.

Alex-Assensoh, Yvette, and A. B. Assensoh (2001). "Inner-City Con-texts, Church Attendance, and African-American Political Participation." *Journal of Politics* 63 (3): 886-901.

Alexander, Michelle (2010). *The New Jim Crow.* New York: New Press.

Alinsky, Saul David (1945). *Reveille for Radicals*, Chicago: University of Chicago Press.

—— (1971). *Rules for Radicals: A Practical Primer for Realistic Radicals.* New York: Vintage Books.

Allen, Danielle S. (2004). *Talking to Strangers: Anxieties of Citizenship since* Brown

v. Board of Education. Princeton: Princeton University Press.

American Educational Research Association (2006). "Amicus Curiae 10." Retrieved July 11, 2007, from www.aera.net/uploadedFiles/News_Media/AERA_Amicus_Brief.pdf.

Anderson, Elizabeth, and Jeffrey Jones (2002, September). "The Geography of Race in the United States." Retrieved June 24, 2009, from www.umich.edu/~lawrace/.

Anderson, Kristin J., and Donna Cavallaro (2002). "Parents of Pop Culture? Children's Heroes and Role Models." *Childhood Education* 78: 161-168.

Anderson, Noel S., and Haroon Kharem, eds. (2009). *Education as Freedom: African American Educational Thought and Activism*. Lanham, MD: Lexington Books.

Andolina, Molly W., et al. (2002). "Searching for the Meaning of Youth Civic Engagement: Notes from the Field." *Applied Developmental Science* 6 (4): 189-195.

Andolina, Molly W., et al. (2003). "Habits from Home, Lessons from School: Influences on Youth Civic Engagement." *PS: Political Science and Politics* 36 (2): 275-280.

Appiah, Kwame Anthony (2006). *Cosmopolitanism: Ethics in a World of Strangers*. New York: W.W. Norton.

Appiah, K. Anthony, and Amy Gutmann (1996). *Color Conscious: The Political Morality of Race*. Princeton: Princeton University Press.

Apple, Michael W., and James A. Beane, eds. (2007). *Democratic Schools: Lessons in Powerful Education*. Portsmouth, NH: Heinemann.

Archbald, Doug, and Fred Newmann (1988). *Beyond Standardized Testing: Assessing Authentic Achievement in the Secondary School*. Reston, VA: National Association of Secondary School Principals.

Asante, Molefi Kete (1998). *The Afrocentric Idea*, rev. and exp.ed. Philadelphia: Temple University Press.

Atkins, Robert, and Daniel Hart (2003). "Neighborhoods, Adults, and the Development of Civic Identity in Urban Youth." *Applied Developmental Science* 7 (3): 156-164.

Averett, Joy (1985). "Facets: Today's Kids and Hero Worship, Who Can They Look Up To?" *English Journal* 74 (5): 23.

Avery, Patricia G., and Annette M. Simmons (2000). "Civic Life as Conveyed in United States Civics and History Textbooks." *International Journal of Social Education* 15 (2): 105-130.

Axthelm, Pete (1979, August 6). "Where Have All the Heroes Gone?" *Newsweek*, 44.

Ayers, William, and Patricia Ford (1996). *City Kids, City Teachers*. New York:

New Press.

Baker, Judith (2002) . "Trilingualism." In *The Skin That We Speak: Thoughts on Language and Culture in the Classroom*, ed. Lisa Delpit and Joanne Kilgour Dowdy, 49-61. New York: New Press.

Baldi, Stephane, et al. (2001a) . "What Democracy Means to Ninth-Graders: U.S. Results from the International IEA Civic Education Study." Washington, D.C.: U.S. Department of Education and National Center for Education Statistics.

Baldi, Stephane, et al. (2001b) . "What Democracy Means to Ninth-Graders: U.S. Results from the International IEA Civic Education Study." *Education Statistics Quarterly* 3 (2): 89-96.

Baldwin, James (1962) . *The Fire Next Time*. New York: Vintage International.

Banks, James A. (2004) . "Teaching for Social Justice, Diversity, and Citizenship in a Global World." *Educational Forum*, 68 (4): 296.

Banks, James A., et al. (2005) . "Education and Diversity." Social Education 69 (1): 36-40.

Barreto, Matt A., Mara Cohen-Marks, and Nathan D. Woods (2009), "Are All Precincts Created Equal? The Prevalence of Low-Quality Precincts in Low-Income and Minority Communities." *Political Research Quarterly* 62 (3): 445-458.

Bartels, Larry M. (2008) . *Unequal Democracy: The Political Economy of the New Gilded Age*. New York: Russell Sage Foundation.

Barton, David (2009) . "2009 TEKS Review." Memo sent to Miriam Martinez, Director of Curriculum Texas Education Agency. Retrieved July 24, 2009, from ritter.tea. state.tx.us/teks/social/Barton current.pdf.

Barton, Keith C. (1995) . "'My Mom Taught Me': The Situated Nature of Historical Understanding." Paper presented at Annual Meeting of the American Educational Research Association, Chicago.

Barton, Keith C., and Linda S. Levstik (2004) . *Teaching History for the Common Good*. Mahwah, NJ: Lawrence Erlbaum Associates.

Bass, Melissa (2004) . "Civic Education through National Service: Lessons from American History." CIRCLE Working Paper 12. College Park, MD: Center for Information and Research on Civic Learning and Engagement. Retrieved September 25, 2010, from www.civicyouth.org/PopUps/WorkingPapers/WP 12 Bass. pdf.

Beauboeuf-Lafontant, Tamara (1999) . "A Movement Against and Beyond Boundaries: 'Politically Relevant Teaching' among African American Teachers." *Teachers College Record* 100 (4): 702-723.

Behn, Robert D. (2003) . "Why Measure Performance? Different Purposes Require

Different Measures." *Public Administration Review* 63 (5): 556-576.

Bell, Derrick A., ed. (1980). *Shades of Brown: New Perspectives on School Desegregation.* New York: Teachers College Press.

—— (2004). *Silent Covenants:* Brown v. Board of Education and *the Unfulfilled Hopes for Racial Reform.* Oxford: Oxford University Press.

Bennett, W. Lance, ed. (2007). *Civic Life Online: Learning How Digital Media Can Engage Youth.*Cambridge, MA: MIT Press.

Bergerson, Amy Aldous (2003). "Critical Race Theory and White Racism: Is There Room for White Scholars in Fighting Racism in Education?" *International Journal of Qualitative Studies in Education* 16 (1): 51-63.

Bernsen, James (2009, April 28). "State Board of Education Pulls Reins on 'Radical' Curriculum Group." *Texas Republic News.* Retrieved July 20, 2009, from www.texasinsider.org/? p=8341.

Big Picture Learning (2010), "Big Picture Learning Cycle Reference Guide." Retrieved June 13, 2011, from www.bigpicture.org/products-page/publications/big-picture-learning-cycle-reference guide/.

Binder, Amy J. (2002). *Contentious Curricula: Afrocentrism and Creationism in American Public Schools.* Princeton: Princeton University Press.

Bishop, Bill, and Robert G. Cushing (2008). *The Big Sort: Why the Clustering of Like-Minded America Is Tearing Us Apart.* New York: Houghton Mifflin Harcourt.

Bixby, Janet S., and Judith L. Pace, eds. (2008). *Educating Democratic Citizens in Troubled Times: Qualitative Studies of Current Efforts.* Albany: State University of New York Press.

Black Excel (2007). "Morehouse College Profile." Retrieved August 6, 2007, from www.blackexcel.org/morehous.htm.

Blackmon, Douglas A. (2008). *Slavery by Another Name: The Re-Enslavement of Black People in America from the Civil War to* World War II. New York: Doubleday.

Blankenship, Glen (1990). "Classroom Climate, Global Knowledge, Global Attitudes, Political Attitudes." *Theory and Research in Social Education* 43 (4): 363-386.

Bloemraad, Irene (2006). *Becoming a Citizen: Incorporating Immigrants and Refugees in the United States and Canada.* Berkeley: University of California Press.

Blum, Lawrence (2002a). *"I'm Not a Racist, But...:"* The Moral Quandary of Race. Ithaca, NY: Cornell University Press.

—— (2002b). "The Promise of Racial Integration in a Multicultural Age." In *Moral and Political Education,* ed. Stephen Macedo and Yael Tamir. New York: New York University Press.

Bobo, Lawrence D. (2001). "Racial Attitudes and Relations at the Close of the Twentieth Century." In *America Becoming: Racial Trends and Their Consequences*, vol. 1, ed. Neil J. Smelser et al., 264-301. Washington, D.C.: National Academy Press.

Boix-Mansilla, Veronica, and Anthony Jackson (2011). *Educating for Global Competence: Preparing Our Youth to Engage the world*. Washington, D.C.: Council of Chief State School Officers and the Asia Society.

Bond, Julian (1993, April 4). "Remember the Man and the Hero, Not Just Half the Dream." *Seattle Times*. Retrieved August 21, 2008, from seattletimes. nwsource.com/special/mlk/perspectives/reflections/bond.html.

Bonilla-Silva, Eduardo (2010). *Racism without Racists: Color-Blind Racism and the Persistence of Racial Inequality in the United States*, 3rd ed. Lanham, MD: Rowman and Littlefield.

Bourdieu, Pierre (2006). "Cultural Reproduction and Social Reproduction." In *Inequality: Classic Readings in Race, Class, and Gender*, ed. David B. Grusky and Szonja Szelenyi, 257-272. Cambridge, MA: Westview Press.

Bowles, Samuel, and Herbert Gintis (1976). *Schooling in Capitalist America*. London: Routledge and Kegan Paul.

Bowles, Samuel, Glenn C. Loury, and Rajiv Sethi (2009). "Group Inequality." Economics Working Papers, Institute for Advanced Study, School of Social Science, Princeton. Retrieved May 24, 2011, from econpapers.repec.org/RePEc: ads: wpaper: 0088.

Boyle-Baise, Marilynne, et al. (2006). "Learning Service or Service Learning: Enabling the Civic." *International Journal of Teaching and Learning in Higher Education* 18 (1): 17-26.

Boyte, Harry Chatten (2005). Everyday Politics: *Reconnecting Citizens and Public Life*. Philadelphia: University of Pennsylvania Press.

Boyte, Harry Chatten, and Nancy N. Kari (1996). *Building America: The Democratic Promise of Public Work*. Philadelphia: Temple University Press.

Bracey, Gerald W. (2009). "Our Resegregated Schools." *Phi Delta Kappan* 90 (9): 691-692.

Brandt, Daniel, and Steve Badrich. (1997, January-March). "Pipe Dreams: The CIA, Drugs, and the Media." NameBase NewsLine. Retrieved October 18, 2010, from www.namebase.org/news16.html.

Bransford, John D., Ann L. Brown, and Rodney R. Cocking, eds. (1999). *How People Learn: Brain, Mind, Experience, and School*. Washington, D.C.: National Academies Press.

Bricheno, Patricia, and Mary Thornton (2007). "Role Model, Hero, or Champion? Children's Views Concerning Role Models." *Educational Research* 49 (4): 383-396.

Brighouse, Harry (2000). *School Choice and Social Justice*. Oxford: Oxford University Press.

Browne, Ray B., and Marshall W. Fishwick (1983). *The Hero in Transition*. Bowling Green, OH: Bowling Green University Press.

Bruyneel, Kevin (2004). "Challenging American Boundaries: Indigenous People and the 'Gift' of U.S. Citizenship." *Studies in American Political Development* 18 (1): 30-43.

Bucher, Anton A. (1997). "The Influence of Models in Forming Moral Identity." *International Journal of Educational Research* 27 (7): 619-627.

Cain, Bruce, and Brendan Doherty (2007). "The Impact of Dual Nationality on Political Participation." In *Transforming Politics, Transforming America: The Political and Civic Incorporation of Immigrants in the United States*, ed. Taeku Lee et al., 89-105. Charlottesville: University of Virginia Press.

Callan, Eamonn (1997). *Creating Citizens*. Oxford: Oxford University Press.

Cammarota, Julio, and Michelle Fine (2008). *Revolutionizing Education: Youth Participatory Action Research in Motion*. New York: Routledge.

Campaign for the Civic Mission of Schools (2010). "Educational Resources—Civic Mission of Schools." Retrieved April 14, 2010, from civicmissionofschools.org/cmos/site/resources/edresources.

Campbell, David (2008). "Voice in the Classroom: How an Open Classroom Climate Fosters Political Engagement among Adolescents." *Political Behavior* 30 (4): 437-454.

Campbell, David E. (2005). "Voice in the Classroom: How an Open Classroom Environment Facilitates Adolescents' Civic Development." CIRCLE Working Paper 28. College Park, MD: Center for Information and Research on Civic Learning and Engagement, Retrieved January 17, 2012, from www.civicyouth.org/popups/workingpapers/WP28campbell.pdf.

Cargill, Barbara (2009, April). "The Cargill Connection." Retrieved July 20, 2009, from www.thsc.org/thscpac/BarbaraCargill4-25-09.htm.

Carlyle, Thomas (1918 [1843]). *Past and Present*. New York: Charles Scribner's Sons.

Carnegie Corporation of New York and CIRCLE (2003). "The Civic Mission of Schools." New York: Carnegie Corporation of New York and Center for Information and Research on Civic Learning and Engagement. Retrieved November 12, 2011, from www.

civicmissionofscho ols.org/site/campaign/documents/CivicMissionofSchools.pdf.

Carnoy, Martin, and Henry M. Levin (1985). *Schooling and Work in the Democratic State*. Stanford: Stanford University Press.

Carter, Prudence (2005). *Keepin' It Real: School Success Beyond Black and White*, New York: Oxford University Press.

Cazden, Courtney (2001). *Classroom Discourse: The Language of Teaching and Learning*, 2nd ed. New York: Heinemann.

Center for Civic Education and National Conference of State Legislatures (1996). *We the People...Project Citizen*. Calabasas, CA: Center for Civic Education.

Certo, Janine L., et al. (2008). "An Argument for Authenticity: Adolescents' Perspectives on Standards-Based Reform." *High School Journal* 91 (4): 26-39.

Chapman, Chris, Jennifer Laird, and Angelina KewalRamani (2010). "Trends in High School Dropout and Completion Rates in the United States: 1972—2008." IES, National Center for Education Statistics, U.S. Department of Education. Retrieved June 14, 2011, from nces.ed.gov/pubs2011/2011012.pdf.

Cheney, Lynne V. (1987). "American Memory: A Report on the Humanities in the Nation's Public Schools." Washington, D.C.: National Endowment for the Humanities.

—— (1994, October 20). "The End of History." *Wall Street Journal*, 224: A22.

Cheney, Lynne, et al. (1995, February 6). "Correspondence." *New Republic* 212 (6): 4—5.

Chiaravalloti, Laura A. (2009). "Making the Switch: Lightbulbs, Literacy, and Service-Learning." *Voices from the Middle* 17 (1): 24-33.

Chicago Public Schools (2007). "Service Learning: Strategy Description." Retrieved May 22, 2010, from www.cpstoolkit.com/StrategyPage.aspx? id=58#FAQ1.

Chilcoat, G. W., and J. A. Ligon (1999). "'Helping to Make Democracy a Living Reality': The Curriculum Conference of the Mississippi Freedom Schools." *Journal of Curriculum and Supervision* 15 (1): 43-68.

Chong, Dennis, and Reuel Rogers (2005). "Reviving Group Consciousness." In *The Politics of Democratic Inclusion*, ed. Christina Wolbrecht and Rodney E. Hero, 45-74. Philadelphia: Temple University Press.

Christensen, Linda (1994). "Whose Standard? Teaching Standard English." *Rethinking Our Classrooms: Teaching for Equity and Justice*, vol. 1, ed. Bill Bigelow, 142-145. Milwaukee, WI: Rethinking Schools.

Churchill, Winston (1925). "Mass Effects in Modern Life." Retrieved August 16, 2008, 2008, from www.teachingamericanhistory.org/library/index.asp? documentprint = 1032.

CNN.com (1996, October 13). "Nation of Islam Investigates Possible CIA Crack Connection." Retrieved October 18, 2010, from www.cnn.com/US/9610/13/farrakhan/.

—— (2008, February 21). "CNN Heroes: A Note to Educators." Retrieved August 16, 2008, from www.cnn.com/2008/LIVING/studentnews/02/0 8/heroes.educator.note/index.html.

Cohen, Cathy J., and Michael C. Dawson (1993). "Neighborhood Poverty and African American Politics." *American Political Science Review* 87 (2): 286-302.

Corporation for National and Community Service (2008). "Community Service and Service-Learning in America's Schools." Retrieved May 22, 2010, from nationalservice. gov/pdf/08_1112_lsa_prevalence_factsheet.pdf.

—— (2009). "President Obama Signs Landmark National Service Legislation." Retrieved May 22, 2010, from www.nationalservice.gov/about/newsroorru/releases_detail.asp? tbl_pr_id = 1301.

Corporation for National and Community Service and National Conference on Citizenship (2010a). "Civic Life in America: Data on the Civic Health of the Nation." Civic Life in America. Retrieved June 1, 2011, from civic.serve.gov/national.

—— (2010b). "Civic Life in America: Key Findings on the Civic Health of the Nation." Civic Life in America. Retrieved June 2, 2011, from www.ncoc.net/index.php? download=103kcfl3 78.

Cowen, Tyler (2000, May) "The New Heroes and Role Models." *Reason*. Retrieved August 15, 2008, from findarticles.com/p/articles/mi_m1568/is_1_32/a1_62162015/pg_l? tag=artBody; coll.

Craig, Bruce (2003, May 2). "SEDIT-L archives—May 2003 (no. 1)." *NCH Washington Update* 9 (19). Retrieved May 18, 2007, from https: //listserv.umd.edu/cgi-bin/wa? A2=ind0305&1= sedit-l&O=A&P=52.

Cramer, Maria, and Adrienne P. Samuels (2005, December 30). "Boston's Homicides 2005: A Boston Globe Special Report." *Boston Globe*. Retrieved June 28, 2010, from www.boston.com/news/specials/homicide2.

Cross, William E., Jr., Linda Strauss, and Peony Fhagen-Smith (1999). "African-American Identity Development across the Life Span: Educational Implications." In *Racial and Ethnic Identity in School Practices: Aspects of Human Development*, ed. Rosa Hernandez Sheets and Etta R. Hollins, 29-47. Mahwah, NJ: Lawrence Erlbaum Associates.

Curren, Randall R. (2004). "Educational Measurement and Knowledge of Other Minds." *Theory and Research in Education* 2 (3): 235-53.

Damon, William (1995). Greater Expectations: *Overcoming the Culture of*

Indulgence in America's Homes and Schools. New York: Free Press.

—— (2001). "To Not Fade Away: Restoring Civil Identity among the Young." *In Making Good Citizens*, ed. Diane Ravitch and Joseph P. Viteritti, 123-141. New Haven: Yale University Press.

Dance, Lory Janelle (2002). *Though Fronts: The Impact of Street Culture on Schooling*. New York: Routledge.

Darling-Hammond, Linda (2004). "From 'Separate But Equal' to 'No Child Left Behind': The Collision of New Standards and Old Inequalities." In *Many Children Left Behind: How the No Child Left Behind Act Is Damaging Our Children and Our Schools*, ed. Deborah Meier and George Wood, 3-32. Boston: Beacon Press.

Darling-Hammond, Linda, Jennifer French, and Silvia Paloma GarciaLopez, eds. (2002). *Learning to Teach for Social Justice*. Multicultural Education Series. New York: Teachers College Press.

Davis, James E., Phyllis Fernlund, and Peter Woll (2005). *Civics: Government and Economics in Action*. Upper Saddle River, NJ: Prentice Hall.

Davis, Leroy (1998). *A Clashing of the Soul: John Hope and the Dilemma of African American Leadership and Black Higher Education in the Early Twentieth Century*. Athens: University of Georgia Press.

Dawson, Michael C. (1994). *Behind the Mule: Race and Class in African-American Politics*. Princeton: Princeton University Press.

—— (2001). *Black Visions: The Roots of Contemporary African-American Political Ideologies*. Chicago: University of Chicago Press.

—— (2006). "After the Deluge: Publics and Publicity in Katrina's Wake." *Du Bois Review* 3 (1): 239-249.

Delgado, Melvin, and Lee Staples (2008). *Youth-Led Community Organizing: Theory and Action*. Oxford: Oxford University Press.

Delgado, Richard D., and Jean Stefancic (2001). *Critical Race Theory: An Introduction*. New York: New York University Press.

Delli Carpini, Michael, and Scott Keeter (1996). *What Americans Know about Politics and Why It Matters*. New Haven: Yale University Press.

Delpit, Lisa (1995). *Other People's Children*. New York: New Press.

Delpit, Lisa, and Joanne Kilgour Dowdy, eds. (2002). *The Skin That We Speak: Thoughts on Language and Culture in the Classroom*. New York: New Press.

DeSipio, Louis (2001). "Building America, One Person at a Time: Naturalization and Political Behavior of the Naturalized in Contemporary American Politics." In *E Pluribus Unum? Contemporary and Historical Perspectives on Immigrant Political Incorporation*, ed. Gary Gerstle and John Mollenkopf, 67-106. New York: Russell Sage Foundation.

Devos, Thierry, and Mahzarin R. Banaji (2005). "American = White?" *Journal of Personality and Social Psychology* 88 (3): 447-466.

Dewey, John (1990 [1900]). *The School and Society and The Child and the Curriculum*. Chicago: University of Chicago Press.

Dillon, Erin (2009, September) "Moving Targets: What It Now Means to Make 'Adequate Yearly Progress' under NCLB." *Explainer*. Retrieved February 10, 2010, from www.educationsector.org/usr_doc/EXP_AYP_UPDATE.pdf.

Dillon, Sam (2010, June 25). "School Is Turned Around, but Cost Gives Pause." *New York Times*, A1, A3.

Dimond, Stanley E., and Elmer F. Pflieger (1974). *Civics for Citizens: Annotated Edition*. Philadelphia: J. B. Lippincott.

Dinkes, Rachel, et al. (2009). "Indicators of School Crime and Safety: 2009." National Center for Education Statistics and Bureau of Justice Statistics, U.S. Department of Justice. Retrieved June 28, 2010, from bjs.ojp.usdoj.gov/index.cfm? ty= pbdetail&iid=1762.

Dreeben, Robert (1968). *On What Is Learned in School*. Reading. MA: Addison-Wesley.

Du Bois, W. E. B, (1996 [1903]). *The Souls of Black Folk*. New York: Penguin.

Duncan-Andrade, Jeffrey (2005). "An Examination of the Sociopolitical History of Chicanos and Its Relationship to School Performance." *Urban Education* 40 (6): 576-605.

—— (2006). "Urban Youth, Media Literacy, and Increased Critical Civic Participation." In *Beyond Resistance! Youth Activism and Community Change*, ed. Shawn Ginwright et al., 149-169. New York: Routledge.

—— (2007). "Gangstas, Wankstas, and Ridas: Defining, Developing, and Supporting Effective Teachers in Urban Schools." *International Journal of Qualitative Studies in Education*, 20 (6): 617-638.

Duncan-Andrade, Jeffrey, and Ernest Morrell (2008). *The Art of Critical Pedagogy: Possibilities for Moving from Theory to Practice in Urban Schools*. New York: Peter Lang.

Dyson, Michael Eric (2004). *The Michael Eric Dyson Reader*. New York: Basic Civitas.

—— (2005), *Come Hell or High Water: Hurricane Katrina and the Color of Disaster*. New York: Basic Civitas.

Earth Force (2010). "Earth Force: Programs: The Earth Force Framework." Retrieved March 30, 2010, from www.earthforce.org/section/programs/caps.

Eaton, Susan (2006). *The Children in Room E4: American Education on Trial*,

Chapel Hill, NC: Algonquin Books.

Edelstein, Alan (1996). *Everybody Is Sitting on. the Curb: How and Why America's Heroes Disappeared.* New York: Praeger.

Egelko, Bob (2007, October 2). "Supreme Court Denies Hearing for Fired 'Honk for Peace' Teacher." *San Francisco Chronicle*, A7.

Elliott, Elizabeth, and Robert M. Gordon, eds. (2005). *New Directions in Restorative Justice: Issues*, Practice, Evaluation. Portland, OR: Willan.

Elmore, Richard F. (2005). "Agency, Reciprocity, and Accountability in Democratic Education." In *The Public Schools*, ed. Susan Fuhrman and Marvin Lazerson, 277-301. New York: Oxford University Press.

Epstein, Terrie (1997). "Sociocultural Approaches to Young People's Historical Understanding." *Social Education* 61: 28-31.

—— (1998). "Deconstructing Differences in American-American and European-American Adolescents'Perspectives on U.S. History." *Curriculum Inquiry* 28 (4): 397-423.

—— (2000). "Adolescents'Perspectives on Racial Diversity in U.S. History: Case Studies from an Urban Classroom." *American Educational Research Journal* 37 (1): 185-214.

—— (2001). "Racial Identity and Young People's Perspectives on Social Education." *Theory into Practice* 40 (1): 42-47.

—— (2009). *Interpreting National History: Race, Identity, and Pedagogy in Classrooms and Communities.* New York: Routledge.

Farrelly, Colin (2007). "Justice in Ideal Theory: A Refutation." *Political Studies* 55 (4): 844-864.

Fassin, Didier (2007), *When Bodies Remember: Experiences and Politics of AIDS in South Africa.* Berkeley: University of California Press.

Fehrenbacher, Don E. (2001). *The Slaveholding Republic: An Account of the United States Government's Relations to Slavery.* New York: Oxford University Press.

Feinberg, Walter (1998). *Common Schools/Uncommon Identities.* New Haven: Yale University Press.

Feldman, Lauren, et al. (2007). "Identifying Best Practices in Civic Education: Lessons from the Student Voices Program." *American Journal of Education* 114 (1): 75-100.

Feldman, Noah (2011, June 13) "Praise the Arab Spring, Prepare for the Arab Fall." *Bloomberg*. Retrieved June 17, 2011, from www.bloomberg.com/news/2011-06-13/praise-the-arab-spring-prepare-for-the-arab-fall-noah-feldman.html.

Fellner, Jamie, and Lance Compa (2005). "Immigrant Workers in the United States Meat and Poultry Industry." Submission by Human Rights Watch to the Office of the United Nations High Commissioner for Human Rights Committee on Migrant Workers. Human Rights Watch, Geneva. Retrieved October 11, 2010, from www2.ohchr.org/english/bodies/cmw/docs/hrw.doc.

Fine, Michelle (2009). "Postcards from Metro America: Reflections on Youth Participatory Action Research for Urban Justice". *Urban Review* 41: 1-6.

Fine, Michelle, and Lois Weis, eds. (2000). *Construction Sites: Excavating Race, Class, and Gender among Urban Youth.* New York: Teachers College Press.

Fishwick, Marshall William (1969). *The Hero, American Style.* New York: D. McKay.

Flanagan, Constance A., et al. (2007). "School and Community Climates and Civic Commitments: Patterns for Ethnic Minority and Majority Students." *Journal of Educational Psychology* 99 (2): 421-431.

Fogel, Howard, and Ehri Linnea (2000). "Teaching Elementary Students Who Speak Black English Vernacular to Write in Standard English: Effects of Dialect Transformation Practice." *Contemporary Educational Psychology* 25 (2): 212-235.

Foner, Eric (1998). *The Story of American Freedom*, New York: W. W. Norton.

Foote, Donna (2008). *Relentless Pursuit: A Year in the Trenches with Teach for America.* New York: Alfred A. Knopf.

Foster, Michele (1997). *Black Teachers on Teaching.* New York: New Press.

Frankenberg, Erica, and Chungmei Lee (2002). *Race in American Public Schools: Rapidly Resegregating School Districts.* Cambridge, MA: Civil Rights Project of Harvard University.

Fraser, Katie (2005). "Youth Courts." *Insights on Law and Society* 5 (2): 20-21.

Frederickson, George M. (2002). *Racism: A Short History.* Princeton: Princeton University Press.

Freeman, Joshua B. (2002). "Red New York." *Monthly Review.* 54 (3): 36-42.

Freire Charter School (2010). "Freire Charter School Home." Retrieved March 3, 2010, from www.freirecharterschool.org/index.htm.

Friedman, Anne Kiehl (2005). "Voter Disenfranchisement and Policy toward Election Reforms." *Review of Policy Research* 22 (6): 787-810.

Fuhrman, Susan, and Richard Elmore, eds. (2004). *Redesigning Accountability Systems for Education.* New York: Teachers College Press.

Fullan, Michael (2007). *The New Meaning of Educational Change*, 4th ed. New York: Teachers College Press.

Fullinwider, Robert K. (1996). "Patriotic History." *In Public Education in a Multicultural Society*, ed. Robert K. Fullinwider, 203-227. Cambridge: Cambridge University Press.

Fung, Archon (2004a). "Deliberation's Darker Side: Six Questions for Iris Marion Young and Jane Mansbridge." *National Civic Review* (Winter): 47-54.

—— (2004b). *Empowered Participation: Reinventing Urban Democracy*. Princeton: Princeton University Press.

Gagnon, Paul (2003). *Educating Democracy: State Standards to Ensure a Civic Core*. Washington, D.C.: Albert Shanker Institute.

Gaines, Kevin Kelly (1996). *Uplifting the Race: Black Leadership, Politics, and Culture in the Twentieth Century*. Chapel Hill: University of North Carolina Press.

Gallup Organization (1949). "Survey by Gallup Organization, December 2-December 7, 1949." Lincoln, NE: Gallup Organization; Storrs, CT: The Roper Center for Public Opinion Research.

—— (1955), "Survey by Gallup Organization, December 8-December-13, 1955." Gallup Poll # 557. Lincoln, NE: Gallup Organization; Storrs, CT: The Roper Center for Public Opinion Research.

—— (1966). "Survey by Gallup Organization, December 8-December 13, 1966." Gallup Poll # 738. Lincoln, NE: Gallup Organization; Storrs, CT: The Roper Center for Public Opinion Research.

—— (1977). "Survey by Gallup Organization, December 9-December 12, 1977." Gallup Poll # 990. Lincoln, NE: Gallup Organization; Storrs, CT: The Roper Center for Public Opinion Research.

—— (2006). "Survey by Gallup Organization, December 11-December 14, 2006." Lincoln, NE: Gallup Organization; Storrs, CT: The Roper Center for Public Opinion Research.

Gallup Organization and Linda Lyons (2002). "No Heroes in the Beltway." Retrieved August 18, 2008, from www.gallup.com/poll/6487/Heroes-Beltway.aspx.

Galston, William A. (2001). "Political Knowledge, Political Engagement, and Civic Education." *Annual Reviews Political Science* 4: 217-234.

—— (2003). "Civic Education and Political Participation." *Phi Delta Kappan* 85 (1): 29-33.

Ganz, Marshall (2007). "What Is Public Narrative?" Harvard Kennedy School of Government. Retrieved June 8, 2011, from www.hks.harvard.ed u/organizing/tools/Files/What%20Is% 20Public%20Narrative.3.8.07.doc.

Gasman, Marybeth (2007), *Envisioning Black Colleges: A History of the United*

Negro College Fund. Baltimore: Johns Hopkins University Press.

Gecan, Michael (2002) . *Going Public: An Organizer's Guide to Citizen Action*. New York: Anchor Books.

Gerstle, Gary (2001) . *American Crucible: Race and Nation in the Twentieth Century*. Princeton: Princeton University Press.

Geuss, Raymond (2008) . *Philosophy and Real Politics*. Princeton: Princeton University Press.

Gibbon, Peter (2002a, October 1) . "Panel Discussion: Why Is U.S. History Still a Mystery to Our Children?" Retrieved May 18, 2007, from www.aei.org/events/filter., eventID.131/transcript.asp.

—— (2002b) . *A Call to Heroism: Renewing America's Vision of Greatness*. New York: Atlantic Monthly Press.

Gibson, Margaret A. (1988) . *Accommodation without Assimilation: Sikh Immigrants in an American High School*. Ithaca, NY: Cornell University Press.

Gimpel, James G., J. Celeste Lay, and Jason E. Schuknecht (2003) . *Cultivating Democracy: Civic Environments and Political Socialization in America*. Washington, D.C.: Brookings Institution Press.

Ginwright, Shawn A., Pedro Noguera, and Julio Cammarota, eds. (2006) . *Beyond Resistance! Youth Activism and Community Change: New Democratic Possibilities for Practice and Policy for America's Youth*. New York: Routledge.

Ginwright, Shawn A., and Taj James (2002) . "From Assets to Agents of Change: Social Justice, Organizing, and Youth Development." *New Directions for Youth Development* 96: 27-46.

Giraffe Heroes Project (2008a) . "Kids Page-Guided Tour Stop 1."
Retrieved December 5, 2008, from www.giraffe.org/guidedtour1_text.html.

—— (2008b) . "Kids Page-Guided Tour Stop 2." Retrieved December 5, 2008, from www.giraffe.org/guidedtour2_text.html.

Gleeson, Shannon (2010) . "Labor Rights for All? The Role of Undocumented Immigrant Status for Worker Claims Making," *Law and Social Inquiry* 35 (3): 561-602.

Glencoe/McGraw-Hill (2005) . *Civics Today: Citizenship, Economics, and You*. New York: Glencoe.

Gordon, Pamela Jane (2011) . *Developing Citizenship: Examining the Experiences of Youth from a Civic Focused School*. Ed.D. diss. Graduate School of Education, Harvard University.

Governor's Statewide Youth Council (2009) . "The Governor's Statewide Youth Council Midterm Report." Boston, MA: Governor's Office, State of Massachusetts.

Grant, Gerald (2009). *Hope and Despair in the American City: Why There Are No Bad Schools in Raleigh*. Cambridge, MA: Harvard University Press.

Grier, Sonya A., and Shiriki K. Kunnanyika (2008). "The Context for Choice: Health Implications of Targeted Food and Beverage Marketing to African Americans." *American Journal of Public Health* 98 (9): 1619-1629, Grossman, Lev (2009, June 17) "Iran Protests: Twitter, the Medium of the Movement." *Time Magazine.* Retrieved July 30, 2009, from www.time.com/time/world/article/0, 8599, 1905125, 00.html.

Guinan, M. E. (1993). "Black Communities'Belief in 'AIDS as Genocide': A Barrier to Overcome for HIV Prevention." *Annals of Epidemiology* 3 (2): 193-195.

Guinier, Lani (1994). *The Tyranny of the Majority: Fundamental Fairness in Representative Democracy*. New York: Free Press.

Gutmann, Amy (1987). *Democratic Education*. Princeton: Princeton University Press.

—— (1995). "Civic Education and Social Diversity." *Ethics* 105 (3): 557-579.

Gutmann, Amy, and Dennis F. Thompson (1996). *Democracy and Disagreement*. Cambridge, MA: Belknap Press of Harvard University Press.

Hahn, Carole L. (1998). *Becominag Political.* Albany: State University of New York Press.

—— (1999). "Citizenship Education: An Empirical Study of Policy, Practices and Outcomes." *Oxford Review of Education*, 25 (1-2): 231-250.

Hahn, Steven (2009). *The Political Worlds of Slavery and Freedom*. Cambridge, MA: Harvard University Press.

Hall, Lani, et al. (2009). "Essential Elements of the 4-H Experience: Generosity." *Arizona Cooperative Extension*: 1-3. Retrieved May 23, 2010, from cals. arizona.edu/pubs/family/az1495d.pdf.

Han, Hahrie (2009). *Moved to Action: Motivation, Participation, and Inequality in American Politics*. Stanford, CA: Stanford University Press.

Haney Lopez, Ian (1996). *White by Law: The Legal Construction of Race*. New York: New York University Press.

Hanson, Christopher (1996). "Where Have All the Heroes Gone?" *Columbia Journalism Review* 34 (6): 45-48.

Harris, Cheryl I. (1993). "Whiteness as Property." *Harvard Law Review* 106 (8): 1707-1791.

Harris-Lacewell, Melissa (2007), "Do You Know What It Means…: Mapping Emotion in the Aftermath of Katrina." *Souls* 9 (1): 28-44.

Harris-Lacewell, Melissa, Kosuke Imai, and Teppei Yamamoto (2007). "Racial Gaps in the Responses to Hurricane Katrina: An Experimental Study." Princeton University. Retrieved October 20, 2010, from imai.princeton.edu/research/files/katrina.pdf.

Hart, Daniel, and Robert Atkins (2002). "Civic Competence in Urban Youth." *Applied Developmental Science* 6 (4): 227-236.

Hart, Daniel, et al. (2004). "Youth Bulges in Communities: The Effects of Age Structure on Adolescent Civic Knowledge and Civic Participation." *Psychological Science* 15 (9): 591-597.

Hart, Daniel, et al. (2007). "High School Community Service as a Predictor of Adult Voting and Volunteering." *American Educational Research Journal* 44 (1): 197-219.

Hartley, William H., and William S. Vincent (2005). *Holt American Civics*. New York: Holt, Rinehart and Winston.

Haste, Helen (2004). "Constructing the Citizen." Political Psychology 25 (3): 413-439.

Hepburn, Mary A., Richard G. Niemi, and Chris Chapman (2000). "Service Learning in College Political Science: Queries and Commentary." PS: *Political Science and Politics* 33 (3).

Herman, Joan (2003). "The Effects of Testing on Instruction." In *Redesigning Accountability Systems for Education*, ed. Susan Furhman and Richard Elmore, 141-166. New York: Teachers College Press.

Herring, Cedric (2006). "Hurricane Katrina and the Racial Gulf: A Du Boisian Analysis of Victims' Experience." *Du Bois Review* 3 (1): 129-144.

Hess, Diana E. (2009a). *Controversy in the Classroom: The Democratic Power of Discussion*. New York: Routledge.

—— (2009b). "Teaching about Same-Sex Marriage as a Policy and Constitutional Issue." *Social Education*, 73 (7): 344-349.

Hibbing, John R., and Elizabeth Theiss-Morse (2002). *Stealth Democracy: Americans' Beliefs about How Government Should Work*. New York: Cambridge University Press.

Hilliard, Asa G. (1998). *SBA: The Reawakening of the African Mind*, rev. ed. Gainesville, FL: Makare.

Hilliard, Asa G., et al. (1990). *Infusion of African and African American Content in the School Curriculum: Proceedings of the First National Conference, October 1989*. Morristown, N.J.: Aaron Press.

Hochschild, Jennifer (2005). "From Nominal to Ordinal: Reconceiving Racial and Ethnic Hierarchy in the United States." In *The Politics of Democratic Inclusion*, ed.

Christina Wolbrecht; and Rodney E.Hero, 19-44. Philadelphia; Temple University Press.

Hochschild, Jennifer, and Nathan Scovronick (2003). *The American Dream and the Public Schools*. Oxford; Oxford University Press.

Homana, Gary, Carolyn Barber, and Judith Torney-Purta (2006). "Assessing School Citizenship Education Climate; Implications for the Social Studies." CIRCLE Working Paper 48. College Park, MD; Center for Information and Research on Civic Learning and Engagement. Retrieved January 17, 2012, from www.civicyouth.org/popups/workingpapers/WP48homana.pdf.

Hook, Sidney (1943). *The Hero in History; A Study in Limitation and Possibility*. New York; John Day. hooks, bell (1994). *Teaching to Transgress; Education as the Practice of Freedom*. New York; Routledge.

Horne, Tom (2007, June 11). "An Open Letter to the Citizens of Tucson." Department of Education, Office of the Superintendent of Public Instruction, State of Arizona. Retrieved July 5, 2010, from www.ade.state.az.us/administration/superintendent/AnOpenLettertoCitizensofTucson.pdf.

Horsford, Sonya Douglass, and Kathryn Bell McKenzie (2008). "'Sometimes I Feel Like the Problems Started with Desegregation'; Exploring Black Superintendent Perspectives on Desegregation Policy." *International Journal of Qualitative Studies in Education* 21 (5); 443-455.

Horton, Carol A. (2005). *Race and the Making of American Liberalism*. New York; Oxford University Press.

Howard, Gary R. (2006). *We Can't Teach What We Don't Know; White Teachers, Multiracial Schools*. New York; Teachers College Press.

Huddy, Leonie, and Stanley Feldman (2006). "Worlds Apart; Blacks and Whites React to Hurricane Katrina." *Du Bois Review* 3 (1); 1-17.

Hughes, Diane, et al. (2009). "Received Ethnic-Racial Socialization Message and Youths'Academic and Behavioral Outcomes; Examining the Mediating Role of Ethnic Identity and Self-Esteem." *Cultural Diversity and Ethnic Minority Psychology* 15 (2); 112-124.

Hughes, Langston (1994 [1925]). "I, Too, Sing America." In *The Collected Poems of Langston Hughes*, New York; Knopf.

Iceland, John, Daniel H. Weinberg, and Erika Steinmetz (2002). "Racial and Ethnic Residential Segregation in the United States; 1980-2000." Series CENSR-3, U.S. Census Bureau.

IES; National Center for Education Statistics (2007). "NAEP Data Explorer." Retrieved July 9, 2007, from nces.ed.gov/nationsreportcard/nde/.

Ignatiev, Noel (1995). *How the Irish Became White*. New York: Routledge.

Irons, Peter (2002). *Jim Crow's Children*: The Broken Promise of the Brown Decision. New York: Viking Penguin.

Ives, Bob, and Kathryn Obenchain (2006). "Experiential Education in the Classroom and Academic Outcomes: For Those Who Want It All." *Journal of Experiential Education* 29 (1): 61-77.

Jackson, Philip W. (1968). *Life in Classrooms*. New York: Holt, Rinehart, and Winston.

Jacobs, Lawrence R., and Theda Skocpol, eds. (2005). *Inequality and American Democracy*: What We Know and What We Need to Learn. New York: Russell Sage Foundation.

Jaime-Castillo, Antonio M. (2009). "Economic Inequality and Electoral Participation: A Cross-Country Evaluation." Paper presented at Comparative Study of the Electoral Systems (CSES) Conference, Toronto. Retrieved November 11, 2010, from www.cses.org/ plancom/2009Toronto/CSES_2009Toronto_JaimeCastillo.pdf.

James, William (1880). "Great Men, Great Thoughts, and the Environment." *Atlantic Monthly* 46 (276): 441-459.

Jenkins, Henry (2009). *Confronting the Challenges of Participatory Culture*: *Media Education for the 21st Century*. Cambridge, MA: MIT Press.

John, Mary (2000). "The Children's Parliament in Rajasthan: A Model for Learning about Democracy." In *Citizenship and Democracy in Schools*: *Diversity*, *Identity*, *Equality*, ed. Audry Osler, 169-175. Stoke-on-Trent, UK: Trentham.

Johns, Michael, Toni Schmader, and Andy Martens (2005). "Knowing Is Half the Battle: Teaching Stereotype Threat as a Means of Improving Women's Math Performance." *Psychological Science* 16: 175-179.

Johnson, James Weldon (2000). *Lift Every Voice and Sing*. New York: Penguin.

Johnson, Kevin R., et al. (2007, August 4). "ImmigrationProfBlog: Asian Exclusion Laws." Immigration Prof Blog. Retrieved October 20, 2010, from lawprofessors.typepad.com/immigration/2007/08/asian-exclusion.html.

Jones-Correa, Michael (2005). "Bringing Outsiders In: Questions of Immigrant Incorporation." In *The Politics of Democratic Inclusion*, ed. Christina Wolbrecht and Rodney E. Hero, 75-102. Philadelphia: Temple University Press.

Jost, John T., and Mahzarin R. Banaji (1994). "The Role of Stereotyping in System-Justification and the Production of False Consciousness." *British Journal of Social Psychology* 33: 1-27.

Jost, John T., Brett W. Pelham, and Mauricio R. Carvallo (2002). "Non-Conscious

Forms of System Justification: Implicit and Behavioral Preferences for Higher Status Groups." *Journal of Experimental Social Psychology* 38: 586-602.

Jung, Moon-Kie, Joao H. Costa Vargas, and Eduardo Bonilla-Silva (2011), *State of White Supremacy: Racism, Governance, and the United States*. Stanford: Stanford University Press.

Junn, Jane (2006). "Mobilizing Group Consciousness: When Does Ethnicity Have Political Consequences?" In *Transforming Politics, Transforming America: The Political and Civic Incorporation of Immigrants in the United States*, ed. Taeku Lee et al., 32-47. Charlottesville: University of Virginia Press.

Kahne, Joseph, et al. (2000). "Developing Citizens for Democracy? Assessing Opportunities to Learn in Chicago's Social Studies Classrooms." *Theory and Research in Social Education* 28 (3): 331-338.

Kahne, Joseph, and Ellen Middaugh (2008). "Democracy for Some: The Civic Opportunity Gap in High School." CIRCLE Working Paper 59. College Park, MD: Center for Information and Research on Civic Learning and Engagement. Retrieved November 12, 2011, from www.civicyouth.org/PopUps/WorkingPapers/WP59Kahne.pdf.

Kahne, Joseph E., and Susan E. Sporte (2008). "Developing Citizens: The Impact of Civic Learning Opportunities on Students' Commitment to Civic Participation." *American Educational Research Journal* 45 (3): 738-766.

Kahne, Joseph, and Joel Westheimer (2003). "Teaching Democracy: What Schools Need to Do." *Phi Delta Kappan* 85 (1): 34-40, 57-66.

—— (2006). "The Limits of Efficacy: Educating Citizens for a Democratic Society." *PS: Political Science and Politics* 39 (2): 289-296.

Kammen, Michael G. (1991). *Mystic Chords of Memory: The Transformation of Tradition in American Culture*, New York: Knopf.

Kanner, Elisabeth (2005). *Doing Democracy: A Study of Nine Effective Civic Educators*. Ed.D. diss., Graduate School of Education, Harvard University.

Kasinitz, Philip, John Mollenkopf, and Mary C. Waters (2002). "Becoming Americans/Becoming New Yorkers: The Experience of Assimilation in a Majority Minority City." *International Migration Review* 36 (4): 1020-1036.

Keeter, Scott, et al. (2002). "The Civic and Political Health of the Nation: A Generational Portrait." College Park, MD: Center for Information and Research on Civic Learning and Engagement. Retrieved November 12, 2011, from www.civicyouth.org/research/products/ Civic_Political_Health, pdf.

Kelly, Christopher (1997). "Rousseau's Case For and Against Heroes." *Policy* 30 (2): 347-366.

—— (2003), *Rousseau as Author: Consecrating One's Life to the Truth*. Chicago: University of Chicago Press.

Kemper, Theodore D. (1968). "Reference Groups, Socialization, and Achievement." *American Sociological Review* 33: 31-45.

Kerber, Linda K. (1998). *No Constitutional Right to Be Ladies: Women. and the Obligations of Citizenship*.New York: Hill and Wang.

Kerr, Bob (2011, May 11) "These Students Found a Way to Make a Difference." *Providence Journal*. Retrieved June 17, 2011, from www.projo.com/news/bobkerr/kerr_column_11_05-11-11_LFO0K3P_v12.311df66.html.

Kerr, David (2002). "Citizenship Education: An International Comparison across Sixteen Countries." *International Journal of Social Education* 17 (1): 1-15.

Kim, Young Chul (2009). "Lifetime Network Externality and the Dynamics of Group Inequality."

Munich Personal RePEc Archive (MPRA) Paper. University Library of Munich. Retrieved May 24, 2011, from mpra.ub.uni-muenchen.de/18767/1/MPRA_paper_18767.pdf.

Kinder, Donald R. (1998). "Opinion and Action in the Realm of Politics." *Handbook of Social Psychology*, 4th ed., ed. Daniel T. Gilbert et al., 778-867. Boston: McGraw-Hill.

KIPP (2011a). "KIPP about KIPP." Retrieved June 13, 2011, from www.kipp.org/about-kipp.

—— (2011b). "KIPP Five Pillars." Retrieved June 13, 2011, from www.kipp.org/about-kipp/five-pillars.

Kirshner, Ben (2006). "Apprenticeship Learning in Youth Activism." In *Beyond Resistance! Youth Activism and Community Change*, ed. Shawn A. Ginwright et al., 37-57. New York: Routledge.

—— (2008). "Guided Participation in Three Youth Activism Organizations: Facilitation, Apprenticeship, and Joint Work." *Journal of the Learning Sciences* 17 (1): 60-101.

Kirshner, Ben, Karen Strobel, and Maria Fernandez (2003). "Critical Civic Engagement among Urban Youth." *Penn GSE Perspectives on Urban Education* 2 (1): 1-20.

Klapp, Orrin E. (1949). "Hero Worship in America." *American. Sociological Review* 14 (1): 53-62.

Knight, Michelle (2011). "It's Already Happening: Learning from Civically Engaged Transnational Immigrant Youth." *Teachers College Record* 113 (6): 1275-1292.

Koch，Kathleen（1996，Oct. 23）. "CIA Disavows Crack Connection；Many Skeptical." CNN. Retrieved October 18，2010，from www.cnn.com/US/9610/23/cia. crack/.

Kohl，Herbert（1995）. *Should We Burn Babar? Essays on Children's Literature and the Power of Stories*. New York：New Press.

Kohn，Alfie（2002）. "Education's Rotten Apples." *Education Week* 22（3）：48.

Koretz，Daniel（2008）. *Measuring Up：What Educational Testing Really Tells US*. Cambridge，MA：Harvard University Press.

Kozol，Jonathan（2005）. *The Shame of the Nation：The Restoration of Apartheid Schooling in America*. New York：Crown.

Ladson-Billings，Gloria（1994）. *The Dreamkeepers：Successful Teachers of African American Children*. San Francisco：Jossey-Bass.

——（2004）. "Landing on the Wrong Note：The Price We Paid for *Brown*." Educational Researcher 33（7）：3-13.

——（2006）. "From the Achievement Gap to the Education Debt：Understanding Achievement in U.S. Schools." *Educational Researcher* 35（3）：3-12.

——（2009，June 9）"Inching toward Equity." *Forum for Education and Democracy*. Retrieved August 3，2009，from www.forumforeducation.org/node/477.

Lake Snell Perry and Associates，and the Tarrance Group（2002）. "Short-Term Impacts，Long-Term Opportunities：The Political and Civic Engagement of Young People in America." College Park，MD：Center for Information and Research on Civic Learning and Engagement and The Center for Democracy and Citizenship and the Partnership for Trust in Government at the Council of Excellence in Government.

Lareau，Annette（2003）. *Unequal Childhoods：Class，Race，and Family Life*. Berkeley：University of California Press.

Lay，J. Celeste，and Kathleen J. Smarick（2006）. "Simulating a Senate Office：The Impact on Student Knowledge and Attitudes." *Journal of Political Science Education*，2（2）：131-146.

Learn and Serve America's National Service-Learning Clearinghouse（2008）. "Policy：K-12 Service Learning." Retrieved May 22，2010，from www.servicelearning.org/instant_info/fact_sheets/k-12_facts/policy/.

——（2010）. "What is Service-Learning?" Retrieved May 22，2010，from www. servicelearning，org/what_is_service-learning/service-learning_is.

Lee，Stacey J.（2005）. *Up against Whiteness：Race，School，and Immigrant Youth*. New York：Teachers College Press.

Lee，Taeku，S. Karthick Ramakrishnan，and Ricardo Ramirez（2006a）. "Introduction."

In *Transforming Politics*, *Transforming America*: *The Political*, *and Civic Incorporation of Immigrants in the United States*, ed. Taeku. Lee et al., 1-16. Charlottesville: University of Virginia Press.

——, eds. (2006b). *Transforming Politics*, *Transforming America*: *The Political and Civic Incorporation of Immigrants in the United States*. Charlottesville: University of Virginia Press.

Lee, Trymaine (2010, August 27). "Rumor to Fact in Tales of Post Katrina Violence." *New York Times*. Retrieved October 5, 2010, from www.nytimes.com/2010/08/27/us/27racial.html? ref=hurricane_katrina.

Levin, Ben (2008). *How to Change 5000 Schools*: *A Practical and Positive Approach for Leading Change at Every Level*. Cambridge, MA: Harvard Education Press.

Levinson, Meira (1999). *The Demands of Liberal Education*. Oxford: Oxford University Press.

——(2003a). "Challenging Deliberation." *Theory and Research in Education* 1 (1): 23-49.

—— (2003b). "The language of Race." *Theory and Research in Education* 1 (3): 267-281.

—— (2009a). "'Let us Now Praise...?' Rethinking Heroes and Role Models in an Egalitarian Age." In *Philosophy of Education in the Era of Globalization*, ed. Yvonne Raley and Gerhard Preyer, 129-161. New York: Routledge.

—— (2009b). "Mapping Multicultural Education." In *Oxford Handbook of Philosophy of Education*, ed. Harvey Siegel, 420-442. New York: Oxford University Press.

Levinson, Meira, and Sanford Levinson (2003). "'Getting Religion': Religion, Diversity, and Community in Public and Private Schools." In *School Choice*: *The Moral Debate*, ed. Alan Wolfe, 104-125. Princeton: Princeton University Press.

Lewis, Amanda E. (2004). "'What Group?' Studying Whites and Whiteness in the Era of 'Color-Blindness.'" *Sociological Theory* 22 (4): 623-646.

Lijphart, Arend (1997). "Unequal Participation: Democracy's Unresolved Dilemma." *American Political Science Review* 91 (1): 1-14.

Linn, Robert R. (2000). "Assessments and Accountability." *Educational Researcher* 29 (2): 4-16.

Lipsitz, George (1995). "The Possessive Investment in Whiteness: Racialized Social Democracy and the 'White' Problem in American Studies." *American Quarterly* 47 (3): 369-387.

Lockwood, Penelope, and Ziva Kunda (1997). "Superstars and Me: Predicting the

Impact of Role Models on the Self." *Journal of Personality and Social Psychology* 73 (1) :
91-103.

—— (2000) . "Outstanding Role Models: Do They Inspire or Demoralize Us?" In
Psychological Perspectives on Self and Identity, ed. Abraham Tesser et al., 147-171.
Washington, D.C.: American Psychological Association.

Loewen, James W. (1995) . *Lies My Teacher Told Me: Everything Your American
History Textbook Got Wrong.* New York: New Press.

Lopez, Mark Hugo (2003) . "Electoral Engagement among Latino Youth." CIRCLE
Fact Sheet. College Park, MD: Center for Information and Research on Civic Learning
and Engagement, Retrieved November 12, 2003, from www.civicyouth.org/PopUps/
Electoral%20%20Engagement%20Among%20Latino%20Youth.pdf.

Lopez, Mark Hugo, et al. (2006) . *The 2006 Civic and Political Health of the Nation:
A Detailed Look at How Youth Participate in Politics and Communities.* College Park, MD:
Center for Information and Research on Civic Learning and Engagement. Retrieved January
17, 2012, from www.civicyouth.org/popups/2006_CPHS_Report_update.pdf.

Louie, Vivian Shuh Ming (2006) . "Growing Up Ethnic in Transnational Worlds:
Identities among Second-Generation Chinese and Dominicans." Identities 13 (3): 363-394.

Loury, Glenn C. (1997, April 23) . "Integration Has Had Its Day." *New York
Times*, A23. Retrieved August 3, 2009, from www.nytimes.com/l997/04/23/opinion/
integration-has-had-its-day.html? scp =1&sq= &st= nyt.

—— (2008) . *Race, Incarceration, and American Values.* Cambridge, MA: MIT
Press.

Lutkus, Anthony D., et al. (1999) . "NAEP 1998 Civics Report Card for the
Nation." Washington, D.C.: U.S. Department of Education, Office of Educational
Research and Improvement, and National Center for Education Statistics.

Lyons, Linda (2008) . "Results for Teens, Ages 13-17, Most Admired Men +
Women," fax to author.

Macedo, Stephen (1990) . *Liberal Virtues.* Oxford: Oxford University Press.

Macedo, Stephen, et al. (2005) . *Democracy at Risk: How Political Choices
Undermine Citizen Participation and What We Can Do about It.* Washington, D.C.:
Brookings Institution Press.

Maira, Sunaina (2004) . "Imperial Feelings: Youth Culture, Citizenship, and
Globalization." In *Globalization: Culture and Education in the New Millennium*, ed.
Marcelo M. Suarez-Orozco and Desiree Baolian Qin-Hilliard, 203-234. Berkeley:
University of California Press.

—— (2009) . *Missing: Youth, Citizenship, and Empire after 9/11.* Durham, NC:

Duke University Press.

Maira, Sunaina, and Elisabeth Soep (2005). *Youthscapes: The Popular, the National, the Global.* Philadelphia: University of Pennsylvania Press.

Manley, Albert E. (1995). *A Legacy Continues: The Manley Years at Spelman College*, 1953—1976. Lanham, MD: University Press of America.

Mansbridge, Jane J. (1980). *Beyond Adversary Democracy.* New York: Basic Books.

Marr, Andrew (1998, October 2). "Where Have All of the Heroes Gone?" *New Statesman*, 25-26.

Marshall, Peter (2009) "Feedback on the Current K-12 Social Studies TEKS." Memo to Miriam Martinez, Curriculum Director, Texas Education Agency. Retrieved July 9, 2009, from ritter.tea.state.tx.us/teks/social/Marshallcurrent.pdf.

Martin, Ralph C., II (2001). "ABA Juvenile Justice Policies: Zero Tolerance Policy Report." American Bar Association. Retrieved October 29, 2011, from www.abanet.org/crimjust/juvjus/zerotolreport.html.

Massachusetts Senate (2011). "An Act to Design, Pilot, and Implement Civics as a High School Graduation Requirement." Massachusetts Senate Bill 00183.

Massey, Douglas S., and Nancy A. Denton (1993). *American Apartheid: Segregation and the Making of the Underclass.* Cambridge, MA: Harvard University Press.

Mayer, Jane (2009). *The Dark Side: The Inside Story of How the War on Terror Turned into a War on American Ideals.* New York: Anchor.

Mayer v. Monroe County Municipal School Corp., 474 F.3d 477 (7th Cir.), *cert. denied*, 552 U.S. 823 (2007).

McAdam, Doug (1988). *Freedom: Summer.* New York: Oxford University Press.

McAdam, Doug, and Ronnelle Paulsen (2010). "Specifying the Relationship between Social Ties and Activism." In *Readings on Social Movements: Origins, Dynamics, and Outcomes, Second Edition*, ed. Doug McAdam and David A. Snow, 277-293, New York: Oxford University Press.

McClenaghan, William A. (1953). *Magruder's American Government.* Boston: Allyn and Bacon.

—— (2003). *Magruder's American Government*, rev. ed. Needham, MA: Prentice Hall.

McDorman, Todd F., et al. (2006). "Where Have All the Heroes Gone?" *Journal of Sport and Social Issues* 30 (2): 197-218.

McFarland, Daniel A., and Reuben J. Thomas (2006). "Bowling Young: How Youth Voluntary Associations Influence Adult Political Participation." *American Sociological Review* 71 (June): 401-425.

McIntosh, Hugh, Sheldon Berman, and James Youniss (2010). "A Five Year Evaluation of a Comprehensive High School Civic Engagement Initiative." CIRCLE Working Paper No. 70. Medford, MA: Center for Information and Research on Civic Learning and Engagement. Retrieved September 20, 2011, from www.civicyouth.org/PopUps/WorkingPapers/WP_70_McIntosh_Berman_Youniss.pdf.

Mclntosh, Peggy (1990). "White Privilege: Unpacking the Invisible Knapsack." *Independent School* 49 (2): 31.

Mehan, Hugh (1979). *Learning Lessons.* Cambridge, MA: Harvard University Press.

Meier, Deborah (1995). *The Power of Their Ideas: Lessons for America from a Small School in Harlem.* Boston: Beacon Press.

—— (2003). "So What Does It Take to Build a School for Democracy?" *Phi Delta Kappan* 85 (1): 15-21.

Melchior, Alan (2010). "Earth Force Evaluation Data Tables: CAPS Data 2008-2009." Center for Youth and Communities, Heller School for Social Policy and Management, Brandeis University. Retrieved May 27, 2010, from www.earthforce.org/files/2447_file_2008_2009_CAPS_Results.vl.pdf.

Mikva Challenge (2010). "Issues to Action: The Six Steps." Retrieved November 13, 2011, from www.mikvachallenge.org/site/files/719/58688/237214/328068/SixSteps_lssuesToAction_%282%29.pdf.

—— (2011). "Classroom Activism." Retrieved November 13, 2011, from www.mikvachallenge.org/activism.

Miller, David (2000). *Citizenship and National Identity.* Oxford: Oxford University Press.

Miller, Yawu (2010, May 13). "Hyde Square Task Force Study: 'No Mutual Respect' between MBTA Police and Youths; Vow to Offer Solution." *Bay State Banner* 45, 40. Retrieved May 25, 2010. from www.baystatebanner.com/local11-2010-05-13.

Minow, Martha (2010). *In Brown's Wake: Legacies of America's Educational Landmark.* New York: Oxford University Press.

Moe, Terry M. (2000). "The Two Democratic Purposes of Public Education." In *Rediscovering the Democratic Purposes of Education*, ed. Lorraine M. McDonnell et al., 127-147. Lawrence: University Press of Kansas.

Mollenkopf, John, et al. (2006). "Politics among Young Adults in New York: The Immigrant Second Generation." In *Transforming Politics, Transforming America: The Political and Civic Incorporation of Immigrants in the United States*, ed. Taeku Lee et al., 175-193. Charlottesville: University of Virginia Press.

Montgomery, David (1993). *Citizen Worker: The Experience of Workers in the United States with Democracy and the Free Market during the Nineteenth Century.* Cambridge: Cambridge University Press.

—— (2001). "Presidential Address: Racism, Immigrants, and Political Reform." *Journal of American History* 87 (4): 1253-1274.

Moore, Jacqueline M. (2003). *Booker T. Washington, W. E. B. Du Bois, and the Struggle for Racial Uplift.* Wilmington, DE: Scholarly Resources.

Moran, Martin (2009). "The Politics of Politics in the Classroom." *Schools: Studies in Education* 6 (1): 57-71.

Moreau, Joseph (2003). *Schoolbook Nation: Conflicts over American History Textbooks from the Civil War to the Present.* Ann Arbor: University of Michigan Press.

Morehouse College (2007). "Freshman Orientation/Morehouse College." Retrieved August 7, 2007, from www.morehouse.edu/academics/degree_requirements/freshman_orientarion.html.

Mosley-Braun, Carol (2003). "Democratic Presidential Debate: Closing Debate." Fox News Transcript.

Mukhopadhyay, Carol C., Rosemary Henze, and Yolanda T. Moses (2007). *How Real Is Race? A Sourcebook on Race, Culture, and Biology.* Lanham, MD: Rowman and Littlefield.

Murphy, Liam B. (1998), "Institutions and the Demands of Justice." *Philosophy and Public Affairs* 27 (4): 251-291.

Murphy, Stephen H. (2009). "Real Authentic Learning." *Principal Leadership* (*High School Ed.*) 9 (6): 6-8.

Mutseyekwa, Tapuwa (2009, November 6). "Zimbabwe Children's Parliament Speaks Out on Rights Issues." UNICEF. Retrieved June 30, 2010, from www.unicef.org/infobycountry/zimbabwe_51659.html.

Nash, Gary B., Charlotte Crabtree, and Ross E. Dunn (2000). *History on Trial: Culture Wars and the Teaching of the Past.* New York: Vintage.

National Action Civics Collaborative (2010). "Action Civics: A Declaration for Rejuvenating Our Democratic Traditions." National Action Civics Collaborative. Retrieved June 10, 2011, from www.centerforactioncivics.org.

National Center for Education Statistics (2011), "The Nation's Report Card: Civics 2010." Institute of Education Sciences, U.S. Department of Education. Retrieved June 1, 2011, from nces.ed.gov/nationsreportcard/pdf/main2010/20114 66.pdf.

National Conference on Citizenship (2008). "2008 Civic Health Index: Beyond the Vote." National Conference on Citizenship and CIRCLE. Retrieved May 1, 2009, from www.ncoc.net/download.php? file=2kccf136&ext = pdf&name=2008 %20Civic%20 Health%20Index.

Newport, Frank (2006, July 16). "Martin Luther King Jr.: Revered More After Death Than Before." Gallup News Service. Retrieved August 18, 2008, from www.gallup. com/poll/20920/Martin-Luther-King-Jr-Revered-More-After-Death-Than-Before.aspx.

New School, The (2010). "The New School—Curriculum." Retrieved July 22, 2010, from www.tnsk.org/TNS/curriculum.htm.

Nie, Norman H., Jane Junn, and Kenneth Stehlik-Barry (1996). *Education, and Democratic Citizenship in America*. Chicago: University of Chicago Press.

Nielsen Media (2000). "Top Prime-Time Programs: African-American Homes." Retrieved February 17, 2003, from www.nielsenmedia.com/ethnicmeasure/african-american/programsAA.html.

Nielsen Media Research (2010, September 27). "Top TV Ratings." Retrieved October 8, 2010, from en-us.nielsen.com/content/nielsen/en_us/insights/rankings/ television.html.

Niemi, Richard G., and Jane Junn (1998). *Civic Education: What Makes Students Learn*. New Haven: Yale University Press.

Niemi, Richard G., and Mitchell S. Sanders (2004). "Assessing Student Performance in Civics: The NAEP 1998 Civics Assessment." *Theory and Research in Social Education* 32 (3): 326-348.

Nieto, Sonia (2005). "Public Education in the Twentieth Century and Beyond: High Hopes, Broken Promises, and an Uncertain Future." *Harvard Educational Review* 75 (1): 43-64.

Oakes, Jeannie (2005). *Keeping Track: How Schools Structure Inequality*, 2nd ed. New Haven: Yale University Press.

Obama, Barack (2008a, March 18). "A More Perfect Union." Speech delivered in Philadelphia. Retrieved April 10, 2009, from www.npr.org/templates/story/story, php? storyId=88478467.

—— (2008b, February 5). "Remarks of Senator Barack Obama: Super Tuesday." Chicago. Retrieved December 8, 2008, from www.barackobama.com/2008/02/05/ remarks_of_senator_barack_obam_46.php.

—— (2009). "Inaugural Address." Washington, D.C.: The White House. Retrieved May 23, 2011, from www.whitehouse.gov/blog/inaugural-address/.

Obama for America (2008). "Barack Obama and Joe Biden: The Change We Need" (Obama's campaign home page). Retrieved December 7, 2008, from www.barackobama. com.

Ober, Josiah (2010). *Democracy and Knowledge: Innovation and Learning in Classical Athens*. Princeton: Princeton University Press.

O'Day, Jennifer (2002). "Complexity, Accountability, and School Improvement." In *Redesigning Accountability Systems for Education*, ed. Susan Fuhrman and Richard Elmore, 15-46. New York: Teachers College Press.

O'Donoghue, Jennifer L., and Ben Kirshner (2008). "Engaging Urban Youth in Civic Practice: Community-Based Youth Organizations as Alternative Sites for Democratic Education." In *Educating Democratic Citizens in Troubled Times: Qualitative Studies of Current Efforts*, ed. Janet S. Bixby and Judith L. Pace, 227-251. Albany: State University of New York Press.

Okin, Susan Moller, et al. (1999). *Is Multiculturalism Bad for Women?* Princeton: Princeton University Press.

Olsen, Laurie (1997), *Made in America: Immigrant Students in Our Public Schools*. New York: New Press.

107th Congress (2002). "Recognizing the Importance of Teaching United States History and Civics in Elementary and Secondary Schools, and for Other Purposes." *H. Con. Res. 451*.

October 1, 2002. Retrieved April 10, 2009, from bulk.resource.org/gpo.gov/bills/107/hc451eh.txt.pdf.

Orfield, Gary (2001). "Schools More Separate: Consequences of a Decade of Resegregation." Cambridge, MA: Civil Rights Project at Harvard University.

Orfield, Gary, Susan Eaton, and The Harvard Project on Desegregation (1996). *Dismantling Desegregation: The Quiet Reversal of* Brown v. Board of Education. New York: New Press.

Orfield, Gary, and Chungmei Lee (2006). "Racial Transformation and the Changing Nature of Segregation." Cambridge, MA: Civil Rights Project at Harvard University.

—— (2007). "Historic Reversals, Accelerating Resegregation, and the Need for New Integration Strategies." Civil Rights Project/Proyecto Derechos Civiles, UCLA. Retrieved May 1, 2009, from www.civilrightsproject, ucla.edu/research/deseg/reversals_reseg_need.pdf.

Owadokun, Remi Manoela, and Pearlie Aviles (2005). "Somerville Youth Council." *New Directions for Youth Development* 106 (Summer): 85-90.

Paoletti, Sarah, et al. (2006, November 1). "Petition Alleging Violations of the Human Rights of Undocumented Workers by the United States of America." Report to the Inter-American Commission on Human Rights, Organization of American States. Retrieved October 11, 2010, from www.aclu.org/images/asset_upload_file 946_27232.pdf.

Parents Involved in Community Schools v. Seattle School District No. 1, 551 U.S. 1 (2007).

Parker, Walter C., and Diana E. Hess (2001). "Teaching With and For Discussion." *Teaching and Teacher Education* 17 (3): 273-289.

Pateman, Carole (1970). *Participation and Democratic Theory*. Cambridge: Cambridge University Press.

Patterson, James T. (2001). Brown v. Board of Education: *A Civil Rights Milestone and Its Troubled Legacy*. Oxford: Oxford University Press.

Patterson, Orlando (1997). *The Ordeal of Integration: Progress and Resentment in America's "Racial" Crisis*. New York: Civitas/Counterpoint.

Payne, Charles M. (1995). *I've Got the Light of Freedom: The Organizing Tradition and the Mississippi Freedom Struggle*. Berkeley: University of California Press.

—— (2003). "More Than a Symbol of Freedom: Education for Liberation and Democracy." *Phi Delta Kappan* 85 (1): 22-28.

—— (2008). *So Much Reform, So Little Change: The Persistence of Failure in Urban Schools*. Cambridge, MA: Harvard Education Press.

Pearson, Kathryn, and Jack Citrin (2006). "The Political Assimilation of the Fourth Wave." In *Transforming Politics, Transforming America: The Political and Civic Incorporation of Immigrants in the United States*, ed. Taeku Lee et al., 217-242. Charlottesville: University of Virginia Press.

Perkins, David (1998). "What Is Understanding?" In *Teaching for Understanding: Linking Theory with Practice*, ed. Martha Stone Wiske, 39-44, 51-57. San Francisco: Jossey-Bass.

Perliger, Arie, Daphna Canetti-Nisim, and Ami Pedahzur (2006). "Democratic Attitudes among High-School Pupils: The Role Played by Perceptions of Class Climate." *School Effectiveness and School Improvement* 17 (1): 119-140.

Perlstein, Linda (2007). *Tested: One American School Struggles to Make the Grade*. New York: Henry Holt.

Perry, Theresa (2003). "Up from the Parched Earth: Toward a Theory of African-American Achievement." In *Young, Gifted, and Black: Promoting High Achievement among African-American Students*, ed. Theresa Perry et al., 1-108. Boston: Beacon Press.

Perry, Theresa, Claude Steele, and Asa Hilliard III (2003). *Young, Gifted, and Black: Promoting High Achievement among African-American Students*. Boston: Beacon Press.

Peter Marshall Ministries (2009a). "Peter Marshall Ministries, America's Christian Heritage, Restoring America, Christian Homeschool Material and Curriculum." Retrieved

July 20，2009，from petermarshallministries.com.

——（2009b）. "Peter Marshall Ministries, America's Christian Heritage, Restoring America, Christian Homeschool Material and Curriculum Index." Retrieved July 20，2009，from petermarshallministries.com/about/index.cfm.

Pew Research Center for the People and the Press（2007）. "What Americans Know： 1989-2007. Public Knowledge of Current Affairs Little Changed by News and Information Revolutions." Retrieved August 4，2009，from people-press.org/reports/pdf/319.pdf.

Philadelphia Student Union（2010）. "Vision Statement（Draft）." Retrieved April 16，2010，from home.phillystudentunion.org/AboutUs/Vision-Statement-Draft.html.

Pierce, Chester（1995）. "Stress Analogs of Racism and Sexism： Terrorism, Torture, and Disaster." In *Mental Health, Racism, and Sexism*, ed. C. Willie et al., 277-293. Pittsburgh： University of Pittsburgh Press.

Plyler v. Doe，457 U.S. 202（1982）.

Pollock, Mica（2004）. *Colormute： Race Talk Dilemmas in an American School*. Princeton： Princeton University Press.

——，ed.（2008）. *Everyday Antiracism： Getting Real about Race in School*. New York： New Press.

Pomper, Gerald M.（2004）. *Ordinary Heroes and American Democracy*. New Haven： Yale University Press.

Porpora, Douglas V.（1996）. "Personal Heroes, Religion, and Transcendental Metanarratives." *Sociological Forum* 11（2）：209-229.

Porter, Robert Odawi（2004）. *Sovereignty, Colonialism, and the Future of the Indigenous Nations*. Durham, NC： Carolina Academic Press.

Portes, Alejandro, and Ruben G. Rumbaut（2006）. *Immigrant America： A Portrait*, 3rd ed., rev., expanded, and updated. Berkeley： University of California Press.

Portes, Alejandro, and Min Zhou（1993）. "The New Second Generation： Segmented Assimilation and Its Variants among Post-1965 Immigrant Youth." *American Academy of Political and Social Sciences* 530：74-96.

Powell, Arthur G., Eleanor Farrar, and David K. Cohen（1985）. *The Shopping Mall High School： Winners and Losers in the Educational Marketplace*. New York： Houghton Mifflin.

Powell, G. Bingham, Jr.（1986）. "American Voter Turnout in Comparative Perspective." *American Political Science Review* 80（1）：17-43.

Powers, Beth Haverkamp（2009）. "From National History Day to Peacejam： Research Leads to Authentic Learning." *English Journal* 98（5）：48-53.

Public Achievement（2010）. "Public Achievement—Practice—Teacher Guide."

Retrieved March 30, 2010, from www.augsburg.edu/cdc/publicachievement/TeacherGuide/SixStageslntro.html.

Public Agenda (1998). *A Lot to Be Thankful For: What Parents Want Children to Learn about America*. New York: Public Agenda.

Putnam, Robert D. (2000). *Bowling Alone: The Collapse and Revival of American Community*. New York: Simon and Schuster.

Ramakrishnan, S. Karthick (2006). "But Do They Bowl? Race, Immigrant Incorporation, and Civic Voluntarism in the United States." In *Transforming Politics, Transforming America: The Political and Civic Incorporation of Immigrants in the United States*, ed. Taeku Lee et al., 243-259. Charlottesville: University of Virginia Press.

Raskin, Jamin (2005). "Lawful Disenfranchisement." *Human Rights: Journal of the Section of Individual Rights and Responsibilities* 32 (2): 12-16.

Ravitch, Diane (1994). "Standards in U.S. History: An Assessment." *Education Week* 14: 48.

—— (1996). "50 States, 50 Standards." *Brookings Review* 14 (3): 6-9.

—— (2003). *The Language Police: How Pressure Groups Restrict what Students Learn*. New York: Alfred A. Knopf.

Rawls, John (1993). *Political Liberalism*. New York: Columbia University Press.

Rebell, Michael A. (2009). *Courts and Kids: Pursuing Educational Equity through the State Courts*. Chicago: University of Chicago Press.

Reich, Justin (2009, July 10). "In Schools, a Firewall That Works Too Well." *Washington Post*. Retrieved April 27, 2010, from www.washingtonpost.com/wp-dyn/content/article/2009/07/10/AR2009071003459.html.

Reich, Rob (2002), *Bridging Liberalism and Multiculturalism in American Education*. Chicago: University of Chicago Press.

Reuben, Julie (2005). "Patriotic Purposes: Public Schools and the Education of Citizens." In *The Public Schools*, ed. Susan Fuhrman and Marvin Lazerson, 1-24. Oxford: Oxford University Press.

RMC Research Corporation (2007). "Public Achievement 2005-2006 Evaluation Brief." Retrieved May 27, 2010, from www.augsburg.edu/democracy/documents/2005-06EvaluationBri.pdf.

Robeyns, Ingrid (2008). "Ideal Theory in Theory and Practice." *Social Theory and Practice* 34 (3): 341-362.

Robison, Jennifer (2003, June 10). "Teens Search for Role Models Close to Home." Gallup.Retrieved August 17, 2008, from
www.gallup.com/poll/8584/Teens-Search-Role-Models-Close-Home.aspx.

Rogowski, Jon C. (n.d.). *Political Alienation and Government Trust in the Age of Obama*. Memo. Mobilization Change and Political and Civic Engagement, and Black Youth Project. Retrieved November 11, 2011, from www.2008andbeyond.com/wp-content/uploads/E08B_Memo_Alienation_Trust.pdf.

Rosenberg, Shawn W., ed. (2007). *Deliberation, Participation and Democracy: Can the People Govern?* Basingstoke, England: Palgrave Macmillan.

Rosenstone, Steven J., and John Mark Hansen (1993). *Mobilization, Participation, and Democracy in America*. New York: Macmillan.

Rosenzweig, Roy, and David Thelen (1998). *The Presence of the Past: Popular Uses of History in American Life*. New York: Columbia University Press.

Rothenberg, Paula S., ed. (2002). *White Privilege: Essential Readings on the Other Side of Racism*. New York: Worth.

Rothman, Andrew (2010). "Schools and Justice in Boston: A Historical Case Study." Cambridge, MA: Harvard Graduate School of Education and Boston: Another Course to College.

Rowe, Mary Budd (1986). "Wait Time: Slowing Down May Be a Way of Speeding Up!" *Journal of Teacher Education* 37 (1): 43-50.

Rubin, Beth C. (2007). "'There's Still Not Justice': Youth Civic Identity Development amid Distinct School and Community Contexts." *Teachers College Record* 109 (2): 449-481.

Ryan, James E. (2010). *Five Miles Away, a World Apart: One City, Two Schools, and the Story of Educational Opportunity in Modern America*. New York: Oxford University Press.

Sable, Jennifer, Chris Plotts, and Lindsey Mitchell (2010). "Characteristics of the 100 Largest Public Elementary and Secondary School Districts in the United States: 2008-09." Statistical analysis report, Institute of Educational Sciences, National Center for Education Statistics. Retrieved November 7, 2011, from nces.ed.gov/pubs 2011/2011301.pdf.

Sachar, Howard (1993). *A History of the Jews in America*. New York: Vintage.

Sacks, Peter (2000). *Standardized Minds: The High Price of America's Testing Culture and What We Can Do to Change It*. Cambridge: Da Capo.

Sanchez-Jankowski, Martin (2002). "Minority Youth and Civic Engagement: The Impact of Group Relations." *Applied Developmental Science* 6 (4): 237-245.

Sanders, Lynn M. (1997). "Against Deliberation." *Political Theory* 25 (3): 347-376.

Saulny, Susan (2010, July 2). "Graduation Is the Goal, Staying Alive the Prize."

New York Times, 159: A1, 15. Retrieved June 14, 2011, from www.nytimes.com/2010/07/02/us/02chicago.html.

Schaper, David (2011, March 24). "Chicago's Silent Watchmen Guard School Route." Morning Edition, National Public Radio. Retrieved June 12, 2011, from www.npr.org/2011/03/24/134798564/chicagos-silent-watchmen-guard-school-route.

Schlesinger, Arthur, Jr. (1998). *The Disuniting of America: Reflections on a Multicultural Society*, rev. and enlarged ed., New York: W. W. Norton.

Schlesinger, Arthur M., Jr. (1968 [1958]). "The Decline of Heroes." In *Heroes and Anti-Heroes: A Reader in Depth*, ed. Harold Lubin. San Francisco: Chandler.

Schultz, Brian D. (2008). Spectacular Things Happen along the Way: Lessons from an Urban Classroom. New York: Teachers College Press.

Schwartz, Barry (1990). "The Reconstruction of Abraham Lincoln." In *Collective Remembering*, ed. David Middleton and Derek Edwards, 81-107. London: Sage.

Scott, James C. (1985). *Weapons of the Weak: Everyday Forms of Peasant Resistance*. New Haven: Yale University Press.

Seider, Scott (2008a). "'Bad Things Could Happen': How Fear Impedes the Development of Social Responsibility in Privileged Adolescents." *Journal of Adolescent Research* 23 (6): 647-666.

—— (2008b). "Resisting Obligation: How Privileged Adolescents Conceive of Their Responsibilities to Others." *Journal of Research in Character Education* 6 (1): 3-19.

Seif, Hinda (2010). "The Civic Life of Latina/o Immigrant Youth: Challenging Boundaries and Creating Safe Spaces." In *Handbook of Research on Civic Engagement in Youth*, ed. Lonnie R. Sherrod et al., 445-470. Hoboken, NJ: John Wiley and Sons.

Seixas, Peter (1993). "Historical Understanding among Adolescents in a Multicultural Setting." *Curriculum Inquiry* 23: 301-327.

Shapiro, Thomas (2004). *The Hidden Cost of Being African American*. Oxford: Oxford University Press.

Sharpton, Al (2003, October 26). "Democratic Presidential Debate: Closing Debate." Fox News Transcript. Retrieved November 12, 2011, from www.foxnews.com/story/0, 2933, 101269, 00.htm.

Sher, George (1997). *Approximate Justice: Studies in Non-Ideal Theory*. Lanham, MD: Rowman and Littlefield.

Shklar, Judith (1991). *American Citizenship: The Quest for Inclusion*. Cambridge, MA: Harvard University Press.

Shorto, Russell (2010, February 14). "How Christian Were the Founders?" *New York Times Magazine*, 32ff. Retrieved June 8, 2011, from www.nytimes.com/2010/0 2/14//

magazine/14texbooks-t.html.

Shujaa, Mwalimu J. (1996). *Beyond Desegregation: The Politics of Quality in African American Schooling*. Thousand Oaks, CA: Corwin.

Sidanius, Jim, et al. (1997). "The Interface between Ethnic and National Attachment." *Public Opinion Quarterly* 61: 102-133.

Siegel, K., D. Karus, and E. W. Schrimshaw (2000). "Racial Differences in Attitudes toward Protease Inhibitors among Older HIV-Infected Men." *AIDS Care* 12 (4): 423-434.

Sigelman, Lee, and Steven A. Tuch (1997). "Metastereotypes: Blacks'Perceptions of Whites'Perceptions of Blacks." *Public Opinion Quarterly* 61: 87-101.

Silverman, William M. (2003). "Where Have All the Heroes Gone?" *Journal of the American Osteopathic Association* 103 (1): 27-28.

Simmons, A. John (2010). "Ideal and Nonideal Theory." *Philosophy and Public Affairs* 38 (1): 5-36.

Singleton, Glenn E., and Curtis Linton (2006). *Courageous Conversations about Race: A Field Guide for Achieving Equity in Schools*. Thousand Oaks, CA: Corwin.

Sizer, Theodore R., and Nancy Faust Sizer (1999). *The Students Are Watching: Schools and the Moral Contract*. Boston: Beacon Press.

Skiba, Russell J. (2000). "Zero Tolerance, Zero Evidence: An Analysis of School Disciplinary Practice." Indiana Education Policy Center Publications, Safe and Responsive Schools Project, Retrieved October 20, 2010, from www.indiana.edu/~safeschl/publication.html.

Skiba, Russell J., Robert S. Michael, and Abra Carroll Nardo (2000, June). "The Color of Discipline: Sources of Racial and Gender Disproportionality in School Punishment." Indiana Education Policy Center Publications, Safe and Responsive Schools Project. Retrieved October 20, 2010, from www.indiana.edu/~safeschl/publication.html.

Skocpol, Theda (1999). "How Americans Became Civic." In *Civic Engagement in American Democracy*, ed. Theda Skocpol and Morris P. Fiorina, 27-80. Washington, D.C.: Brookings.

Skocpol, Theda, Marshall Ganz, and Ziad Munson (2000). "A Nation of Organizers: The Institutional Origins of Civic Voluntarism in the United States." *American Political Science Review* 94 (3): 527-546.

Skocpol, Theda, Ariane Liazos, and Marshall Ganz (2006). *What a Mighty Power We Can Be: African American Fraternal Groups and the Struggle for Racial Equality*. Princeton: Princeton University Press.

Skrla, Linda, and James Joseph Scheurich, eds. (2003). *Educational Equity and*

Accountability: Paradigms, Policies, and Politics. Studies in Education/Politics. New York: RoutledgeFalmer.

Sleeter, Christine E., (2005), *Un-Standardizing Curriculum: Multicultural Teaching in the Standards-Based Classroom*. New York: Teachers College Press.

Small, Mario Luis (2009), *Unanticipated Gains: Origins of Network Inequality in Everyday Life*. New York: Oxford University Press.

Smith, Robert C., and Richard Seltzer (2000). *Contemporary Controversies and the American Racial Divide*. Lanham, MD: Rowman and Littlefield.

Smith, Rogers (1997). *Civic Ideals: Conflicting Visions of Citizenship in U.S. History*. New Haven: Yale University Press.

Snow, David A., Lewis A. Zurcher, and Sheldon Eckland-Olson (1980). "Social Networks and Social Movements: A Microstructural Approach to Differential Recruitment." *American Sociological Review* 45 (October): 787-801.

Solomon, Deborah (2004, February 8). "Questions for Walter Mosley: It's the Money, Stupid." *New York Times Magazine*, 17.

Solomona, R. Patrick, et al. (2005). "The Discourse of Denial: How White Teacher Candidates Construct Race, Racism and 'White Privilege.'" *Race, Ethnicity and Education* 8 (2): 147-169.

Solorzano, Daniel, Miguel Ceja, and Tara Yosso (2000). "Critical Race Theory, Racial Microaggressions, and Campus Racial Climate: The Experiences of African American College Students." *Journal of Negro Education* 69 (1/2): 60-73.

Southwell, Priscilla L., and Kevin D. Pirch (2003). "Political Cynicism and the Mobilization of Black Voters." *Social Science Quarterly* 84 (4): 906-917.

Speizer, Jeanne J. (1981). "Role Models, Mentors, and Sponsors: The Elusive Concepts." *Signs* 6 (4): 692-712.

Spring, Joel (1971). *Education and the Rise of the Corporate State*. Boston: Beacon Press.

Staff and Partners of the Center for Democracy and Citizenship, University of Minnesota Extension (2011 [1995]). "Reinventing Citizenship: The Practice of Public Work." Retrieved June 7, 2011, from www.extension.umn.edu/distribution/citizenship/dh6586.html.

Steele, Michael (2009, March 4). "State of the Black Union Roundtable." CSPAN. Retrieved March 9, 2009, from www.youtube.com/watch? v=ojO-4zvULaM.

Stein, Janice Gross (2001). *The Cult of Efficiency*. Toronto: House of Anansi Press.

Stemplowska, Zofia (2008). "What's Ideal about Ideal Theory?" *Social Theory and Practice* 34 (3): 319-340.

Stepick, Alex, and Carol Dutton Stepick (2002) : "Becoming American, Constructing Ethnicity: Immigrant Youth and Civic Engagement." *Applied Developmental Science* 6 (4): 246-257.

Stoecker, Randy, and Elizabeth A. Tryon (2009). "The Unheard Voices: Community Organizations and Service Learning." In *The Unheard Voices: Community Organizations and Service Learning*, ed. Randy Stoecker and Elizabeth A. Tryon, 1-18. Philadelphia: Temple University Press.

Stoneman, Dorothy (2002). "The Role of Youth Programming in the Development of Civic Engagement." *Applied Developmental Science* 6 (4): 221-226.

Stotsky, Sandra (2004). "The Stealth Curriculum: Manipulating America's History Teachers." Thomas B. Fordham Foundation, Washington, D.C. Retrieved June 28, 2007, from www.edexcellence.net/doc/StealthCurriculum%5BFINAL% 5D04-01-04.pdf.

Stout, Jeffrey (2010). *Blessed Are the Organized: Grassroots Democracy in America.* Princeton: Princeton University Press.

Strobel, Karen, et al. (2008). "Qualities That Attract Urban Youth to After-School Settings and Promote Continued Participation." *Teachers College Record* 110 (8) : 1677-1705.

Students and Faculty of the New School, Kennebunk, ME (2010, April 28). "Panel Discussion: Alternatives in Schooling." Seminar Presentation, Harvard Graduate School of Education.

Students from Bronx Leadership Academy 2, et al. (2008). *SAT Bronx: Do You Know What Bronx Kids Know?* New York: Next Generation Press.

Suarez-Orozco, Carola (2004). "Formulating Identity in a Globalized World." In *Globalization: Culture and Education in the New Millennium*, ed. Marcelo M. Suarez-Orozco and Desiree Baolian QinHilliard, 173-202. Berkeley: University of California Press.

Sue, Derald Wing, et al. (2007a). "Racial Microaggressions and the Asian American Experience." *Cultural Diversity and Ethnic Minority Psychology* 13 (1): 72-81.

Sue, Derald Wing, et al. (2007b). "Racial Microaggressions in Everyday Life: Implications for Clinical Practice." *American Psychologist* 62 (4): 271-286.

Sue, Derald Wing, et al. (2009). "Racial Microaggressions and Difficult Dialogues on Race in the Classroom." *Cultural Diversity and Ethnic Minority Psychology* 15 (2) : 183-190.

Surowiecki, James (2005). *The Wisdom of Crowds.* New York: Random House.

Swift, Adam (2008). "The Value of Philosophy in Nonideal Circumstances." *Social Theory and Practice* 34 (3): 363-387.

Syvertsen, Amy, et al. (2009). "Using Elections as Teachable Moments: A Randomized Evaluation of the Student Voices Civic Education Program." *American Journal of Education* 116 (1): 33-67.

Takaki, Ronald T. (1993). *A Different Mirror: A History of Multicultural America*. Boston: Little, Brown.

Tatum, Alfred W. (2008). "Adolescents and Texts: Overserved or Underserved? A Focus on Adolescents and Texts." *English Journal* 98 (2): 82-85.

Tatum, Beverly Daniel (1992). "Talking about Race, Learning about Racism: The Application of Racial Identity Development Theory in the Classroom." *Harvard Educational Review* 62 (1): 1-24.

—— (1997). *"Why Are All the Black Kids Sitting Together in the Cafeteria?" and Other Conversations about Race*. New York: Basic Books.

Texas Education Agency (2009, July 2). "TEA-Curriculum-Social Studies Expert Reviewers." Retrieved July 24, 2009, from ritter.tea.state.tx.us/teks/social/experts.html.

Tharp, Marye (2001). *Marketing and Consumer Identity in Multicultural America*. Thousand Oaks, CA: Sage.

Thomas, Evan, and Arian Campo-Flores (2005, October 3). "The Battle to Rebuild: In a Fierce Cultural Storm, the Future of the Lower Ninth Is Buffeted by Race and Politics." *Newsweek*.

Thomas, Reuben J., and Daniel A. McFarland (2010). "Joining Young, Voting Young: The Effects of Youth Voluntary Associations on Early Adult Voting." CIRCLE Working Paper no.73. Medford MA: Center for Information and Research on Civic Learning and Engagement. Retrieved June 13, 2011, from www.civicyouth.org/featured-extracurricular-activities-may-increase-likelihood-of-voting/.

Thomas, Stephen B., and Sandra Crouse Quinn (1991). "The Tuskegee Syphilis Study, 1932 to 1972: Implications for HIV Education and AIDS Risk Education Programs in the Black Community." *American Journal of Public Health* 81 (11): 1498-1505.

Toch, Thomas (2006). "Margins of Error: The Education Testing Industry in the No Child Left Behind Era." Education Sector, Washington D.C. Retrieved July 20, 2008, from www.educationsector.org/usr_doc/Margins_of_Error.pdf.

Torney-Purta, Judith (2002). "The School's Role in Developing Civic Engagement: A Study of Adolescents in Twenty-eight Countries." *Applied Developmental Science* 6 (4): 202-211.

Torney-Purta, Judith, Carolyn H. Barber, and Britt Wilkenfeld (2007). "Latino Adolescents' Civic Development in the United States: Research Results from the IEA Civic Education Study." *Journal of Youth and Adolescence* 36: 111-125.

Torney-Purta, Judith, Carole L. Hahn, and Jo-Ann M. Amadeo (2001a). "Principles of Subject-Specific Instruction in Education for Citizenship." In *Subject-Specific Instructional Methods and Activities*, ed. Jere Brophy, 373-410. New York: JAI Press.

Torney-Purta, Judith, et al. (2001b). *Citizenship and Education in 28 Countries: Civic Knowledge and Engagement at Age Fourteen*. Amsterdam: International Association for the Evaluation of Educational Achievement.

Torney-Purta, Judith, et al. (2001c). *Citizenship and Education in 28 Countries: Civic Knowledge and Engagement at Age Fourteen, Executive Summary*. Amsterdam: International Association for the Evaluation of Educational Achievement.

Torney-Purta, Judith, and Britt S. Wilkenfeld (2009). "Paths to 21st Century Competencies through Civic Education Classrooms: An Analysis of Survey Results from Ninth-Graders." Campaign for the Civic Mission of Schools and American Bar Association Division for Public Education, Washington D.C. Retrieved June 14, 2011, from www.civicyouth.org/? p=360.

Torney-Purta, Judith, Susan Vermeer Lopez, and Education Commission of the States (2006). "Developing Citizenship Competencies from Kindergarten through Grade 12: A Background Paper for Policymakers and Educators." Education Commission of the States. Retrieved August 2, 2011, from www.ecs.org/html/IssueSection.asp? issueid=19& s=Selected+Research+%26+Readings.

Truchard, James (2005) "Where Have All the Heroes Gone?" *Control Engineering* 3 (March 1). Retrieved December 4, 2008, from www.controleng.com/article/CA5 09812. html.

Tumulty, Karen, and Ed O'Keefe (2010, July 21). "Fired USDA Official Receives Apologies from White House, Vilsack." *Washington Post*. Retrieved October 11, 2010, from www.washingtonpost.com/wpdyn/content/article/2010/07/2 1/AR2010072103871.html.

Tyack, David (2001). "School for Citizens: The Politics of Civic Education from 1790 to 1990." In *E Pluribus Unum? Contemporary and Historical Perspectives on Immigrant Political Incorporation*, ed. Gary Gerstle and John Mollenkopf, 331-370. New York: Russell Sage Foundation.

—— (2003). *Seeking Common Ground: Public Schools in a Diverse Society*. Cambridge, MA: Harvard University Press.

Tyack, David, and Larry Cuban (1995). *Tinkering Toward Utopia: A Century of Public School Reform*. Cambridge, MA: Harvard University Press.

U.S. Census Bureau (2008). "An Older and More Diverse Nation by Midcentury." U. S. Census Bureau. Retrieved August 3, 2009, from www.census.gov/Press-Release/www/ releases/archives/population/012496.html.

—— (2010a). "Table 7: Nativity and Citizenship Status by Sex, Hispanic Origin, and Race: 2010." Retrieved June 14, 2011, fromwww.census.gov/population/socdemo/hispanic/cps201 O/CPS-2010table07.xls.

—— (2010b, Nov. 9). "Voting and Registration in the Election of November 2004-Detailed Tables." Voting and Registration Population Characteristics (P20) Reports. Retrieved May 27, 2011, from www.census.gov/hhes/www/socdemo/voting/publications/p20/2004/tables.html.

—— (2010c, Nov. 9). "Voting and Registration in the Election of November 2008-Detailed Tables." Retrieved May 27, 2011, from www.census.gov/hhes/www/socdemo/voting/publications/p20/2008/tables.html.

U.S. Department of Education, et al. (2007). "Average scale scores with percentages for civics, grade 8, Race/ethnicity used in NAEP reports after 2001 [SDRACE] x Natl School Lunch Prog eligibility (3 categories) [SLUNCH3]: By jurisdiction, 2006 (NAEP Data Explorer)." NAEP 2006 Civics Assessment. Retrieved July 9, 2007, from nces.ed.gov/nationsreportcard/nde/viewresults.asp? pid=4-2-8-CIV-National-10-SDRACE, SLUNCH3-20063-CR-MN, RP-2-1-1-1-0-2-3-0-1.

Ulluci, Kerri, and Joi Spencer (2009). "Unraveling the Myths of Accountability: A Case Study of the California High School Exit Exam." *Urban Review* 41: 161-173.

Uslaner, Eric M. (2002). *The Moral Foundations of Trust*. Cambridge: Cambridge University Press.

VanSledright, Bruce (2002). "Confronting History's Interpretive Paradox while Teaching Fifth Graders to Investigate the Past." *American Educational Research Journal* 39 (4): 1089-1115.

Vaznis, James (2010, October 1). "Boston Agrees to Help Non-English-Speakers in Classroom." *Boston Globe*. Retrieved October 11, 2010, from www.boston.com/news/local/breaking_news/2010/10/boston_agrees_t.html? comments=all#readerComm.

Verba, Sidney, Kay Lehman Schlozman, and Henry E. Brady (1995). *Voice and Equality: Civic Voluntarism in American Politics*. Cambridge, MA: Harvard University Press.

Wadhwa, Anita (2010). "'There Has Never Been a Glory Day in Education for Non-Whites': Critical Race Theory and Discipline Reform in Denver." Cambridge, MA: Harvard Graduate School of Education.

Walker, Tobi (2000). "The Service/Politics Split: Rethinking Service to Teach Political Engagement." *PS: Political Science and Politics* 33 (3).

—— (2002). "Service as a Pathway to Political Participation: What Research Tells US". *Applied Developmental Science* 6 (4): 183-188.

Walker, Vanessa Siddle, and Kim Nesta Archung (2003). "The Segregated Schooling of Blacks in the Southern United States and South Africa." *Comparative Education Review* 47: 21-40.

WallBuilders (2009). "Wallbuilders Overview." Retrieved July 24, 2009, from www.wallbuilders.com/ABTOverview.asp.

Warikoo, Natasha Kumar (2011). *Balancing Acts: Youth Culture in the Global City.* Berkeley: University of California Press,

Washington, Booker T. (2004 [1895]). "The Atlanta Compromise." In *Ripples of Hope: Great American Civil Rights Speeches*, ed. Josh Gottheimer, 128-131. New York: Basic Civitas.

Washington Post, Kaiser Family Foundation, and Harvard University (1995). *The Four Americas: Government and Social Policy Through the Eyes of America's Multi-racial and Multi-ethnic Society.* Washington, D.C.: *The Washington Post.*

—— (2000). *Washington Post/Kaiser Family Foundation/Harvard University National Survey on Latinos in America.* Washington, D.C.: *The Washington Post.*

—— (2001). *Race and Ethnicity in 2001: Attitudes, Perceptions, and Experiences.* Washington, D.C.: *The Washington Post.*

Wasserman, Selma (2001). "Quantum Theory, the Uncertainty Principle, and the Alchemy of Standardized Testing." *Phi Delta Kappan* 83 (1): 28-40.

Waters, Mary (1999). *Black Identities: West Indian Immigrant Dreams and American Realities.* New York: Russell Sage Foundation and Cambridge, MA: Harvard University Press.

Watson, Yolanda L., and Sheila T. Gergory (2005). *Daring to Educate: The Legacy of the Early Spelman College Presidents.* Sterling, VA: Stylus.

Webster, Noah (1790). "On the Education of Youth in America." In Webster, *A Collection of Essays and Fugitiv Writings on Moral, Historical, Political, and Literary Subjects.* Boston: I. Thomas and E. T. Andrews.

Wecter, Dixon (1941). *The Hero in America: A Chronicle of Hero Worship.* New York: Charles Scribner's Sons.

Weis, Lois, and Michelle Fine (2000). *Construction Sites: Excavating Race, Class, and Gender among Urban Youth.* New York: Teachers College Press.

West, Cornel, and Eddie S. Glaude, Jr. (2006). "Standard Covenant Curriculum: A Study of Black Democratic Action." Covenant with Black America. Retrieved December 10, 2008, from www.covenantwithblackamerica.com/resources/covenant_StandardCovenant Curriculum.doc.

Westheimer, Joel, and Joseph Kahne (2002). "Educating for Democracy." In

Democracy's Moment: Reforming the American Political System for the 21st Century, ed. Ronald Hayduck and Kevin Mattson, 91-107. Boulder: Rowman and Littlefield.

——(2004a). "Educating the 'Good' Citizen: Political Choices and Pedagogical Goals." *PSOnline: Political Science and Politics* 37 (2).

——(2004b). "What Kind of Citizen? The Politics of Educating for Democracy." *American Educational Research Journal* 41 (2): 237-269.

Wheeler, Rebecca, and Rachel Swords (2006). *Code-Switching: Teaching Standard English in Urban Classrooms*. Urbana, IL: National Council of Teachers of English.

Wiggins, Grant, and Jay McTighe (2005). *Understanding by Design*, exp.2nd ed. Alexandria, VA: Association for Supervision and Curriculum Development.

Wiley, Edward W., William J. Mathis, and David R. Garcia (2005, September) "The Impact of the Adequate Yearly Progress Requirement of the Federal 'No Child Left Behind' Act on Schools in the Great Lakes Region." Great Lakes Center Retrieved February 7, 2010, from greatlakescenter.org/docs/early_research/g_l_new_doc/EPSL-0505-109-EPRU.Great_lakes.pdf.

Wilkenfeld, Britt (2009). "Does Context Matter? How the Family, Peer, School and Neighborhood Contexts Relate to Adolescents'Civic Engagement." CIRCLE Working Paper 64. Medford, MA: Center for Information and Research on Civic Learning and Engagement. Retrieved May 6, 2010, from www.civicyouth.org/PopUps/WorkingPapers/WP 64Wilkenfeld.pdf.

will.i.am (2008), "Yes We Can." Adobe Flash video. Retrieved August 25, 2010, from www.youtube.com/watch? v=jjXyqcx-mYYDOI: July 30, 2009.

Williams, Melissa (2003). "Citizenship as Identity, Citizenship as Shared Fate, and the Functions of Multicultural Education." In *Citizenship and Education in Liberal-Democratic Societies: Teaching for Cosmopolitan Values and Collective Identities*, ed. Kevin McDonough and Walter Feinberg, 208-247. Oxford: Oxford University Press,

Wineburg, Sam, and Chauncey Monte-Sano (2008). "'Famous Americans': The Changing Pantheon of American Heroes." *Journal of American History* 94 (4): 1186-1202.

Wineburg, Samuel S. (2001). *Historical Thinking and Other Unnatural Acts: Charting the Future of Teaching the Past*. Philadelphia: Temple University Press.

Winerip, Michael (2006, March 22) "Standardized Tests Face a Crisis Over Standards." *New York Times*. Retrieved February 9, 2010, from www.nytimes.com/2006/03/22/education/22education.html? _r=3 &pagewanted =1.

Wise, Tim (2008). *White Like Me: Refections on Race from a Privileged Son*, rev. and updated. Brooklyn: Soft Skull Press.

Wolfinger, Raymond E., and Steven J. Rosenstone (1980). *Who Votes?* New

Haven: Yale University Press.

Wolfson, Steven C. (2005). *Civics for Today: Participation and Citizenship*, rev. ed. New York: Amsco School Publications.

Wong, Janelle (2006). *Democracy's Promise: Immigrants and American Civic Institutions*. Ann Arbor: University of Michigan Press.

Wright, Jeremiah (2003, April 13). "Confusing God and Government." Sermon delivered at Trinity United Church of Christ, Chicago. Retrieved April 10, 2009, from www.sluggy.net/forum/viewtopic.php? p=315691&sid=4b3e97ace4ee8cee02bd6850e52f50 b7.

Wright, Lawrence (2006). *The Looming Tower: Al-Qaeda and the Road to 9/11*. New York: Knopf.

Yancy, Antronette, Judith M. Siegel, and Kimberly L. McDaniel (2002). "Role Models, Ethnic Identity, and Health-Risk Behaviors in Urban Adolescents." *Archives of Pediatrics and Adolescent Medicine* 156 (1): 55-61.

Yates, Miranda, and James Youniss (1999). *Roots of Civic Identity: International Perspectives on Community Service and Activism in Youth*. New York: Cambridge University Press.

—— (2002). "Community Service and Political Identity Development Adolescence." *Journal of Social Issues* 54 (3): 495-512.

Yosso, Tara, et al. (2009). "Critical Race Theory, Racial Microaggressions, and Campus Racial Climate for Latina/o Undergraduates." *Harvard Educational Review* 79 (4): 659-690.

Young, Iris Marion (2000). *Inclusion and Democracy*. New York: Oxford University Press.

YPAR Think Tank. (2010, March 20). "YPAR in the Classroom: Rutgers Urban Teaching Fellows Followed by Michelle Fine." Adobe Flash video. Retrieved April 2, 2010, from www.ustream.tv/recorded/5585858.

Zack, Naomi (1993). *Race and Mixed Race*. Philadelphia: Temple University Press.

Zaff, Jonathan F., and Erik Michelsen (2002, October). "Encouraging Civic Engagement: How Teens Are (or Are Not) Becoming Responsible Citizens." *Child Trends Research Brief*. Retrieved November 3, 2003, from www.childtrends.com.

Zaff, Jonathan F., Oksana Malanchuk, and Jacquelynne S. Eccles (2008). "Predicting Positive Citizenship from Adolescence to Young Adulthood: The Effects of a Civic Context." *Applied Developmental Science* 12 (1): 38-53.

Zimmerman, Jonathan (2002). *Whose America? Culture Wars in the Public Schools*. Cambridge, MA: Harvard University Press.

Zinn，Howard（1980）. *A People's History of the United States*. New York：Harper and Row.

Zukin，Cliff，et al.（2006）. *A New Engagement? Political Participation，Civic Life，and the Changing American Citizen*. Oxford：Oxford University Press.

致　谢

自 1999 年起，我就开始酝酿本书所探讨的一些问题，在这中间的 12　371
年里，毫无疑问，我需要感谢太多人。

我很感谢以下这些朋友、学生和同事，对于书中某些章节给予意
见，帮助解决具体问题，及时提出问题，他们是：Richard Alba，Michelle
Bellino，Celina Benavides，Sigal Ben-Porath，Shelley Billig，Alexandra
Binnenkade，Janie Bradley，Chris Buttimer，Gregory Bynum，Eamonn
Callan，Liz Canner，Mario Carretero，Prudence Carter，Jean Comaroff，
John Comaroff，Andrew Scott Conning，Eillen Coppola，Ernesto Cortes，
Nancy Crowe，Randall Curren，Jeff Dolven，Jack Dougherty，Leslie
Duhaylongsod，Aaliyah El-Amin，Drew Faust，Walter Feinberg，Heidi
Fessenden，Constance Flanagan，James Forman，Luis Fraga，Julie
Friedberg，Marybeth Gasman，Hunter Gelbach，Carl Clickman，Roger
Godard，Pamela Gordon，Susan Griffin，Jacquelyn Dowd Hall，Hahrie
Han，David Hansen，Kate Harrigan，Dan Hart，Helen Haste，Thomas
Healy，Diana Hess，Lindy Hess，Frederick Hess，Chris Higgins，Monica
Higgins，Darlene Clark Hine，Jennifer Hochschild，Kenneth Holdsman，
Mala Htun，John Jost，Joseph Kahne，Elisabeth Kanner，Roi Kawai，
Judith Keneman，Jimmy Kim，Jane King，Heather Kirkpatrick，Lauren
Kleutsch，Daniel Koretz，Muriel Leonard，Richard Light，David
Lublin，Linda Lyons，Michael Marder，Susan McClendon，Michael
Merry，Meredith Mira，Michele Moody-Adams，Thomas Nikundiwe，

James Noonan，Tiffany Nova，Kelly Nuxoll，Patricia Ouellet，Alexander Packard，Alison Packard，Diane Palmer，Denis Phillips，Mica Pollock，Richard Primus，Richard Rabinowitz，Brendan Randall，Justin Reich，Rob Reich，Susan Reverby，Reuel Rogers，Lisa Rosen，Beth Rubin，Anna Rosefsky Saaverdra，Donna San Antonio，Gino Segre，Carla Shalaby，Amy Shine，Julie Sloan，Rogers Smith，Lester Kenyatta Spence，Marc Stears，Laurel Stolte，Adam Strom，Lorella Terzi，Le thi diem thuy，Judith Torney-Purta，Julia Van Alst，Judith Vichniac，Anita Wadhwa，Richard Weissbourd，Mellissa Williams，Ajume Hassan Wingo，Kendall Wood，Jennifer Worden，Rebecca Yacono，James Youniss，Jon Zaff 以及 Karen Zawisza。仅仅列出以上名字，并不是一个很好的致谢方式，它不能涵盖上述人们给出的建议和指正，不能展现在咖啡厅中思想碰撞的美妙时刻，以及每每占用学生和朋友休息时间讨论章节草稿的电话交谈。名单上的很多人对我个人的研究、思考、写作以及教学都产生了深远的影响。然而，谈论每个人的贡献，都需要用超过本书篇幅的文字进行叙述，因此，我很遗憾未能在这里将细节一一道来。

在哈佛大学教育学院古特曼图书馆出色的管理人员（尤其是 Carla Lillvik 和 Edward Copenhagen）的协助下，Natalie Addison，Celina Benavides，Chris Buttimer，Mellisa Chabran，Alexandra Rose Clifton，Shari Dickstein，Aaliyah El-Amin，Pamela Gordon，Saundra Murphy Hamilton，Laura Hsu，Phil Jones，Katondra Verese Lee. Jasmine Mahmoud，Meredith Mira，James Noonan，Vanessa Rodriguez，Sarah Tsang，Julia Van Alst 以及 Caihong Wei 提供了专业的研究支持。我的教学助理 Lisa Betty，Korrey Lacey-Buggs 以及 Leslee Friedman 也提供了非同寻常的帮助。此外，八年级教师的人生经历也价值非凡！

我是个外向型的思想者，当我和别人交谈时，我能充分汲取营养。因此，在各种各样的学术机构和会议上发言也令我受益匪浅。特别指出的是，斯坦福 – 伊利诺伊教育哲学夏令营（Stanford-Illinois Philosophy of

Education Summer Institutes）以及青年教职员领导力论坛（Young Faculty Leadership Forum）的与会者在本书启动的初期给予我重要的灵感。William Galson，Stephen Macedo，Robert Putnam 和 Ted McConnel 将我带进公民教育这个最新复苏的研究领域，并给予指引。康奈尔大学伦理学与公共生活项目（Program in Ethics and Public Life）中的青年学者研讨会（Young Scholar Symposium）为我提供了写作本书前两章的动力。我从 Lawrence Blum，Robert Fullinwider，Michele Moody-Adams 以及研讨会与会人员那里得到了具有建设性的意见。此外，Lawrence 的耐心帮助不仅体现在前两章，每个章节他都至少给予一次评论，有的甚至两三次。他的耐心、慷慨和令人折服的见解是源源不断的。

Thea Abu El-Haj 也阅读了整本原稿，为每章都提供了感同身受的、有用的指正。Sara Bershtel 的作用也同样重要，一年前在阅读了潦草的手稿之后，他帮助我完善本书的写作、下一本书的写作目标以及如何作出区分。通过两轮审阅，Michael Aronsont 提供了宝贵的编审意见。哈佛大学出版社两位匿名评审的建议、Katherine Brick 专业的审稿工作、Brendan Randall 无与伦比的校对和索引技能都让我十分受益。

在给予初期想法以及章节的反馈之后，Peter Levine 今年春天完整地通读了整部书稿。他的意见深刻敏锐，一针见血地指出我在理论、实证研究以及教学实践中观点上存在的问题。尽管以他的谦虚谨慎风格，他只"问"了 7 个问题，我就被其中 3 个深深困扰，这需要我在下一部书中进一步探讨。Peter 领导的全国公民学习和参与信息研究中心（CIRCLE）也对这本书起到了推动作用，这个中心汇聚了一批全国该领域不可或缺的学者、政策制定者、激进主义者。中心提供给我的一笔奖金，资助了我在波士顿、亚特兰大、奥斯汀和迪尔伯恩四座城市的隔离社区进行最初的数据采集。

我很希望能够以名字的方式一一感谢我在以上四座城市中采访的 125 人，他们在时间、才智尤其是信任上无私慷慨。尽管书中未能像我之前预期那样收录采访以及小组访谈的原文，他们给予我的思考和启发对于整本

373

书的各个层面都至关重要。他们使我确信，政治和教育哲学能够通过直接与现实进行互动尤其是与不在自身圈子内的人进行对话而做得更好。我要特别感谢 Todd McDowell，允许我进入萨瓦拉小学（Zavala Elementary）进行采访，感谢 Tahsine Bazzi 在迪尔伯恩组织了与福特森高中（Fordson High School）学生、家长、阿訇以及其他社区领导的见面会。还要感谢奥斯汀独立学区（Austin Independent School District）和迪尔伯恩公立学校。

当然，我无限感激在波士顿和亚特兰大公立学校曾经的学生和同事们，在我从一名教师向一名学者的角色转换过程中，他们给予我无尽的帮助，在已很多年断了联系的情况下，仍然大方地同意接受我的采访。最重要的是，他们帮助我成长为一名教育工作者，成长为一个真正的人。他们的幽默、教学技巧、同情心、尊重、现实主义为我提供了取之不尽的思想源泉。我的学生和同事们包容我的缺点，忍耐我的疯狂计划，一起为成功欢庆，始终坚定着我对教学和学习的信仰。我知道我对瓦尔登中学和麦考迈克中学的描述中既充满着胜利和骄傲，也包含着困难和沮丧。我希望在尊重和爱的前提下，这些能够被充分理解。

哈佛大学的 4 名同事也阅读了整部书稿并提供了源源不断的思想、专业和个人支持。Howard Gardner 在这项工程启动之初就十分支持，在不同的场合进行宣传，提供面谈时间、出版建议、职业生涯指导，展现了其独特的真诚。Robert Selman 去年夏天阅读了书稿，强调了我的长处，但同时推动我以一种发展的、更细致入微的方式进行思考；只可惜我最后做得不太成功。基于他个人的研究经历，他对我的帮助是宏观的：如何在哈佛大学教育学院立足、职业路径、道德和公民教育研究、工作和家庭的平衡以及生活本身。我很珍视他的引导。

作为我的聘用和晋职委员会主席，Julie Reuben 直接负责我从波士顿公立学校转入哈佛大学，也使得我至今还没有被转回去。她是创作团队成员，也是一位重要的导师及朋友。我不敢想象她数次阅读不同版本的书稿，在此过程中，她提供了不懈的支持、深刻和实质的评论，以及关于书稿结构和组织方式的建议。Jal Mehta，另一位创作团队成员，一个珍贵的

374

朋友及思想伙伴，他几乎阅读了我过去三年来写作的每一个词，推动我将每一个都完善得更好：更精确、更生动、更大胆。尽管他对书中的一些论述始终持有异议，但他的影响贯穿在本书的每一页。期待我们未来长久的思想交流及合作。

在我创作本书的十年间，我很幸运一直以来均是三个重要团队的成员。首先是斯宾塞/国家教育科学院博士后基金（Spencer/National Academy of Education）团队，书中提到的一些人都是我亲密的朋友和同事，是我在斯宾塞/国家教育科学年会上结识的。这些会议产生的思想碰撞丰富了本书的内容，提供了翔实的案例。拉德克利夫高级研究院（Radcliffe Institute for Advanced Study）是启迪我思想的又一重要机构，在Drew Faust 的领导下，研究院汇集了一批神奇的学者、作曲家、艺术家、作家以及活动家。我得到了关于思想、方法、提出问题以及融入现实等多个角度的洗礼，影响持续至今。从以上机构得到的资助使我能够在离开中学后的两年间坚持阅读和写作，本书的诞生离不开那段岁月里他们的资金支持。

近年来，我很荣幸能够加入哈佛大学教育学院，院长 Kathleen McCartney 鼓励合作的研究氛围，持续不断地支持年轻教职员，这大大促进了学术和专业发展，我非常感激她以及其他支持"公民和道德教育倡议"（Civic and Moral Education Initiative）的人们。学院的硕士和博士生们也让我受教，包括完善本书的细节，这里特别感谢 LevLab 团队成员，他们坚持遍览原始资料，帮助我提升本书的写作。

这种职业关系的网络如果离开了家庭的支持，就无法得以实现，获得完满。我与我的丈夫 Marc Lipsitch 相伴已超过半生，没有他的鼓励和影响，我不会成为一名教师、学者、同事、儿媳、母亲。他总是让我迎接挑战、尽心参与、脚踏实地。尽管他没有读过本书，但在我的影响下，这本书一直伴随着他，在我们的家庭中占有一席之地。

本书行将出版之时，我的两个女儿——Rebecca 和 Gabriella 分别已满 9 周岁、近 6 周岁。她们出生前我就开始了本书的创作，她们感受到

375

爱，没有受到冷落很大程度上归功于他们的祖父母 Susan Lipsitch 和 Ian Lipsitch，Cynthia Levinson 和 Sanford Levinson。没有他们的支持，我不能继续从事我的教学、科研和写作。如果没有保姆、儿童教育才女 Christine Murphy，我每天都无法安心出门工作，她使得我们的职业生活成为可能，也让我们的个人生活丰富多彩。我也要感谢 Jussara Cabral 在本书最后的写作和编辑过程中对孩子提供的精心照料。

在家庭阵营中，我的父母对本书的创作一直提供思想上的指导，我曾经弄丢了一些他们读过的并给予反馈的提议、章节框架和草稿、文章等，让他们焦急不已。我们花费数百小时一起研究书稿的思想和困境：午饭时间、电话交谈、彻夜思考。他们提供的反馈是具有互补性的，我的父亲进行宏观把握，我的母亲专注处理结构、韵律、证据、表达。但他们对整本书的坚定理念是一致的：它的价值性以及我对写作的驾驭力。我对他们深表感激。我还要感谢与我的姐姐和姐夫——Rachel 和 Ariel Levinson Waldman 的交流以及他们的热心，尽管他们的女儿 Sarah 还很年幼，不能为本书作出贡献，但她和 Rebecca、Ella 以及他们的堂兄妹 Sara、Leah 一样也值得一提。

最后，我要声明的是，本书中部分内容使用了我之前写作并发表的一些文章：序和第一、三、四、六章的部分内容出自 Lonnie R. Sherrod、Judith Torney-Purta 及 Constance A. Flanagan 编辑的《青年公民参与研究手册》（Handbook of Research on Civic Engagement in Youth）中 "The Civic Empowerment Gap: Defining the Problem and Locating Solutions" 一文；第二章的部分内容来自 "Challenging Deliberation"（Theory and Research in Education 1（1）：23-49）；第四章的部分内容出自 "Let US Now Praise...? Rethinking Role Models and Heroes in an Egalitarian Age"（Philosophy of Education in the Era of Globalization, edited by Yvonne Raley and Gerhard Preyer, Routledge, 2009, reprinted with permission）；第七章的部分内容出自 "Democracy, Accountability, and Education"（Theory and Research in Education 9（2）：125-144）。

鉴于所有这些帮助，我仍需要对两个重要的失误负全责，一是一些我忘记感谢的人，我希望他们能够接受我的歉意，原谅我糟糕的记忆力。二是书中出现的事实上和解释上的错误，如有发现，希望读者能够与我交流，予以指正。书已完稿，但思想的征途漫漫。

索 引

（本索引词条后的数字为原书页码，即本书边码）

S

译后记

　　翻译本书缘起于本书第一译者李潇君 2012 年 4 月受邀参加梅拉·莱文森教授在哈佛大学教育学院为原书出版召开的新闻发布会，当时李潇君还在斯坦福大学访学。她欣然前往波士顿与教授见面，会上她立即被书中的内容深深吸引。在与莱文森教授一周短暂的交流中，李潇君深切感受到了莱文森教授在美国 K–12 阶段（幼儿园至 12 年级）道德教育、公民教育研究领域较高的学术建树和丰富的实践经验。在征得斯坦福导师、著名学者威廉·戴蒙的认可和推荐之后，李潇君赴哈佛大学跟随莱文森教授进行访问学习与合作研究。在为期一年的交流中，李潇君数次与教授探讨本书内容，较深刻地理解了书中一些核心词汇的内涵。书中部分章节是莱文森所教授的"历史和社会科研究与教学"课程的部分内容，借此机会李潇君得以与美国中小学一线教师针对书中相关问题进行了深入讨论，受到了极大启发。这些都大大有助于我们准确把握作者思想，充分理解创作背景，在一定程度上保证中文译稿的"原汁原味"。

　　教育平等是世界各国关注的热点问题，在多种族并存的美国社会，这一问题尤为突出。本书作者公开讨论公民教育中的种族问题，通过在美国亚特兰大、波士顿黑人公立学校的 8 年从教经历，她深刻意识到，少数族裔学生个体自身的发展不足以帮助他们改变在美国社会被边缘化的现实处境，现有的教育体系将他们排除在民主的公民参与之外。除了学业差距之外，他们与白人学生还存在公民赋权差距，而这种差距长时期被忽视、被合理化，这玷污了美国的民主，妨碍了公共政策的有效性。

　　莱文森教授作为一名美国白人精英，为何对教育中的种族平等问题如此关注？这缘于她在亚特兰大一所黑人中学教书时，接触到美国著名的黑人小说家和社会评论家詹姆斯·鲍德温（James Baldwin）的名作《下一次将是烈火》（*The Fire Next Time*，1963），该书探讨了美国历史中的种族问题，鞭挞了美国白人种族主义者对于黑人的迫害，针对人们对种族主义现象的视而不见或麻木不仁进行了深刻的批判，其传递的爱与理解的观念，曾在美国社会引起极大的争议和讨论。莱文森教授深受书中思想的影响，在自己的从教经历中深刻体会到虽然该书的出版已逾半个世纪，但鲍德温所反映的现实和社会问题依旧存在，在种族问题上，美国还没有彻底地改变。作为哈佛大学教育学院的一名教师，她面对的教育对象未来将成为美国的教育家或教育界的领导者，为此，她需要努力帮助他们形成改变世界的意识，及如何去反思自己所肩负的道德责任。这也正是她写作本书的缘由所在。

本书以《不让一个公民掉队》命名，是为了回应《不让一个孩子掉队法案》出台以来，美国公立中小学过度关注阅读、数学成绩，忽视公民教育的现实问题。莱文森教授突破了对以往关于公民教育重要性的冗长晦涩的理论阐述，以政治哲学家和教育者的双重身份和视角，从理论和实证两个维度探究了公民赋权差距产生的原因及解决途径。作为政治哲学家，她充分思考了美国的政治、社会和历史背景，以及教育制度，深入分析了公民身份和民主的内涵，直面如何在多元文化国家进行公民教育这一难题，呼吁城市学校和种族隔离学校必须教育学生通过政治和公民行动颠覆并重塑权力关系。此外，她不是仅仅描绘出难以实现的美好图景，而是十分关注如何将理论转化为实践，运用自己在公立中学任教时的逸闻趣事，以通俗易懂的语言勾勒出关于公民教育课程的"金标准"、倡导区别于服务学习的有指导的体验式公民教育、强调学校和各机构组织在其中发挥的重要作用、批判公民教育的标准化测试和问责制、主张在集体行动中践行公民教育，以缩小或弥合不同学生群体之间日益严峻的公民赋权差距。全书论证有力、逻辑严密，每一章都以作者在公立中学任教时的趣闻逸事开篇，贯穿着丰富、生动的一线教学案例，大大增添了本书的可读性和可信性，也成为本书的一大亮点。原书在美国出版后，赢得了学术界和教育界的高度评价，被称为"美国公民教育改革的必读之作"。尽管中美之间在政治制度、教育体系等方面存在很大差异，但本书在公民教育、道德教育的理论本质和实践策略方面还是可以为我国教育学、政治学、思想政治教育学等领域的理论工作者，教育主管部门的决策者以及基础教育阶段教师提供一定启示和借鉴。

本书付梓出版得益于东北师范大学思想政治教育研究中心多年来的研究积淀，尤其需要感谢我们团队的引路人、我们的恩师杨晓慧教授，正是他十多年前对思想政治教育学科发展趋势的敏锐把握及战略思考，推进了思想政治教育的国际视野和比较研究方向，支持和鼓励我们陆续走出国门、学习取经，以更广阔的视角审视当今我国思想政治教育面临的问题和挑战、优势与不足，从而才有了今天本书的出版。我们也要感谢本书的原作者莱文森教授给予我们翻译此书的无限信任和耐心指导，时刻鞭策我们在翻译的过程中精益求精，不断完善。最后还要衷心感谢人民出版社的钟金铃编辑，他的严谨与耐心让我们敬重和钦佩。

本书翻译工作历时三年，作为译者，我们试图不做单纯的文字"搬运工"，仅停留在两种语言文字的转换，而是力争做两种不同语言文化之间的"协调者"，充分考虑意识形态、国家政治、民族审美情趣等因素，促进跨文化交流。我们期望本译稿能够经得起检验，但由于学养和能力所限，定有疏漏不当之处，还恳请专家和同行批评指正。

李潇君　李　艳

2016 年 6 月于长春

责任编辑:钟金铃

封面设计:王春峥

图书在版编目(CIP)数据

不让一个公民掉队/(美)梅拉·莱文森 著;李潇君,李艳 译. —北京:
  人民出版社,2016.12

(思想政治教育前沿译丛/杨晓慧主编)

书名原文:No Citizen Left Behind

ISBN 978-7-01-017088-6

Ⅰ.①不… Ⅱ.①梅… ②李… ③李… Ⅲ.①公民教育-教育研究-美国
  Ⅳ.①D771.24

中国版本图书馆 CIP 数据核字(2016)第 314079 号

不让一个公民掉队
BU RANG YIGE GONGMIN DIAODUI

[美]梅拉·莱文森 著 李潇君 李艳 译

人民出版社 出版发行
(100706 北京市东城区隆福寺街 99 号)

北京中科印刷有限公司印刷 新华书店经销

2016 年 12 月第 1 版 2016 年 12 月北京第 1 次印刷
开本:710 毫米×1000 毫米 1/16 印张:24.5
字数:350 千字

ISBN 978-7-01-017088-6 定价:49.00 元

邮购地址 100706 北京市东城区隆福寺街 99 号
人民东方图书销售中心 电话 (010)65250042 65289539